한국의 압축근대 생활세계:
압축근대성 개념과 압축적 경험

이정덕 · 황성희 · 장경섭 · 홍찬숙 · 손현주 · 문만용
진명숙 · 공은숙 · 임경택 · 마츠다 시노부 공저

지식과교양

이 책은 2014년도 정부(교육부)의 재원으로 한국연구재단의 지원을 받아 연구되었음(NRF-2014S1A3A2044461).

서문

　전북대 SSK 개인기록과 압축근대 사업단은 동아시아의 압축근대를 서구의 시각에서가 아니라 동아시아에서의 시각으로 분석하고자 장기간에 걸쳐 작성된 일기와 개인기록을 매개로 동아시아 개인들이 경험한 구체적인 삶의 비교분석과 이를 통한 서구개념의 성찰에 천착하고 있다. 동아시아는 제2차 세계대전 이후 70년간 세계사적인 압축성장을 해왔다. 일본, 대만, 한국, 중국이 그 시기는 다르지만 각각 30년 동안 9-10%의 성장을 하였다. 18세기 초 산업혁명 당시 백 년 동안 1.5%의 성장을 하였고, 2차 세계대전 이후 유럽은 30년 정도 5%의 성장을 해왔다. 동아시아는 9-10%의 성장을 하면서 서구의 개념, 사상, 제도, 문화를 적극적으로 수용하였다. 그 결과 서구에 근접하는 경제력을 확보한 것으로 평가받고 있지만, 그 동안 압축적으로 흡수한 서구의 경제, 정치, 기술, 과학, 제도, 학문, 사상, 문화가 우리의 전통과 어떻게 혼성되었는지 그리고 압축성장 자체에서 나타나는 급격한 변화가 우리의 상상에 어떻게 들어와 있는지를 제대로 성찰하지 못했다.

동아시아의 경험과 시선을 이해하고 동아시아의 경험을 통해 기존의 서구중심적 관점을 성찰적으로 반성하며 동아시아의 개인들의 일상적인 경험을 바탕으로 새로운 시선의 가능성을 찾아내려고 탐색하고, 이를 매개로 동아시아적 개념과 상상을 구축해나가고자 노력하고 있다. 이 책은 일기를 통하여 서구 근대화 과정과 다른 동아시아 근대화 과정의 일상적인 경험을 이해하고 이러한 동아시아의 변화를 어떻게 이해할 수 있을 것인가를 추적해보고자 한다.

이를 위하여 우리는 먼저 개념적으로 성찰하였다. 1부에서는 근대, 복수근대, 압축근대를 성찰하여 개념 속에 담긴 의미의 서구와 다른 동아시아의 특수성을 개념적으로 성찰하고 있다. 이를 통하여 서구적 특수성을 인류의 보편성인 것처럼 왜곡한 서구의 개념들을 비판하고 극복하는 길을 탐색해보고자 하였다.

첫 번째 이정덕의 글은 18세기와 19세기의 서구 근대화 과정에서 산업혁명 과정의 새로운 경험을 반영하여 대대적인 개념변화가 나타났는데 이 때 만들어진 근대 개념들과 학문이, 이를 발전시켜온 서구 학자들의 서구우월주의가 깊숙하게 배어 있음을 보여주고 있다. 서구적 경험과 서구우월주의가 서구에서 발전한 근대개념들에 얼마나 깊숙이 담겨 있으며 따라서 이러한 개념들이 동아시아의 경험과 거리가 있으며 따라서 동아시아의 경험을 반영하는 개념과 학문은 서구개념을 천착하고 극복하고 동아시아 경험을 잘 반영할 때 가능함을 보여주고 있다.

두 번째 황성희의 글은 서양의 근대만 존재하는 것이 아니라 다른 특성을 지닌 다른 지역의 여러 근대가 복수적으로 이를 통하여 전지구적 차원의 근대가 어떻게 다양한 형태로 나타나면서도 보편성을 지닌 것으로 접근할 수 있는가를 보여주고 있다. 이는 유럽의 근대도 복수적으로 존재하였고 이들은 타지역의 근대와 상호연관성 하에서 작동하였음을 보여주고 있다. 따라서 유럽의 근대에 보편성이나 우월성을 부여하기보다 동등한 복수의 근대가 어떠한 특성을 지니고 상호작용하는지를 밝혀내는 것이 중요함을 보여주고 있다.

세 번째 홍찬숙의 글은 단시일에 성공한 동아시아의 특수경로인 압축근대성이 독일에서 특수경로라고 주장되는 독일의 근대성과 어떻게 비교할 수 있는지를 보여주고 있다. 이 둘의 논의는 시간압축성을 통한 비동시성의 동시성을 근간으로 하고 있으나 다른 시간과 공간 맥락을 보여준다. '일반경로'라고 불리는 영국과 프랑스의 자본주의 및 민주주의 발전은, 시민계급과 자유민주주의가 부재한 상태에서 국가 주도 산업화를 추진한 독일의 '특수경로'와 비교되었다. 나치 발흥과 패망으로 이어져 '특수경로'는 '일반경로'를 벗어난 부정적인 경로로 인식되었다. 한국의 근대화도 권위주의적 산업화를 도모하는 '특수경로'로 표현되지만 독일이 지닌 교양과 개인성이 부재된 것이다. 또한 서구에서 나타나는 '계급연대로부터의 개인화'보다는 '전통적 가족·친족 유대로부터의 개인화'가 두드러지게 나타나는 한국적 특수성을 지니고 있다. 이를 통해 서구의 경험도 하나의 특수한 경험이고 한국의 특수성도 동등한 의미를 지니고 비교되어야 함을 설파하고 있다.

네 번째 장경섭의 글은 압축근대성의 한 특성으로 한국에서 가족주의와 개인화가 어떻게 연계되는가를 다루고 있다. 한국에서 개인화는 '가족주의적 압축근대성'의 지속 및 이러한 가치·태도와 현실과의 상충으로 초래되는 경우가 많다. 한국인들의 가족주의는 이념적,

제도적, 상황적으로 구성된 매우 복잡한 가치와 태도로 쉽게 포기되지 않지만 현실적으로 실천되기 어려울 때가 많다. 청년의 취업난과 노년기의 연장과 빈곤은 가족주의 실현을 어렵게 하고 있다. 이러한 이유로 개별 생존하는 급진적 개인화가 진행되고 있다. 이러한 복잡한 방식으로 한국인에게 부과되는 압축근대성은 개인-가족-사회관계에 대한 서구의 개념, 이론, 방법으로 설명할 수 없음을 보여준다. 따라서 서구의 개념과 이론을 뛰어넘는 한국의 상황을 제대로 설명할 수 있는 개념과 이론이 필요하다.

다섯 번째 이정덕의 글은 동아시아에서의 압축근대화의 경험을 어떻게 유형화할 수 있는지를 다루고 있다. 일본, 한국, 중국이 압축근대화에서 많은 유사성을 보여주지만 동시에 여러 가지 차이들도 또한 많이 나타나고 있다. 일본, 한국, 중국의 압축근대화 과정을 추적하면서 국제적 맥락에서 국가적 맥락까지 어떠한 구조에서 개별 국가의 차이가 어떻게 반영되었는지 그리고 개별 국가 내의 정치체제의 차이와 압축근대화 전략의 미묘한 차이들이 어떻게 일상생활의 맥락으로서 영향을 미쳤으며 어떻게 다르게 경험하는지를 비교하고 있다. 세 국가를 비슷한 국가주도 발전국가로 보고 구체적인 차이를 고려하여 년 9-10%의 압축성장이 계속되는 약 30년의 기간을 일본(1948-1982)은 선발발전국가의 헤게모니적 자본주의, 한국(1963-1992)은 후발발전국가의 독재적 자본주의, 중국(1978-1990)은 후발발전국가의 독재적 시장사회주의로 유형화하여 이러한 맥락이 각국에서의 압축근대화의 경험과 어떻게 관련되는지를 설명하고 있다.

여섯 번째 손현주의 글은 한국적 압축근대성을 가능하게 한 동력을 1) 발전국가론과 국가주도 계획경제, 2) 모방의 상상력과 목적론

적 세계관, 3) 불확실성 회피성향, 4) 전통의 생성적 양식 네 가지 측
면에서 논의하고 있다. 1)은 권위주의 국가의 강력한 경제계획과 실
행에 의해 압축성장이 나타나는 것으로 보는 것이고 2)는 서구따라잡
기와 근대화의 열망을 통해 번영된 미래를 상상하면서 미국자본주의
를 모방하고 성취하려는 모습으로 나타난다. 3)에서는 위험회피성향
으로 계획이 철저하며 4)유교적 전통과 민족주의가 국민동원과 근로
에 영향을 미쳤다고 본다.

　1부는 압축근대와 관련된 개념과 이론들을 다루어 서구편견에 사
로잡힌 서구의 개념과 이론을 극복해야 할 필요성을 보여주고 있다.
2부는 개인들이 어떻게 압축근대를 경험하는가의 구체적인 사례들을
다룬다.

　첫 번째 손현주 · 문만용의 글은 압축근대화 과정에서 농민이 어떻
게 기술을 수용하는지 그리고 그러한 수용과정에서 어떻게 생각하는
가의 가치와 감성을 다룬다. 이 논문에서 다루고 있는 일기 저자들은
매우 적극적으로 새로운 기술을 수용하는 모습을 보여주고 있다. 그
러나 노동력 절감을 위하여 기계를 사지만 노동강도가 높아지고 비용
이 더 들며 고장 등의 여러 문제가 드러나면서 부정적 의심과 우려가
교차하게 된다.

　두 번째 진명숙 · 이정덕의 글은 일기 주인공이 활동하던 당시의 종
계의 기능과 의미를 일기와 종중 회계 자료를 통해 살펴보고자 하였
다. 그는 다양한 종계에 참여하여 종답과 종곡을 운영하고 이자를 받
고 빌려주기도 했다. 종재를 둘러싸고 종원들 간에 반목과 긴장이 나
타나는데, 이를 해결하는 데 혈족공동체로서의 호혜성 관념이 중요한
역할을 한다. 종재가 종계원의 현재적 이해관계에 밀접하게 연계되어

있으며 종재와 종계 운영이 마을 안팎의 사회적 연결망으로 확장되어
마을 너머의 광역적 네트워크를 형성하게 해준다. 작동하고 있었다.
마을 주민의 종곡 이용을 통해 종재가 종중의 범위를 넘어 마을 내 지
연공동체 단위에서 작동할 뿐만 아니라, 묘산과 위토 운영 과정을 통
해 다른 지역의 산지기 및 그 마을과 관계를 맺으며 광역적인 사회적
연결망이 구축되고 있음을 확인하였다. 즉 종계가 종중을 넘어 마을
안팎의 확장된 관계 속에서 사회적 역할을 수행하고 있는 것이다.

　세 번째 공은숙의 글은 나이가 들어 죽을 때까지 몸이 약화되거나
아프거나 질병이 어떻게 나타나는가를 살펴보고 있다. 59세까지의
중년기와 그 이후의 노인기로 나누어서 어떠한 질병이나 증상이 나타
나는지 어떻게 치료하는지를 검토하였다. 중년기에는 원인불명의 모
호한 통증이 나타나지 않으나, 노년기에서는 전반적으로 더 많은 증
상들이 나타나고 원인불명도 많아지고 사고도 많아진다. 한 개인의
질병과 치료법 전체를 생애사적으로 정리하고 있어 농사를 지으면서
어디가 어떻게 아프게 되는지를 전체적으로 조망할 수 있게 제시하고
있다.

　네 번째 마츠다의 글은 소장농민의 삶을 일기를 통해 이해하고자
한다. 19살부터 일기를 쓰기 시작해 가난, 가련함, 빚, 고통, 일 등의
단어가 표현되어 비참한 생활을 보여주는 일기로 생각하기 쉬운데 자
전거를 타고 강과 절을 구경하는 모습도 보여준다. 빚 때문에 고통을
당하지만 더 불발해서 살림을 일으켜 세우려고 밤낮없이 노력한다.
코우이치는 농기구, 농업기계, 종이, 비료 등 다양한 종류의 다양한
물건을 팔며 돌아다니는데 그 발걸음도 경쾌하게 기록된다. 손재주가
있어 풍구와 같은 상품 등을 만들어 판다. 일기를 통해서 가난한 농인

이 어떠한 생각으로 어떻게 살아가고 있는지 구체적인 삶의 현장을 보여주고 있다.

위와 같은 1부의 연구는 세계적인 맥락에서 근대, 근대성, 압축근대가 어떻게 드러나고 어떠한 특징이 있는지를 이론적 접근과 비교연구를 통하여 논의하고 있어 서구와 다른 동아시아를 어떻게 비교하여 분석할 수 있는지를 보여준다. 이에 비해 2부는 개인기록의 연구를 통하여 동아시아의 생생한 경험을 각 논문의 주제에 맞게 정리하여 제시하고 있다. 앞으로 동아시아의 특수한 경험들을 서구의 경험들과 비교하여 1부에서 제시한 이론틀들을 적극 활용하여 비교한다면 세계에서 나타나는 근대의 다차원성과 중층성을 이해하고 이를 바탕으로 서구 중심적 담론을 극복할 수 있을 것이다.

이정덕

10

차례

제**1**부

압축근대성 개념

제1장
근대개념과 서구우월주의

이정덕

　문명과 근대라는 개념은 지난 200년간 서구를 중심으로 세계를 상상하고 서구를 추종하게 만들었다. 문명이라는 개념은 영국과 프랑스가 세계를 주도하는 18세기말에서 19세기까지 서구(서유럽)를 추종하는 세계를 상상하게 만들었고 그 당시에도 유럽에서 널리 사용되었던 근대라는 개념은 20세기에 문명개념을 대체하면서 서구(미국+서유럽)를 추종하는 세계를 상상하도록 만들었다. 여기에서는 이러한 개념의 역사적 과정과 이용을 검토하여 서구우월주의가 어떻게 서구학자들의 근대 개념에 배어있는가를 살펴보고자 한다.[1] 이를 통하여

---

1) 이 글은 그동안 필자가 학술지 글, 학술대회 발표문, 월간지에 써왔던 글들을 개념사에 대한 접근을 참조하여 다시 정리하였다. 여기에는 이정덕. 2008. "서구의 근대자의식과 쌀문명." 『쌀삶문명연구』, 창간호; 2012. "동아시아의 부활과 서구 사회과학의 위기: 서구사회과학의 서구편향성의 위기." 『한국문화인류학회 가을학술대회 발표문』; "서구사회과학의 세계확산," 『열린전북』 2014년 6월호; "헤겔과 유

서구의 근대개념과 학문이 근본적으로 서구적 성향을 반영하고 있다
는 점을 드러내고자 한다.

1. 경험, 개념, 프레임

개념은 근본적으로 일상적인 경험을 기반으로 형성되고 발달하고
변한다. 경험은 현실의 맥락뿐만 아니라 이를 경험하는 사람의 위치,
세계관, 관련 기억의 맥락, 그리고 기존의 개념체계에 영향을 받아 인
식되고 표현된다. 또한 개념은 이러한 과정에서 그 내용과 의미가 조
금씩 또는 크게 변하며 또는 새로운 개념들이 창출되거나 기존의 개
념이 이전과 전혀 다른 내용을 표현하는 것으로 전유된다. 개념은 다
양한 사람들의 경험이 반영되고 누적되어 사회적으로 작동하기 때문
에 개념 속에 여러 경험들이 공존하며 상황에 따라서 세력에 따라서
어떻게 개념화될지 어떠한 부분이 강세를 지닐지 또는 사회적 표준
의미가 될지가 정해진다. 이러한 개념들은 새로 만들어지기도 하고,
기존의 것을 그대로 사용하기도 하고, 또는 기존의 것을 변용하여 사
용하기도 한다. 이러한 개념의 형성이나 변화는 사회적 힘의 관계를
반영한다. 특히 개념이 처음 만들어질 때 이를 주도하는 집단의 경험
을 주로 반영하며 따라서 그 개념은 초기 창출자, 자기에 알맞게 전유

럽중심주의."『열린전북』2014년 11월호; "칼 마르크스와 유럽중심주의."『열린전
북』2014년 12월호; "몽테스키외와 유럽중심주의."『열린전북』2015년 3월호; "막
스 베버와 유럽중심주의."『열린전북』2015년 2월호; "칸트와 유럽중심주의,"『열
린전북』2015년 6월호; "스펜스와 서구중심주의."『열린전북』2015년 7월호의 글
을 사용하여 다시 썼다.

한 집단의 경험이 많이 반영되어, 그 개념이 사용과 변용에 지속적 압력으로 작동하게 된다.[2]

개념들이 실재를 그대로 반영하는 것은 아니다. 개념(언어)이 실재를 반영하지만 개념은 개념의 구조와 역사가 있다(구조주의 언어학은 언어가 자신의 독특한 구조를 실재와는 별개로 가지고 있음을 잘 보여준다).[3] 개념 없이 실재를 표현할 수도, 알 수도 없기 때문에 개념은 우리가 인식하는 실재의 토대이기도 한다. 개념은 과거를 반영하며, 현재를 체험하고 인식하는 준거이며, 또한 미래를 상상하는 틀이다. 개념은 과거(기억), 현재(의식, 인식), 미래(기대)의 틀이다.[4]

관련된 개념들의 관계가 보다 정치화되고 체계화되어 사회적 프레임(관점, 사고틀, 문제의식, 기대틀 등)들을 형성하는데 이러한 프레임들은 사회적 상식, 관점, 문제의식, 이데올로기, 세계관, 지식, 학문 등을 구성하는 요소로서의 역할을 한다. 이들이 서로 엉켜서 특정 사회, 특정 시대의 사회적 헤게모니를 구성한다.

동아시아에서 근대는 스스로의 근대를 만들어내지 못하고 서양의 근대를 번역하고 근대적 개념들을 번역하여 사용하였다. 번역근대가 동아시아를 압도하면서 "조선 후기와 근현대 사이의 학문적 지형에

---

2) 코젤렉. 1998. 『지나간 미래』. 한철 역. 문학동네; Koselleck, R. 2002. The Practice of Conceptual History, trans by T. Prester et. al., Stanford Univ. Press; 박갑근 외. 2009. 『개념사의 지평과 전망』. 소화 등을 참조할 것.

3) 언어(개념)와 인지가 어떻게 관련되는가는 레이코프. 2002. 『몸의 철학』. 임지룡 역. 박이정; 레이코프 존슨. 2006. 『삶으로서의 은유』. 나익주 외 역. 박이정; 임혜원. 2013. 『인지와 언어』. 한국문화사 등 인지언어학 책을 참조할 것. 프레임의 역할은 레이코프. 2007. 『프레임 전쟁』. 나익주 역. 창비; 2015. 『코끼리는 생각하지 마』. 유아영 역. 와이즈베리 등을 참조할 것.

4) 특히 코젤렉(1998)을 참조할 것.

서 '다리가 불타고 골짜기가 물에 잠겼으며, 예전의 지도는 별로 쓸모가 없다'"고 했다(박홍규, 2010). 조선은 우리에게 이중적으로 낯선 곳이다. 이미 산업화라는 거대한 사회변화를 통해 농업사회와는 전혀 다른 사회체제에서 우리는 살고 있다. 둘째로는 우리가 현재 사용하는 개념이 조선으로부터 이어져서 발전해온 것이 아니라 서구에서 서구적 정서와 역사를 지니고 들어온 개념이라 조선의 개념들과는 더욱 이질적이다. 조선과 우리의 학문지형 사이의 연속성은 대체로 절단되었으며, 양자 사이에 커다란 개념적 절벽이 존재하며, 서로 매우 이질적인 낯선 개념들과 사유에 의존하고 있어서, 양자가 공통적으로 사유하기가 매우 어렵다. 서로 이해 할 수 있는 것 같으면서도, 서로 낯선 곳, 낯선 시간, 낯선 상상 속에 머물러 있다.[5)]

우리의 상상은 서양의 근대로 시선을 고정하였다. 동아시아는 서구를 따라가는 '부국강병' 또는 '문명화'를 추구하였고 앞선 문명으로 간주되는 서구적 개념을 번역하여 사용하고 기술과 제도와 학문을 배워오느라 바빴다.[6)] 이 당시에 사용하게 된 서구의 번역 개념들이 서구적 근대이며 동시에 인류의 보편적 근대를 나타내는 것으로 받아들

---

5) 물론 서양에서도 개념적 단절 현상이 나타난다. 코젤렉(1998, 2010)에 따르면 18-19세기 근대로 이행하는 과정에서 개념이 단절이 두드러지게 나타난다. 개념들은 정치 사회적 의미연관들이 가득하고 다의적이고 복합적으로 사용되기 때문에 똑 같은 말을 사용하여도 그 개념의 뜻이 점차 바뀐다. 기존의 단어들의 의미에 커다란 변화가 나타나고 새로운 단어들이 적극적으로 생산되는 시기이다. 그럼에도 불구하고 이미 그러한 단어들에 서구적 역사, 경험, 정서가 다양하게 담겨져 있다.
6) 중국으로부터의 독립을 축하하는 그리고 이를 널리 알리려는 독립문은 서재필이 주도하여 파리의 개선문을 그대로 모방하여 건설하였다. 서재필은 "조선이 부강한 나라가 되려면 김치와 밥을 버리고 소고기와 빵을 먹어야 한다"고 까지 했다(독립신문, 1896년 10월 10일).

여겼다. 근대, 이성, 과학, 기술, 개인, 민주, 인권, 삼권분립, 관료제도, 정당, 철학, 서구학문 등에 내재된 개념들이 그것이다. 이러한 근대는 번역근대로도 불리며 서양을 근대, 동아시아를 전근대로 규정하며 근대를 배우기 위해 문명화를 위해 서양의 근대를 번역하여 동아시아에 이식시켰다. 동아시아에 없었던 수많은 개념과 현상을 이해하고 설명하고 받아들이기 위하여 서양의 근대개념들을 번역하여 받아들였다. 이러한 번역은 동아시아의 서양 수용이기도 하지만, 동시에 서양의 개념들에 대한 왜곡이기도 하고 동아시아의 경험과 맞지 않는 것을 개념을 이용하여 동아시아를 포섭하면서 동아시아를 왜곡하는 과정이기도 하다(카토 슈이치 외, 2000). 한국의 경우, 일본에서 번역된 개념을 다시 우리의 개념으로 수용하면서 이중적 왜곡으로 진전되어 현실의 일본제국주의를 거쳐 식민화되는 한국의 현실의 왜곡과 더불어 더욱 복잡하게 일그러진 근대를 만들어냈다.[7]

동아시아와 잘 맞지 않는 서구의 근대개념, 일본에서 번역된 근대개념들, 일본의 식민주의에 의해 한국에 이식된 서구적 제도, 그리고 해방 이후 미국에서 직수입한 개념과 제도들이 엉켜있는 상황이 되었다.

이러한 맥락에서 우리의 근대개념들이 서구의 사상과 학문체계가 주도하는 상상력에 의존하여 조금씩 변화하고 있다. 이러한 학문체계도 국제적인 권력관계를 반영한다. 1980년대 신자유주의 이후 서구 중심의 정치경제적 세계화가 더욱 빠르게 진전되었고 학문도 서구 중심적 신자유주의를 반영하고 있다. 개인과 지적재산권과 자유를 강조하는 분위기가 더욱 강화되었다. 인문사회과학은 사회적 이데올로

---

7) 이러한 입장 중의 하나로 박지향(2003)을 참조할 것.

기적 특성이 강하다. 경제적 지원(대학, 연구소, 직장, 연구비), 정치
권력(친화, 배척, 네트워크), 문화(정신적 프레임), 분위기(정서)를 통
하여 이를 주도하고 있는 서구의 학문이 세계학문에 대한 헤게모니를
축적하고 행사하여 왔다. 푸코가 이야기한 바와 같이 지식과 권력은
너무 엉켜있어 거의 분리가 불가능하다. 권력을 보이지 않게 하고 실
재를 반영하는 객관적인 지식으로 보이게 만든다(푸코, 2000).

　제3세계인들이 서구인들과 다른 경험을 하지만 이를 체계적으로
개념화하고 표현하고 상상하고 정당한 지식체계로 제시할 수 있는 개
념, 프레임, 지식체계가 양적이나 질적으로 부재하거나 빈약하다. 따
라서 자신의 경험을 중심으로 인식하고 표현하고 기대하고 추상화할
수 있는 개념과 이론이 부재하거나 빈약하다. 이미 발달한 서구의 개
념들이 현재의 인식과 미래의 표현에 훨씬 적합하다고 상상하기 때문
에 또는 뒤떨어진 자신의 개념으로 표현하고 미래를 지향하는 노력이
후진적이거나 뒤떨어진 행동으로 간주하기 때문에, 자신의 개념을 체
계적으로 탐색하고 개념화하고 발전시켜 자체적인 개념체계를 만들
고 지식체계를 만들기가 어렵기 때문이다. 자신의 경험은 파편화되고
스스로 낙후되었다고 상상하며, 돈과 권력과 지적 노력으로 먼저 개
념, 지식, 프레임들을 장악한 서구의 (정당하거나 우월하다고 인식되
는) 개념, 프레임, 지식을 주로 수용하게 된다. 즉, 약자의 경험은 여기
에서는 비서구의 경험은 파편화되어 (일부는 물론 대안 개념, 프레임,
지식을 일부 만들기도 하지만 대체로 여기에도 강자의 개념, 프레임,
지식이 깊숙이 침투되어 있다) 산재하게 되며 체계적인 개념, 지식,
프레임의 생산이 불가능하게 된다. 지금까지 이어지는 전통(삶, 환경,
관계, 사고, 관습 등)도 다르고, 발전의 수준도 다르고, 세계관도 다르

고, 일상생활의 경험에도 상당한 편차가 있음에도 불구하고, 서구의 지배적인 개념/지식체계는 자신의 삶을 제대로 반영하지 못한다. 자신의 경험을 잘 반영하지 못할 뿐만 아니라, 일부가 반영을 하기 위해 노력한다고 하여도 그렇게 생산된 지식은 무언가 부족하다고 느껴지고, 또한 세계에 적극적으로 전달하기 어려우며(선진 개념을 사용하지 않고, 또한 자신의 개념/지식을 널리 퍼트릴 권력/부/수단이 부족하다), 결국 파편화되어 언급되다가 점차 망각된다(극소수의 약자의 개념들이 차용되고 변형되어 주도적인 지식틀에 융합되지만 대체로 시간이 지나면서 파편화되거나 망실된다). 이러한 맥락과 연결되어 토착적인 또는 약자의 개념과 프레임은 제대로 발전하기 어렵고 자학과 오인도 덧씌워져 이를 열등하거나 부끄럽게 여기며 점차 사용하지 않고 뒤에 밀려 망각의 영역으로 침잠되며 파편들과 잔재들이 또는 기억(흔적)이 여기저기 부유하게 된다.[8]

현대적 개념과 지식은 서구가 주도하는 산업화와 그 이후 계속 확장된 서구의 세계지배의 맥락이 반영되어 있다. 1700년대 중반부터 유럽에서 널리 퍼지고 1800년대 중반 서구 대중에까지 상식화된 (그래서 중세의 개념과 지식을 근본적으로 대체한) 이성과 진보의 개념체계가 현대적 상상의 핵심토대가 되었다. 이러한 개념들에는 서구(유럽)이 선도하는 인류보편적 진보로 상상되는 정서가 담겨있다. 이제까지 세상에 없었던 새로운 세계를 유럽이 열어가는 유럽의 보편적 우월성(진보, 이성, 창조력 vs 나머지 문명의 정체, 전통에의 속박, 우매함)이 담겨 있다(코젤렉, 1998); 마이어 · 코젤렉, 2010; 사이드,

---

8) 모리스 · 스피박 외(2013), 조한혜정(1994)도 비슷한 문제제기를 하고 있다.

2000). 이러한 맥락에서 인문사회과학의 기본개념들이 창출되었고 세계로 퍼졌다. 이러한 개념과 지식체계는 서구의 경험과 정서를 바탕으로 한 서구우월주의를 내포하고 있다. 서구의 창조성과 우월성이 인류의 보편적인 진보를 이끄는 것으로 개념화되고 지식화되었다. 이는 서구기술의 발전뿐만 아니라 산업혁명 이후의 서구자본주의에 의한 세계지배를 반영한다. 이에 도전하였던 서구 사회주의적 개념과 프레임들도 서구의 창조성과 우월성을 담고 있다.

　푸코의 지식과 권력의 관계에 대한 해부를 매개로 사이드(2000)가 서구 오리엔탈리즘(동양학)의 편향성을 극적으로 드러내면서 서구에서도 탈식민주의적 노력과 유럽우월주의에 대한 비판을 통해 서구의 보편성과 우월성에 도전하는 학문적 노력도 지속되고 있다. 서구가 보편성이 아니라 지역적 특수성을 가지고 있는데, 이를 보편성으로 포장하면서 왜곡하고 있다는 것이다(차크라바르티, 2014). 19세기와 20세기 초의 압도적인 서구권력이 특히 제2차 세계대전 이후 70년간 동아시아가 역동적으로 성장하면서 서구가 주도하던 기존의 상상, 개념, 지식체계를 다른 각도에서 바라보려는 노력이 크게 증가하고 있다. 이 글에서는 이러한 대안적 상상. 개념, 지식체계의 출발점으로서 서구의 근대 개념에 담겨 있는 서구우월주의를 드러내고자 한다.

2. 서구 근대개념과 사회과학의 서구우월주의

　근대라는 개념은 매우 애매하고 논쟁적이다. 먼저 개념 자체가 애매하다. 영어의 modern을 일본에서 근대로 번역하였고 한국도 이를 수입하여 사용하고 있으나 서구에서의 역사적 경험과 다르다보니 서구에서 modern이라는 용어가 역사적으로 함축하고 변화하여 왔던 바를 제대로 반영하기도 힘들고 또한 동아시아의 경험을 제대로 전달하지도 못하고 있다. 동아시아에서 근대와 근대화(일본, 한국, 대만)나 같은 modernization을 번역한 현대화(중국)은 동아시아에서 서구를 따라 발전하겠다는 열망을 잘 보여주고 있다. 그러나 그 과정에서 동아시아를 전근대로 규정한 서구의 상상을 그대로 받아들이면서 여러 가지 왜곡이 일어나고 있다.

Modern은 원래 근대보다는 동시대 또는 현대라는 의미가 더 강하였다. 윌리암스에 따르면 19세기 중반까지 modern은 근대(recent times)보다는 동시대(co-temporary)라는 의미를 가지고 있었다. 르네상스(15세기)시기에 고대와 구분된 동시대(modern)로 인식되었고, 17세기에 이르러서야 중세가 시대적 용어로 정립되어 중세와 구분되는 modern으로 인식되기 시작하여 18세기까지 고대 또는 중세가 아닌 동시대(또는 현대)의 의미가 강했다. Modern 시대가 중세보다 크게 진보했다는 자의식을 반영하여 19세기부터는 modern이 개선된 것, 만족스러운 것, 효율적인 것도 의미했다. 19세기 중반부터 서구가 세계를 "modernize 근대화-개선, 효율화 또는 현대화"시킨다는 용어가 사용되기 시작했다(Williams, 1985).

근대성의 어원이 된 중세 라틴어 '모데르누스(modernus)[9]은 5세기 후반부터 등장하여 전 유럽에 걸쳐 고대를 의미하는 안티쿠스

---

9) 형용사이며 명사인 모데르누스(modernus)는 '바로, 최근에'를 의미하는 부사 모도(modo)로부터 만들어졌다(칼리니스쿠, 1998: 23).

(antiquss)와 대비되는 개념으로 폭넓게 사용되었다(칼리니스쿠,
1998: 24-25; 황성희, 2014: 2). 1500년대 유럽인은 고대에는 없었
던 설탕, 종이, 인쇄술, 풍차, 나침반, 화약(모두 아시아에서 도입된 것
이다)을 가지고 있다고 자각하면서 고대와 다르다는 의식이 강해졌
고 따라서 고대와 구분되는 개념으로서 modern이 사용되었다. 이때
는 자신들이 중세와 다르다는 의식이 강하지 않았다(Williams, 1985:
174).[10] 1560년대에서 1660년대의 파괴적인 종교전쟁이 지나고 프
랑스에서 1670년대부터 1770년대까지 거대한 경제팽창, 과학기술적
발전, 그리고 정치권력의 집중화가 이루어져 당대의 장려함과 도덕이
고대를 뛰어넘는다고 생각했다(버벌, 2006: 262).[11]

　중세는 16세기부터 사용되기 시작하였지만 17세기에도 당대와 다
르다는 생각이 뚜렷하지 않았으나, 18, 19세기에 이르러서야 확고하
게 고대와도 다르고 근대와도 다르다는 개념이 정착되었다(Williams,
1985: 173). '중세와 다르다'는 자각이 강해지면서 스스로를 중세와
구분하는 의식이 강하게 반영된 modern 개념이 18세기 후반 널리 확
산되었고, 스스로를 중세인과 구분하여 modern man으로 표현하였
다. 이러한 의식은 갈수록 더욱 분명해져 프랑스혁명으로 정치적 근
대가 시작되었고, 근대 지식의 측면에서 계몽주의가 나타났으며, 산
업혁명으로 자본주의라는 근대적 경제제도가 크게 발전하면서 대중
을 위한 근대교육이 시작되었다고 생각하였다. 이러한 과정을 거치
면서 고대나 중세보다 발전한 근대라는 생각이 더욱 강화되었다. 현

---

10) 중세라는 개념이 17세기까지는 아직 뚜렷하게 인식되지 않고 있었다.
11) 프랑스는 이 당시 유럽의 중심이었다. 여기에는 물론 프랑스 이전 유럽의 최강대
　　국인 스페인과 질적으로 다른 국가라는 우월감도 포함하고 있다.

대 있어서도 modern은 동시대(현대)를 뜻하기도 하지만 또는 중세
와 구분되는 역사적 시기를 지칭하는 용어로 오랫동안 사용되다 보니
modern은 recent times(근대)로 현대 이전을 뜻하기도 하는 이중적
인 의미로 사용되고 있다. 이러한 근대는 유럽적인 특성이고 유럽에
서 나타나 세계로 퍼진 것으로 인식된다(Nordenbo, 1995: 37). 근대
에 대한 이러한 관점은 유럽을 중심으로 인류의 보편적 진보가 이루
어졌다는 생각을 바탕으로 1700년대 후반부터 널리 퍼진 사회진화론
그리고 이를 과학적으로 증명한 것으로 간주되는 다윈의 생물진화론
과도 상호작용하며 발전한 것이다.

　독일에서는 1870년 이후에 나타난 Neuzeit(신시대)가 영어의
modern과 유사한 것으로 간주되었다. 그래서 한국어로는 Neuzeit를
근대로 번역한다. Neuzeit(신시대)라는 용어에는 원래 시대가 새롭다
는 것 이외의 내용은 없다. 그렇지만 과거와 대비되는 것의 여러 사회
적 의미가 부과되었고 따라서 진보라는 개념과 밀접하게 관련되어 있
다. 시간의 진보로 과거와 지금은 다르다는 의식을 담게 되었다.[12] 근
대(modern)도 점차 직선적으로 발전하는 시간관념과 결합되었고 근
대의 성격은 이제 "끊임없이 앞을 향해 흐르고 있는 역사적 시간의 틀
안에서만 파악될 수 있다."(칼리니스쿠, 1998: 23) 이러한 끊임없이
앞을 향해 진보하는 시간관은 당시 서구에 널리 퍼져 있었다. 18세기
말부터 서구가 문명의 정점인 modern을 성취하였으며 모든 인류가

---

12) 코젤렉(1996), 3장 참조. 물론 Neuzeit(신시대)의 개념이 널리 사용되기 전에
　　1700년대 후반부터 이전과 다른 이성과 진보(칸트와 헤겔 참조)의 개념이 독일
　　에서 널리 사용되었고 이러한 개념들을 기반으로 이전과 다른 신시대가 펼쳐지고
　　있다고 상상하였다.

modern으로 진보하고 있다는 생각이 일반화되면서 modern은 유럽
성취한 인류 최고의 진보단계이며 따라서 비서구가 이를 따라올 것이
며 또는 그렇게 해야 한다는 생각이 일반화되었다.[13] 이러한 서구 편
향적 modern 관념은 유럽의 근대지식의 출발점으로 서구에서 평가
하고 있는 계몽주의, 그리고 근대학문 구축에 기여한 칸트, 헤겔, 마
르크스, 스펜서, 베버에 있어서도 명확하게 나타나고 있다.

　유럽은 1700년대까지도 동양보다 경제나 기술이나 정치체제나 사
상에서 뒤져 있었고, 1800년 대 초까지 경제적으로 동양에 뒤져 있었
다. 1100년대부터 지속적으로 그 당시 유럽보다 선진지역이었고 학
문도 발전되어 있던 이슬람의 지식을 흡수하고 또한 그리스-로마의
지식을 재발견하여 흡수하던 유럽은 마르코 폴로의 『동방견문록』이
래로 선진지역이던 중국에 대한 관심이 계속 높았고 1600년대 많은
선교사가 중국에 와서 중국의 사상과 기술과 제도를 배워 유럽으로
수입하면서 유럽에서는 중국의 사상이나 정치체제나 기술을 흡수하
기 위한 많은 노력을 해왔다. 서양은 아프리카, 미주대륙, 아시아 해
양지역으로 진출하면서 자신들보다 약한 지역에서 엄청난 양의 금과
은을 가져오고 점차 해양무역을 키워오면서 소비시장과 생산이 빠르
게 증가하기 시작하였고 이에 따라 점차 동양을 추격할 수 있게 되었
다. 1600년대 당시 유럽대륙의 최강대국인 프랑스에서는 중국 사상
에 자극받으면서 계몽주의가 활성화되었고 중국과 공자와 유교를 배
우려는 노력이 확산되었지만 1700년대에 들어서 조금씩 중국을 비판

---

13) 이와 관련하여 progress 또는 development 개념의 서구우월주의적 함의는
　　 Wallerstein(1996, 2001)의 글에 잘 정리되어 있다.

하는 생각이 나타나기 시작했다.

서구가 보편적으로 우월성을 가지고 세계의 사상, 인권, 제도, 학문, 과학, 경제를 선도해왔다는 생각은 서구의 근대학문체계가 성립되면서 다양한 자료수집, 연구, 정당화, 왜곡을 통하여 더욱 치밀해졌다. 특히 17, 18세기 계몽주의, 백과전서파에 의해 사회에 대한 전문적 논의가 시작되면서 인본주의, 인권, 자연권, 평등, 경험주의적 진보, 경제, 통치(도덕철학으로 불림) 등에 대한 학문이 점차 성립되었다. 윌리엄 톰슨은 1824년 Social Science라는 용어를 처음으로 사용하여 사회과학이라는 용어가 차츰 확산되었다. 19세기 자연철학에서 자연과학으로, 도덕철학에서 도덕과학, 사회물리학, 사회의 과학, 사회과학으로 용어와 뉘앙스가 변화하면서 사회과학으로 정착되었다. 이를 통해 경제학, 사회학, 정치학이 형성되었다. 이들은 당대 유럽사회의 문제점을 분석하고 해결하는 응용과학적 성격을 띠고 있다. 시장, 개인(일상생활), 국가의 영역으로 분리하여 경제학, 사회학, 정치학이 각각의 법칙을 찾아내는 것으로 분과되었다. 사회과학은 국가나 사회 단위로 이해하는 것으로 생각하였지만 존재단위는 개인이고 개인이 조직화되어 국가나 사회로 변화한다고 생각하였다. 인문학은 이보다는 개별적인 지역적 전통, 역사, 사상, 문학, 예술을 다루는 것으로 생각하였다. 이에 따라 19세기 경제학, 사회학, 정치학, 역사학과가 학과로 나타났다. 신학, 철학, 의학은 일찍부터 있었다.[14]

19세기부터 본격적으로 생기기 시작한 유럽의 학자들도 거의 모든 학자가 자신의 나라에 관련된 경험적 자료를 가지고 연구했다. 보편

---

14) 이 부분은 Wallerstein(2001), 이정덕(2012, 2014a)를 사용하였다.

성, 법칙성 강조했지만 국가차원 연구에 집중하였고 유럽이나 자기국
가를 기준으로 논의를 전개해서 자기 국가를 우월하거나 표준으로 생
각하였고 유럽을 우월하다고 생각하였다. 서구에서 사회과학의 개념
발전은 형이상학적 연역에서 현실세계의 경험지식의 축적으로의 인
식변화를 반영한다. 19세기 수많은 개념들이 발전되어 정착되었는데
중세와 다른 사회의 현실을 반영하고 사회가 진보하고 있다는 믿음을
내재하면서 발전하였다. 19세기 제국주의의 발전에 따라 비서구인을
다루는 학문도 발전하기 시작했는데, 19세기말 문자가 없는 민족은
인류학, 문자가 있는 정체된 민족은 동양학으로 등장하여 학과로 정
착되기 시작했다.

　1900년 서구의 압도적 정치 경제적 우위 확보로 대부분의 개념과
담론은 서구가 만들어냈다. 미국이 1870년 영국경제를 추월하고 빠
르게 경제성장과 인구성장을 이룩하면서 대학도 크게 발전하였고 1
차-2차세계대전 기간 동안 수많은 유럽학자들이 미국으로 이주하였
고, 미국에서 계속 투자를 해서 2차세계대전 이후 학문주도권이 전반
적으로 미국으로 이동하였다.

　서구에서 만들어낸 학문적인 개념과 이론들은 급속하게 19세기 후
반 비서구사회로 확산되었다. 가장 열심히 서구의 개념과 이론을 흡
수한 나라는 일본이다. 19세기 후반 서구의 책들을 번역하면서 동양
에 없던 서구식 개념들을 대대적으로 동아시아에 소개하여 확산되었
다. 이후 계속하여 서구사회과학의 자발적 수용과 확산이 세계적으로
이루어졌다. 하지만 서구의 사회과학개념들이 서구의 경험과 의식/
무의식을 반영하고 있는 점을 제대로 고려하지 않고 이를 비서구사회
에 적용하여 일반화시킴으로서 비서구사회의 경험과 의식/무의식은

사회과학에 제대로 반영되지 못하는 현상이 나타났다. 비서구 사회과학에서 사용하고 있는 사회과학 기본 개념들은 서구중심주의적 의식/무의식/경험을 매개로 서구중심주의적 자료, 사례, 해석, 이론, 사상에 기반하고 있다.

인문사회개념들이 서구에서 만들어져 세계로 확산되면서 비서구의 기존개념들은 몰락하고 대체되었다. 또는 서구에서 새로운 개념들이 홍수처럼 비서구사회에 쏟아져 들어오면서 이들 개념이 서구의 역사와 정서를 반영하고 있는 측면에 대한 검토가 제대로 이루어지지 못하고 있다. 따라서 이러한 개념들은 서구의 이상적인 내용을 중심으로 형성되었고 비서구사회의 역사와 정시는 무시하며 비서구사회를 낙후되었거나 표준이 아니거나 이상한 것으로 낙인을 찍는 방식으로 활용되었다. 또한 사이드(2000)의 『오리엔탈리즘』이 보여주듯 서구개념들은 서구/비서구를 반대쪽으로 극단화시켜 서구를 이상적인 것으로 비서구를 비이성적인 것으로 대비하는 방식으로 포섭하였다. 서구에서 먼저 개념을 만들고 사용하면서 서구의 편향된 자료가 풍부하게 대량으로 반영되면서 서구개념을 사용할 때 서구식으로 사고하도록 만들어졌다. 따라서 비서구 사회에 대해 제대로 분석하지 못하고 자료도 충분히 객관적으로 비교하지도 못하면서 나쁜 쪽으로 묘사하는 경향이 세계적으로 나타났다. 서구의 이해, 분석틀, 이론틀이 그동안 풍부하고 정교하게 발전되고 정당화되어 이에 반하는 개념인 비서구 개념을 정당화시키기가 힘든 상황이 되었다.

근대에 발전한 또는 근대와 관련된 서구의 개념들은 대체로 서구는 먼저 발전했고(근대, 경제), 먼저 문명화되었다(문명, 철학, 지식, 과학, 예술)는 것이다. 서구에 좋은 또는 의미 있는 조직(국가, 민족, 사회, 군대, 기업)이 먼저 생겼고, 나머지는 서구보다 늦게 시작되었으며 서구보다 후진적이어야 한다고 생각하게 만든다. 또한 서구에서 좋은 또는 의미 있는 가치(민주, 자유, 인권, 이성, 합리성, 창조성, 개인, 사랑)가 먼저 시작되었으며, 비서구는 서구보다 이러한 가치가 늦게 시작하거나 부족해야 한다고 생각하게 만든다. 또한 서구에서 의미있는 행동이 먼저 시작되었으며(고대그리스, 탈중세, 르네상스, 과학혁명, 대항해시대, 계몽주의, 농업혁명, 대혁명, 자본주의, 산업혁명, 대의민주주의, 지구보호), 나머지는 서구를 배우고 모방했거나 또는 모방해야 하는 것으로 판단하게 만든다.

SSCI 저자의 소재지로 보면, 1998-2007 SSCI 논문 90%가 서구, 8.9%가 아시아이며, 다른 곳은 무시가능한 정도의 분포를 보인다. 영어로 쓴 논문이 94.5%, 아시아 언어는 1%도 안되어 영어가 주도적이다. 서구논문의 약 98%가 서구 문헌을 인용하고 있어 서구중심의 극심한 동종교배가 지속되고 있다. 하지만 서구사회과학의 제도적 지배력과 양적 지배력에도 불구하고 질적 위기가 나타나고 있다. Post 이론들에 의한 서구학문의 균열이 커지고 있으며, 페미니즘에 의한 백인남성중심주의 비판이 계속 되고 있고, 서구중심주의에 대한 개념적, 자료적, 이론적 비판이 계속 확산되고 있다(이정덕 2012).

3. 서구학자들의 서구우월주의

근대지식의 시작으로 간주되는 계몽주의자들이 중국의 사상에서 배워서 중세의 사고, 즉 기독교의 절대적인 통제를 벗어나고자 노력하였다. 1776년에도 아담 스미스는 국부론에서 중국을 세계에서 가장 잘사는 나라라며 중국의 산업기술이 유럽에 뒤지지 않았다고 생각하였다(홉슨, 2005).[15] 하지만 몽테스키외(1689-1755)로부터 시작하여 중국에 대한 비판적인 또는 중국의 모든 것을 야만적이며 유럽과 비교하여 훨씬 열등한 것으로 주장하는 학자들이 나타나기 시작했다. 그의 『법의 정신』(1748년)(몽테스키외, 1987)은 왜곡된 중국비판으로 가득하다. 『법의 정신』이 서양에서는 근대정신의 출발점으로 중요한 책이지만 동양의 입장에서 보면 왜곡과 무지로 가득한 내용들이 많은 책이다(황태연, 2011; 황태연 · 김종록, 2015).

몽테스키외 이전의 계몽주의자들은 중국(청나라)의 황제는 백성을 위해서 불철주야 노력하는 계몽적 군주로 묘사하였다. 공자가 묘사한대로 군주는 백성의 지지를 받아야 유지할 수 있는 것이며 군주는 백성을 위해 존재한다는 것을 청나라의 황제가 실현하는 것으로 생각하였다. 당대의 계몽주의자이며 대표적인 중국예찬론자인 볼테르(1694-1778)가 중국이 법치를 하고 있으며, 종교적 자유가 허용되며, 사회가 잘 운영된 부자국가로 보고, 곤장이나 형벌은 법체계로서 지엽적인 문제이며 탐관오리는 어느 왕국에서도 나타나는 것으로 보아 별 의미를 부여하지 않았다. 하지만 몽테스키외 프랑스는 자유를 허용하고 있지만 중국은 전제주의라고 주장하였다. 당시의 프랑스에 대한 긍정적 왜곡과 다르게 중국에 대한 평가는 부정적 왜곡으로 가득 차 있다.

---

15) 중국의 경제가 1800년대 초까지 1인당 소득에 있어서도 서구보다 우월했다는 연구가 많이 나타나고 있다.

그는 중국 황제가 나쁜 전제군주라고 비판하면서 중국인들도 아주 사악한 사람으로 비판한다. 중국인들은 신뢰할 수 없는 사람들로 이윤에 대한 욕심이 지나치게 강하고 사기를 치며 불성실하다고 비판한다. 중국 내에서 폭력에 의한 것은 철저히 금지되었으나 기술이나 근면에 의한 이익은 무엇이든 허용되었기 때문에 이익에 집중하였고 이익을 위해 사기도 마다하지 않게 되었다고 한다. 같은 계몽주의자인 볼테르나 케네는 일부 하층민에 대한 소문이 중국인 전체로 확대해석된 것으로 생각하였고, 시장을 더럽히는 사례는 유럽에도 많기 때문에 중국만의 문제는 아니라고 생각했다. 오히려 중국상인들이 공자의 가르침대로 신의성실의 덕목을 엄수한다고 생각했다. 케네는 만약 중국에서 거래와 사기가 무제한 허용된다면 오히려 이는 '자유'이며 몽테스키외가 전제적 독재로 생각하는 모습과 모순되는 것이라고 지적하였다.

몽테스키외에게는 중국은 상업은 발달되어 있어 규모가 크지만 국민들은 가난하고 통치자는 전제적 독재자이고 관료는 그 허수아비인 전혀 본받을 것이 없는 타락한 국가였다. 몽테스키외는 『법의 정신』에서 행정권, 입법권, 사법권의 상호견제를 주장했는데 중국은 이러한 것이 전혀 불가능한 황제 혼자 독주하는 잘못된 체제로 보고 있다. 또한 종교, 법률, 도덕, 예절이 각각 분리되어야 사회가 발전하기 쉬운데 이들이 모두 엉켜 혼동되어 변하기 어렵고 고착되어 발전이 불가능하다고 생각한다. 또한 그러한 이유로 온화한 정부에서 번성한 기독교를 전혀 받아들일 수 없는 환경이 되었다는 것이다.[16] 이와 반

---

16) 황태연(2011)를 참조할 것.

해 유럽은 이성, 경험주의, 과학, 보편주의, 진보, 개인주의, 관용, 자
유, 인간본성의 단일성, 세속주의와 속성을 지닌 문명과 근대라는 개
념을 퍼트렸다(해밀톤, 1996: 40-41).[17] 몽테스키외의 이를 매개로
서구가 보편적인 선진문명을 가지고 있고 중국은 정체된 전제주의라
는 프레임이 일반화되는 데 커다란 기여를 하였다.

　칸트(1724-1804)[18]는 계몽주의 연장선상에서 인간을 이성과 자아
성찰을 통해 노력하고 진보하는 윤리적인 존재로 종합하였다. 특히,
당대 유럽철학의 두 흐름인 태어날 때부터 가지고 있는 이성을 강조
하는 합리론과 경험을 통해서 지식이 얻는다고 본 경험론을 종합한
학자로 유명하다. 인간이 이성을 가지고 있지만 그 내용은 경험으로
부터 온다고 보아 이성과 경험이 결합하여야 진리에 도달할 수 있다
고 생각하였다. 칸트에 따르면 인간은 주체로서 이러한 이성과 경험
을 종합하는 주체이다. 이 과정에서 칸트는 인간의 이성이 완전하지
못하기 때문에 편견이나 오류에 빠질 수 있고 계몽을 통해 이를 극복
해야 한다고 주장하였다. 특히 당대가 아직 충분히 계몽되지 못한 시
기이기 때문에 지속적인 계몽이 필요하다고 보았다. 이러한 과정에서
유럽에서는 계몽된 군주가 국민을 계몽함으로써 국민들을 보다 이성
적인 존재로 만들 수 있고, 유럽은 세계를 계몽해야할 책임을 지니고
있다고 생각하였다(칸트, 2006).

　칸트는 이 지점에서 서구우월주의적 사고를 보여준다. 가장 앞서

---

17) 이러한 개념들이 서구인들에게는 해방적으로 작동했지만 비서양사회에게는 거
　　꾸로 작동했다. 이러한 근대의 가치를 실현하기 위해 서구인들은 식민지를 만든
　　다고 주장했다.
18) 칸트의 유럽우월주의에 대한 부분은 이정덕(2015c)를 사용한 것임.

있는 보편적인 주체를 유럽인으로 상정하고 영구평화, 세계시민주의, 법과 권리, 이성은 유럽에서 발전한 것으로 간주하고, 진보를 실천하는 주체를 유럽인으로 본다. 칸트는 아프리카, 아시아, 라틴 아메리카인들이 미숙한 상태에 있어 "나태하고 비겁하다"고 주장하였다. 칸트는 『역사철학』의 "계몽이란 무엇인가에 대한 답변"이라는 글에서 계몽이란 인류가 스스로의 노력을 통해 죄의식으로 가득 찬 미성숙의 상태에서 해방되는 것을 뜻한다고 설명하면서 게으름과 비겁함 때문에 인류의 대부분이 미성숙 상태에 남게 된다고 보았다(칸트, 1992). 그래서 칸트는 『영구평화론』에서 서구를 유일한 문명으로 간주하고 나머지는 미성숙하기 때문에 유럽을 배우고 유럽을 따라와야 한다고 생각하였다. 비 백인들은 유럽의 근대가 성취한 이성도 합리성을 가지고 있지 못하다고 보았다. 유럽인만이 예술과 과학을 전문적으로 수행하였고, 나머지 인종은 그렇지 못하다(칸트, 2008). 이러한 칸트의 사고방식은 당시 고대 그리스가 이성으로 제대로 사유하면서 (보편)철학이 발전하여 유럽의 modern에 도달했다는 사고들이 확산되고 있는 시대적 분위기를 반영하고 있다.

이러한 관점은 헤겔(1770-1831)에서 더 극명하게 나타난다.[19] 헤겔은 서양의 근대사상을 가장 체계적으로 정리한 학자로, 현대로 넘어가는 철학적 역사학적 기반을 마련한 학자로 간주되고 있다. 그는 『역사철학강의』에서 중국, 인도, 페르시아, 이집트, 유럽의 역사를 점검하면서 인류의 역사발전 과정을 설명하는 보편적인 역사철학을 정립하려고 하였다. 헤겔은 세계사를 자유를 바탕으로 정반합을 거치

---

19) 헤겔의 유럽우월주의에 대한 부분은 이정덕(2014c)의 글을 사용한 것임.

면서 발전시켜나가는 과정으로 보았다. 자연상태에서 시작되어 경험이 확장되고 이성으로 반추하면서 더 높은 이성, 더 높은 지식, 더 높은 정신으로 발전하는 것이 인류의 역사라고 보았다. 또한 이러한 실현 주체는 개인에서 점차 민족(국가)으로 커지는 것으로 보았다. 민족들의 경쟁에서 다른 민족보다 고도의 정신을 지녀야 이길 수 있으며 이를 통해 인류의 보편정신이 정반합적으로 대립하고 융합하고 발전해나간다고 생각한다. 그는 이러한 역사의 발전에서 중요한 요소로 자유로운 정신, 도덕과 법의 분리, 법적 평등, 법에 의한 사회통합, 국가이성을 강조한다. 민족(국가)을 매개로 구성원 모두가 자유롭게 자기를 실현하는 이성을 통해 점차 인류의 수준이 높아지고 절대정신을 더 잘 실현하게 된다는 것이다. 그에 따르면 역사는 동양(중동, 인도, 중국), 그리스-로마, 유럽중세, 근대유럽으로 발전하였다. 동양은 자유에 대한 갈망이 없는 죽은 사회로 고대로부터 정체되었기 때문에 고대 이후의 역사에서 유럽만이 변하고 발전해왔다. 동양에서는 전제 군주 혼자 자유롭지만, 서양에서는 자유가 시민계급으로 확산되었고 결국 전국민으로 자유가 확장되어온 것이 역사발전과정이고, 전국민의 자유가 국가이성과 합치되어(헤겔은 유럽에서 특히 독일에서 그렇게 되고 있다고 생각했다) 절대정신에 도달하고 있다고 생각하였다. 유럽만이 자유를 기반으로 이성단계로 진입했다고 주장했다. 동양은 종교적으로도 자연을 궁극적인 것으로 숭배하여 가장 낮은 종교인 자연종교단계에 멈춰 있다. 추상적 능력이 없어서 지적 사고가 체계적으로 발전하지 못했고, 윤리에도 지적인 사고가 결여되어 제대로 된 윤리적 관계가 형성된 것도 아니다. 자유는 없고 군주는 전제적이어 군주에 대한 무조건적인 복종만을 사회가 작동하여 발전이 없다.

따라서 동양에는 역사가 정체되어 있다. 헤겔의 사고는 백인만이 자유를 통해 이성에 도달했고 백인만이 인류의 보편적 진보를 이끌어 근대에 이르렀다는 지독한 편견에 기초하고 있다(헤겔, 2008).

유럽의 지성사에서 가장 비판적인 사상가로 간주되는 마르크스도 근대와 관련하여 철저히 서구우월주의를 기반으로 생각했다.[20] 물론 그에게 있어서 근대는 서구에 대한 비판을 담고 있지만 이러한 시선은 서구우월주의를 바탕으로 한 것이었다. 마르크스는 19세기 중반 modern mode of production을 capitalist mode of production의 동의어로 사용하였고(자본론 1권) modern elements를 서구의 가치와 제도를 의미하며 서구에서 출발하여 비서구로 확산되는 것으로 사용하였다(Marx, 1853). Modern을 동시대로 사용하여 마르크스의 시대를 말했고 대체로 자본주의(19세기 중반)와 동일시하였다. 프롤레타리아(proletariat)를 modern working class라고 말했으며 이들은 modern times에 생긴 계급이라고 말하고 있다(Marx, 1856).

마르크스는 중국은 전근대적이고 전자본주의적이고 살아있는 화석이며 썩은 半文明(semi-civilisation)이라고 말했다(Marx 1951). 인도나 중국을 포함하는 이들을 사적 소유권이 발달하지 않고 공동체에 얽매여 발전이 일어나지 않는 정체된 사회를 형성하고 있다는 것이다. 1859년 『정치경제학비판초고』 서문에서는 "일반적으로 아시아적, 고대적, 봉건적, 동시대 부르주아적 생산양식을 사회의 경제적 발전의 시대적 단계로 규정할 수 있을 것이다."라고 썼다. 명백하게 아시아적 생산양식을 고대(그리스/로마)에 앞선 생산양식으로 규

---

20) 마르크스에 대한 부분은 이정덕(2008)을 참조할 것.

정하였고 중국, 인도, 중동, 아프리카에 적용하였다. 『자본론 3권』에
서도 엥겔스가 편집자로서 "아시아, 고대, 중세"로 나열하였으며 여러
번 "아시아적"이라는 말을 "그리스와 로마(고대)"와 비교하였고 또한
"아시아적 토지 임대와 토지소유권"이라는 말을 사용하였다(Brook,
1989; Wang & Yu, 1989: 135). 원시공산제 바로 다음에 생기는 것이
아시아적인 생산양식이고 따라서 비 서구는 모두 고대그리스보다도
옛날의 사회단계로 규정되는 것이다. 아시아적 생산양식은 원시공동
체를 겨우 넘어선 다음부터 정체되어 있고 중국의 경우 "대장애물"이
어서 유럽 자본주의가 수십 년간을 침투하여 겨우 해체시키고 있다고
말했다(Marx, 1951).

　필자는 영국의 우월한 문명(당대의 자본주의를 의미함)을 통해
이전의 아시아적 공동체를 해체하고 있다고 본다. 영국의 당시대
modern 산업의 도입이 사유재산제도를 확산시키고 철도를 통해 상
품경제에 진입시켜 인도의 카스트제도와 미신을 해체할 것으로 보
았다. 또한 원주민 군대나 유럽에서 도입된 행정과 과학에 익숙한 새
로운 계급이 생겨서 자유로운 언론이 도입되어 영국은 무의식적으
로 인도가 자본주의로 발전하도록 기반을 세워주고 있는 것이다. 마
르크스는 이러한 것들을 "영국의 보호 하에 인도에서의 modern 요
소의 창출 the genesis of modern elements in India under the aegis
of British dominance"이라고 표현하였다(Ajith, 2007). 마르크스에게
modern은 유럽의 자본주의와 그 요소이며 나머지 지역은 이를 결여
하여 스스로 성취할 수 없기 때문에 유럽이 진출하여 전근대요소를
깨드려야 하는 책임을 지고 있다고 상상하였다.

　이러한 개념을 정당화하는데 기여한 것이 1800년대 내내 영국의

사고를 주도하던 사회진화론이다. 1800년대 영국이 세계 최정상에 있었던 시기에 철학자, 인류학자, 사회학자인(이 당시는 사회과학이라는 분화되어 있지 않아 많은 학자들이 여러 학문에 걸쳐 연구를 했다) 허버트 스펜서(1820~1903)는 영국을 정점으로 하는 사회진화론을 발전시켰다. 그가 세계적으로 유행시킨 개념이 "진화 evolution"와 "적자생존 the survival of the fittest"이다. 19세기 자신의 생애동안 학술서적을 100만권 이상 판매한 유일무이한 학자였다. 그는 계몽주의 전통을 이어 받아 인간은 야만으로부터 더 높은 문명으로 계속 진보하며, 유럽이 가장 발전한 인류의 정신적 상태에 진화했기 때문에, 유럽이 다른 사회들보다 더 우월하고 가치 있는 사회라고 생각하였다. 이러한 진화는 철칙이기 때문에 피할 수 없으며 인간사회에 있어서도 가장 강하고 잘 적응한 살아남아 번영하게 되며, 약자들은 결국 사라지게 된다고 보았다. 따라서 스펜서는 유럽이 사회적 환경에 더 잘 적응하여 생존한 것이고 강자가 약자의 희생 위에 존재하는 것이 자연스러운 것이라고 보았다. 스펜서의 사회진화론은 스펜서가 자연적 과정(사회의 움직임도 자연적 과정으로 보았다)에 개입하지 말고 있는 그대로 두어야(자유방임) 적자생존이 작동하면서 진화한다는 관점이었다. 그는 모든 인종은 스스로 진화하지만 흑인은 아시아인보다 훨씬 시간이 많이 걸릴 것이라고 주장하였다(이정덕, 2015d; 스펜서, 2014).

그의 사회진화론은 동아시아에서도 커다란 영향을 미쳐 중국이나 일본이나 조선에서도 스스로 부국강병의 길로 국가를 발전시키지 못하면 도태된다고 생각하게 만들었다. 조선에서도 개화파는 대부분 사회진화론자였고 특히 윤치호 같은 사람이 적극적인 사회진화론자였다. 이들은 빠르게 자국을 부국강병의 길로 이끄는 것이 적자생존의 세계에서 살아남는 길이라고 생각하였고 일부는 더 강한 나라의 식민지로 위탁하는 것이 생존의 길이라고 생각하게 되었다. 결국 윤치호는 조선이 일본의 식민지가 되어 힘을 기른 후에 독립하는 것이 낫다고 생각하여 자발적 식민주의자가 되었다.

　사회학의 아버지로 불리는 막스 베버(1864-1920)는 주술적인 사고방식에서 벗어난 뉴톤(1642-1727)에서부터 근대성이 시작되었다고 주장했다. 그에 따르면 신비하고 초자연적인 힘에 대한 믿음이 사라지고 세계와 사물을 계산을 통해 지배하는 합리성이 증가하면서 근대성이 시작되었다. 그래서 계산 불가능한 신비한 힘에 의미를 부여하지 않는 탈주술화가 근대적 세속사회의 특징이라고 주장했다(베버, 2006). 그러나 베버가 뉴톤의 초자연적 사고의 측면을 잘 몰랐기 때문에 그를 근대성의 시작이라고 주장했다. 뉴톤의 과학자적인 면모만 강조되어 우리에게 알려졌지만 실제의 그 삶에서는 연금술사나 종교적 신비주의자에 가까운 사고도 많이 보여주고 있다. 뉴톤은 마법적 힘이나 신비주의적 계시나 영혼에 대해서는 믿고 있었다. 그가 광학이나 만유인력을 연구할 때도 연금술과 성서적 예언에 대한 연구를 계속 했다(White, 1999). 그는 그 당시의 다른 '과학자'들과 마찬가지로 창조주인 여호와를 믿고 있었고 여호와가 인간을 창조하고 우주를 창조했다고 생각하였다. 신이 만든 자연법칙이 있고 그러한 법칙이 어디에서나 철저하게 관철되고 있는 것은 절대자이고 완벽한 신이 만들었기 때문이라고 생각했다(Murphy, 1999).[21)]

---

21) 그래서 그는 완벽한 자연질서를 보여주는 그의 연구가 신앙을 강화시켜준다고 생

베버는 또한 서구자본주의의 근대가치의 특징인 합리성과 예측가
능성이 서구에서만 발견되며 유교, 도교, 힌두교, 불교, 이슬람이 이를
불가능하게 하고 있다며 이러한 장애요인이 제거되고 합리성과 예측
가능성이 비서구에 확산되어야 근대화가 가능할 것으로 생각하였다
(Weber, 1968). 이후 근대는 이러한 베버의 서구우월주의적 정서가
담긴 용어로 사용되면서 서구의 영향을 받기 전의 비서구는 모두 전
근대로 규정되면서 서구보다 열등하고 정체되어 있는 그래서 서구를
따라야 근대사회가 가능한 것으로 프레임화되었다.

4. 나가는 말

몽테스키외나 칸트나 헤겔이나 스펜서나 마르크스나 베버는 유럽
을 대표하는 사상가들이고 학자들이다. 이들은 근대가 유럽의 이성,
절대정신, 자본주의, 합리성으로 나타난다고 생각하였다. 나머지 사
회에서는 근대가 나타나지 않았고 서구가 이들을 지배하여 이끌어야
한다고 생각하였다. 따라서 오로지 서구문명에서만 인류의 창조성,
이성, 변증법이 제대로 작동하여 보편철학, 보편역사, 근대로 발전한
것이며 따라서 이들에게는 서구의 특수성을 해명하는 것이 인류의 보
편역사나 보편철학(정신적 발전과정)을 해명하는 것이었다.[22] 유럽

각했다. 그는 오히려 만유인력을 기계의 작동원리처럼 생각하는 것은 잘못된 생
각이라고 했다. 뉴톤에 있어서는 신이 우주를 창조했다는 사고나 신비주의적인
힘이 존재한다는 사고가 물질이 수학법칙에 따라 작동한다는 사고와 모순되지 않
는다. 신이 물질을 그렇게 만들었기 때문이다.
22) 블로트(2008) 제2장 참조.

인만이 이성, 자유, 경쟁, 합리성 그리고 그 결과로서 근대성을 지니고 있다는 이들의 주장은 백인 중심의 인종주의적 사고방식이며 또한 서구중심의 우월주의이다. 이들은 서구와 비서구를 엄격하게 구분하여 비서구를 전근대로 서구를 근대로 간주하였다. 이들에게는 서구는 이성, 문명, 근대로 발전하였기 때문에 그 원인들이 있을 수밖에 없고 비서구는 근대에 이르지 못했기 때문에 근대에 이르는 요소들이 없었다고 생각하게 되었다. 이러한 이분법적인 프레임에 갇혀 있기 때문에 동양의 경험과 역사를 제대로 이해하지 못하고, 유럽이 1800년대 초까지 동양으로부터 많은 것을 배우고 습득하여 왔다는 점을 보지 못하였다. 이에 따라 이들은 서구의 modern을 서구의 특수한 상황에서 생긴 것으로 생각하지 않고 보편적인 발전의 결과라는 프레임에 갇혀 동서양의 복합적인 역사적 과정을 보지 못하고 일방적으로 서구가 앞장서 끌어가는 보편적 발전과정으로 간주하였다. 이러한 결과 서구는 근대의 특징으로 간주되는 이성, 과학, 합리성, 민주주의, 자본주의 등 인류의 바람직한 핵심가치를 발전시켜왔고 이러한 근대성이 서구 대중에 이르기까지 일반화되었다고 상상했다. 이러한 가치의 기원을 고대 그리스에서 찾으면서 서구에서는 고대에서부터 이러한 가치를 점차 발전시켜 근대를 성취하였는데, 다른 지역은 이러한 가치가 고대 상태에 머물러 있거나 아예 결여되어 있다고 주장하게 되었다. 결국 근대라는 개념 자체도 서구가 도달한 핵심가치로 포장되고, 이러한 핵심가치를 다른 곳은 도달하지 못해서 전근대 상태에 정체되어 있다는 프레임을, 주제나 내용을 달리 하면서 반복적으로 생산하고 유포하는 도구로서의 역할을 해왔다.

우리는 뉘앙스나 감성이나 생활체험에서 서구인들과 상당히 다른 경험을 하고 살지만 이를 체계적으로 개념화하고 표현하고 상상하고 정당한 지식체계로 발전시킬 수 있는 개념, 프레임, 지식체계가 빈약하다. 따라서 자신의 경험을 중심으로 인식하고 표현하고 기대하고 추상화할 때 이미 발달한 서구의 개념과 이론을 차용한다. 그렇게 서구의 인식틀, 프레임 속으로 빠져든다. 우리의 경험은 체계적으로 표현하기 힘들고 파편화되어 개념을 점검하고 프레임을 성찰하고 이론을 만드는 것에 어려움을 겪는다. 자신의 경험을 반영하는 개념이 없기 때문에 말하기 어려운 서발턴처럼 자신의 경험을 기반으로 학문을 하기 어려워진다. 개념과 지식체계가 우리의 경험과 제대로 일치하지 않기 때문에 우리의 경험에 기반한 체계적인 개념, 지식, 프레임을 구축하기도 어렵다. 근대 개념들이 서구에서 발전하고 그 뉘앙스가 서구에 맞게 발전하여 이성, 자유, 경쟁, 합리성, 근대성이라는 개념을 사용하면 무언가 동아시아가 부족한 것처럼 느껴지게 만든다. 서구우월주의가 서구 개념에 스며들어 있기 때문에 그렇다. 이를 넘어서기 위해서는 서구 개념에 대한 비판적인 성찰뿐만 아니라 우리의 경험에 기반한 개념의 발전과 학문화가 필요하다.

참/고/문/헌

• 가토 슈이치 외. 2000. 『번역과 일본의 근대』. 임성모 역. 이산.

• 마이어 & 코젤렉. 2010. 『코젤렉의 개념사 사전 2-진보』. 푸른역사.

• 모리스 & 스피박 외. 2013. 『서발턴은 말할 수 있는가?』. 태혜숙 역. 그린비.

• 몽테스키외. 1987. 『법의 정신』. 신상초 역. 을유문화사.

• 박갑근 외. 2009. 『개념사의 지평과 전망』. 소화.

• 박지향. 2003. 『일그러진 근대』. 푸른역사.

• 박홍규. 2010. 『근대의 특권화를 넘어서』. 창비.

• 버널, 마틴. 2006. 『블랙아테나』. 오홍식 역. 소나무.

• 베버, 막스. 2006. 『직업으로서의 학문』. 전성우 역. 나남.

• 블로트, 제임스. 2008. 『역사학의 함정-유럽중심주의를 비판한다』. 박광식 역. 푸른숲.

• 레이코프, 조지. 2002. 『몸의 철학』. 임지룡 역. 박이정.
　　　　　　　. 2007. 『프레임 전쟁』. 나익주 역. 창비.
　　　　　　　. 2015. 『코끼리는 생각하지마』. 유아영 역. 와이즈베리.

• 레이코프, 조지 & 존슨, M. 2006. 『삶으로서의 은유』. 나익주 외 역. 박이정.

• 사이드, 에드워드. 2000. 『오리엔탈리즘』. 박홍규 역. 교보문고.

• 스펜서, 허버트 저. 2014. 『진보의 법칙과 원인』. 이정훈 역. 지만지.

• 이정덕. 2008. "서구의 근대자의식과 쌀문명." 『쌀삶문명연구』, 창간호.

_____. 2012. "동아시아의 부활과 서구 사회과학의 위기: 서구사회과학의 서구편향성의 위기." 한국문화인류학회 가을학술대회 발표문.

_____. 2014a. "서구사회과학의 세계확산." 『열린전북』, 6월호.

_____. 2014b. "헤겔과 유럽중심주의." 『열린전북』, 11월호.

_____. 2014c. "칼 마르크스와 유럽중심주의." 『열린전북』, 12월호.

_____. 2015a. "막스 베버와 유럽중심주의." 『열린전북』, 2월호.

_____. 2015b. "몽테스키외와 유럽중심주의." 『열린전북』, 3월호.

_____. 2015c. "칸트와 유럽중심주의." 『열린전북』, 6월호.

_____. 2015d. "스펜스와 서구중심주의." 『열린전북』, 7월호.

• 임혜원. 2013. 『인지와 언어』. 한국문화사.

• 조한혜정. 1994. 『탈식민지 시대 지식인의 글 읽기와 삶 읽기』 2. 또하나의문화.

• 칸트, 임마누엘. 1992. 『칸트의 역사철학』. 이한구 역. 서광사.

_____. 2006. 『순수이성비판』. 백종현 역. 아카넷.

_____. 2008. 『영구평화론』. 이한구 역. 서광사.

• 칼리니스쿠, M. 1998. 『모더니티의 다섯 얼굴』. 이영욱 외 역. 시각과 언어.

• 코젤렉, 라인하르트. 1998. 『지나간 미래』. 한철 역. 문학동네.

• 해밀톤, 피터. 1996. "계몽주의와 사회과학의 탄생." 『현대성과 현대문화』. 스튜어트 홀 외. 현실문화연구.

• 헤겔, 게오르그. 2008. 『역사철학강의』. 권기철 역. 동서문화사.

• 홉슨, 존. 2005. 『서구 문명은 동양에서 시작되었다』. 정경옥 역. 에코리브르.

- 황성희. 2014. 『앤틱 소비를 통해서 본 서양의 의미 변화』, 전북 대 박사학위 논문.

  _____. 2011. 『공자와 세계 1-5』, 청계.

- 황태연 · 김종록. 2015. 『공자, 잠든 유럽을 깨우다』. 김영사.

- Ajith. 2007. "Rereading Marx on India"(인터넷 자료).

- Brook, T. ed. 1989. *The Asiatic Mode of Production in China*. Armonk, NY: M. E. Sharpe.

- Koselleck, R. 2002. The Practice of Conceptual History, trans by T. Prester et. al., Stanford Univ. Press.

- Marx, Karl. 1853. "The British Rule in India," New-York Daily Tribune 1853.06.25. (인터넷 자료 - www.marxists.org/archive/marx/works/1853/06/25.htm)

- Marx, Karl. 1856. "Speech on the Anniversary of the People's Paper"(인터넷자료 - www.marxists.org/archive/marx/works/1856/04/14.htm).

- Marx, Karl. 1951. *Marx on China*, (Notes by Dona Torr). London : Lawrence & Wishart.(*New-York Daily Tribune*에 실린 마르크스의 중국 관련 글모음집)

- Murphy, Nancy. 2011. "What Is Disenchantment? How Did it Happen? Why Does it Matter?" COSAC Conference, Melbourne, 2011년 8월 26일.

- Nordenbo, Sven Erik. 1995. "What is Implied by 'European Curriculum'? Issues of Eurocentrism, Rationality and Education." Oxford Review of Education, 21(1).

• Wallerstein, I. 1996. "Eurocentrism and its avatars: The Dilemmas of Social Science"(1996 한국사회학회 국제학술대회 발표문).

_____. 2001. *Unthinking Social Science: The Limits of Nineteenth Century Paradigms*, Philadelphia: Temple.

• Wang, Dunshu & Yu, Ke. 1989. "Further Comments on the Asiatic Mode of Production," in The Asiatic Mode of Production in China. ed. by Brook, T., Armonk, NY: M. E. Sharpe.

• Weber, Max. 1967 *Religion* of India. London: Free Press.

_____. 1968. *Religion* of China. London: Fred Press;

• White, Michael. 1999. *Isaac Newton*: The Last Sorcerer. New York: Basic Books.

• Williams, R. 1985. *Keywords*. Oxford Univ. Press.

제2장

근대, 동아시아, 중층근대성론

황성희

1. 근대성 담론의 귀환

진부한 주제로 인식되었던 근대성이 다시 주목받기 시작했다. 한국 학계를 이론적으로 장악했던 포스트 논의들이 근대 담론을 거대서사로 폄하하고 비판했기 때문에 근대성 논의는 구태의연한 것으로 치부되었다. 그런 시기를 거친 후 다시 근대성 논의가 대두되었고 근대성의 귀환이라고 할 수 있는 국면이 형성되었다(황정아, 2014: 138). 귀환한 근대성 논의에서 중심적인 내용은 한국 근대의 독자성을 설명하고자 하는 논의들과 근대성을 서양의 전유물로 간주하는 서양중심적 근대성에 대한 비판이다.

근대성의 귀환은 시기적으로 기존의 서양 패권주의를 견제하거나 대체할 수 있는 세력으로서 동아시아의 부상, 현시점인 후기 근대에 대한 문제의식과 맞물려 있다. '근대'가 배태한 다양한 사회, 경제, 문화, 생태적 난국을 돌파하기 위한 대안적 패러다임에 대한 탐색이 시도되었고 그 대안적 패러다임을 제공할 유력 후보로 부상한 지역이 동아시아이다. 2016년 12월~2017년 3월에 걸쳐 열린 서울 세종문화회관 미술관의 '훈데르트 바서'전[1]은 후기 근대가 요청하는 대안적 패러다임에 동아시아의 미학과 철학이 어떤 의미를 갖는지 보여준다. 훈데르트 바서는 일찍이 생태학적 건축 모델을 제시한 오스트리아의 저명한 건축가이자 화가이며 환경운동가로도 유명하다. 일본 미학에 대한 서양의 열광과 추종인 자포니즘에 관심이 있다면 훈데르트 바서의 건축 모형과 다양한 그림들을 통해서 바서가 자포니즘을 끌어들여 생태주의를 표현하고 있음을 알 수 있다. 일본 우키요에로부터 깊은 영향을 받은 고흐나 클림트를 연상시키는 화려한 색채의 과감한 사용, 화면을 평면적으로 구성하는 장식성의 강조가 훈데르트 바서의 작품들을 관통하고 있었다. 그리고 훈데르트 바서의 아르누보 양식에서 볼 수 있는 건축의 과감한 곡선의 채용은 아르누보에 새겨진 자포니즘의 각인이다. 게다가 훈데르트 바서는 대부분의 회화에 독일어 외에 일본어, 한자를 함께 사용하는 방식으로 인장을 남길 정도로 일본 미학에 심취해 있음을 드러냈다. 훈데르트 바서의 생태적 건축과 회화들은 후기 근대의 대안적 패러다임을 제공할 수 있는 가장 유력한 지역이 동아시아[2]라는 점을 보여준다.

---

1) 2016년 12월 14일~2017년 3월 12일에 걸쳐 전시된 세종문화회관 미술관의 〈훈데르트 바서 "The Green City"〉
2) 여기서 동아시아는 김상준이 사용하는 것처럼 한중일과 동남아시아, 극동 러시아, 몽골까지 아우르는 넓은 의미의 동아시아가 아니라 중국, 한국, 일본의 유교 문명권 동아시아 지역으로 한정된다(김상준, 2015: 8).

훈데르트 바서가 자포니즘으로 표출하는 후기 근대의 난점들에 대한 대안은 동아시아의 문물과 서양의 오랜 상호작용의 결과물이다. 서양 패권의 제국주의 시대에 중국과 일본 등지에서 건너간 동아시아의 물산이 서양의 문화적, 미적 욕구를 채워줌으로써 그들의 문화적, 미적 근대성 형성에 핵심적으로 관여해 왔다. 이것은 서양의 근대성이 서양만이 아니라 동아시아를 비롯한 비서양과 함께 만들어 왔음을 의미한다. 따라서 근대성의 서양 중심주의를 해체하는 것은 서양 근대성과는 별개의 근대성을 상정하는 것보다는 서양 근대성자체가 서양과 비서양의 합작품임을 드러내는 것이 더 적절하다고 생각한다.

서양 주도의 근대에 대한 위기의식이 만연한 후기 근대가 봉착한 난관들은 부르주아 근대성에 억압되었던 문화적, 미적 근대성의 추구를 통해서 돌파구를 찾고 있다. 그런데 부르주아 근대성과 대비되는 미적, 문화적 근대성에 핵심적인 내용을 제공해 왔던 것이 중국과 일본의 동아시아 미학이다. 따라서 다양한 근대성 개념을 상정하는 것보다는 기존의 서양 근대성으로 주장되고 인식되었던 내용들을 다시 검토하여 서양 근대성 형성에 미친 비서양의 역할과 의미를 밝혀서 서양 근대성의 지구적 형성과정을 조명하는 것이 근대성의 서양중심주의를 탈피하는 방법이라는 점을 생각해 볼 수 있다.

근대성의 서양 중심주의에 대한 비판적 논의 중 하나인 김상준의 중층근대성론은 근대성의 문명적 다중성을 주장하며 서양 중심의 근대성 논의를 비판한다. 하지만 김상준의 논의 역시 서양 중심의 근대성을 동아시아 중심의 근대성으로 수정하려 한다는 의혹에서 자유롭지 못하다. 김상준은 근대의 시기 구분을 새롭게 시도하여 서양이 주도하는 근대를 역사적 근대 안에 한정시키고 초기 근대 개념을 도입

하여 근대 시점을 연장시킴으로써 '동아시아의 근대'가 작동할 수 있
는 근거를 마련한다. 김상준의 초기 근대-서양 주도의 근대-후기 근
대의 도식에서 동아시아는 처음 단계인 초기 근대 시기와 마지막 단
계인 후기 근대에서 주도적인 역할을 해왔고, 할 것으로 상정되고 있
다. 그러나 서양 주도의 근대 시기에도 구체적인 물질적 삶의 세계에
서 동아시아의 영향력은 컸다(미스기, 2001: 브룩, 2008; 황윤 · 김준
성, 2010; 리궈룽, 2008). 바로 이 점은 서양의 근대와 동아시아의 근
대가 불가분의 관계에 있다는 것을 드러내고 서양의 근대성 자체를
동양 혹은 동아시아를 배제하고 생각할 수 없다는 것을 보여준다. 따
라서 서양의 근대성과는 별개의 동아시아의 근대성이라는 또 하나의
근대성을 상정하는 대신 통상적으로 서양의 근대와 근대성이라고 주
장되고 인식되어 왔던 것을 수정하는 것이 진정한 대안으로 보인다.

이 글에서는 근대성의 문명적 다중성을 주장하며 근대성의 서양 중
심주의를 해체하고 동아시아의 근대를 위한 서사구조를 구축하려는
김상준의 중층근대성론과 근대성의 문화적 다양성을 주장하는 인류
학의 복수근대성에 대한 논의를 간략하게 살펴본 후 대안적인 근대성
에 대해 탐색해 보고자 한다.

2. 근대성의 서양 중심주의 해체

1) 서양 근대성 자체의 균열

칼리니스쿠는 서양 안의 근대를 둘러싼 상이한 흐름을 서양 근대의

두 갈래 길로 나누고 그것을 상충하는 두 개의 근대성으로 정리했다. "과학과 기술의 진보, 산업혁명, 그리고 자본주의에 의해 야기된 광범위한 사회경제적 변화의 산물인 근대성과 미적 개념으로서의 근대성 사이에 돌이킬 수 없는 균열이 생겼다"(칼리니스쿠, 1998: 53)고 주장하며 전자는 부르주아 근대성으로, 후자는 반부르주아 근대성으로 개념화한다.

칼리니스쿠의 부르주아 근대성은 고대성과의 연관을 통해 당대를 중세와 구분 지었던 근대 초기의 두드러졌던 전통을 계승하고 있다. 즉 진보의 원리, 과학과 기술의 유용성에 대한 신뢰, 측정가능하고 사고 팔 수 있는 것으로서의 시간관념, 이성 숭배, 추상적 휴머니즘의 틀 안에서 실용주의를 지향하는 자유의 이상을 주된 내용으로 하고 있으며 서양 중산층들이 수용한 핵심 가치체계가 되었다. 그리고 서양이 패권화 되어 갈 때 승승장구하는 서양 문명의 핵심 가치로 유포되었다(칼리니스쿠, 1998: 53). 이와는 반대의 길이 반부르주아 근대성이 가야할 길이었다. 반부르주아 근대성은 계몽주의에 반대하며 반부르주아적 가치를 표방한 낭만주의에서 태동했으며 중산층의 가치를 속물근성으로 폄하했고 폭동, 무정부주의, 귀족적인 자기유폐에 이르는 다양한 방식으로 그 세계를 드러냈다. 미적 근대성 혹은 문화적 근대성으로 불리는 반부르주아 근대성은 긍정적인 열정보다는 부르주아 근대성에 대해 철저히 거부하며 소멸적인 부정적 열정을 표출했다(칼리니스쿠, 1998: 54). 그 때문에 근대성의 전개 과정에서 결과적으로 반부르주아적 근대성은 부르주아 근대성에 대해 긍정적인 역할을 한다(김상준, 2007: 257: 칼리니스쿠, 1998: 54-55). 반부르주아 근대성은 부르주아 근대성을 비판할 뿐만 아니라 그것을 보완, 수정하는 역할을 통해 서양의 근대가 안고 있는 모순을 해소하고자 했다. 서양의 근대가 대척점으로서 배척했던 중세와 동양은 반부르주아 근대성의 요소로 동원되었다. 그 대표적인 사례가 19세기 중후반 윌리엄 모리스가 주도한 미술공예운동과 19세기 후반에서 20세기 초에 걸쳐 일어났던 아르누보 운동이다.

이와 같이 부르주아 근대성과 반부르주아 근대성으로 서양 근대성이 분열되고 대립된다는 인식은 서양 근대성이 모순적이고 복잡한 흐름을 담고 있다는 점을 드러내어 유일무이한 서양 근대성이 허구이자 신화라는 점을 드러낸다.

2) 다양한 근대성에 관한 논의

서양 중심적 근대성에 이의를 제기하는 흐름은 크게 다중근대성론과 대안근대성론으로 정리할 수 있다. 이 두 가지 흐름은 서양 근대성의 유일무이함을 부정한다는 의미에서는 동일하지만 구체적인 출발점과 맥락은 다르다. 다중근대성론은 주로 역사사회학을 중심으로 논의되어 왔고 대안근대성론은 인류학이 주도했다. 다중근대성이론은 Daedalus(1998)의 「early modernities」 특집호를 통해 등장했고 아이젠슈타트(Eisenstadt), 비트록(Wittrock), 아나슨(Anarson) 등이 대표적이다(김상준, 2007: 244). 다중근대성론은 주로 서양 밖의 근대성 전개양상에 주목하여 근대성의 문명적 다중성을 강조한다. 근대성을 서양 문명의 전유물로 간주하지 않고 근대를 잉태했거나 잉태할 수 있었던 문명들이 다수 존재한다고 주장한다.

또 하나의 대안적 주장인 대안근대성론은 문화이론, 문예-정치

비평, 인류학 등 다양한 영역에서 제기되었다. 대안근대성의 주창자들은 아파두라이(Appadurai), 길로이(Gilroy), 옹(Ong), 가온카(Gaonkar) 등으로 주로 서양 내의 소수 인종사회나 이민자사회에서 표출되는 다채로운 근대성에 주목한다(김상준, 2008: 244). 근대성의 문명적 다원성을 강조하는 역사사회학계의 다중근대성과 달리 대안근대성론은 근대성의 문화적 다중성을 강조한다. 다중근대성론과 더불어 근대성을 단수가 아닌 복수로 이해한다는 점에서 '유일한' 서양 중심의 근대성을 부정하는 공통성을 갖는다(김상준, 2008: 244). 그러나 이 양자는 근대성의 서양 중심주의에 대해 도전하지만 근대성의 시작과 척도를 여전히 서양의 근대에 둔다는 점에서 서양 중심적 근대성의 대안 패러다임으로서는 한계를 갖는다(김상준, 2008: 245).

인류학에서 근대성의 표준적인 담론이 된 것은 다양한 근대성(multiple modernities) 개념이다(토마센, 2012: 160). 논의의 출발점은 1980년대에 포스트모던 인류학의 고전 인류학에 대한 비판이다. 1980년대 포스트모던 인류학의 성찰적, 해체주의적 귀결은 인류학의 이론과 실습이 서구 근대성이라는 거울을 통해 창조되었기 때문에 인류학은 근대의 에피스테메로부터 해방되어야 하고 단일하고 억압적인 근대의 서사에 대항하여 그것을 넘어서는 새로운 개념을 제시하는 것이었다(토마센, 2012: 161). 이와 같이 1980년대의 인류학이 고전 인류학을 서양 중심적이고 억압적인 것으로 해체함으로써, 즉 인류학의 서구 중심적이고 단일한 근대성 전제를 해체함으로써 인류학은 새로운 출발점을 마련했고 1990년대 후반 이후 본격적으로 근대성의 복수화 패러다임이 확립되었다. 근대성을 다원화하는 것은 서구 근대성의 정체를 폭로하는 것이었다.

토마센은 1990년대 후반 이후 확립된 인류학의 21개의 복수 근대
성 개념을 1) 복수성을 의미하는 일반적인 용어, 2) 역사 속의 근대
성, 3) 저항 근대성, 4) 취약한 근대성, 5) 긍정적인 근대성의 5가지
범주로 요약하고 각각은 시간적인 선후 관계를 갖는 것으로 설명한
다. 주로 역사학이나 사회학에서 논의하는 2) 역사 속의 근대성 개념
을 제외한 나머지 1), 3), 4), 5)의 범주는 그 출현 시기가 시간적인 순
서에 따른 것이며 동시에 개념상의 발전을 의미하는 것으로 평가되었
다. 1) 다양한 근대성 범주는 복수성을 나타내는 일반적인 용어들로
서 1990년대 초중반에 다양성을 설명하기 위해 포스트-포스트모던
의 어휘를 확립하려는 시도로 이해되었다. 3)의 저항적 근대성 범주
는 단순한 복수성 이상을 의미하기 위한 것이고 4) 취약한 근대성 범
주와 5) 긍정적 근대성 범주는 가장 최근의 개념들이다. 1980년대 포
스트모던의 성찰적 인류학이 출현한 이후 근대성은 자민족중심적, 억
압적, 계급적, 획일적인 의미보다는 대항적이고 성찰적(성차적) 정체
성을 배제하는 것으로 해체되었는데 4) 취약한 근대성과 5) 긍정적
근대성에서는 근대성 자체가 취약하고 억압받는 것으로 상정되어 약
자의 지위를 부여받게 된다. 그 약자의 위치로 인해 근대성은 새로운
긍정성을 얻게 되었다(토마센, 2012: 164-165).

 인류학의 5가지 범주의 복수 근대성 개념들은 실질적인 차이점들
이 존재하지만 핵심적인 가정을 공유하고 있다. 1) 분석적 유럽중심
주의에 대한 반대, 2) 단일한 근대화 과정에 대한 거부, 3) 글로벌-로
컬 관계에 대한 집중, 4) 사람들에게 집행력을 부여하는 것 등이다.
특히 인류학이 복수의 근대성 개념을 포용한 강력한 동기는 근대성
안에서 살아가고 삶을 통해 근대성을 경험하는 사람들을 억압했을 뿐

만 아니라 그 목소리를 앗아갔던 근대성을 사람들에게 돌려준다는 측면이다(토마센, 2012: 166).

그러나 위의 전제들을 공유함에도 불구하고 인류학의 복수 근대성 개념은 근본적인 논쟁의 여지가 있다. 다양한 복수의 근대성 개념은 서술적 차원에서는 의미 있는 도구가 되지만 분석적 레벨에서 정의할 수 없는 것이 되고 말았다. 즉 서양의 단일한 근대성 개념을 다양한 복수의 근대성 개념으로 대체했기 때문에 근대성은 기술적인 도구로 작동하지만 분석적 개념으로는 작동할 수 없다. 현재 인류학의 근대성의 복수화가 궁극적으로 세계에 공존하는 다양한 문화형태를 기술하는데 이용된다면 근대성의 개념이 지닌 분석적 가치는 약화되고 관점으로서 얻을 게 없다(토마센, 2012: 168-169). 그러나 토마센은 인류학의 복수 근대성 패러다임이 분석적 개념이 아닌 기술적 도구로 전락했음을 지적하면서도 그것에 대한 근본적인 해결은 인류학의 역할과 범위를 벗어나는 일이라고 말한다. 지구화의 압도적인 힘에 저항하기 위한 암시적이거나 명시적인 전략으로서 대안적 혹은 억압된 근대성 개념을 활용하는 것이고 우리가 살고 있는 세계를 이해하는 기술적 도구로서 복수 근대성 패러다임이 의미가 있다는 점에 동의한다. 또한 인류학의 존재이유가 문화의 창의성과 혁신에 대한 감탄이고 인류학은 문화적 다양성을 기반으로 삼기 때문에 인류학의 복수 근대성 패러다임을 벗어나는 일은 인류학이 감당하기 어려운 작업임을 수긍한다(토마센, 2012: 170-171).

이렇게 인류학의 복수 근대성 패러다임이 지닌 분석적 차원의 문제점을 지적하면서 토마센은 근대성에 대한 자신의 견해를 제시하는데 그것은 구조적 유사성으로 동질성 대 이질성 논쟁을 수정하는 것이다. 근대성의 기원을 단일한 것으로 혹은 이질적인 것으로 보는 이 분법적 시각에서 벗어나 다양한 것들 안에서 구조적 유사성을 찾아내 는 것으로 개념에 대한 합의를 이끌어내자는 이야기이다. 베버, 야스 퍼스, 아이젠슈타트처럼 다양한 문명들 안의 구조적 유사성을 확인하 는 것에서 돌파구를 찾았다. 구조적 유사성은 분석적 개념이 될 것이 고 그것의 다양한 전개 양상은 기술적 측면이 될 것이다. 그런데 이것 은 결국 역사사회학계에서 주장하는 근대성의 문명적 다중성으로 귀 결되는 것이다. 따라서 근대성의 서양 중심주의를 해체하기 위해 근 대성을 복수화하는 방식에서 근대성의 문화적 다양성을 강조하는 인 류학의 방식보다는 문명적 다중성에 주목하는 역사사회학의 방식이 방법론적으로 더 정교하다.

　토마센은 자신이 보는 근대성의 개념을 제시하는데 그것은 "한계 의 상실, 성장을 향한 드라이브, 새로운 것에 대한 끊임없는 추구, 주 어진 조건을 넘어서는 것" 등으로서 "영구적인 리미널리티"로 요약한 다. 따라서 근대성의 문제는 서양 혹은 유럽이 아니라 근대성 자체에 있다고 말한다(토마센, 2012: 173). 한계를 끊임없이 넘어서려고 하 고 새롭고 발전된 것을 추구하는 것이 근대성이고 서양의, 유럽의 근 대성은 그것의 특수한 형태이다. 따라서 근대성은 그것을 복수화시킴 으로써 즉, 근대성에 문화적 다양성을 부여하는 것으로 극복되지 않 는다고 본다. 근대성을 '영구적인 리미널리티'로 보는 토마센의 견해 는 근대성을 새로움 혹은 새로움을 추구하는 것으로 파악하는 흐름 과 동일하다. '새로움으로서의 근대성'을 규정하는 대표적인 견해는 마샬 버먼의 논의이다(황정아, 2014: 139). 황정아에 따르면 새로움 으로서 근대성을 규명한 버먼의 논의는 개념의 유용성이라는 장점을 갖지만 '시대구분'으로서 근대가 지닌 성격을 탈각해버리고 근대라는 시간 속에 녹아있는 새롭지 않은 것들의 존재를 설명할 수 없게 된다(황정아, 2014: 141-147). 이와 같이 인류학의 다양한 근대성 논의가 지닌 분석적 차원의 문제점을 해결하는 방책으로 그 반대편인 고도의 추상화를 선택한다면 또 다른 난관에 부딪힌다. 이 점에서 근대성의 서양 중심주의를 해체하기 위해 비서양의 다양한 근대성을 끝없이 나열하는 방식이나 반대로 근대성을 고도로 추상화시키는 방식의 양극단을 피한 것이 근대성의 문명적 다중성을 주장하는 역사사회학계의 입장이다.

3. 중층근대성론: 근대성의 구조적 상동성

1) 근대성의 시기 구분과 중층 구성

근대성의 서양 중심주의를 극복하려는 작업을 해온 김상준은 전지구적 맥락에 보편적으로 적용시킬 수 있는 근대성 개념에 대해 고심했다. 김상준은 "현재 우리가 직면하고 있는 지구화는 근대성의 지구적 확산이고 이것은 서양 근대성으로의 수렴이 아니라 다양한 모습의 근대성"이라고 주장한다(김상준, 2007: 243). 서양 중심적 근대성은 현실이 아니라 이데올로기에 불과함을 지적하고 '비서양의 보편사적 과거'를 조명하는 역사적 증거들에 의거하여 비서양의 근대성까지 아우르는 새로운 근대성론을 모색했다(김상준, 2008: 244). 일련의 연구들(2003; 2005; 2007a; 2007b; 2011; 2015)을 통해 '근대성의 역사적 중층구성'(이하 중층근대성론) 개념을 대안적 근대성론으로 제시했다(김상준, 2007: 250-255). 김상준의 근대성론은 먼저 근대를 3단계의 역사적 시기로 구획한다. 근대는 원형기-식민기-지구화기(김상준, 2007b: 250) 또는 '초기 근대-서구 주도 근대-후기 근대'의 3단계(김상준, 2015: 14)를 경과하면서 진행되어 왔다. 그런데 이 세 단계는 시간적인 선후성을 갖지만 한 단계는 다음 단계에 의해 완전히 대체되어 사라지는 대신 누적된다. 따라서 현존하는 모든 근대문명들은 이 3개의 근대성의 층이 누적되어 이루어져 있다.

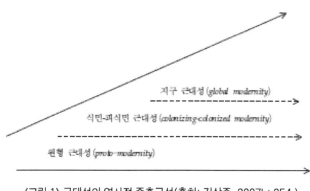

〈그림 1〉 근대성의 역사적 중층구성(출처: 김상준, 2007b: 254.)

김상준이 보는 근대성의 핵심은 '세계화와 세속화'이다(김상준, 2007b: 249). 따라서 유럽 문명과 비유럽문명에 잠재한 세계성과 세속성이 발현되는 계기를 찾는 것이 '새롭고 보편적인' 근대성론을 세우는 출발점이 된다. 그것은 지구상의 소수의 특정 문명권에 일찍부터 주어졌던 초월성과 세계성을 핵심으로 하는 가장 저변에 놓인 근대성의 원형적 계기를 찾는 것이다. '성과 속의 통섭'이라는 원리가 근대성을 배태한 원형으로 제시되었다(김상준, 2007b: 250-251). 이 근대성의 원형적 계기는 지구상의 문명권 중에서도 중동, 인도, 중국에 주어졌고 이들 문명들 간에는 부분적이고 단속적인 교류가 존재했다. 근대성의 내재적 계기를 가진 이들 문명 간의 교류에 힘입어 근대성의 근거가 성장해 갔고 그 교류망 중 어느 한 곳에서 현실성으로서의 근대, 즉 '역사적 근대'가 시작되었다고 보았다(김상준, 2007b: 249).

근대성의 역사적 중층구성의 가장 저변에 깔린 원형적 근대성의 초월성과 세계성은 근대적 통섭 구조가 생길 수 있는 틀을 만든 것이기에 의미가 있다. 원형근대기의 초월성과 세계성의 구체적인 표현은 기원전 특정 소수의 문명권에 출현했던 윤리종교와 철학, 고대제국의 출현이었다(김상준, 2007b: 250). 원형 근대성은 역사적 근대 시기의 근대성이 지닌 기본 구조를 제공해준다는 의미에서 근대성의 담지체로 인식된다. 이 원형 근대성 층위의 최종단계가 '초기 근대'이다. 그리고 이 초기 근대가 '역사적 근대'의 시발점이다. 김상준은 역사적 근대의 시발점인 초기 근대가 비서양에서 먼저 만개했음을 실증적으로 보여주기 위해 유교에 관한 자신의 실증적인 연구들(2003; 2005; 2007a; 2011)과 유럽 근대의 형성에 대한 아시아의 영향을 조명한 연구들[3]을 활용한다. 이 연구들을 근거로 초기 근대가 최초로 표출된

---

3) Needham, Joseph, 1971. Science and Civilization in China v.4. Cambridge: CambridgeUniversity Press, Rahman, Abdur(ed.). 1984. Science and Technology in Indian Culture. New Delhi: National Institute of Science, al-Hassan, Ahmand and Donald Hill. 1986. Islamic Technology. Cambridge: Cambridge University Press, Kuhn, Dieter. 1988. Science and Civilization in China V(9). Cambridge: Cambridge University Press, Temple, Robert. 1999. The Genius of China. London: Prion Books, Chaudhuri, N. K. 1990. Asia Before Europe: Economy and Civilization of the Indian Ocean from the Rise of Islam to 1750, Cambridge:

곳은 서유럽이 아니라 중국 송-원 연간이었고(김상준, 2009) 그것을 월러스틴의 '긴 16세기'와 비견되는 '긴 10세기'로, 팍스 브리태니카 (Pax Britanica)와 대비되는 팍스 몽골리카(Pax Mongolica)로 지칭된다(김상준, 2007a: 943). 이 초기 근대의 출현과정에는 서양이 비서양에 미친 영향보다 오히려 비서양이 서양에 미친 영향이 훨씬 컸다(김상준, 2007b: 251).

근대성의 두 번째 층위인 식민-피식민 근대성은 '지리상의 대발견' 이후 1~2백년이 흘러 유럽세력의 우위가 형성되던 시기에 구성되기 시작했다고 본다. 이 시기에 비서양에 식민 거점을 확보한 유럽 몇 개 국에서 초기 근대를 넘어서는 발전양상이 나타나 근대성의 제2층위인 식민-피식민 층위가 시작되었다. 그리고 근대성의 최상층인 지구 근대성의 층위는 이른바 '후기 식민주의' 시대가 시작될 때 형성되었다. 탈식민화 과정은 문명 간 고립이 아닌 문명 간 교류를 가속화하는 방향으로 진행되었고 그 최근 현상이 현재 직면한 지구화이다(김상준, 2007b: 254). 근대성이 전개되는 가장 본질적인 계기 중 하나를 세계성으로 보았기 때문에 김상준에게 지구화 현상은 근대성의 내재적 속성이 전면적으로 표현된 결과이다.

이렇게 현존 근대 문명은 모두 3가지 근대성의 층위로 구성된 근대성의 중층구조를 가지고 있다는 점에서는 동일하지만 구체적인 내

Cambridge University Press, Frank, A.G. and Gills Bary. 1993. The World System: Five Hundred Years or Five Thousand? London and New York: Routledge, Frank, Andre Gunder. 1998. ReOrient: Global Economy in the Asian Age. Berkeley:University of California Press, 주겸지. 2003. 『중국이 만든 유럽의 근대: 근대유럽의 중국문화 열풍』. 전홍석 역. 청계, 클라크, J. J. 2004(1997). 『동양은 서양을 어떻게 계몽했는가』. 장세룡 옮김. 『우물이있는 집』 등이다.

용에서는 차이가 난다. 세 개의 층위의 기원과 전개방식, 그리고 그들 상호간의 교직방식이 다양하기 때문에 근대성은 다양한 경로로 진행해왔다(김상준, 2007b: 255). 김상준의 중층근대성론은 서양 중심주의적 근대성이 내부적으로만 형성되어 외부로 전파된다는 단순한 설명과 도식 대신 근대성은 외부와의 끊임없는 교류의 상호교합적인 복잡한 과정임을 드러낸다. 동과 서, 이질적인 문명들은 뒤섞일 뿐만 아니라 상이한 층위의 근대성들이 중층적으로 누적되는 형식을 통해 근대성은 다양하게 구성된다.

김상준의 중층근대성 개념은 인류학의 복수 근대성 패러다임을 논의하면서 토마센이 지적했던 분석적 차원의 문제를 해결하면서 동시에 기술적 도구로서도 가능할 수 있는 지점을 보여준다. 근대성으로 포착해 낼 수 있는 구조적 상동성을 이끌어 냈는데 그 구조적 상동은 근대성의 중층적 구성과 더불어 소수의 문명권에 안이 있다는 '성속의 통섭 전도'이다(김상준, 2007b: 258-259). 성속(聖俗)의 통섭은 성, 즉 종교적이고 초월적인 논리가 속, 세속의 삶을 통괄적으로 포섭하는 것을 말하거나 그 역을 말한다(김상준, 2007b: 259). 김상준은 역사적 근대란 고대에 출현한 '성(聖)에 의한 속(俗)의 통섭' 구조가 전도되어 '속에 의한 성의 통섭' 구조로 변화하면서 가능한 것으로 보았다.

2) 성-속 통섭구조의 전환

고대 세계는 성의 원리가 속을 통섭했던 시기였고 그것은 고대의 대표적인 문명들이 보여준 보편적인 모습이었다. 김상준은 고대의 성

에 의한 속의 통섭을 야스퍼스가 말한 "축의 시대"(Axial Age)'에서
찾았다(김상준, 2007: 261). 야스퍼스의 축의 시대란 불교, 유교, 기독
교 등 고대의 세계윤리와 종교가 출현한 시기이다. 이 축의 시대가 마
련한 토대에서 불교, 유교, 기독교, 이슬람교, 힌두교 문명이 근대성의
담지체(김상준, 2007b: 261)인 원형 근대성을 보이며 나타났다. 가능
성으로서의 근대가 아니라 현실로서의 근대인 역사적 근대의 출현은
고대세계의 성이 속을 통섭하던 통섭구조 I 이 붕괴되고 그 구도가 역
전되면서 시작되었다(김상준, 2007b: 261-262).

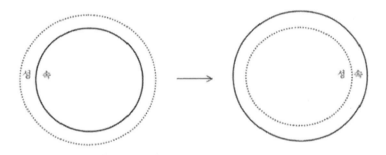

〈그림 2〉 성(聖)과 속(俗)의 통섭관계 변화
통섭 I : 전통적 통섭구조(성이 속을 통합) → 통섭 II : 근대적 통섭구조(속이 성을
통합) 〈자료: 김상준, 2007b: 259〉.

성속 통섭 구조의 전도내지는 변환으로 근대가 출현했다는 주장
을 통해 김상준이 '근대화=세속화'로 보고 있음을 알 수 있다. 성이 속
을 원리적으로 통괄하는 것에서 속이 성을 원리적으로 통괄하는 것으
로의 변화가 바로 세속화 현상이다. 김상준은 이 세속화 경향을 베버
도 일찍이 파악했으나 베버는 그것을 보편적 근대성의 개념으로 제시
하지 않고 서양에 한정시켰다고 비판한다. 세속화 경향과 더불어 베

버가 보는 근대성을 집약하면 합리적 자본주의, 합리적 법-행정체계, 합리적 사회분화를 기본축으로 하는 전 사회의 합리화이고 이 세 가지 수준이 완벽하게 일체가 되어 나타난 곳은 유일하게 서양이 된다. 따라서 베버의 근대성론은 서양근대성론이 된다. 베버가 말하는 서양의 근대성이란 '속에 의한 성의 통섭'이라는 근대적 통섭구조의 한 현상에 불과하다(김상준, 2007b: 259). 따라서 근대성에 대한 베버의 논의는 문화적-미적 근대성, 후기근대성, 비자본주의적 근대성, 비서양 근대의 다양한 경로를 포괄할 수 없다.

그러나 김상준의 논의 역시 전지구적 맥락에 적용할 수 있는 보편적 구조, 즉 구조적 상동성에 몰두함으로써 현실을 왜곡하거나 간과하는 오류를 범한다. 근대성의 구조적 상동성인 성-속의 통섭관계의 전환에서 근대적 의미의 세속화 내용을 규정하는 것이 서양의 세속화임을 망각한다. 김상준은 베버가 주장하는 근대성=세속화 과정에서 제시하는 내용을 세속화의 특수한 표현이라고 한정하지만 사람들이 근대를 상상할 때 동원하는 세속화의 내용은 베버가 말한 서구적 세속성이기 때문에 서구적 세속성의 내용은 근대라는 개념의 정체성 구성에 필수적일 수밖에 없다. 즉, 근대성의 발현으로서 세속화를 말할 때 그 내용은 베버가 제시한 세속화를 근거로 삼게 된다. 따라서 근대성의 서양 규정성을 벗어나는 것은 근대라는 용어를 사용하는 한 지난한 일일 수밖에 없다. 그렇기 때문에 근대의 서양 중심성을 벗어나려면 근대라는 용어자체를 폐기해야 한다는 주장까지 나온다(이정덕, 2008).

그렇다면 서양의 세속성이 그 일부가 되는 근대적 세속성의 내용이 존재하는가? 근대적 현상으로서 세속화의 내용을 베버의 주장을 넘어서서 제시할 수 있는가? 흔히 동아시아의 세속성 내지는 세속화를 이야기 할 때 그 귀결점은 유교이다. 이 점에서 김상준의 논의도 예외가 아니다. 동아시아의 세속성과 세속화가 유교적인 것이라면 적어도 동아시아에서는 김상준이 말한 성-속 통섭구조의 전환은 일어나지 않은 것이 된다. 따라서 동아시아의 근대와 서양의 근대를 동시에 포괄하는 구조적 상동성으로서 성-속 통섭구조의 변환 내지 전도는 의미가 없어진다. 김상준이 설정한 '초기 근대'와 '후기 근대'에서의 동아시아의 역할은 동아시아의 유교문명에 기반 한 것이다(김상준, 2015: 15-17). 이것은 동아시아의 경제적 부상을 유교 자본주의로 설명하는 논의를 연상시키면서 동아시아 특유의 유교 근대에 관한 이야기가 되고 만다. 유교와 자본주의가 선택적 친화력이 있다는 것처럼 유교는 근대와도 선택적 친화력이 있다는 이야기가 되고 만다.

4. 동아시아와 서양의 근대성

1) 문화적, 미적 근대성

서양의 근대성에 상이하고 모순된 흐름들이 존재한다는 칼리니스쿠의 반부르주아 근대성 개념으로 기존의 서양 근대성 개념을 확장시키고 수정할 수 있다. 칼리니스쿠는 부르주아 계급이 신봉하는 가치인 계몽주의적 근대성, 즉 사회경제적 근대성에 대해 비판적이고 저항하는 근대성으로서 문화적, 미학적 근대성인 반부르주아 근대성 개념을 말했다. 반부르주아 근대성은 부르주아 근대성과 대립하고 저항하지만 그로써 부르주아 근대성을 수정, 보완하는 역할을 담당해 왔다. 이 부르주아 근대성 개념에 중세와 동양적인 가치와 요소들이 스며들어 서양의 계몽주의적 근대성을 보완하는 기능을 해왔다. 일찍이 앞선 물질문명을 보여주었던 중국과 일본의 동아시아는 서구 근대성의 형성과정에서도 '구성적 외부' 혹은 '내부의 타자'로서의 역할을 담당해 왔다. 계몽주의적 가치와 산업혁명이 가져온 '끔찍한' 결과물들에 대항하여 일상 속의 미학, 수공예성의 도래를 외쳤던 미술공예운동과 아르누보 양식의 대두는 동아시아의 미학을 수용한 반부르주아 근대성의 표출이었다. 서유럽의 근대는 그자체가 비서양과의 교류의 산물이었고 서유럽의 근대가 진행되는 과정에서 발생한 갈등과 모순은 비서양적인 것들을 통해 교정, 보완되었다. 그때 핵심적인 내용을 제공한 것은 서유럽에 시누아즈리와 자포니즘을 일으켰던 중국과 일본 등 동아시아였다. 20세기 초 미국의 동양 소비가 미국의 근대에 갖는 의미를 살펴본 토마스 김의 논의(Kim, 2007)도 미국이 근대화되는 과정에서 근대가 만들어내는 모순과 갈등을 더욱 드러냄으로써 그것을 완화하는 역할을 한 동양과 동양적인 것에 주목한다.

모레띠가 주목하는 자본주의 패권국가로서 정점에 도달했던 빅토리아 시대의 영국에서 옛 귀족의 헤게모니가 관찰된 '빅토리아시대의 수수께끼'(황정아, 2014, 148에서 재인용)는 반부르주아 근대성 개념으로 설명할 수 있다. 부르주아 근대성이 노정한 발전 노선의 추구와 전지구적인 식민지 경영으로 확보된 물질의 풍요 속에서 부르주아 계급이 문화적, 미적 근대성을 추구한 것으로 해석된다. 유래 없는 풍요 속의 빅토리아 시기에 만들어진 다양한 가구와 공예품 등은 현재 '앤틱'으로 남아 있다. 서양 앤틱 소품들에 새겨진 동양의 영향은 그들이 생활 속에서 탐미성을 구현하는데 동양의 미학이 큰 역할을 했다는 점을 보여준다.

2) '구성적 외부' 혹은 '내부의 타자'

현재 수많은 서양 앤틱으로 남은 서유럽의 공예품들과 생활용품들을 통해 볼 수 있는 서양의 근대성에 끼친 동양, 특히 동아시아의 역할은 크게 주목받지 못했다. 산업혁명도 동양과의 교류 결과 일어난 일상생활 속의 소비혁명이 없었다면 불가능했다는 주장이 있다. 경제 역사학자 맥신 버그는 산업혁명에 대한 기존의 연구가 생산성 혁명에만 치중되어 소비 혁명을 등한시한 점을 지적하면서 18세기 영국에 소비혁명을 가져왔을 뿐만 아니라 그 모방과정이 끊임없는 기술 혁신의 결과를 가져온 중국과 인도의 생활용품들이 지닌 의미를 환기시킨다(Berg, 2002; 2004). 그럼에도 불구하고 동양의 물산이 서유럽에 불러일으킨 기술적, 문화적, 미적 영향이 과소평가되거나 등한시 된 근본적인 원인은 '근대의' 동-서 교류를 오리엔탈리즘의 프레임으로 해석하기 때문이다. 근대가 시작될 무렵부터 서양에 대거 유입되었던 동양의 물산은 고급 예술품보다는 일상생활에 활용되는 공예품들이 중심이었고 이것들에 대한 오리엔탈리즘적 소비를 다룬 연구들은 주로 미술사, 예술사, 건축, 섬유, 도자기 등 실용미술 분야에 집중되어 있다(강은주, 2008; 김영나 · 김이순, 2009; 마부치, 2004; 백찬욱 2010; 신주영 · 김민자 2006; 오장환, 2004; 정흥숙 · 박형애, 1998; 최정환, 2003; 황윤 · 김준성, 2010). 이 연구들은 당시 동양의 물산들이 서양에 가져온 문화 예술적 변화에 주목하는 대신 서양이 동양을

오리엔탈리즘으로 전유한 측면에 집중한다. 시누아즈리와 자포니즘
에 대한 연구들의 결론도 대부분 오리엔탈리즘이다.

　네덜란드와 영국의 동인도회사에 의해 동양의 물산들이 서양에 대
대적으로 유입되었을 때 서양이 보여준 열광은 대표적으로 중국을 답
습한 중국풍 유행인 시누아즈리(chinoirserie)와 그 이후 일본과 일
본적인 것에 열광한 일본풍 유행인 자포니즘(japonisme)으로 표현
되었다. 시누아즈리는 프랑스어로 중국을 의미하는 chinoir에서 유래
한 것으로 중국과 중국을 모방한 장식적 모티프가 지배적이었던 장식
미술의 한 유형을 말한다. 동서양의 교류에서 시누아즈리 경향은 근
대 이전부터 존재했다. 중국이 서양에 영향을 끼친 가장 대표적인 물
산인 비단을 통해서 고대 로마시대부터 시누아즈리를 찾아볼 수 있다
(정홍숙 · 박형애, 1998: 160-161). 비단에서 시작된 시누아즈리 경
향이 가장 뚜렷해진 시기는 동서양이 직접 교역하게 된 근세가 시작
될 무렵이며 프랑스의 로코코 스타일이 중국적 요소를 받아들여 로코
코 문화가 만개했던 17세기 후반부터 18세기까지였다(정홍숙 · 박형
애, 1998:160). 로코코에 이어 신고전주의가 등장하면서 시누아즈리
의 유행은 끝났다.

　유행으로서 시누아즈리는 끝났지만 현재에도 시누아즈리는 이
국주의(exoticism)를 대표하는 한 유형으로 남아있을 정도로 중국
과 중국풍이 유럽의 문화예술에 미친 영향은 컸다. 특히 유럽의 문
화에서 그 어떤 양식보다도 화려했던 로코코 양식이었기 때문에 시
누아즈리는 더욱 주목 받았다. 로코코양식이 유럽을 휩쓸 때 로코코
의 물결에서 비켜 서있던 영국에서조차도 시누아즈리는 치펜데일

(chippendale) 양식[4]으로 영국의 가구 디자인이 중국적 요소를 끌어들여 혁신의 과정을 겪는 데에 핵심적인 역할을 담당했다(황혜진·김민자, 2011: 22). 이 치펜데일 양식은 영국을 넘어 유럽과 식민지였던 미국, 캐나다까지 확산되어 서양과 비서양 세계에 전형적인 유럽 스타일 가구로 인식되었다. 치펜데일 양식을 통해서 중국적인 것이 유럽에 흡수되어 가장 유럽적인 것이 된 사례를 보여준다.

시누아즈리에 대한 연구들은 중국과 중국 스타일에 대한 유럽인들의 열광, 시누아즈리가 유럽 문화와 예술에 미친 심대한 영향들을 나열하면서도 결국은 시누아즈리를 통해 중국은 오리엔탈리즘으로 의미적인 소비가 되었을 뿐이라고 설명한다(김영나·김이순, 2009; 백찬욱, 2010; 신주영·김민자 2006; 정흥숙·박형애, 1998; 황윤·김준성, 2010). 당시의 시누아즈리 유행의 선도자들이 현실의 중국 혹은 중국의 실체에 무지하거나 그 실체를 무시한 것이라고 지적하면서 시누아즈리를 유럽인들에게 새로움을 준 자극 정도로 그 역할을 축소시킨다(김영나·김이순, 2009; 백찬욱, 2010; 신주영·김민자, 2006; 정흥숙·박형애, 1998; 황윤·김준성, 2010).

자포니즘을 연구한 마부치는 시누아즈리가 하나의 유행으로 끝났지만 자포니즘은 인상주의나 아르누보 등 서양의 대표적인 예술 유파 창시에 관여했다는 점에서 시누아즈리와 차원이 다르다고 평가한다

---

4) 치펜데일(chippendale) 양식은 1754년 런던에서 발행된 〈신사와 가구제작자의 지침서 The Gentleman and Cabinet-Maker's Director〉라는 역사상 최초의 가구 디자인 책에서 유래했다. . 이 책은 열광적으로 구독되었고 치펜데일 디자인을 기초로 한 가구가 영국, 유럽 대륙, 미국 식민지에서 만들어졌다. 특히 구체적으로 1750, 1760년대에 변형된 로코코 양식의 영국가구를 가리킨다.(다음 백과사전 http://100.daum.net/encyclopedia/).

(마부치, 2004: 8-9).[5] 이렇게 자국의 공예품과 예술품들이 서유럽에 미친 영향을 특별하게 생각하면서도 마부치는 자포니즘을 오리엔탈리즘으로 결론짓는다. 그는 1860년 경 무렵부터 약 반세기 동안 유럽 전반에 걸쳐 일어났던 자포니즘이 사라지게 된 것은 자포니즘이 서양 미술에 기여했던 역할이 끝났기 때문이라고 보았다. 그리고 서양 세계에 매력적인 타자였던 일본이 제국주의화 됨으로써 일본은 더 이상 서양에게 환상적이고 이국적인 존재일 수 없게 되어서였다고 결론지었다(마부치, 2004: 9-10). 이처럼 일본이 서양에 타자로서의 매력과 새로움을 상실할 때 자포니즘이 끝났다고 진단한 마부치의 결론은 전형적인 오리엔탈리즘적인 해석을 보여준다. 오리엔탈리즘보다 서양에 미친 동양의 역할과 영향력을 한층 더 강조하는 입장이 '구성적 외부' 혹은 '내부의 타자'(other of inside)개념이다.

'구성적 외부'란 "배제되고 종속되는 요소들이면서 스스로 그것의 구성을 돕고 있는 근대성을 지속적으로 방향 전환시키고 변이시키는", "근대성의 보편화 전략에도 불구하고 끝내 그것으로 환원되지 않으면서 오히려 근대성의 전개과정 자체를 변이시키는" 개념이다(조형근, 2007. 황정아, 2016: 48에서 재인용). "내부의 타자"는 내부로 스며들어 자아의 일부가 된 타자 혹은 타자성을 지칭한다. '구성적 외부'와 '내부의 타자' 모두 경계 해체적 개념이어서 서양의 근대성

---

5) 마부치는 시누아즈리와 자포니즘이 질적으로 달랐음을 주장하기 위해 먼지 자포니즘 개념을 자포네즈리(Japoneserie)와 대비시키며 자포즈네리가 일본의 문물과 풍속에 대한 이국적 관심에 그친데에 반해 자포니즘은 새로운 시각적인 표현양식을 만들어냈다고 주장한다. 이것은 시누아즈리 또한 자포즈네리처럼 하나의 이국적 취미에 불과하므로 자포니즘과는 차원이 다름을 주장하고 있다(마부치 아키코, 2001: 8).

안에 스며들어간 동양적 요소들을 설명할 수 있는 개념이다. 동아시 아가 서양의 근대에 온전한 타자로 남는 것이 아니라 자아의 일부로 서 편입되어진 것을 구체적인 맥락에서 조명한 논의가 있다. 세계 제 국화의 길로 들어선 19세기 말~20세기 초 미국 중산층의 '세계화된 소비'를 분석한 토마스 김(2007)과 호간슨(2002)의 연구에서 서양의 자아에게 타자인 동양은 이분법적으로 대립되기보다 자아 안으로 들 어와 바로 그 타자성을 통해 자아의 일부를 구성하는 존재이다.

토마스 김과 호간슨 모두 19세기 후반부터 20세기 초반에 이르는 시기에 미국 중산층 가정에서 소비되던 동양 물산의 의미를 탐색했 다. 흥미롭게도 토마스 김은 한국계 미국인으로서 미국의 동양 소비 를 바라보았고 유럽계 호간슨은 미국인으로서 미국 내 동양 소비가 지닌 의미를 분석했다. 토마스 김은 미국의 근대가 구축되어 가는 과 정에서 동양의 역할과 의미를 조명하고 호간슨은 미국이 유럽으로부 터 벗어나 미국만의 근대에 대한 감각을 찾아가는 과정에 초점을 두 었다. 그들은 서양이 동양을 소비함에 있어 동양은 서양의 '내부 안으 로 들어온 타자(other of inside)로서의 역설적 위치를 갖게 되고 그 것을 통해 서양, 즉 미국의 근대를 보완하고 수정해 나가는 역할을 담 당했다고 주장한다(Hoganson, 2002; Kim, 2007).

먼저 토마스 김의 연구를 살펴보면 김은 대량소비가 형성되기 시작 할 무렵인 19세기 말과 20세기 초에 걸쳐 이국적인 것을 소비하는 미 국의 '세계주의적 소비'에서 동양, 특히 중국과 일본, 즉 극동에서 온 것들과 여타 지역에서 온 것들에 대한 미국인들의 의미소비가 달랐다 고 본다(Kim, 2007: 387). 토마스 김이 극동(far east)이라는 용어를 사용하는 맥락은 당시 미국인들이 동양을 가깝게는 일본에서부터 중국, 인도, 이슬람세계를 관통하여 북아프리카의 이집트에 이르는 넓은 지역으로 인식하기 때문이었다. 토마스 김은 그 넓은 '동양' 중에서 특히 중국과 일본이 여타 지역과는 달리 미국적 근대에 미친 영향이 각별하다고 여겨(보아서) 극동이라는 용어를 선택했다.

이들의 논의에 따르면 당시 미국인들이 근대적 가정(modern home)을 만드는 일은 필수적으로 동양을 합치고 모방하는 활동을 포함했다. 미국의 근대 안에서 동양의 특별한 역할은 동양, 특히 '극동'의 제품에 한정 된다[6]. 그 이유는 '극동'의 물산과 달리 아프리카나 아메리카 원주민의 물품이 안방에 들어오지 않고 박물관에 전시되었기 때문이다. 즉 아프리카나 아메리카 원주민이 생산한 공예품들은 일반 미국 가정에서 소비되지 않았기 때문에 미국인들에게 일상생활에서 오는 친밀함을 불러일으키지 않았다. 다시 말하면 내부로 들어온 타자가 되지 못하고 여전히 외부의 타자로 남아 '원시적 열정'을 불러일으키는 기제로서 작동했다(Kim, 2008: 387).

이러한 토마스 김의 논의는 동양과 동양의 오브제들을 주로 '이국주의 프로젝트'에 연루시키는 오리엔탈리즘(Kim, 2002: 383)에서 벗어나 미국의 근대성, 즉 서양의 근대성과 동양을 연결시켜서 동양의 의미소비에 대한 해석의 지평을 넓힌다. 그러나 토마스 김이 말하는

---

6) 같은 시기 미국 가정의 동양과 동양적인 것의 소비를 분석한 호간슨과 토마스 김에게 동양은 약간 차이가 나는 개념이다. 미국인으로서 호간슨에게 동양은 이집트에서 중동을 거쳐 중국과 일본에 이르는 폭넓은 개념임에 반해 한국계 미국인인 토마스 김에게 미국인들의 삶이 근대적으로 되는데(being modern) 기여한 것은 동양중에서도 특별히 중국과 일본 등 이른바 극동을 의미한다는 점에서 그 두 사람이 의미하는 동양은 다르다. 그 이유는 토마스 김이 중국과 일본 등 극동과 그 물산이 미국의 근대에서 했던 역할과 의미에 주목한 반면 호간슨은 제국화 되어 가던 미국의 세계주의적(cosmopolitan) 소비에 주목하기 때문이다.

근대성은 여전히 서양을 중심으로 사고하는 근대성의 개념이어서 근대성 개념자체에 대한 근본적인 성찰을 보여주지는 않는다. 그는 극동의 물산이 미국 중산층 가정까지 들어온 근본적인 이유를 그것들이 서양인들에게 미의 규범이 될 만한 외양과 자질을 지녔기 때문으로 설명했다(Kim, 2007: 286-387).

호간슨은 미국에서 이질적이고 동양적인 것들의 소비를 통해 미국인들이 자국의 근대성에 대한 감각을 심화시켜 나간 것으로 파악하였다. 남북전쟁 이후인 19세기 말에서 20세기 초에 세계적 제국으로 부상하는 신흥 세력인 미국 안에서 미국의 상류계급과 중간 계급 여성들이 보여주는 외국 수입품 중심의 집 꾸미기를 단순히 여성들의 정서적 영역에 한정시키거나 아니면 상류층들의 사회적 구별짓기라는 계급적 이야기로 결말짓는 것을 비판했다(Hoganson 2002: 58). 미국 중산층들이 몰두했던 '세계주의적 가정생활(cosmopolitan domesticity)'은 제국주의의 문화적 표현이었다. 신흥 강대국으로서 외부 세계에 점차 연루되어 가는, 즉 제국화되어 가는 미국의 세계 체제에서의 위치가 반영된 것이 미국 중산층들의 이국 물품 수집이었고 그 이국적 취향은 진정으로 미국적이라 할 만한 것이 없어서 항상 유럽을 추종했던 미국에서 미국식 근대성을 구축해가는 과정으로 파악되었다. 더 나아가 호간슨은 서양이 근대화되는 모습은 세계주의적 소비로 드러난다는 점을 지적하면서 근대성의 지향은 세계화임을 보여준다(Hoganson, 2002: 55-58).

서양 중심적 근대성 개념 안에서도 토마스 김과 호간슨의 연구는 외국의 것을 접하고 수용하는 것은 그 이국성을 타자로서만 소비하는 것이 아니라 내부에 끌어들여 자아에 관한 것을 수정하거나 심화시키는 것임을 보여주었다. 서양에서 동아시아의 생활용품, 공예품들을 사용하는 과정에서 동아시아는 서양의 근대성에 깊이 연루될 수밖에 없다. 따라서 세계화가 근대성의 필수 요소라면 서양의 근대성, 동아시아의 근대성, 비서양의 근대성을 별개로 논의하는 방식보다는 서양-비서양이 연루되며 형성하는 새로운 근대성 모색이 필요하고 그 자체를 지구적이고 보편적인 근대성의 형성과정으로 설명해야 한다. 서구 중심성으로 비판받는 기존의 서양 근대성을 다양한 모순과 역설이 공존하는 지구적 근대성 개념으로 수정, 확장하라는 말이다.

참/고/문/헌

- 김상준. 2003. "21세기에 다시 읽는 실학 ; 조선후기 사회와 "유교적 근대성" 문제."『大東文化硏究』, 42: 59-92.

  _____. 2007a. "잊혀진 세계화."『한국사회학회사회학대회논문집』: 943-958.

  _____. 2007b. "중층근대성-대안적 근대성 이론의 개요."『한국사회학』, 41(4): 242-279.

  _____. 2011.『맹자의 땀 성왕의 피-중층근대와 동아시아 유교문명』. 아카넷.

  _____. 2015. "동아시아 근대의 고유한 위상과 특징: 21세기 동아시아 평화체제의 가능성을 생각하다."『사회와 이론』, 26: 7-54.

- 리궈룽. 2008,『제국의 상점』. 이화승 역, 소나무.

- 김은중. 2010. "포스트 식민주의를 거쳐, 모더니티를 넘어, 트랜스모더니티로."『Revist Ibero americana』, 21(1): 1-32.

- 미스기 다카토시. 2001.『동서도자교류사 - 마이센으로 가는 길』, 김인규 옮김, 눌와.

- 백찬욱. 2010. "로코코 成立過程과 中國에 대한 認識不足."『동아인문학』, 17: 395-419.

- 브룩 · 티모시. 2008.『베르메르의 모자 - 베르메르의 그림을 통해 본 동서문명 교류사』. 박인균 역, 추수밭.

- 신주형 · 김민자. 2006. "18세기 로코코패션에 나타난 시누아즈리[chinoiserie]."『服飾』, 6: 13-31.

- 신정혜 · 이형규. 2010. "미술공예 운동에 대한 연구 - 윌리엄 모리스를 중심으로." 『한국디자인문화학회』, 16(4): 322-332.
- 이정덕. 2008. "서양의 근대 자의식과 쌀문명." 『쌀삶문명연구』, 1: 250-268.
- 정흥숙 · 박형애. 1998. "로코코 시대의 프랑스 직물에 나타난 시누와즈리(Chinoiserie) 영향에 관한 연구." 『생활과학논집』, 11: 153-174.
- 주겸지. 2010. 『중국이 만든 유럽의 근대: 근대 유럽의 중국문화 열풍』. 청계.
- 칼리니스쿠. 1998. 『모더니티의 다섯 얼굴』 2판. 이영욱 · 백한울 · 오무석 · 백지숙 역, 시각과 언어.
- 황윤 · 김준성. 2010. 『중국 청화자기』. 생각의 나무.
- 황정아. 2014. "'새로움'으로서의 근대성." 『영미문학연구』, 26: 135-156.

  _____. 2016. "한국의 근대성 연구와 '근대주의'." 『사회와 철학』, 31: 37-64.
- Berg · Maxine. 2002. "From imitation to invention: Creating commodities in eighteenth-century Britain." *The Economic History Review*, 55(1).

  _____. 2004. "In Pursuit of Luxury: Global History and British Consumer Goods in the eighteenth-century." *Past & Present*, 182. Oxford University Press.
- Hoganson, Kristin. 2002. "Cosmopolitan Domesticity: Importing the American Dream 1865-1920." *The American Historical*

Review, 107(1).

- Kim, Thomas W. 2006. "Being Modern: The Circulation of Oriental Objects." *American Quarterly*, 58(2).
- Thomassen, Bjørn. 2012. "Anthropology and its many modernities: when concepts matter." *The Journal of the Royal Anthropological Institute*, 18(1).

제3장

가족주의, 개인화, 압축근대성:
'위험가족' 시대와 개인 – 가족 – 사회 관계의 재편[1]

장경섭

1. 개인화? 혹은 개인주의화?

21세기 한국사회는 모든 면에서 격동의 시간이 이어지고 있다. 거시적 정치, 경제, 사회 질서는 물론이고, 시민들의 미시적 일상생활의 기본 환경과 조건이 급변하고 이에 상응한 인간관계와 생활양식의 변화도 급진적이다. 이러한 격변기에 학문의 책무와 역할은 당연히 가

---

1) 이 글은 2016년 11월 한국가족치료학회 2016년 후기학술대회에서의 기조발표문을 기초로 2017년 3월 전북대학교 개인기록과 압축근대 연구단 주최 국제학술대회("A Study of Personal Document And Compressed Modernity: Comparison of South Korea and Taiwan")에서의 발표내용을 부분적으로 반영해 작성되었다. 해당 학술행사 참가자들의 유익한 논평에 감사드리며, 아울러 관련 연구과정에 중요한 지적과 제언을 해 준 에미코 오치아이, 스테비 잭슨, 홍찬숙, 진미정 교수 등에게도 감사드린다. 아울러 아산재단의 학술연구지원에 감사드린다.

중되는 것이지만, 20세기적 사회과학, 인간과학, 인문학의 한계와 오류는 사회의 혼돈을 오히려 악화시키지 않은지 우려된다. 특히, 현실 한국사회와 한국인에 대한 엄밀한 분석이 충분치 못한 상황에서 서구 학문을 "처방적" 지식으로서 기계적 혹은 권위주의적으로 적용해 온 책임은 학계 전반이 져야한다.

이러한 책임이 중차대하게 드러나는 사안 중의 하나가 이른바 저출산 · 고령화 현상과 관련하여 과학적 규명이 매우 미진한 상태에서 사회 · 국가적으로 우려되는 문제적 상황들이 갈수록 악화되고 있다는 것이다. 저출산이나 고령화가 한국사회에 국한되는 현상이 아니고 또 그 자체로 문제가 되는 것은 아니지만 그 원인들이나 수반된 사회문제들을 살펴보면 시민들의 삶에 만연한 불행이 드러나기에, 이에 대한 학문적 규명과 사회 · 국가적 대책이 요긴하고 시급하다. 이 글은 저출산 · 고령화 문제를 포괄해, 현대 한국인들의 일상생활과 인간관계에 전개되고 있는 근본적이고 급진적 변화에 대한 인식론적 전환의 필요성을 제기하고자 한다. 구체적으로 개인-가족-사회(국가) 사이에 존재하는 관계의 성격과 변화에 대해 구조적이고 역사적인 시각을 제시하려 한다.

인식론적 문제 제기에 앞서, 최근 한국인들의 생활양식에 동시다발적으로 나타나고 있는 여러 인구학적 변화들을 살펴보자. 무엇보다도 한국사회 21세기의 가장 지속적 추세가 되고 있는 초저출산 현상이 있고, 인구학적 분석에서 드러나듯이 이는 기혼부부의 출산 회피보다는 만혼, 비혼, 이혼, 별거 인구의 지속적 증가에 기인한다(Chang, 2015). 그리고 고령화에 수반해 노인 부부가구와 독거가구가 농촌과 도시 모두에서 꾸준히 늘어나고 있다. 이러한 추세들이 합해져 이른

바 독신가구가 세대, 지역을 아우르며 급증하고 있음이 각종 사회조
사에서 드러나고 있다.

이러한 추세들은 서구적 맥락에서는 흔히 개인주의화(indi-
vidualization)의 진행으로 해석되고 이는 인구학적 변화(demographic
change)와 이념적 변화(ideational change)의 결합으로서 이해되어
왔다(Billari and Kohler, 2004). 그렇다면 한국사회에서도 마찬가지
의 변화가 진행되고 있는 것일까. 위에 열거한 변화들이 혼인·거주
의 물리적 상태를 반영한 인구학적 현상, 즉 개인화를 넘어 한국인들
의 삶, 가족, 사회에 대한 근본적 가치와 태도의 변화를 반영한 이념
적 현상일까.

이에 관련된 여러 사회조사들과 심층연구들은 매우 복합적이고 상
충적인 결과들을 제시해 왔다. 전반적으로 볼 때 이념적 개인주의화
추세가 어느 정도 강화되고 있지만, 여전히 한국인들은 국제비교적
관점에서 가족지향성이 강한 삶을 선호하고 있고, 실제 개인화된 형
태의 삶을 살더라도 이는 현실적 불가피성 때문임을 숨기지 않는다
(Chang and Song, 2010). 더 심층적으로 들여다보면 한국인들의 개
인화는 사실 가족주의 혹은 '가족주의적 압축근대성'의 지속 및 이러
한 가치·태도와 현실과의 상충으로 초래되는 경우가 많다.

대표적으로, 최근 여러 조사들에서 드러나듯이 이른바 "N포 세대"
의 좌절은 실업, 주택, 교육 문제의 중층적 압박 속에서 혼인과 출산
의 불가능성 혹은 비현실성 때문이며, 이에 수반된 초저출산 현상은
이들의 개인주의화 혹은 가족 거부 태도를 반영하는 것이라고 보기
어렵다. 오히려 이 세대는 부모 세대와 마찬가지로 현실적 책임성과
물질적 준비성에 기초한 혼인과 출산을 당연히 여기는 것이다. 그리

고 경제발전과 사회복지의 간극이 세계 최고 수준인 상황에서 국가와 사회는 젊은 세대의 책임성 강한 가족주의를 당연한 것으로 여긴다. 아니, 사실상 강요한다. 아래에 부연하겠지만, 만혼, 비혼 및 이에 따른 초저출산 추세는 일종의 '가족주의적 개인화'라는 역설적 현상으로 해석할 수 있다.

사실, 노인들의 개인화도 마찬가지로 이해될 수 있다. 한국사회의 이른바 압축적 산업화는 농촌 청년세대의 집단적 도시 이주를 수반했고, 부모세대 대다수는 도시 자녀에 대한 헌신적 지원에도 불구하고 농촌에 잔류하여 스스로 살아왔고, 도시 노인들도 동거자녀의 지원으로 노후를 보내려고 기대하기보다는 자녀 자신의 현실생활의 어려움을 감안해 스스로 노후를 책임져야 한다는 태도가 확산되고 있다(장경섭, 2009). 그러나 개인 및 국가 차원의 노후대비 결여, 고유병률 장수, 범세대적 고용위기 등이 뒤얽힌 상황에서 이러한 태도 자체의 현실성이 취약하다. 결국 고질적 빈곤과 병마에 시달린 수많은 노인들이 가족의 부담을 덜어주려고, 혹은 더러는 가족을 원망하며 스스로 목숨을 끊음으로써 한국이 세계 최고의 노인자살 사회가 되었다. 노인 자살도 가족주의적 개인화로 볼 수 있는 것이다.

세계적으로 볼 때, 가족주의적 개인화는 분명 현대 한국사회의 핵심적 특질이지만 그렇다고 배타적 현상은 아니다. 예컨대 초저출산 문제를 공유하는 여타 동아시아사회들, 그리고 여러 남유럽사회들과 동유럽사회들은 공통적으로 가족중심적 사회경제 질서와 문화적 특징을 보여주고 있다(Chang, 2014; Ochiai, 2011). 이러한 공통점들은 결코 우연이 아니고, 다양한 문화 · 종교적 배경과 사회 · 경제적 현실이 조합되어 나타나는 '상황적 동질성'이 관찰된다.

2. 한국인들의 가족주의: 이념적 · 제도적 · 상황적 구성

이러한 설명을 좀 더 체계화하기 위해, '가족주의' 개념에 대한 이론적 부연이 필요하다. 우선 가족주의는 다른 '~주의'들처럼 개인들의 도덕적, 정치적, 철학적 가치나 태도의 하나로서 볼 수 있고, 이경우 한국인들의 가족주의는 흔히 전통시대의 유교이념을 중요하게 반영하고 있다고 여겨진다. 이를 '이념적 가족주의' (ideational familialism)라고 할 수 있다. 그런데 현대 한국인들의 이념적 가족주의는 유교적 가치와 태도에만 국한되지 않고, 서구지향적 근대화와 산업화의 과정에서 서구사회의 서정적 가족주의(affectionate familialism)가 꾸준히 확산되어 왔고, 최근에는 개인성의 증진을 수용 · 추구하는 가족문화로서 개인주의적 가족주의(individualist familialism)도 확산되고 있다. 이러한 가족이념들이 중층적으로 작용함으로써 한국인들의 가족은 매우 다양하고 때로는 상충적인 가치와 목표들을 실현해야 하는 책무를 떠안아 왔다(장경섭, 2009).

그런데 가족주의는 개인들의 가치와 태도로서뿐 아니라 다양한 국가 · 사회적 제도, 정책, 법률 속에 내재되어서도 나타난다. 예컨대 "선 가정보호, 후 사회보장"을 철칙으로 하는 한국의 사회복지 제도와 정책은 국제비교적으로 볼 때 매우 강력한 가족중심주의에 기초하고 있다(Chang, 2011). 복지제도뿐 아니라, 교육, 주택, 일자리, 심지어 병수발조차도 가족이 중심이 되어 해결해야 하는 것이 한국사회이다(장경섭 외, 2015). 이외에도 "금수저, 흙수저" 논란, 정유라의 "부모의 돈도 실력" 망언도 이러한 사회실태를 반영한다. 이러한 현상은 '제도적 가족주의'(institutional(ized) familialism)라고 개념화할 수 있

고, 최근 작고한 독일의 지성 울리히 벡 교수가 서구사회에 대해 논파
했던 "제도적 개인주의(institutionalized individualism)"에 대비된 것
이라고 볼 수 있다(Beck and Beck-Gernsheim, 2002).

한국인들의 가족주의는 이념적 가족주의와 제도적 가족주의로 설
명되지 않는 부분이 여전히 남아 있다. 국정을 총체적으로 교란시키고
퇴진당한 박정희 향수 수혜자로서의 박근혜 전 대통령이 가졌던 정치
적 입지, 그리고 그의 요구로 거액을 갹출당한 가족세습적 재벌총수들
의 사회경제적 기반, 식민통치, 전쟁, 경제난 등의 고난 속에 가족만이
생존과 행복의 기초라고 생각해 온 수많은 한국인들의 (몰)사회적 신
념 등은 역사 · 사회적 원리나 제도 · 정책적 이념이 체계적으로 반영
된 가족주의라기보다는 특정한 시대적 상황에서 배태된 적응적 가족
주의, 즉 '상황적 가족주의'(situational familialism)라고 볼 수 있다.

이와 관련해, "IMF 경제위기" 이후의 구조적 고용위기, 서비스산업
화 등으로 남성의 우월적 경제지위가 상당 부분 소멸된 반면 고령화
추세 속에서 자녀와의 서정적 교호작용의 중요성이 강화되면서 한때
한국사회의 고질적 병폐라고 여겨졌던 남아선호 출산 현상이 10여
년 전에 증발하듯이 사라진 것도 가부장적 가족주의의 상황적 성격을
반증한다(Chang, 2015; 최선영, 장경섭, 2012). 또한 미국 등지에서
의 한국인 이민자들의 치열한 생존전략으로서의 가족주의도 마찬가
지 맥락에서 이해될 수 있다. 세계적으로는 동유럽, 동아시아 등의 이
른바 탈사회주의 전환사회들의 상당수에서 국가의 경제 · 사회적 기
능 약화에 따라 급속히 강화되고 있는 인민들의 가족주의적 생존전략
도 마찬가지 맥락에서 이해될 수 있다(Chang, 2014)

한국인들의 가족주의는 이처럼 이념적, 제도적, 상황적으로 구성된

매우 복잡한 가치와 태도이기 때문에 그 근본적 변화는 결코 간단히 이루어질 수가 없다. 문제는 가족주의가 쉽게 해소되거나 포기되지 않지만 막상 가족적 가치와 책임이 현실적으로 실천되기 어려울 때 나타나는 딜레마를 작금의 한국인들이 공유하고 있다는 점이다. 이러한 현실 속에서 가족관계는 한국인들의 행복 실현을 위한 상호 자원전달의 통로가 아니라 갖가지 사회·경제적 위험(risk)이 매개되는 통로가 될 수 있다(장경섭, 2011b). 예컨대, 한국인들의 가계부채 문제는 그 발생 원인에서부터 변제·추심 과정의 고통에 이르기까지 전형적인 가족주의적 형태를 보이고 있다(Chang, 2016).

이를 울리히 벡 교수가 서구사회에 대해 설파한 "위험사회(risk society)"론에 대비시키면(Beck, 1992), 한국인들의 가족은 '위험가족'(risk family)으로서의 성격이 지속적으로 강화되고 있다고 하겠다(장경섭, 2011b). 그리고 인류학자 캘드웰(Caldwell, 1982)의 출산문제 이론인 "세대 간 부의 흐름(intergenerational wealth flows)"에 대비하면 세대간, 혹은 모든 가족성원간 '위험의 흐름'(intergenerational and interspousal risk flows) 가능성이 출산율뿐 아니라 가족관계의 형성과 유지 전반에 영향을 미치고 있다고 볼 수 있다(장경섭, 2011a). 이런 맥락에서 보면, 위에서 설명한 가족주의적 개인화는 일종의 '위험회피적 개인화'라고도 규정할 수 있다.

3. 개인생애과정과 가족생활주기의 탈구

위험회피적 개인화는 개인들의 일종의 '합리적 선택'(rational

choice) 행위이지만, 가족주의가 집단적 사회규범으로서 작동할 때 이러한 합리성이 제어될 수도 있다. 예컨대 남아선호 규범이 2000년 대 초반까지도 강하게 지속되어 온 것은 산모들 자신의 선택뿐 아니라 (시)부모들의 신념이 강하게 작용했을 수 있다. 이 뿐만 아니라 이른바 혼인연령 규범이 실제 혼인으로 실현되었던 과정을 살펴보면, 부모나 친지의 "아직 결혼 안했니", "결혼 언제 할거니"라는 거의 인사말 같은 참견과, "네가 결혼하는 걸 봐야 두 눈을 감을 수 있겠다"라는 부모의 압력이 작용했다. 전통적으로 볼 때, 결혼, 출산, 이혼 금기 등에 관한 규범은 개인적 행복 실현보다는 가족의 사회적 재생산이라는 집단적 목표에 기능적으로 맞춰져 있었다. 그리고 개인은 이러한 사회적 재생산의 실현에 행복감을 느끼도록 정신적으로 사회화되고 있었다고 해석할 수 있다.

이를 가족과정 및 개인생애에 관련시켜 설명하면, 전통적으로 혹은 적어도 20세기 중후반에는 자녀의 개인생애과정(individual life course)이 부모의 가족생활주기(family life cycle)에 맞추어 체계적으로 조율되어 있었다(Chang, 2015). 즉, 부모가 결혼하여 적정 수 및 성비의 자녀를 출산하고 양육 및 교육지원 과정을 거친 후 모든 자녀를 적정 연령에 혼인, 독립시키는 것을 자신의 인생과업, 나아가 조상에 대한 책임 수행으로 여겼는데, 이는 자녀의 적정 연령기 혼인이 부모에 대한 규범적 의무가 됨을 뜻했다. 물론 여기에서 더 나아가 자녀의 자녀 출산에 대한 기대와 참견이 일반적이었다. 이런 관점에서 보면, 자녀 출산은 산모의 개인적 행위가 아니라 가족 차원의 제도적 행위였다(장경섭, 2011a). 바로 이런 이유로 불임이나 남아출산 실패가 숱한 여성들에게 평생의 스트레스 요인이 되었다. 즉 출산의 주체는 여성이라기보다는 가족이었다고 볼 수 있다.

그런데 21세기 한국은 더 이상 가족이 출산하는 사회가 아니다. 그 이전에, 자녀의 만혼이나 비혼을 둘러싸고 부모가 자신의 가족생활주기 완성 차원에서 압박을 가하는 것이 부적절하다고 생각하는 분위기가 확산되고 있다. 여성에게 출산을 요구할 수 있는 가족적 권위나 자원이 지속적으로 희석되고 있으며, 이제 출산은 갈수록 여성 자신의 개인적 선택이 되고 있다 (장경섭, 2011a). 이른바 사회경제적 양극화란 구체적으로 고용난, 주택난, 교육난 등이 갈수록 악화되고 있는 상황에서 이로부터 고통받는 청년인구가 증가일로에 있을 뿐 아니라, 이에 대처한 적절한 자녀 지원을 할 수 없는 부모인구의 증가를 동시에 의미한다. 이런 이유로 최근 혼인율과 출산율에 계층 간 차이가 나타나고 있다. 물론 사회 전반의 이른바 미시적 민주화의 과정에서 부모-자녀 사이의 경제적 관계 뿐 아니라 사회·심리적 관계의 양상도 급격히 바뀌고 있기 때문에 자녀 자신의 선택은 갈수록 중요해 지고 있다.

아울러 고령화에 수반된 노년기의 급격한 연장이 부모 세대에게 가족생활주기의 적절한 완성뿐 아니라 스스로 개인생애단계의 순조로운 관리를 매우 어렵게 만들고 있다(장경섭, 2009). 자신의 무한정 노후를 걱정해야 하는 부모로서 자녀 인생에 대한 책임감 있는 통제나 간섭을 하기가 갈수록 어렵다. 예컨대, 이른바 주택연금 제도의 도입과 확산은 주택 상속을 매개로 한 부모-자녀 관계의 규범적 조율이 이제 소멸됨을 의미한다. 농촌에서의 토지연금 제도도 마찬가지를 의미한다.

부모 세대의 가족생활주기 완성이 부모 자신과 자녀 모두의 개인생애단계 완성으로 이어지지 못하는 상황에서 이제 한국인들의 가족주의는 그 집단적 기초가 급격히 약화되고 있다. 이는 우선 상황적 차원에서 뚜렷하고 나아가 제도적 및 이념적 차원의 변화까지 불가피할 것이다. 그러나 아직은 한국의 청년세대가 부모세대와 마찬가지로 국제비교적으로 볼 때는 가족주의를 상당 수준 견지하고 있다고 여겨진다. 그러나 이제 가족주의는 가족적 맥락에서 승계하는 것이 아니고 독립적으로 형성 · 유지해야 하는 과제이다. 그리고 이에 대해 구미에서 20세기 중반에 형성 · 확산된 서정적 핵가족주의가 기본모형일 수 있다.

4. 결론과 함의

21세기 한국의 현실은 위에서 지적한 일종의 단계적 가족근대화가 결코 순조롭지 않을 것임을 적시한다. 반면 여러 측면에서 오히려 급진적 개인화가 진행되고 있으며, 이는 구미의 그것을 오히려 상회하기까지 한다(Chang and Song, 2010). 생각하기에 따라, 개인주의 사회로의 "질서있는 이행"이 불가피하다고도 할 수 있다. 최근의 추세를 보면, 청년층과 노인층을 아우르며 일종의 '상황적 개인주의'의 확산이 감지된다. 그러나 이념적 및 제도적 차원에서의 개인주의화는 서구의 역사적 경험을 보면 매우 지난하고 장구한 과정이다.

이러한 현실과 교훈은 21세기 한국인들의 앞으로의 삶이 그동안 경험한 것보다 더욱 복잡하고 급진적인 압축근대성(compressed modernity)의 무게를 지탱해야 함을 의미한다(Chang, 2010). 아울러 학문적으로 한국의 개인-가족-사회 관계에 대한 연구가 서구의 개념, 이론, 방법을 근본적으로 뛰어넘어야 함을 의미한다. 관련하여, 이러한 도전과 과제를 상당 부분 공유하는 이웃 동아시아 사회들과의 정책적 · 학술적 협력이 요긴해 보인다(Ochiai, 2011).

참/고/문/헌

• 장경섭. 2009. 『가족 · 생애 · 정치경제: 압축적 근대성의 미시적 기초』. 창비

_____. 2011a. "'위험회피' 시대의 사회재생산: 가족출산에서 여성출산으로?" 『가족과 문화』, 23(3): 1-24.

_____. 2011b. "개발국가, 복지국가, 위험가족: 한국의 개발자유주의와 사회재생산 위기." 『사회정책연구』, 18(3): 63-90.

• 장경섭 · 진미정 · 성미애 · 이재림. 2015. "한국사회 제도적 가족주의의 진단과 함의: 소득보장, 교육, 돌봄 영역을 중심으로." 『가족과 문화』, 27(3): 1-38.

• 최선영 · 장경섭. 2012. "압축산업화 시대 노동계급가족 가부장제의 물질적 모순: '남성생계부양자' 노동생애 불안정성의 가족전이." 『한국사회학』, 46(2): 203-230.

• Beck, Ulrich. [1984] 1992. _Risk Society: Towards a New Modernity_. Sage.

• Beck, Ulrich and Elisabeth Beck-Gernsheim. 2002. _Individualization: Institutionalized Individualism and Its Social and Political Consequences_. Sage.

• Billari, Francesco, and Hans-Peter Kohler. 2004. "Patterns of Low and Lowest-Low Fertility in Europe." _Population Studies_, 58(2): 161-76.

• Caldwell, John C. 1982. _Theory of Fertility Decline_. Academic Press.

• Chang Kyung-Sup. 2010. *South Korea under Compressed Modernity: Familial Political Economy in Transition*. Routledge.

_____. 2011. "Predicaments of Neoliberalism in the Post-Developmental Liberal Context." Chang Kyung-Sup, Ben Fine, and Linda Weiss (eds), *Developmental Politics in Transition: The Neoliberal Era and Beyond*, pp.70-91. Palgrave Macmillan.

_____. 2014. "A Theoretical Account of the Individual-Family-Population Nexus in Post-Socialist Transitions." Zsombor Rajkai(ed), *Family and Social Change in Socialist and Post-Socialist Societies*, pp.19-35. Brill.

_____. 2015. "From Developmental to Post-Developmental Demographic Changes: A Perspectival Recount on South Korea." *Korean Journal of Sociology*, 49(6): 21-45.

_____. 2016. "Financialization of Poverty: Proletarianizing the Financial Crisis in Post-Developmental Korea." *Research in Political Economy*, 31: 109-134.

• Chang Kyung-Sup and Song Min-Young. 2010. "The Stranded Individualizer under Compressed Modernity: South Korean Women in Individualization without Individualism." *British Journal of Sociology*, 61(3): 540-565.

• Ochiai, Emiko. 2011. "Unsustainable Societies: The Failure of Familialism in East Asia's Compressed Modernity." *Historical Social Research*, 36(2): 219-245.

제4장

압축적 근대성 개념에 대한 비판적 고찰:
독일과 한국의 근대화에서 나타난 '비동시성의 동시성'에 대한 비교를 중심으로

홍찬숙

1. 들어가며

한국은 1960년대에 군부정권에 의한 위로부터의 산업화에 착수하여 1980년대부터 그 경제적 성과를 경험하고, 1990년대가 되면 정치사회 분야에까지 산업화의 영향력이 가시화한다. 1987년 6월 항쟁을 계기로 시작된 정치민주화 및 시민사회의 활성화, 같은 해 7월 이후의 노동자 대투쟁을 통한 계급대립 패러다임의 분출, 1989년 가족법 개정을 매개로 한 가부장제의 약화가 정치·사회 분야의 중요한 변곡점들로 거론될 수 있다.

산업화 '성공'의 가시화와 함께 1990년대에는 '성수대교 붕괴'로 대표되는 한국형 위험들 역시 연이어서 발생하여, '세월호 참사'에서 그 정점을 찍었다. 산업화의 이러한 '부작용'이 가시화하면서, 한국사회의 근대화에 고유하게 내재한 문제들에 대한 논의들이 활성화되었다. 이 과정에서 '돌진적 근대화', '따라잡기(catch-up) 근대화', '수입된 근대화', '압축적 근대화'와 같은 표현들이 등장했으며, 시간이 흐르면서 이 중 '압축적 근대화' 개념이 주류 개념으로 굳어졌다. '압축적 근대화' 개념은 사실상 많은 논자들에 의해 다양한 내용으로 거론되었으나, 그것의 핵심은 시간적 압축성, 즉 '단시일 내에 성공한 산업화'였다.

1990년대 후반에 울리히 벡의 『위험사회』가 소개되면서, 압축적 근대화에 대한 논의는 벡이 제기한 '성찰적 근대성'의 문제와 연결되면서 '압축적 근대성' 개념으로 다시 한 번 정리된다. 이 과정에서 서구사회에 대한 벡의 시대진단인 '제2근대성(성찰적 근대성)'과 달리, 한국사회의 압축적 근대화 과정에서는 '전근대-근대-탈근대'의 시대구분이 무용하다는 지적이 지배적이었고, 장경섭에 의해서 그러한 내용이 '압축적 근대성'의 개념으로 확정되었다(Chang, 2014). 장경섭의 '압축적 근대성' 개념은 한국사회에만 적용되는 것으로 제한되지 않고, 동북아 유교권의 독특한 '근대화 경로'와 관련된 것으로 해석되면서 일본 사회학에도 영향을 미쳤다(Ochiai and Hosoya, 2014).

이 글의 목적은 장경섭의 '압축적 근대성' 개념을 비판적으로 고찰하는 것이다. 그런데 이 개념이 벡의 '방법론적 세계시민주의'에서 강조하는 내용 중 '근대성의 (비서구적) 특수한 경로'와 연관되기 때문에, 과거 독일 사학계의 주목을 받은 바 있는 독일의 '특수경로(Sonderweg)'와 비교함으로써 논의를 진행하고자 한다.

2. '비동시성의 동시성'과 '압축적 근대성'

앞서 짤막하게 언급했듯이, 1990년대 이후 여러 논자들에 의해 사용된 '압축적 근대화' 개념에서는 시간적 압축이 핵심이었다. 즉 시간적 압축성에 의해 야기된 '비동시성의 동시성'이 그 핵심이었다. '비동시성의 동시성(die Gleichzeitigkeit des Ungleichen)'이란 1930년대 나치 집권 전야의 혼란스러운 상황을 설명하기 위해서, 독일 철학자 에른스트 블로흐가 처음 사용한 개념이다. "모든 것이 다 같은 '지금'은 아니다. 오늘날 그 모든 것이 눈에 보이기 때문에, 그것들이 단지 외면적으로 드러날 뿐이다. 그렇다고 해서 그것들이 다른 것들과 동시적이라고도 할 수 없다. 그것들은 오히려 현재 속에 섞여드는 과거를 보여준다"(Bausinger, 1989: 268에서 재인용).

1935년에 출판된 저서 Erbachaft dieser Zeit(우리 시대의 유산)에서 블로흐는 사회발전의 여러 단계가 한 사회 속에 병존하는 현상을 그와 같은 개념으로 설명하였고, 그것이 독일 나치즘 출현의 배경이라고 보았다. 이것은 사회가 단계적으로 발전한다는 마르크스 역사관에 대한 비판이었다. 블로흐는 시민혁명이 성공하지 못한 독일이 전형적인 "비동시성"의 사회라고 보았고, 비동시적 시대들의 특성이 동시대 속에서 공존하는 그와 같은 현상이 영국·프랑스와 구별되는 독일 근대성의 특수성이라고 설명했다. 즉 기술발전과 합리성에서 당시 독일사회는 이미 영국과 프랑스를 넘어설 정도로 '근대적'이었으나, 정신세계는 여전히 소농의식의 지배하에 놓여 있다는 판단이었다.

그러나 2차 대전에서 나치가 패배하여 서구 연합군에 의해 점령되면서, 서독사회는 성공적인 서구화의 길을 걸었다(van Deth, 2001;

Schulze, 2002; Winkler, 2005). 그리하여 벡을 비롯한 현대 독일 사회학자들의 사회학은 독일을 포함하는 '서구사회' 전체에 적용되는 내용으로 이해된다. 벡 역시 '위험사회'가 단순히 독일만의 독특한 현상이 아니라, 서구 사회 전체에 적용되는 개념이라고 설명했다.

이와 같이 2차 대전 이후의 사회학에서 독일은 과거 블로흐가 목격한 독일과는 달리 서구 근대성의 사회에 포괄된다. 그리고 독일을 포함하는 서구사회의 근대화 경로는 ('보편적'은 아니더라도) 어떤 '전형적'인 특성을 갖는 것으로 이해되고 있다. 그리하여 서구와 대비되는 예컨대 아시아의 성공적 근대화를 설명하기 위해서, 벡은 '근대성의 특수한 경로'라는 개념을 제안했다. 이것은 근대성(또는 근대화)이 반드시 서구적 경로를 거쳐야만 하는 것은 아니라는, 즉 서구적 형태의 근대성이 반드시 '보편적'이지는 않다는, 탈서구중심주의적이고 탈식민주의적인 태도의 표명이었다.

이와 같이 2차 대전 후 독일이 서구화에 성공하면서, '비동시성의 동시성'이나 '근대화의 특수 경로'와 같은 개념은 더 이상 독일 사회에는 적용되지 않는 개념으로 변화했다. 장경섭의 '압축적 근대성' 개념 역시 이러한 흐름 속에 위치한다. 이러한 흐름 속에서 과거 독일과 현재 한국의 '특수경로'를 선명하게 대립시키면, 나치 전야 독일 사회의 '비동시성의 동시성'은 결국 '근대성'의 승리를 통해 극복되는 길을 걸었으나, 한국 등 동북아 유교권 사회의 근대화에서 현재 관찰되는 '비동시성의 동시성'은 근대성, 전근대성뿐만 아니라 이제 탈근대성까지 포함하여 오히려 '비동시성'을 확대하는 방향으로 이해된다.

현 시점의 동북아 사회를 표현하는 '비동시성의 동시성' 개념의 이러한 용례는, 벡의 '단순근대성' 개념뿐만 아니라 '제2근대성' 개념까지 한국의 '압축적 근대성'안에 압축된 것으로 보는 장경섭의 설명을 통해 확인된다. 그러나 장경섭의 이와 같은 개념사용과 달리, 1990년대에 활발하게 논의되었던 '압축적 근대화', '돌진적 근대화' 등의 개념들은 당시에 이르기까지 진행되었던 근대화의 특징을 묘사하는 일종의 '회고적' 개념이었다. 즉 그것은 1980년대를 거치면서 기술·경제적 근대화뿐만 아니라 정치·사회·문화의 민주화로까지 위태롭게 연결되려는 순간의 형태이자, 동시에 그와 함께 '성수대교 붕괴'와 같은 전형적인 대형사고들을 수반하는 근대화의 모습이었다.

이와 같이 보다 '회고적' 형태의 개념들은 벡의 표현으로는 '산업사회'라는 근대화의 제도적 형태, 즉 '단순근대성'과 비교될 수 있다. 이렇게 보면, '압축적 근대화'의 회고적 개념은 한국 사회의 근대성이 '산업사회'라는 형태로 제도화되는 과정에서 나타나는 시간적 압축성을 설명하는 것으로 이해될 수 있다. 이럴 경우 한국의 '위험사회'는 이렇게 시간적으로 압축되어 제도화된 '산업사회'의 성공과 부작용에 대해, 성공보다는 '부작용(=위험)'의 관점에서 한국 산업사회의 제도화를 재평가하는 사회적 움직임들을 의미할 것이다. 즉 한국의 압축적 산업화가 생산한 위험들이 '성수대교 붕괴' 형태의 위험들에 제한되는지, 아니면 그보다 더 나아가 서구의 위험사회에서와 마찬가지로 '핵 위험', '생화학 위험', '기후변화' 등의 위험 역시 함께 생산하는지 등과 관련된 문제제기를 의미할 것이다.

그런데 앞서도 말했듯이, 장경섭의 '압축적 근대성' 개념은 이와 같은 '회고적' 개념이 아니다. 그것은 벡의 '제2근대성(또는 성찰적 근대성)' 개념으로 표현되는 '근대성의 또 다른 제도화'의 가능성까지 포괄하는 개념이다. 이와 더불어 장경섭의 '압축적 근대성' 개념은

'30년 남짓 걸린 근대화'라는 시간적 압축성만을 표현하는 것이 아니라, 경제 세계화 또는 지구화라는 공간적 압축성까지도 포괄하는 표현으로 사용되었다.

> 압축적 근대성은 시간과 공간 양 측면에서 지극히 압축된 방식으로 경제, 정치, 사회·문화적 변화들이 일어나는 사회적 상황이다. 그리고 그 상황에서 상호 이질적인 역사적, 사회적 요소들이 역동적으로 공존하며 매우 복잡하고 유동적인 사회적 체계가 구성된다. … 이러한 경험 및 특성들이 전적으로 한국에만 독특하게 나타나는 것이 아니라, 다른 여러 과거 또는 현재의 후발 발전사회에서 나타난다.(Chang, 2014: 38-39)

위의 인용문에서 '과거의 후발 발전사회'에 독일과 같은 후발 산업국이 포함되는지는 명확히 알 수 없다. 그러나 벡의 '제2근대성' 개념과 동북아의 '압축적 근대성'을 대조시키는 전체 논조를 참고할 때, 독일은 포함되지 않는다고 판단할 수 있다. 벡의 논의를 볼 때, 독일에서 1930년대에 관찰된 '비동시성의 동시성'은 확실히 '회고적'인 성격을 갖기 때문이다.

위의 인용문에서 '공간적 압축'이 무엇을 의미하는지 역시 정확히 알기 어렵다. 예컨대 세계체제론 등에서 주장하는 바와 같이 애초부터 동북아의 근대화가 서구 권력과의 대면을 통해 가능했음으로, 그것이 '회고적' 표현에 해당되는지, 아니면 벡의 '제2근대성'이 새로운 지구적 맥락 속에서 설명되기 때문에 오히려 현재적 의미를 갖는 것인지가 명확치 않다. 그러나 분명한 것은, 서구와는 다른 방식으로 진

행되는 동북아의 '제2근대성' 패턴에 대해 설명하기 위해서 장경섭
이 '압축적 근대성' 개념을 사용한다는 것이다. 즉 동북아의 제2근대
성은 과거의 산업화 과정과 마찬가지로 '압축적 근대성'의 형태를 지
속하기 때문에, 서구의 경우와 달리 '개인주의 없는 개인화'의 형태로
나타난다고 장경섭은 설명한다.

> 벡에 의하면 제2근대성에서는, 사회와 사람들 양자의 관점에서 볼
> 때, (제1) 근대성의 사회제도들이 돌연히 효력을 잃거나 기능장애를
> 일으키게 된다. … 그리하여 개인들은 지속적으로 개인화하는 노력, 추
> 구, 생존의 의미에서, 자신들의 일대기를 (재)편성해야 할 필요가 점점
> 커짐을 알게 된다. 한국사회가 압축적인 방식으로 제2근대성에 돌입
> 했기 때문에, 새로운 근대성의 이러한 위력으로부터 한국 사람들이 보
> 호받지 못해왔다. … 한국인에게 가족제도의 이와 같은 쇠퇴는 지극히
> 고통스러울 수밖에 없는데, 그 이유는 **가족주의적 압축적 근대성**이라
> 고 부를 수 있는 것 속에서 이들이 매우 가족중심적인 사회적, 개인적
> 삶을 영위해왔기 때문이다. … 개인들은 생애의 개인화한 시기를 확장
> 하거나 또는 개인화한 시기로 되돌아옴으로써, 이와 같이 가족과 관련
> 된 (제1, 제2) 근대성의 위험들을 최소화하려고 시도한다. 이런 방식으
> 로 **위험회피적 개인화**의 다양한 추세들이 발생한다.(Chang, 2014: 40;
> 원저자의 강조)

장경섭에 의하면 한국에서 가족생활이 외관상 '개인화'의 형태로
변화하는 것은 서구의 개인주의와 같은 규범적 변화와는 무관하다.
오히려 '가족주의적 압축적 근대성'이 제1, 제2근대성을 관통하기 때
문에, 한국에서 가족 패턴의 개인화는 단순히 '위험회피'를 목적으

로 하는 외형(또는 행위)상의 변화에 불과하다는 것이다. 이것을 그는 '개인주의 없는 개인화'라는 개념을 통해 일관되게 주장해왔다 (Chang and Song, 2010).

이렇게 보면 결국 한국사회에서 제1/제2근대성의 구별은 무의미해 진다. 좀 과장되게 표현하면, 이것은 결국 한국사회에서는 과거와 같은 '산업사회' 형태가 지속되며 '위험사회'라는 정치적·사회적 변화는 불가능하다는 진단이다. 여기서 과거와 같은 '산업사회'란 서구적 개인주의 산업사회가 아니라, 가족주의에 기초한 산업사회이다. 따라서 현재 가족형성의 패턴에 매우 급진적인 변화가 일어남에도 불구하고, 그것은 단순히 '행위' 차원의 응급조치일 뿐 규범적으로는 아무런 영향도 미치지 못한다는 것이다.

필자는 장경섭의 이와 같은 '압축적 근대성' 개념 및 그를 통해 피력되는 한국사회 진단에 대해 다음과 같은 문제를 제기한다. 1) 1980년대 후반의 정치적, 사회적 욕구의 분출 및 그로 인한 제도적 변화들에도 불구하고, 한국사회는 여전히 '압축적 근대성'의 지속적인 지배 하에 있다고 볼 수 있는가? 2) 가족제도와 관련하여 일어나는 '행위' 차원의 변화가 '규범'에 전혀 영향력을 행사할 수 없을 만큼, 행위와 규범이 상호 고립적인가? 3) 1990년대 이후 지속적으로 발생할 뿐만 아니라 발생 빈도 및 정도가 점점 더 심각해지는 각종 위험들에도 불구하고, '압축적 근대성'은 과거와 같은 형태로 변함없이 지속되는가? 분명한 예로 과거 위험들의 종합적 형태라고 할 수 있는 세월호 참사는 한국사회에 어떤 질적 변화도 야기하지 않는가? 4) 가족주의적 압축적 근대성의 핵심이 '효' 등의 유교적 부계원리와 관련된 집단주의 원리인가, 아니면 점점 더 그와 무관해지면서도 여전히 지속되는 '가족 중심적 정서'인가?

우선, 첫 번째 문제와 관련하여 필자는 1980년대 후반의 제도적 변화들로 인해서, 한국사회에서는 벡의 제1근대성에서 말하는 개인화(='개인' 개념의 발생 또는 주장), 즉 전통적 공동체의 집단 정체성으로부터 시민 정체성, 계급 정체성, 핵가족 정체성의 발생이 어느 정도 가시화했다고 설명한 바 있다(홍찬숙, 2015a: 137-164). 말하자면 이러한 제도적 변화들로 인해서 이후의 시점에서는 장경섭이 말하는 '효'에 기초한 '가족주의적 압축적 근대성' 개념이 더 이상 명확하게 적용되기 어렵다고 보았다.

두 번째 문제와 관련해서, 필자는 사회학에서 행위와 규범은 매우 밀접한 영향을 주고받는 것으로 이해된다고 본다. 장경섭이 설명하듯이 행위가 규범과 반드시 일치하는 것은 아니다. 말하자면 외관상 '개인화'로 보이는 행위들은 애초에는 집단주의 문화의 '의도하지 않은 부작용'으로서, 위험 회피를 위한 단순한 행위전략이었을 수 있다. 그러나 행위 차원의 변화가 일정하게 누적되고 또 광범위하게 발생하면, 잠재적이든 현재적이든 규범의 정당성에 균열이나 변화를 일으킬수밖에 없다. 행위와 규범 간의 모순은 행위의 정당성뿐만 아니라 규범의 정당성 역시 약화시키기 때문이다. 또한 규범의 변화는 행위자의 '의식' 차원에서 서서히 인지되며 진행되는 과정이 아니라, 오히려 변화가 일정 정도 진행된 이후 갑작스럽게 인지된다고 보는 것이 더 사회학적인 이해라고 생각한다.

세 번째의 문제는 바로 '압축적 근대화'라는 개념을 발생시킨 문제이다. 즉 '압축적 근대화'에 대한 비판적 태도 또는 성찰을 확대시킨 문제이다. 1990년대까지 한국의 근대화가 다양한 부작용을 불가피하

게 산출하는 '압축적' 형태로 진행되었기 때문에, 그러한 부작용과 사
회문제들을 전환점으로 삼아 사회변화가 불가피하다는 논의들이 봇
물 터지듯 분출되었기 때문이다. 따라서 이러한 비판과 성찰이 '진보
와 보수화' 간의 팽팽한 줄다리기 속에서 당장 제도변화로 실현되지
는 못했다고 해도, 과거의 '한국적 산업화' 모형의 정당성이 위협받게
된 것은 사실이다. 그리고 그렇게 잠재되어 있던 비판과 변화가 세월
호 참사와 박근혜-최순실의 국정농단을 매개로 현재화했다고 볼 수
있다. 말하자면 한국사회의 특수한 형태로 발생하는 제반 위험들은
'한국형 위험사회'로의 전환을 말해준다고 볼 수 있다(홍찬숙, 2015a:
165-186, 2015b, 2017a).

   네 번째 문제는 여전히 존재하는 한국인의 '가족 중심성' 또는 '가
족 지향성'을 어떻게 해석할 것인가의 문제이다. 말하자면 점점 개인
화하는 가족행태에도 불구하고 여전히 개인보다 가족을 우선시하는
한국인의 정서와 문화를 과거부터 존재해온 '가족주의적 압축적 근대
성'의 연장선상에서 해석하는 것이 합당한가의 문제이다. 논자에 따
라 이와 같은 현상을 '가족화와 개인화의 이중적 과정'으로 설명하기
도 한다(이순미, 2014). 그러나 필자는 근대화한 사회에서 순수한 '가
족화'나 순수한 '개인화'만이 관찰되는 사회는 없다고 본다. 제1근대
성에서 개인화(또는 '1차적 개인화')는 사생활 영역으로서 '핵가족'
의 발생과정이자 동시에 그 사생활을 영위하는 '개인'의 발생과정이
었다. 따라서 관건은 '가족 중심성' 또는 '가족 지향성' 자체나 또는 그
것의 정서적 강도가 아니라, 가족이 '효' 이념의 제도화, 즉 유교적 종
법제도에 부합하는 형태인가 하는 것이다. 필자는 현대 한국에서 나
타나는 '가족 중심성'은 더 이상 유교적 종법제도의 영향력 하에 있지

않다고 설명한 바 있다(홍찬숙, 2017b).

이와 같이 필자는 한국사회에서 '산업화의 성공 및 위험 생산'이라는 변곡점이 작용함에도 불구하고, '압축적 근대성'의 지속이라는 매우 정적인 관점에 의존하여 장경섭이 한국사회의 역동성을 과소평가한다고 판단한다. 그리고 그가 이러한 정태적 관점을 갖게 된 이유가, 무엇보다도 한국의 유교 문명과 서구의 개인주의 문명을 지나치게 '문화적'인 차이로만 생각하기 때문이라고 본다. 즉 개인화나 개인주의 규범이 시장에 기초한 '근대 산업사회'의 생산물이 아니라, '기독교 문명'의 결과라고만 보기 때문이다. 그러나 서구에서도 기독교 문명만으로는 개인주의가 태동하지 않았다. 개인주의의 태동에 직접적으로 작용한 것은, 가톨릭 종교의 정당성을 와해시킨 시장관계의 확대였다.

근대화(더 정확히는 산업화)가 집권세력에 의해서 위로부터 계획적, 압축적으로 진행된 것은 한국을 비롯한 동북아 유교사회뿐만 아니라, 개신교 '자본주의 정신'의 발생지인 독일의 경우에도 마찬가지이다. 다만 당시 독일의 경우 근대화의 시간적 압축성은 우리의 30년과는 비교가 안 될 정도로 느슨하다. 그러나 개신교의 발생지인 독일에서조차, 앞서 보았듯이 후발 산업국의 '비동시성의 동시성'은 매우 중요한 문제였다. 또 2차 대전 이후 서구 연합군의 주도 하에 독일이 빠르게 서구화에 성공했음에도 불구하고, 당시 독일 역사학계에서는 독일 근대화의 '특수경로(Sonderweg)'가 매우 논쟁적인 주제였다.

따라서 이하에서는 독일 근대화의 '특수경로'와 한국 근대화의 압축적 특성을 비교함으로써, 장경섭의 '압축적 근대성'에 대한 필자의 비판에 근거를 제시하고자 한다.

3. 근대성의 특수경로: 독일과 한국 비교[1]

1) 독일의 특수경로: 교양계급의 문화적 현상으로서 자유주의 와 개인주의

독일의 특수경로란 후발 산업국가에서 나타난 경제적 · 정치적 시민계급의 미발달을 표현하는 말이다. 오늘날 세계화된 관점에서 보면 이와 같은 '특수경로'가 오히려 근대성의 '일반경로'라고 말해야 할 지경이다. 소위 '일반경로'라고 불리는 영국과 프랑스처럼 시민계급이 자생적으로 발생하여 자본주의 및 민주주의 발전을 주도한 경우는 세계 역사상 단지 그 두 나라밖에 없기 때문이다. 독일의 근대화가 근대화의 암흑면을 극명하게 보여준 나치의 발흥으로 연결되고 또 곧이어 2차 대전에서 독일이 패전하면서, 독일의 '특수경로'는 매우 민감한 역사논쟁의 대상이 되었다.

산업화가 절대군주에 의해 위에서부터 아래로 추진된 독일에서 시장경제는 선진 산업국이자 제국주의 세력이었던 영국 · 프랑스에 추월당하지 않으려는 집권세력의 의지에 의해서 권위주의적, 계획적으로 발전하였다. 그리하여 독일의 근대화는 부르주아의 계급이해가 아닌 관료제와 교양시민계급(경제자본이 아닌 교육을 통해 형성된 시민계급)의 체계적 형성을 통해 인위적으로 추진되었다.[2] 경제적 세력

---

1) 독일과 한국에서 나타난 근대성의 특수경로에 대한 비교는 필자의 다른 미간행 논문(Hong, 2017)에서 다룬 바 있다.
2) 이러한 이유로 '독일의 특수경로'에 대한 역사적 연구는 동시에 '교양시민계급'에 대한 연구이기도 하다. 필자가 교양시민 및 독일의 특수경로에 관심과 지식을 갖도록 도움을 주신 독문학 연구자 이순예, 진일상 박사께 감사한다. 교양시민계급을

화에 기초하여 구체제에 대한 정치적 전복을 주도한 시민계급의 부재
로 인해서, 독일에서는 자유주의와 민주주의의 사회적 전통이 부재했
다. 특히 독일의 특수경로에서는 두 가지가 부재했는데, 하나는 시민
국가의 공간을 구성하는 영토적 통일성(Einheit)이고, 다른 하나는 시
민질서를 표현하는 자유(Freiheit)이다. 이 두 가지의 부재가 곧 '근대
국민국가 형성'으로 완성되는 근대화의, 독일식 '특수경로'이다(독일
의 "지연된 국민형성(verspätete Nation)" 개념은 Plessner, 1959 참
조; Habisch, 2012에서 재인용).

한편 '독일의 특수경로'라는 표현은 자본주의 시장경제뿐만 아니라
일찍이 민주주의와 국민국가 형태를 통해 시민사회를 발전시킨 '서
구'에 대해서 독일의 지식인들이 갖고 있는 자의식을 보여주기도 한
다. '서구'에 대한 이러한 자의식은 독일의 문화를 우월한 것으로 인
식하는 긍정적 측면, 그리고 독일에서 자생적 민주주의는 불가능했으
며 민주주의는 이식될 수밖에 없었다는 부정적 역사인식의 양면성을
갖는 것이다(Kocka, 1988: 3-4).

먼저 긍정적인 측면은 독일을 괴테와 칸트와 같은 '시인과 철학자
의 나라'로 이해하며 근대 '문명(Zivilisation)'에 독일의 '문화(Kultur)'

선두주자로 내세운 근대화로 인해 독일에서 과학과 지식의 사회적 중요성은 매우
일찍부터 강조되었다. 이러한 경향은 독일 사회학에도 반영되어 일찍부터 '지식사
회학(Wissenssoziologie)'이 발전했을 뿐만 아니라 현대 계급연구 및 불평등연구
의 독일적 특성을 형성하는 데에도 커다란 영향을 미친 것으로 보인다. 독일의 불
평등 연구에서는 벡의 개인화 테제나 슐체의 '체험사회'(Schulze, 1992)처럼 교육
자본의 수평화효과를 강조하는 연구들이 커다란 반향을 일으켰다. 교육자본의 수
직적 영향을 강조하는 부르디외의 이론 역시 독일에서는 보다 수평적인 방향으로
재해석되었다(Vester, 2003 참조).

를 대립시키는 것이다.[3] 아시아에서도 19세기에 '동도서기론' 등과 같은 문화적 자의식이 표현되었으나 그 경우에는 전통을 고수하려는 자의식이었던데 반해서, 독일의 '문화' 개념은 근대적 문학과 철학, 윤리학을 의미한다. 특히 칸트는 오히려 서구의 근대철학을 완성시킴으로써 독일 '특수경로'의 아이러니를 보여준다. 즉 독일은 경제나 정치보다 '문화'의 측면에서 먼저 '서구화'에 성공했을 뿐만 아니라, 또한 유럽에서 서구문화를 주도하기까지 했다. 다시 말해서, 독일 교양시민계급은 독일 국내에서는 산업화와 근대화의 전위부대였으나, 유럽에서는 근대문화의 전위이자 동시에 근대문명비판의 전위였다.[4]

그러나 이와 같은 '문명'과 '문화'의 이분법은 근대성의 역사적 전개과정 속에서 해결될 수 없는 문제였다. 그것은 특히 독일 '정치'에서 자유주의의 부재로 나타났고 이후 나치즘의 발흥으로 이어졌다. 그리하여 2차 대전 이후에 '독일의 특수경로'라는 개념은 부정적인 의미로 이해되었다. 즉 정치경제적 자유주의의 전통이 부재한 독일에서

---

3) '문화'를 '문명'에 대립시키고 '문화'를 통해 '문명'의 병폐를 극복하고자 하는 경향은 근대 이후 독일문화의 근본적 특성이 되었다. 이와 같은 경향은 좌우의 이념적 분화를 막론하고 독일 지식세계에서 공통적으로 나타나는 현상이다. 그리하여 '소외'와 같은 개념으로 자본주의 문명에 저항하고자 했던 마르크스를 비롯하여 하이데거의 실존주의 문명비판, 니체의 문명비판 등 다양한 흐름이 출현하였다. '문화'를 '문명'에 대립시킴으로써 독일문화는 관념론으로 발전하였고, 관념론에 대한 극단적인 저항으로 역사유물론이 출현하기도 했다.

4) 이것은 베토벤이 혁명의 우상인 나폴레옹에게 헌정하기 위해 교향곡 3번 〈에로이카〉를 작곡했다가 이후 그가 황제의 자리에 오르자 악보 표지의 '나폴레옹'이라는 이름을 찢어버렸다는 이야기를 통해 상징적으로 드러난다. 독일의 교양시민계급은 '문화'와 '문명'이라는 근대성의 양면성과 씨름해야 하는 애매한 입장이었을 뿐 아니라, 보편적 교양과 문화계급으로서의 신분적 폐쇄성 사이에서 씨름해야 했던 애매한 입장이기도 했다. 신분적 계급으로서의 교양시민에 대한 정의는 렙시우스 (Lepsius, 1992) 참조.

민주주의는 자생적으로 발생할 수 없다는 의미를 가졌다.[5]

이처럼 독일에서 자유주의는 교양시민계급에게 제한된 문화자본의 형태로만 존재했고 시장에서 경제자본으로 전환될 수 없었으며 정치적으로는 더더욱 제약되었다. 이러한 내용을 갖는 '자유주의의 부재'가 '독일의 특수경로' 개념의 핵심으로 이해된다.

2) 한국의 근대화: 자유주의·개인주의의 부정 및 유교의 선택적 계승

독일 역사 특유의 이러한 '비동시성의 동시성'은 2차 대전 이후 탈식민지화한 상당수의 비유럽 국가들에서 나타나는 권위주의적 국가 형성 과정과 비교될 수 있다. 한국의 경우 일제 점령으로부터 해방되면서 근대적 국민국가의 형성이라는 과제가 외부로부터 주어졌으며, 또 의회제도 역시 이식되었다. 또한 아직 산업화가 미약한 수준에서 계급대립과 관련된 이념대립을 일찍부터 격렬하게 경험하였다.[6]

---

5) 위르겐 코카는 "독일의 특수경로" 개념의 역사적 의의를 옹호하면서 그 이유로 다음과 같은 두 가지의 사실을 들고 있다. 하나는 독일은 '서구'와 달리 국민국가 형성의 문제와 입헌제적 의회제도 도입의 문제, 계급갈등의 문제가 한꺼번에 제기되는 기묘한 타이밍을 경험했다는 것이다. 이러한 타이밍으로 인해서 독일에서는 자유주의가 미약할 수밖에 없었으며, 자유주의적 노동운동 역시 불가능했다고 본다. 다른 하나는 독일의 오래된 관료제 전통이다. 국가에 의해 관료적으로 하향 진행된 개혁이 시민적 덕목과 자유주의적 실천들을 제약했다는 것이다(Kocka, 1988: 13)

6) 하비쉬는 교양시민에 의한 위로부터의 자유주의화로 인해 산업화 당시 독일 사회는 자유민주주의 문화를 갖추지 못하였고, 그리하여 영국에서와 달리 독일에서 노동자들은 노동하는 물질("Menschenmaterial"; Habisch, 2012: 17) 취급을 받으며 고강도의 착취에 내몰려 심각한 '사회문제'를 야기했다고 본다. 아마도 그런 이유에서 독일에서는 산업화와 함께 사회주의(또는 공산주의) 이념이 발전했는지도 모르겠다. 독일 뿐 아니라 권위주의적인 많은 후발 산업사회에서 사회주의(또는

한국의 관료제 역시 어떤 면에서는 독일에서보다 더욱 긴 역사를 안고 있다. 불안정하게 이식된 의회를 해산하고 군부 쿠데타를 통해 권위주의 정권이 관료제를 통해 근대화를 추진하기 이전부터, 한국에서는 유교적 관료제의 전통을 통해 국가에 복종하는 문화가 존재했다. 그리하여 군사정권 하에서 관료제는 매우 효율적으로 작동할 수 있었고, 이념대립이 본격적 산업화를 선행한 상태에서 한국에서는 자유주의 또는 개인주의 '문화'의 부재 속에서 산업화의 '문명'을 이루는 데 성공할 수 있었다.

즉 한국에서 교육받은 지식층은 '교양시민계급'으로 문화적 자율성을 향유하고 근대성 문화의 기틀을 닦기 보다는, 오히려 권위주의적 근대화 과정에서 전통문화와의 도덕적 연속성을 책임지는 동시에 과학적 효율성을 달성하는 지배집단으로 자리 잡았다. 그리하여 개인주의와 자유주의 문화를 실험하고 전파하기 보다는 오히려 집단주의 문화를 정당화하고 권위주의와 시장에 예속된 '교육자본의 소유자'로서 자본주의 발전을 주도하였다.[7] 교육자본은 쉽게 경제자본으로 전환되었으며 또한 사회자본과 정치자본으로 전환되었다. 그리하여 오늘날 한국사회의 지식계급은 독일적 의미의 교양시민계급보다는 오히려 부르디외의 의미에서 문화자본의 소유자로 이해될 수 있다.[8]

공산주의)는 문화적으로 매우 친화성을 가졌는데, 그 역시 자유주의 정치 및 문화의 부재와 관련된 것일 수 있다.

7) 한국에서도 독일의 교양시민계급처럼 '상아탑' 속에서 교양형성에 주력하던 문화계급이 존재하지 않은 것은 아니었다. 그러나 이들은 독일 교양시민계급과 달리 자율적인 문화의 영역을 구축하는 데 성공하지 못했다.

8) 교양시민계급 연구자들 중 대표적으로 코카는 교양시민계급의 부르주아 속성을 강조한다. 코카와 부르디외를 연결하여 예얄·젤레니·타운슬리(2007)는 중유럽의 탈사회주의 체제전환 사회에서 자본주의 발달을 주도하는 부르주아 세력으로

반면에 독일 교양시민계급의 의미에서 근대적 '교양'이라는 문화자
본은 한국사회에 부재하며, 한국에서 문화자본은 그야말로 '자본'으
로서의 의미가 강하다. 또한 한국에서는 문화를 동양문화와 서양문화
또는 공동체적 문화와 개인주의 문화로 이분하여 대립시키는 경향이
있다. 그리하여 근대성의 정치적, 문화적 개인성을 추구하는 자생적
인 근대성 문화가 한국사회에서는 상아탑 내에서조차 발전하지 못하
였으며, 근대성은 곧 사적 소유와 시장지배를 의미하는 자본주의 물
질문명과 동일시되었다.

4. 산업화 성공 이후의 '또 다른' 개인화: 독일과 한국 비교

2차 대전 이후 패전국 독일은 연합국의 영향력 하에서 독일의 '특
수경로'를 뒤로 하고 마침내 '서구화'에 도달하기 위해 정치적 노력을
경주했다. 그것은 '정치교육'의 제도화로 나타났는데, 이는 나치 청산
이 단순히 제도나 인물의 교체만으로는 불가능하다는 사실을 인식한
결과였다. 역사적 조건에 따라서, 민주주의 또는 그것을 가능하게 하
는 자유주의 정치문화는 시장제도에 부수적으로 딸려오는 기능적 첨
가물이 아니라는 것을 확인한 결과였다. 독일에서 자유주의 정치문화
는 근대화를 통해 기능적으로 분화된 유기체적 현상이 아니라 교육을
통해 습득되어야 하는 문화자본이었던 것이다.

벡이 설명하는 (2차적) 개인화 현상은 이처럼 2차 대전 이후 '서구

'교양시민계급'을 들고 있다.

화'에 성공한 독일사회를 역사적 배경으로 깔고 있다. 따라서 벡의 개인화 논의를 한국사회의 현실과 비교하기 위해서는 단순히 '제도화된 개인주의'의 유무만을 염두에 둘 것이 아니라, '한국 근대성 속에서 민주주의 정치문화는 어떻게 가능한가?'라는 문제를 반드시 고려해야 한다. 의식적 정치교육을 통한 자유주의 정치문화의 제도화 없이 독일에서 '제도화된 개인주의'는 불가능했을 것이기 때문이다. 독일은 칸트를 배출한 나라이고 또 개인성 함양을 강조하는 교양시민계급의 문화국가였음에도 불구하고, 자유주의는 교양시민계급의 이념에 불과하였으며 연합군의 압박 없이는 결코 정치의 문턱을 넘을 수 없었기 때문이다.

1) 서구의 제도화된 개인주의와 2차적 개인화

서구에서 개인화의 제1단계가 고전 사회학자들이 관찰한 근대초기 개인주의 도덕의 발생 및 (국민국가 프레임의 강화로 연결되는) 시민적 결속의 제도화였다면, 현대사회에서 벡이 관찰하는 개인화의 제2단계는 세계시민적 결속의 제도화 가능성이다. 여기서 벡이 말하는 세계시민주의는 칸트 또는 롤스의 '정의로운 국제관계'와 매우 유사하다. 칸트와 롤스는 마르크스주의 방향의 국제주의와 달리 세계시민주의를 세계공화국이나 세계제국의 형태로 이해하지 않는다. 칸트(2010)의 세계시민주의는 국가들 사이의 평화로운 연방을 의미하며, 이국인에 대한 환대를 의미한다. 롤스(2000)의 정의로운 국제관계역시 만인들 간의 관계가 아니라 국가 간의 정의로운 원조 또는 협력관계를 의미한다.

벡의 세계시민주의도 그와 마찬가지로 국가들 사이의 불평등 현실과 국가들 사이의 상호공조, 그리고 이국인(또는 "타자")에 대한 환대(또는 인정)를 강조한다(벡, 2000, 2011). 세계시민주의 이념 속에서 국민국가는 타자를 인정하고 타국과 상호이익 관계를 도모하는 세계시민주의 국가로 거듭날 수 있을 뿐, 세계공화국의 형태로 해소될 수는 없다고 본다. 즉 벡 역시 칸트나 롤스와 마찬가지로 국민국가와 세계시민주의가 상호배제적인 범주라고 보지 않는다.[9] 다만 벡은 세계시민주의의 조건을 칸트나 롤스와 달리 사회학적으로 설명한다. 칸트가 도덕적 정언명령이라는 초월적 실천이성에 입각해서 세계시민주의를 주창하였고, 롤스가 '생산적 협력관계' 또는 '이익의 분배'에 기초하여 규범적 차원에서 사회정의를 설명하는 것과 달리, 벡은 생산된 '위험의 분배'라는 현실적 '책임'의 원리에 기초하여 세계시민주의를 예견한다.

서구에서 '포스트모던'한 듯 보이는 문화현상들, 즉 근대적 결속양식과 제도들의 해체가, 근대 초기보다 한층 고양된 '개인화'를 통해 '세계시민화'로 연결될 수 있다고 보는 벡의 시대진단에는 서구사회에서 제도적으로 달성한 시민권의 강화라는 역사적 성과가 배경으로 깔려 있다. 즉 기회의 평등이라는 고전적 자유주의 이상에서 일정 수

---

9) '개인화=세계시민화'라는 정식은 벡이 세계화 논의에 참여하면서 가다듬어졌다. 벡의 초창기 저서에서도 세계차원의 위험을 생산하고 분배하는 위험사회의 특성에 근거하여 지구적 차원의 프레임을 강조했으나 본격적으로 세계시민주의를 언급한 것은 1997년의 세계화 관련 저서(벡, 2000)에서였다. 개인화에서 세계시민주의로의 프레임 변화는 신자유주의에 대한 논의에서 시작해서 종교, 가족 영역으로 확산된다(종교 영역에서는 벡, 2013, 가족 영역에서는 벡·벡-게른스하임, 2012 참조).

준의 결과적 평등을 보장하는 복지국가로 자유주의 국가원리가 변화
한 사실과 관련되어 있다. 복지국가는 사회적 생산물의 분배와 관련
되지만 그것이 제도화된 방식은 사회적 위험을 제도화하는 형태('사
회보험')였다. 즉 복지국가는 '위험(danger)'을 사회적으로 구성하고
관리하는 체계로서 '위험부담(risk)'에 대한 사회적 민감성을 고도화
했다.

　과학문명의 발전 및 신자유주의 세계화에 수반되는 위험의 범위와
정도는 국민국가 형태의 복지국가를 뛰어넘는 전혀 새로운 방식의 제
도화를 요구한다(벡, 2010, 2011). 그것은 세계적 차원의 새로운 사
회협약을 필요로 하는데, 이때 사회협약의 근거로서 벡은 세계화된
위험과 위험생산의 현실주의를 제시한다. 그리고 사회협약의 주체로
서 벡은 세계화의 강압 하에서 국경을 시공간적, 문화적, 정신적으로
횡단하는 개인들과, 그 개인들을 여전히 영토에 귀속시키는 국민국가
로 이중적으로 제시한다. 개인들은 다양한 방식으로 국경을 가로지르
는 다차원적 네트워크와 NGO 형성을 통해서, 국민국가는 국제관계
를 통해서 세계위험을 개인화하고, 지구화하고, 국내정치화 한다(벡,
2011, 2012). 개인과 개인, 개인과 국민국가, 국민국가와 국민국가 간
의 민주적 또는 비민주적 상호작용을 통해서 세계시민정치화의 밀도
높은 공간이 형성되며, 그 공간('정치적인 것') 속에서 세계시민주의
규범 및 공동체, 제도들이 발현할 수 있다고 벡은 판단한다.[10]

---

10) 벡은 세계화 논의를 '세계시민주의(cosmopolitanism)' 사회학으로 발전시켰으
　　나, 이후 '세계시민정치화(cosmopolitization)' 개념을 구별해서 사용한다. 그에
　　의하면 '세계시민주의'는 규범에, '세계시민정치화'는 사실에 관한 개념이다. 그의
　　정의에 의하면 세계시민정치화는 배제된 (지구적) 타자를 (종종 비자발적으로)
　　자신의 세계 속에 들이는 것을 의미한다(Beck, 2014). 가장 생생한 예로 그는 제3

2) 1990년대 이후 한국의 개인화: 압축적 개인화

한국의 압축적 근대화 과정에서는 정치적 자유주의의 부재뿐만 아니라 개인주의 시민규범의 부재 역시 두드러진다.[11] 근대화가 초래한 규범의 갈등과 아노미 가능성에 대응하는 방식이 한국에서는 유교윤리의 강화였다. 독일과 마찬가지로 시민해방이 이루어지지 못한 상태에서 권위주의적으로 도입된 시장경제는 개인들을 원자화하였고, 시장을 통해 원자화된 개인들이 정치적으로 결집하여 근대적 사회윤리를 형성할 수 있는 기회가 차단되었다. 시장원리로서의 '개인주의'와

세계 빈자의 신장을 이식받은 서구인을 거론한다. 이 서구인은 자신의 신장을 팔아야 할 정도로 세계사회 속에서 배제된 빈자의 존재를 자신의 몸에 이식된 신장을 통해 매순간 확인할 수밖에 없다. 이와 마찬가지로 세계시민주의적 의식 또는 의도와 무관하게 사회경제적으로 배제된 문화적 타자(예컨대 외국인 가사돌보미, 국내 임금수준을 압박하는 외국 노동자 등)를 자신의 사회적 세계 속에 포함시킬 수밖에 없는 상태를 벡은 '세계시민정치화'라고 부른다. 따라서 세계시민정치화는 사회경제적, 문화적 갈등을 수반한다.

11) 자유주의의 도덕적 핵심이 개인주의이기 때문에 2차 대전 이전 독일의 경우에도 개인주의 규범이 관철되지 않았다고 볼 수 있을 것이다. 그러나 통상 사회학에서 개인주의의 기원을 루터의 종교개혁으로 시작된 개신교 교리에서 찾기 때문에 이에 대해서는 보다 전문적인 연구가 필요하다. 예컨대 독일에서는 개인주의가 보편적 인권에 기초한 해방적 개념으로서 보다는 오히려 공동체의 붕괴와 함께 개인적 성취를 강요하는 도덕적 '부담'으로 이해되었을 가능성이 있다. 마르크스는 자본주의가 신분제로부터의 정치적 해방과 공동체의 경제적 보호로부터의 박탈이라는 이중의 해방을 초래했다고 설명했는데, 독일의 경우 전자의 과정이 성공적이지 못한 상태에서 '개인주의'가 후자의 의미에서 강요되는 것으로 이해되었을 수 있다. 1차 대전 이후 바이마르 공화국이 민주적 절차에 의해 나치 집권으로 연결되었고, 또 전후 독일의 사회적 시장경제 체제가 가톨릭 사회윤리에 기초하여 사회적 연대의 이념을 설파한 것을 보면, 2차 대전 이전에 독일에서 개인주의는 뒤르케임이 말하는 '유기적 연대'의 원리로 이해되기 보다는 '원자화'로 이해되었을 가능성이 크다.

시민적 사회윤리로서의 '개인주의'를 통합시킬 수 있는 정치적 자유가 부재한 상태에서 그 간극을 메워주고 일정한 정도의 사회적 결집을 가능하게 했던 것이 유교의 효 사상이었다고 볼 수 있다.[12]

유교의 효 사상은 압축적 근대화 과정에서 일정 정도의 순기능적 작용을 한 것이 사실이다. 예컨대 그것은 시장의 원자화된 개인들에게 공동체적 연고와 보호의 원천으로 작용했다. 유교의 체계적이고 폭넓은 (즉 친족까지 포함하는) 가족주의 규범 속에서 개인들은 시장에서의 성취와 위험 모두에 대비할 수 있었다. 그리하여 한국에서는 독일과 같은 보수적(즉 종교에 기초한) 사회복지 체계 대신에, 가족과 친족 중심의 민간 호혜성이 일종의 준공식적인 사회복지 기능을 떠맡게 된다.

이와 같은 친족 중심의 호혜성은 친족체계가 중심원리로 작용하는 단순사회에서 나타나는 '일반화된 호혜성'의 근대화된 형태라고 볼 수 있을 것이다. 많은 페미니스트 인류학자들이 지적하듯이 친족체계의 '일반화된 호혜성'은 사회적 위신의 위계에 기초한 권위의 계층화를 수반하지만 경제적으로는 계급분화를 차단하는 공동체적 원리에 기초한다. 한국의 압축적 근대화에서 유교는 조선 이후 강화된 부계 친족체계의 '일반화된 호혜성'을 근대적인 준공식적 정치경제 원리로 정당화하는 종교적, 도덕적 기능을 담당했다.

한국에서 유교의 혈연공동체주의는 무엇보다도 민법의 가족관련

---

12) 이것은 전후 독일 사회적 시장경제의 기초가 된 가톨릭 사회윤리와 유사한 작용을 했을 수도 있다. 그러나 기독교가 혈연 등 속세의 귀속관계에 대항하는 '개인의 종교 선택'에 기초하여 원리상 개인주의와 친화성을 갖는데 비해서, 유교의 효 사상은 혈연을 도덕의 기반으로 삼는다는 데서 원리상 반개인주의적이다.

규정들을 통해 법적으로 보호받았고, 사회적으로는 도농 간의 공간분리를 상쇄하는 제사 의례를 통해 지지되었다. 도시화가 초래한 근대적 이동성은 친족의 유대를 오히려 전국 단위로 확대하였고, 이동경로를 따라 비혈연적 연고(예컨대 지연) 역시 확장시켰다. 뿐만 아니라 이러한 연고의 확산은 조직에 입소한 순위를 중심으로 일반적인 권위주의적 연고집단을 형성하는 근대화된 전통적 귀속원리를 창출하였고, 정치적·조직적 권위주의 체계와 맞물리면서 근대적 사회연대의 새로운 모델로 부상했다. 그리하여 계급분화를 상쇄하는 부계적 공동체 원리는 남성 혈연간의 연대 뿐 아니라 각종 연고(지연, 학연, 조직연고)에 기초한 집단적 결속을 한국사회의 '당연'하고 '상식적'인 규범으로 구성하였다.

그러나 산업화가 성공한 결과 이러한 압축적 근대화의 규범이 체계적으로 도전받는 시기가 온다. 이러한 도전은 세 방향에서 왔는데, 정치적 민주화 운동, 여성운동, 노동자 운동이 그것이다. 1980~1990년대는 이러한 도전들이 한꺼번에 분출하며 한국사회의 지형을 바꾸어 놓았다. 정치적 민주화와 가족법 개정, 중공업 남성노동자 중심의 계급운동이 활발하게 전개되면서 한국사회는 근대적 '개인화', 즉 벡이 말하는 '1차 개인화' 또는 '개인화 제1단계'에 돌입한다. 그러나 한국에서는 개인화 제1단계에 돌입하면서 동시에 개인화 제2단계의 현상들이 나타나는 '압축적 개인화'가 진행되었다고 볼 수 있다. 1990년대에는 특히 제도변화와 함께 여성과 청년층을 중심으로 '문화변동'이 일어나며, 노동자 계급운동이 약화된다.

1997년의 외환위기를 통해 압축적 개인화는 한층 더 급속하게 진행되어 소득격차에 따라 친족집단의 호혜성이 양극화되고, 국민국가

중심의 사회복지에 대한 욕구가 증가하며, 핵가족화, 비혼, 저출산, 초저출산 현상이 진행되고, 일자리 불안정으로 비정규직과 실업이 일상화되며, 일자리 수출과 이주 등의 세계화 현상으로 문화와 국경의 경계가 뒤섞이는 현상이 나타나게 된다.

독일이나 서구와 달리 개인화의 제1단계와 제2단계가 한꺼번에 진행되는 압축적 개인화의 특성은 백이 '제도화된 개인주의'라고 표현한 '규범으로서의 개인주의'의 부재 현상이다. 정치적 자유주의를 복지국가의 형태로까지 발전시킨 개인주의 규범이, 한국에서는 현재 오히려 시민적 욕구의 형태로 (특히 여성들을 중심으로) 분출되고 있을 뿐 제도로 공고화되지는 못하였다. 따라서 현재 한국의 문화변동은 자살률 증가, 행복감 축소, 가족주의로의 복귀 등 아노미 또는 반동적인 형태를 수반한다. 그러나 좀 더 균형감각을 갖고 현실을 보면, 특히 이미 1980~1990년대 고도성장을 통해 고양된 개인들의 자의식과 성역할 규범의 변화, 세계화된 네트워크와 커뮤니케이션, 경제위기 이후 청년층의 높은 실업률과 중산층·저소득층의 경제적 불안정이 서로 맞물리면서 오히려 새로운 시민적 연대와 성별 연대의 가능성을 실험하는 다양한 시도들이 진행되고 있음을 부정할 수 없다.

따라서 한국사회에서 방법론적 세계시민주의의 적용은 집단주의나 가족주의를 한국 근대성의 '특수성'으로 고착시키기보다는 한국사회, 그리고 더 나아가서는 아시아 사회에서 정치적 자유주의의 제도화와 개인주의 시민규범의 정상화를 지향하는 방향으로 갈 필요가 있다. 서구에서 복지국가의 발전 역시 그러한 수순을 밟았다. 뿐만 아니라 아시아에서 혈연 중심의 집단주의 규범은 이미 아시아 특유의 초저출산 현상으로 인해 구조적으로 위협받고 있다. 아시아 특유의 초저출산과 생식의학 시장의 급속한 확대는 유교적 순혈주의를 인공적인 '문화적 구성물'로 빠르게 전환시키고 있다. 아시아에서 새로운 개인중심의 사회연대 형태가 출현하지 않는다면, 아시아는 유교적 순혈주의라는 프로크루스테스의 침대에 개인화된 개인들을 두드려 맞추는 문화적 폭력을 행사하게 될 것이다.

5. 나가며

한국사회에서 부계제 가족과 친족이 그 호혜적 기능을 상실한 계기는, 벡이 서구에서 계급연대가 기능을 상실한 계기라고 설명한 바와 다르지 않은 '근대성의 성공'이다. 말하자면 한국의 경우 유교적 전근대성과 자본주의 근대성이 압축되는 과정을 통해 산업화에 성공하면서, 서구에서 나타나는 '계급연대로부터의 개인화'보다는 '전통적 가족·친족 유대로부터의 개인화'가 두드러진다는 것이 필자의 주장이다. 그리고 '개인화'를 축으로 한 이러한 시기구분을 통해 개인화 이전의 근대성을 '압축적 근대성'으로, 그 이후의 근대성을 '압축적 개인화'로 설명할 필요가 있다고 본다. 벡이 서구사회에서 '단순근대성'이라고 표현한 부분이 한국의 경우 '압축적 근대성'에 해당되고, 벡이 '성찰적 근대성'이라고 표현한 부분이 '압축적 개인화'에 해당된다고 보는 것이다.

또한 이러한 시기구분은 동시에 두 시기의 공존을 의미한다고 벡이 말했듯이, 현재 우리가 관찰하는 가족주의와 개인화의 공존은 이와 같은 시기구분에 기초한 두 시기의 공존을 의미한다고 말할 수 있다.

이렇게 볼 경우, '압축적 근대성'의 개념은 전근대, 근대, 탈근대의 모든 역사적 특성을 한 군데로 융합시키는 한국적 '성찰적 근대성'의 용광로 같은 속성을 말하는 것이 아니라, '근대화된 유교 가족·친족 원리의 지배'라는 특성을 보이는 시기로 한정된다. 즉, 필자는 장경섭의 '압축적 근대성' 개념을 1990년대 이전까지로 한정시키자고 제안한다.

참/고/문/헌

- 롤스, 존. 2000. 『만민법』. 장동진 · 김기호 · 김만권 옮김. 서울: 이끌리오.
- 벡, 울리히. 1997. 『위험사회』. 홍성태 옮김. 서울: 새물결.
- 벡, 울리히. 2000. 『지구화의 길』. 조만영 옮김. 서울: 거름.
- 벡, 울리히. 2010. 『글로벌 위험사회』. 박미애 · 이진우 옮김. 서울: 길
- 벡, 울리히. 2011. 『세계화 시대의 권력과 대항권력』. 홍찬숙 옮김. 서울: 길.
- 벡, 울리히 · 엘리자베트 벡-게른스하임, 2012. 『장거리 사랑』. 이재원 · 홍찬숙 옮김. 서울: 새물결.
- 벡, 울리히. 2013. 『자기만의 신』. 홍찬숙 옮김. 서울: 길.
- 예얄, 질 · 이반 젤레니 · 엘리노어 타운슬리. 2007. 『자본가 없는 자본주의』. 임현진 · 정일준 · 정영철 옮김. 서울: 시유시.
- 이순미. 2014. 「생애과정의 복합적 탈근대화와 가족화와 개인화의 이중적 과정: 1955-1974년 성인기 이행 배열분석을 중심으로」. 『한국사회학』, 48(2): 67-106.
- 칸트, 임마누엘. 2010. 『영구 평화론』. 이한구 옮김. 서울: 서광사.
- 홍찬숙. 2015a. 『개인화: 해방과 위험의 양면성』. 서울대학교출판문화원.
- 홍찬숙. 2015b. 「한국형 위험사회에서 사회정의란 무엇인가」. 김일수 외, 『한국사회 정의 바로 세우기』, 339-364쪽. 세창출판사.
- 홍찬숙. 2017a. 「위험사회의 정보유포매체와 세월호 참사의 '국

민재난' 되기」. 이재열 외, 『세월호가 묻고 사회과학이 답하다』, 72-115쪽. 오름.

• 홍찬숙. 2017b. 「동북아 가족주의 맥락에서 본 한국 여성 개인화의 세 시나리오」. 『경제와 사회』, 113.

• Bausinger, Hermann. "Ungleichzeitigkeiten: von der Volkskunde zur Empirischen Kulturwissenschaft". In Herlmut Berking and Richard Faber (eds.), Kultursoziologie - *Symptom des Zeitgeistes?*, pp. 267-285. Würzburg: Königshausen & Neumann.

• Beck, Ulrich. 2014. "We do not Live in an Age of Cosmopolitanism but in an Age of Cosmopolitization: *The 'Global Other' is in Our Midst"* in Ulrich Beck (ed.), *Pioneer in Cosmopolitan Sociology and Risk Society*, pp. 169-187. Heidelberg: Springer.

• Beck, Ulrich. 1994. "Kinder der Freiheit: Wider das Lamento ber den Werteverfall." U. Beck (ed.), *Kinder der Freiheit*. Frankfurt am Main: Suhrkamp.

• Bloch, Ernst. 1962. *Erbschaft dieser Zeit*. Frankfurt am Main: Suhrkamp.

• Chang, Kyung-Sup. 2014. "Individualization without Individualism: Compressed Modernity and Obfuscated Family Crisis in East Asia" in Ochiai Emiko and Hosoya Leo Aoi (eds.), *Transformation of the Intimate and the Public in Asian Modernity*, pp. 37-62. Leiden: Brill.

• Chang, Kyung-Sup and Song, Min-Young. 2010. "The Stranded

Individualizer under Compressed Modernity: South Korean Women in Individualization without Individualism." *The British Journal of Sociology* 61 (3): 540-565.

• Habisch, André. 2012. "Die christliche Sozialethik im Entwicklungsprozesse der Moderne" in André Halbisch, Hans J. Küsters und Rudolf Uertz (eds.), *Tradition und Erneuerung der christlichen Sozialethik in Zeiten der Modernisierung*, pp. 1-324. Freiburg: Herder.

• Hong, Chan-Sook. 2017. "A Critical Argument against the Thesis 'Individualization without Individualism': Focusing on a Comparison between Germany's Sonderweg and South Korea's Special Path to Modernization". *Korea Journal* 57(2): 미간행.

• Kocka, Jürgen. 1988. "German History before Hitler: The Debate about the German Sonderweg." *Journal of Contemporary History* 23(3): 1-16.

• Lepsius, M. Rainer. 1992. "Das Bildungsbürgertum als ständische Vergesellschaftung." M. Rainer Lepsius (ed.), *Bildungsbürgertum im 19. Jahrhundert. 3: Lebensführung und ständische Vergesellschaftung*, pp. 8-18. Stuttgart: Klett Cotta Verlag.

• Ochiai, Emiko and Hosoya Leo Aoi. 2014. *Transformation of the Intimate and the Public in Asian Modernity*. Leiden: Brill.

• Plessner, Helmuth. 1959. *Die verspätete Nation. Über die politische Verführbarkeit bürgerlichen Geistes*. Stuttgart: Kohlhammer.

• Schulze, Gerhard. 1992. Die *Erlebnisgesellschaft*. Frankfurt am Main: Campus Verlag.

• Schulze, Winfried. 2002. "Vom 'Sonderweg' bis zur 'Ankunft im Westen'. Deutschlands Stellung in Europa." *Geschichte in Wissenschaft und Unterricht*, 53(4): 226-240.

• van Deth, Jan W. 2001. "Wertewandel im internationalen Vergleich. Ein deutscher Sonderweg?" *Aus Politik und Zeitgeschichte* B29: 23-30.

• Vester, Michael. 2003. Class and culture in Germany. 2003. *Sociologia, Problemas e Práticas* [online] 42: 25-64.

• Winkler, Heinrich A. 2005. *Der lange Weg nach Westen*. München: Beck.

제5장
동아시아 압축근대화 경험의 유형

이정덕

1. 들어가는 말

영국과 미국이 산업혁명과 그 이후 세계의 경제를 이끌어 왔지만 20세기 후반 동아시아가 세계사적인 성장을 이룩하면서 크게 부상하였다. 일본 한국 중국으로 이어지는 후발산업국가들은 국가가 주도적으로 산업정책을 세우고 기업가들을 통제하면서 자본축적과 산업발전을 직접 지휘하며 30년 간 연 평균 9-10%의 성장을 이룩하였다.[1] 일본의 압축성장은 1950년대부터 1980년대까지 이어졌고, 한국의 압축성장은 1960년대 중반부터 1990년대까지 이어졌고, 중국의 압

---

[1] 이 글은 피아오 광싱 외(2015)의 "제2차 세계대전 이후의 세계체제와 동아시아 압축근대"를 기초로 발전국가론과 근대화 경험에 대한 논의, 그리고 일기를 통한 동아시아 근대화에 대한 논의를 추가한 것이다.

축성장은 1980년대 중반부터 2010년대 초반까지 지속되었다. 대체로 30년간의 압축성장이 있었다. 물론 일본은 1861년 개항을 하며 지속적인 경제성장을 이룩하였고 19세기 말에 이미 세계적인 산업국가의 하나로 인정받을 정도로 발전하였기 때문에, 서구와 일본의 침략으로 나라가 식민지화되거나 내전으로 이어진 한국과 중국과는 발전과정이 크게 다르다. 그럼에도 불구하고 이들은 제2차 세계대전이후 수출주도형 발전국가로서 또한 동아시아 문명의 일부로서 많은 유사점을 보여주고 있다. 일본이 먼저 국가에 의한 수출용 제조업의 적극적인 촉진으로 수출산업화라는 성공적인 추격성장을 보여주었고 세계적인 제조업국가로 성장하였다. 대만, 한국, 중국이 이와 유사한 전략으로 세계사적인 압축성장을 이룩할 수 있었다.

1993년 세계은행은 *The East Asian Miracle*이라는 책을 출판하였다. 이 책은 세계은행에서 출판한 책 중 가장 널리 읽히고 커다란 영향을 미쳤다. 이 책은 1965년에서 1990년 사이에 국가의 정책이 홍콩, 인도네시아, 일본, 말레이시아, 한국, 싱가포르, 타이완, 태국에서 경제성장과 개선된 복지와 빈부격차해소에 어떻게 영향을 미쳤는지를 살펴보고 있다. 국가정책이 은행을 신뢰할 수 있게 만들고 국내 저축을 늘려 빠른 자본축적을 가능하게 하였다. 교육을 의무화하고 강화하여 보다 양질의 교육을 제공하고 좋은 인력을 배출하였다. 새로운 기술도입에 적극적이었으며, 법과 규제를 정비해 긍정적인 사업환경을 만들었다. 정부가 기업과 협조하면서 자유로운 시장경제를 확대하는 정책을 펼쳐왔다. 자원을 철저하게 통제하고 배분하였고, 정부 경제기관들은 수출을 적극 촉진하였다. 이들 요인의 영향이 어느 정도인지에 대한 의견은 다르지만, 거시경제의 안정성과 자본과 인력의

성장이 압축성장을 가능하게 한 것이라는 점은 일반적으로 받아들여
지고 있다.[2]

존슨은 일본의 산업화를 분석한 책(Johnson, 1982)에서 일본의 압
축성장은 통상산업성이 지휘하는 성공적인 산업합리화 정책과 산
업구조정책으로 인해 가능하였다고 주장하였다. 산업합리화 정책은
기업합리화를 추구하는 정책으로 새로운 기술의 도입, 새로운 장비
와 시설에의 자본투자, 품질 경영, 비용 삭감, 새로운 관리기법의 도
입, 관리통제기술의 개선을 하도록 기업을 유도하는 정책이다. 기업
을 둘러싼 환경의 개선정책은 수송능력과 입지능력을 개선하는 것이
다. 산업 합리화는 특정 산업 내의 모든 기업들이 공정하게 경쟁하고
또는 서로 협조할 수 있는 틀을 만들어 주는 것이다. 산업구조합리화
는 농업, 제조업, 서비스업 또는 경공업과 중공업, 노동집약적 산업과
지식집약적 산업의 비중의 변화를 유도하여 세계시장에서 경쟁을 제
대로 할 수 있도록 전산업구조를 바꾸는 것이다. 즉 전략산업을 선택
하여 적극적으로 키우는 것을 포함한다. 많은 측면에서 한국도 일본
과 유사한 방식을 통하여 압축성장을 이룩하여 왔다.(Amsden, 1989;
Kohli, 1994; Kristof and WuDunn, 2000). 일본의 통상산업성이 산업
합리화를 추구하였다면 대장성은 국가예산의 기획과 관리, 조세, 금
융, 재정을 결정하여 경제정책 전반을 조율하는 강력한 부서였다. 대

---

2) 세계은행은 1993년 『동아시아의 기적: 경제성장과 공공정책 *The East Asian
   Miracle: Economic Growth and Public Policy*』이라는 보고서에서 동아시아가 고
   도성장과 비교적 균등한 소득분배를 이루는 기적을 이룩하였다며 그 요인을 다음
   과 같이 지적하였다. 1. 거시경제안정 및 높은 수출 성장률, 2. 잘 조직된 성장지향
   형 국가 기구, 3. 우수한 인적자본과 물적 자본 확대 및 저축증대, 4. 효율적 인재 및
   자본배분, 기술도입, 산업지원, 수출촉진(World Bank, 1993).

장성이 경제 전체를 기획하고 조율하였기 때문에 기업합리화와 수출을 촉진한 통상산업성보다 압축성장에서 더 근본적인 역할을 한 것으로 평가받고 있다. 한국, 대만, 중국에서도 국가경제 전반을 기획하고 조율하는 강력한 부서를 두어 자원, 자본, 인력을 효율적으로 배분하여 경제성장을 계획적으로 촉진하고자 하였다. 한국의 경제기획원, 중국의 국가발전계획위원회 등은 국가발전을 기획하고 발전전략과 경제계획을 만들어 예산을 배정하여 부처들과 기업들을 조율하여 이를 적극적으로 실천하였다. 국가가 주도하는 계획경제와 시장의 관계를 계획하고 조율하는 강력한 기관으로서 압축성장을 주도한 것으로 평가받고 있다.

동아시아 압축성장은 대체로 부분적인 수입대체산업화와 적극적인 수출산업화를 통하여 외환을 벌어 기술을 빠르게 도입하고 흡수하여 산업수준을 높이며 이를 통해 더욱 개선된 상품을 수출하는 방식(1차 산업-제조업-중화학공업-고급상품)으로 수출의 수준과 규모를 키워 국민의 일자리를 마련하고 내수시장을 키우는 방식으로 진행되었다. 또한 외환의 유출을 막기 위하여 적극적으로 수입장벽을 세워 내국기업들이 내수시장에서 많은 이익을 얻을 수 있도록 하고 이를 바탕으로 외국에는 싼값으로 수출할 수 있게 만들어, 여러 가지 방식으로 수출경쟁력을 높이려 한다. 이 과정에서 중요한 것은 제조업의 이익과 규모를 계속 확대재생산할 수 있도록 만들고 이를 통하여 더 고급의 제조업으로 발전할 수 있게 만드는 것이다. 자본이 부족하면 외국자본을 적극적으로 빌려오고, 제조업과 중화학공업으로 발전하면서 자원이 부족해져 자원을 외국에서 수입해오며, 농산물도 갈수록 부족해져 외국에서 수입해오게 된다. 이러한 방식으로 일본, 한국,

중국은 세계의 제조업 기지로 발전할 수 있었다.

일본, 한국, 중국이 또한 이러한 압축근대화 과정에서 경험하는 내용은 상당히 유사하면서도 다르다. 이 글은 일본, 한국, 중국이 압축근대화 과정에서 어떠한 점을 공유하고 있으며, 또한 어떻게 다르게 경험하였는가를 정리하고자 한다.

2. 동아시아 수출주도형 발전국가의 성립

2차 세계대전을 승리한 미국은 동아시아를 소련과 중국의 공산주의 팽창을 저지하는 지역으로 생각하였다. 또한 제2차 세계대전 이후 미국의 주도와 미국의 영향을 받은 각종 국제개발기구들이 근대화라는 용어를 제3세계의 발전전략으로 제시하였다. 이성, 과학, 합리성, 민주주의, 자본주의 등 중층적 의미를 내포하는 근대라는 개념을 국가주도의 근대화 프로젝트와 연결시키는 사고방식은 미국이 1929년의 대공황을 극복하기 위해 시작한 테네시발전정책(후버 댐 등을 통한 국가주도형 종합발전계획)으로부터였다. 국가가 주도적으로 계획을 세워 전문화, 과학기술의 적용, 합리화 등을 이룩해 사회를 새로운 단계로 발전시킬 수 있다고 생각하였기 때문이다. 특히 냉전 시기 소련의 계획경제 발전전략에 대응하여 미국은 미국 편에 있던 국가들의 국가주도형 발전전략을 적극적으로 지원하였다. 특히 중국의 공산화가 동아시아 전역으로 확산되는 것을 방어하는 전략의 하나로서 일본, 한국, 대만에 대한 국가주도의 근대화를 적극 지원하였다.

근대화 전략을 이론적으로 체계화한 사람이 로스토우이다. 로스토우는 전근대사회에서 근대화를 거쳐 대중소비사회로 발전할 수 있다고 생각하고 이를 다음과 같이 5단계로 정리하였다: 전통사회-도약준비단계-도약-성숙-고도대중소비시대. 대적인 전통사회의 관습과 체제를 개혁하여 도약을 위한 발판을 만들고 이를 통해 도약을 하여 대중소비사회로 발전할 수 있다는 것이다. 이때 근대화는 전통에서 벗어나 근대성에 이르는 과정으로 간주된다. 이의 구체적인 실천은 대체로 서구적 가치, 제도, 지식, 기술을 수입하여 서구를 가능하면 빠르게 따라가는 것을 목표로 하고 있다. 왜냐하면 서구가 이미 근대성을 이룩했다고 보기 때문이다.[3] 문명화 프로젝트에서는 야만을 문명(서구)에 이르게 하기 위하여 서구가 폭력적으로 개입하는 것을 정당화하였지만, 근대화 프로젝트에서는 폭력적 개입보다는 선진국의 지원 그리고 후진국의 능동적인 발전노력과 교육이 강조된다. 또한 문명개념의 문명-야만 틀에서는 제3세계는 정체된 야만이기 때문에 스스로 발전할 수 없는 곳이라는 인식이 강했지만, 근대화론의 선진국-후진국의 틀에서는 후진국도 스스로 발전을 목표로 하고 노력할 수 있는 곳이라는 점이 부각되기 시작했다(피아오 광싱 외, 2015).

　이 당시 근대화는 대체로 선진국인 서구를 따라 발전하는 것을 의미하였다. 근대화된 국가란 서구의 문화, 정치, 제도, 기술을 습득한 상태를 의미하였다. 동아시아에서 미국의 영향력 하에 있던 일본, 한국, 대만 등이 국가가 자본, 인력, 기술을 계획하고 동원하는 수출주

---

3) 이곳에서 로스토우의 근대화론이나 경제성장단계론이 맞거나 틀렸다는 것을 논의하려는 것이 아니라 근대화라는 용어를 세계에 퍼트리는 데 기여했다는 점에 주목하고자 한다. 근대화라는 용어를 매개로 시도한 발전이 동아시아에서는 대체로 성공적이었던 반면 나머지 지역에서는 아직 성공적인 결과를 낳지 못했다.

도형 산업화라는 근대화 전략을 적극 실천하게 된다. 근대화를 성공
적으로 이룩하기 위해서는 국가가 가장 중요한 것으로 간주된다. 국
가가 경제계획, 자원의 동원, 합리적 배분을 효과적으로 수행해야 성
공적인 근대화가 가능하다고 보았다. 이에 따라 일본, 한국, 중국의
근대화에서 국가가 역사상 가장 강력한 힘을 가지고 가장 철저하게
계획, 동원, 자본배분, 수출촉진의 역할을 하였다. 또한 무역장벽으
로 국내시장을 지켜 국내기업을 키웠다. 일본은 1800년대 후반부터
경제가 발전하여 선진국 수준에 이르렀지만 제2차 세계대전에서 미
국에 항복한 이후 1946~1973년까지 년 9%의 성장을 하여 일본 역
사상 최고의 경기라고 불린 경제발전을 이룩해 미국 다음의 세계 2
위 경제대국으로 성장했고(지금은 중국에 밀려 세계 3위), 한국도
1963~1993년까지 년 약 9%의 성장을 하여 단군 이래 최고의 경제
발전이라 불리며 빈국에서 중진국이 되었으며, 중국은 1980~2010년
동안 년 10%의 성장을 하여 세계사적인 사건이라 불리며 빈국에서
G2의 하나로 성장하였다.[4] 이러한 약 30여 년간의 초고속 성장을 압
축성장으로, 그 사회적 과정을 압축근대화라고 할 수 있다. 이러한 과
정은 산업화 또는 근대화(중국에서는 현대화)라는 명칭으로 추진되
었다.[5] 이 단계에서 산업화는 주로 공업화를 의미하였고 근대화는 더

---

4) 인터넷 자료들에 이들 국가의 해마다의 경제성장률이 제시되어 있어 이들의 수치
를 종합한 것이다.
5) 한국과 일본에서는 이를 근대화로 번역하지만 중국에서는 현대화로 번역하고 있
다. 근대라는 말이 과거의 뉘앙스를 가지고 있어 중국은 현대화라는 용어를 채택하
였다. Modernization은 서구의 발전을 추격하겠다는 의미를 가지고 있는데 근대화
는 조금 전에 서구가 성취한 것을 추격하겠다는 뜻이고 현대화는 서구가 지금까지
성취하겠다는 뜻을 내포하고 있어 그 뉘앙스에 약간의 차이가 있다.

나아가 도시화, 민주화, 합리화 등의 다양한 변화까지 포함하는 것으로 사용되었다. 동아시아에서 나타난 근대화 전략은 국가의 주도하에 선발국가인 미국, 일본 또는 한국을 따라잡는 것(Catch-up)이었다. 이때 나타난 특징들은 국가에 의한 계획, 국민의 적극적인 동원, 대규모 자본(외자) 배분 및 투입을 매개로 한 수출주도형 산업화, 자국시장 보호와 수출지원을 통한 국내기업의 육성이었다.

일본에서 근대화라는 말이 널리 사용된 것은 1950년대이다. 기술, 조직, 관리를 근대화하기 위해 산업에 대규모로 자본이 투자되었고 정부는 농촌과 중소기업의 근대화를 위한 정책들을 수행하였다. 1960년대에는 미국의 근대화라는 용어가 도입되어 미국식으로 효율성을 높이는 것을 의미하였다. 한국에서 근대화라는 말은 1960년대에 널리 퍼졌다. 박정희는 쿠테타로 집권한 후, '조국근대화'라는 말로 국가중심의 총력동원체제를 만들었다. 당시의 증산, 건설, 수출이라는 구호가 보여주듯이 박정희는 외자유치를 매개로 한 수출주도형 공업화를 시도하였다. 박정희는 근대화에 조국이라는 말을 덧붙여 국민에 대한 감성적 호소력과 동원력을 높이고자 하였다. 중국에서는 1975년 등소평과 주은래가 개혁개방을 시작하면서 중국이 산업, 농업, 국방, 과학기술의 4가지 현대화를 성취하여야 한다고 주장하였다. 등소평은 낮은 경제수준, 선진국과의 커다란 격차, 대규모 인구, 경작지 부족이라는 중국적 특성에 기반을 둔 중국식 현대화가 필요하다며 사회주의적 현대화를 정당화하였다. 중국도 국가가 계획하고 동원하고 배분하는 수출주도형 공업화 전략을 추진해왔는데 40년 동안 세계사적인 성공을 거두고 있다. 이러한 성장으로 미국과 함께 세계의 2대 강대국으로 인정되며 G2로 불리고 있다.

2차 세계대전 이후 동아시아에서 이러한 압축성장이 가능했던 이유는 국가가 효율적으로 수출주도형 공업화를 추진하였을 뿐만 아니라 우호적인 국제정세가 전개되었기 때문이다. 미국이 소련과의 냉전에서 이기기 위하여 공산주의에 대항하는 세력을 강화하고자 하였고 개발도상국 특히 공산권과 접하여 있는 동아시아에 원조를 제공하고 이들의 수출확대와 공업화를 지원하였다. 한국전쟁과 베트남전쟁에 의한 특수도 있었다. 특히 미국을 중심으로 한 자본주의 진영에서 자유로운 무역과 활발한 자본이동으로 해외자본의 확보가 쉬워졌고 선진국 시장이 열려있었다. 미국의 주도하에 선진국들은 일반특혜관세를 통해 개발도상국의 수출품에 무관세나 저율의 관세를 부과하는 방식으로 선진국 시장을 개방하였다. 또한 1960년대와 1970년대는 세계경제가 팽창 중이어서 수출에 유리한 환경이 조성되었다. 압축성장이 어느 정도 끝난 1989년, 한국, 대만, 홍콩이 미국의 일반특혜관세 제도에서 졸업했다.

이러한 압축성장을 설명하기 위해 강한 국가기구가 주도적으로 경제를 계획하고 자원을 배분하여 성장을 도모하는 발전국가론이 등장하였다. 후발산업화 주자들이 국가를 중심으로 빠른 산업화를 위해 효율적으로 예산과 자원을 계획하고 배분하고 성장을 촉진한다는 것이다. 이러한 국가들은 민간주도의 경제발전에 의존하는 서구의 약한 국가들이나 국가지배자들이 부패와 약탈에 집중하는 제3세계의 여러 약탈국가와 다른 모습을 보이는 것으로 평가된다(Woo-Cumings, 1999; Wong, 2004).

동아시아의 발전국가들은 선진국의 기술을 모방하고 배우기 위하여 먼저 학습을 하는데, 특히 추격성장에 더 도움이 되는 분야를 선정하여 집중하게 된다. 이들 기술의 도입을 우대하고 촉진하고 이를 배우기 위한 인력들을 선진하고 파견하고 해당 인력들을 양성한다. 기술은 선진국에서 도입하거나 국가기구가 선도하는 연구기관을 통하여 개발한다. 해외기술자나 해외에 근무하는 자국의 기술자와 과학자를 적극 유치한다. 공학과 과학이 교육을 강화하여 자체 내에서의 기술자와 과학자의 양성체계를 강화한다. 이를 통해 지속적인 과학과 기술의 확대재생산 체계를 만든다(Bolesta, 2014). 또한 국가경제에 더 많은 기여를 할 수 있는 특정 산업분야를 선정하여 이를 주된 대상으로 발전정책을 전개한다. 초기에는 석탄, 철, 철강과 더불어 수출을 위한 섬유, 의류, 장난감과 같은 경공업이 집중투자의 대상이 된다. 점차 전력, 조선, 석유화학, 자동차와 같은 중화학공업으로, 그리고 전자와 반도체와 같은 좀 더 기술집약적 산업으로 이어진다.

이렇게 발전을 주도하는 발전국가들은 발전을 효율적으로 달성하기 위하여 각 산업에 대한 산업화 계획을 세워 추진하고, 국가가 기업과 자본을 동원하고 지원하여 해당부분의 빠른 성장을 도모한다. 동아시아의 일본과 대만과 한국과 같은 자본주의 발전국가는 사회의 다른 부분에 대하여 주도성을 유지하지만 서로 어느 정도 자율성을 가지고 있다. 기업과 시장은 어느 정도 자율성을 가지지만 국가의 산업화 전략, 예산배분, 우선순위, 지원정책 등에 영향을 받는다. 또한 이러한 발전국가들은 정부엘리트들이 사회 전 부분을 주도하면서 관료의 영향력이 크게 강화되고, 기업은 정부의 지휘를 받으며 성장을 도모하고, 따라서 정경유착과 부패가 크게 나타나며, 이에 저항하는 노동운동을 약화시키고, 저항적인 정치세력을 억압하며, 시민사회의 발전이 약화된다(Haggard, 1990).

이러한 발전국가는 일본으로부터 출발하여 동아시아로 확산된 것으로 간주된다. 이러한 자본주의적 발전국가는 일본, 한국, 대만의 역사적 경험과 과정 그리고 경제적 수준이나 정치적 과정이 다른 상태에서 모방되면서 조금씩 변형을 겪는다. 일본은 상대적으로 민주주의(자유로운 선거)를 통한 헤게모니적 리더십을 확보하여 폭력은 적게 사용하는 헤게모니적 발전국가로서의 모습을 보여주었지만, 한국과 대만은 억압적이고 폭력적인 장기독재의 상황에서 강압적 발전국가로서의 모습을 띄게 되었다. 국가는 강력해지고 폭력을 일상적으로 사용하며 저항을 분쇄하면서 민주주의와 인권을 사라진 또는 약화된 발전국가의 모습을 띄게 되었다. 이를 모방한 중국은 공산당의 지휘하에 수출산업화와 시장사회주의를 통하여 압축성장을 도모해왔다.

3. 국가별 압축근대화 경험의 유형

앞에 언급한 존슨(Johnson, 1982)은 동아시아가 유사한 발전국가로서 압축성장을 이룩하였지만 나라마다 국가의 성격, 국가의 역할, 국가의 계획과 추진이 조금씩 다르다고 생각하였다. 대만과 한국이 독재국가(strong state)에 의한 압축성장을 도모하였다면, 일본은 헤게모니적 권위주의(soft-authoritarian) 국가에 의해 압축성장을 도모하였다고 본다. 이와 비슷한 관점에서 호가드(Haggard, 1990)는 한국과 대만을 권위주의적 자본주의(독재자본주의, authoritarian capitalism)로 분류하고 이러한 개발독재에 의해서 다양한 저항세력을 약화시키면서 사회질서를 경제성장에 집중하게 만들어 성공적으로 수출산업화가 이루어질 수 있었고 그 결과 빠른 압축성장을 이룩할 수 있다고 보았다. 이들의 논의를 받아들여 이곳에서도 압축근대화 기간의 압축성장유형을 다음과 같이 분류하고자 한다. 일본을 헤게모니적 자본주의 발전국가, 한국을 독재적 자본주의 발전국가, 중국을 독재적 시장사회주의 발전국가로 분류하고 이러한 맥락에서 민중들이 압축근대화의 경험을 어떻게 하는지를 논의하겠다.

1) 동아시아 공통의 특성

앞에서 언급한 Amsden(1989)은 한국이 빠르게 압축성장에 성공할 수 있었던 이유로 다음과 같은 4가지를 들고 있다; a. 국가의 개입, b. 다양하고 규모가 큰 사업가들, c. 능력 있는 중간관리자들의 충분한 공급, d. 풍부한 잘 교육받은 저임금 노동자. 그는 동시에 기업의 역할, 풍부한 잘 교육받은 관리자와 노동자의 존재를 강조하였다. 이와 더불어 미국이 공산주의의 확산을 막기 위하여 동아시아에 자신의 시장을 적극적으로 개방하였고, 국제적으로도 이들 국가에 저렴한 자본을 공급할 수 있도록 만들어주었다고 보았다. 여기에서 제시된 4가지 성공요인은 조금씩 그 내용이 다르지만 일본, 한국, 중국에서도 비슷하게 나타났다.

일본, 한국, 중국의 압축근대화 과정에서 국가는 기업과 시민사회를 압도하는 권력과 인력을 가지고 경제와 사회전체를 조율하는 모습을 보여주었다. 이들은 모두 국가의 경제를 기획하고 조율하는 강력한 기구를 두어 수출주도형 경제성장에 집중하는 모습을 보여주었다. 하지만 국가의 동의획득의 방식이나 시민사회와 경제에 대한 조율방식은 국가마다 상당히 다르다. 상대적으로 강제력을 덜 사용한 일본의 국가유형이 있고, 저항이 있을 경우 폭압적인 강제력을 사용하였던 한국과 중국과 같은 국가유형이 있다. 국가의 정당성을 위하여 전면적인 지방자치를 실행하면서 각종 선거에서 정경유착을 통한 막대한 규모의 돈을 사용하여 사회적 헤게모니를 구축하고 당의 조직과 다양한 세력을 동원하여 선거에서 승리하는 일본의 유형이 있다. 한국의 60-80년대에서처럼 국가가 정경유착을 통하여 막대한 규모의 돈을 선거에 투입하여 표를 획득하기도 하지만 정부조직이 직접적으로 마을까지 장악하여 일일이 개인들의 성향을 파악하고 반대를 어렵게 만들어 선거에 승리하는 모습이 『평택일기』, 『창평일기』, 『아포일기』, 『금계일기』, 『인천일기』, 『인천일기』 등 여러 일기에서 자세히 나타나고 있다.[6] 이러한 방식으로도 지속적인 정권창출이 어려워 결국 대통령 직선제를 철폐하고 간접선거를 통하여 대통령에 취임하면서 국민적 저항이 더욱 거세지는 형태로 나타나고 이러한 모습도 다양한 일기에 잘 나타나고 있다. 중국처럼 이미 공산당이 중국 전역을 장악한 1949년부터 선거제도가 형식적으로 이루어지고 공산당을 통해 독재가 일상화된 나라에서는 국가의 일상생활에까지 철저하게 침투되어 있었으나 오히려 일상생활에의 침투는 압축근대화 과정에서 점차 약화되는 모습을 보여주지만 각종 공적 조직은 공산당이 계속 장

---

6) 평생을 기록한 일기에는 개인의 생활에까지 영향을 미치는 국가의 개입이 다양한 형태로 나타나고 있다. 다양한 기관과 조직을 통한 개입이 많이 나타나고 또한 이와 관련된 국가적 사건, 예를 들어 유신, 새마을운동, 박정희 사망, 광주민주화운동, 대통령 직선제와 같은 사건들이 일기저자의 생각과 함께 기록되어 있다. 『대곡일기』, 『창평일기』, 『아포일기』, 『금계일기』, 『인천일기』 등의 일기는 참고문헌을 참고할 것.

악하고 사업을 조율하는 모습은 『연변일기』 등에서도 잘 나타나고 있
다(최정걸 외, 2017). 지속적인 압축성장과 각종 조직에 대한 공산당
의 장악으로 공산당이 사회적 리더십이 확보되고 있지만 『멈출 수 없
는 꿈 - 한 농민공의 생존일기』가 보여주듯 사회적 상황에 대한 불만
이나 공산당에 대한 불만이나 항의도 자주 나타나고 있고(최정걸 외,
2017)[7] 빈민촌의 폭동이나 노동자의 집단적 항의나 파업도 나타나고
있다. 1989년 대규모 민주화 시위가 진압된 이후 이러한 대규모 저항
은 사전에 차단되고 있다. 70년이 넘는 공산당의 독재과정에서 참여
하기 어려운 정치에의 관심은 줄고, 개혁개방 이후 압축성장의 과정
에서 타인에 대한 관심이 줄고 '내 가족이나 잘 살자'라는 모습으로
개인화되어 가고 있다.

　다양하고 규모가 큰 기업들도 모두 존재하지만 국가마다 조금 다르
다. 특히 대만의 경우 중국에서 대만으로 넘어온 국민당정부가 대만
본토인이 대기업으로 성장하여 세력화되는 것을 제한하기 위해 중소
기업정책을 적극적으로 펼쳐왔다. 이와 반대로 일본, 한국, 중국은 적
극적으로 대기업의 규모를 키워서 세계적인 경쟁력을 확보하고 이를
통하여 산업고도화와 수출의 견인차 역할을 하도록 하였다. 한국과
일본은 국가의 적극적인 지원으로 재벌기업을 집중적으로 육성하였
지만 중국은 대규모의 공기업을 적극 육성하고 이들을 점차 민영화하
는 방식을 사용하여 왔다. 압축성장 이후 한국과 일본은 재벌기업에
대한 집중적 지원을 축소하고 내부경쟁을 촉진하여 다양한 기업의 경

---

7) 이 일기에 대한 논의는 피아오 꽝싱 외(2016)을 볼 것. 일기 자체는 중국에서 출판
　된 姬鐵見(2013)의 『止不住的夢想──個農民的 生存日記』을 참조할 것.

쟁력을 재고하는 방향으로 정책이 바뀌고 있으나 중국의 경우 대규모 기업군에 대한 지원을 통해 세계경쟁력을 확보하는 방향의 정책이 계속 되고 있다.

능력있는 중간관리자의 공급은 특히 동아시아에서 공통적으로 나타난다. 동아시아가 유교의 영향으로 교육률이 세계에서 가장 높은 지역이어서 국민들의 교육에의 열망도 높고 교육에의 참여도 높아 양질의 교육을 받은 인재가 풍부한 지역이다. 따라서 다양한 업무를 이해하고, 문서들을 이해하고, 의사소통을 하고, 다양한 사람들을 조율하며 일을 진행시킬 수 있는 능력을 가진 사람들도 풍부한 지역이다. 동아시아에서는 조직의 상층에서 조직의 말단에 이르기까지 의사전달이 잘 이루어지고 있고 중간관리자들이 위아래의 의견을 조율하면서 담당한 사업을 원래 목표대로 진행하도록 하는 모습은 교장의 일기인 한국의『금계일기』나 중국의『연변일기』, 기업의 중간관리자의 일기인『인천일기』 등에서 찾아볼 수 있다. 물론 많은 중간관리자들이 문제를 일으키기도 하고 또한 상하 연계과정에서 여러 문제가 발생하지만 어떻게든 이를 해결해나가 조직 전체의 모습에 맞게 조율해나가는 모습을 볼 수 있다.

풍부하게 잘 교육받은 저임금 노동자도 동아시아에서 공통적으로 나타나고 있다. 우선 풍부한 저임금 노동자는 농촌에서 공급되었다. 일본과 한국은 농민의 도시나 산업단지로의 빠른 이주로 풍부한 노동자가 공급되었으며, 중국은 도시주민과 차별하는 정책을 통하여 농촌 이주민을 농민공이라는 범주로 구분하여 차별함으로써 도시와 산업단지에 저임금 노동자를 공급하였다. 이들은 저임금이라고 하더라도 초등학교를 졸업해서 문자해독능력과 소통능력을 잘 갖춘 집단이다.

이는 앞에서 말한 것처럼 동아시아가 교육열이 아주 높은 지역인 것과 관련되어 있다. 동아시아에서는 교육에의 열망과 교육에 부여하는 사회적 의미가 크기 때문에 일찍부터 초등교육이 의무화되었고 부모들이 많은 희생을 무릅쓰고 자녀들의 교육에 열정을 쏟고 있기 때문에 하층에서 받은 교육의 질도 세계적으로 높다. 또한 가정교육과 학교교육을 통하여 개인보다는 집단을 강조하고 따라서 협동에 대한 사회화가 상대적으로 동아시아에서 잘 되어 있는 편이라 공장이나 기업이나 기관의 조직과 집단활동에서 상대적으로 인내심을 가지고 협조하면서 일을 하는 경우가 많다. 하지만 저임금 노동자가 어떠한 제도를 통하여 어떻게 편성되고 분배되어 있는가는 국가마다 크게 다르다.

2) 일본의 유형: 선발발전국가의 헤게모니적 자본주의

일본은 제2차 세계대전에서 패배하면서 미군이 통치하는 국가가 되었다. 이 과정에서 전후복구가 강조되었고 미국은 이에 대한 다양한 원조와 지원을 하였다. 특히 소련과 중공의 팽창을 막기 위한 보루로서 그리고 내부의 불만이 공산화로 이어지지 않도록 만들기 위하여 미국의 시장을 적극적으로 일본에 개방하여 일본의 경제부흥을 지원하였다. 6.25 전쟁을 통하여 본격적인 경제부활의 시기로 들어선 일본은 1950년 근대화라는 슬로건 하에 서구에 대한 산업적 추격이 강조되었다. 대장성은 경제계획과 예산계획을 세우고, 재정과 금융을 관리하고, 직접 또는 금융을 통하여 기업들을 조율하면서 일본의 압축성장을 주도하였다.

1950년대 일본수출의 약 50%가 섬유였지만 섬유나 의류와 같은

경공업의 수출이 빠르게 증가하면서 여기에서 획득한 자본을 1960년
대부터 국가의 주도로 중화학 분야에 집중투자하게 되었다. 1975년
에는 경공업의 비중이 5%로 줄어들고 미국과의 기술제휴를 거쳐 선
박, 자동차, 기계, 운송기, 화학, 전자가 수출의 주력으로 성장하였다.
국가의 적극 개입으로 경공업경제가 중화학공업 중심 경제로 빠르게
이동하였다(이종훈, 1995).

1960년대 일본정부는 중공업과 석유화학의 발전에 집중하였고,
1970년대에는 기계와 자동차 산업의 발전을 도모하였다. 1973년 오
일쇼크로 에너지를 너무 사용하는 알루미늄, 화학, 철강산업이 일시
적으로 쇠퇴하기도 하였다. 일본은 선진 기술을 모방하기 위하여 미
국으로부터 다양한 기술을 배우거나 모방하거나 베꼈다. 특히 대장
성은 경제계획을 세우고 추진하였을 뿐만 아니라 기술도입에도 적극
적으로 나섰다. 외환을 절약하고 확보하기 위하여 기술을 수입하거
나 수입한 기술을 개선하는 기업에 저렴한 외환대출을 적극적으로 해
주었다. 또한 국내적인 기술개발을 적극 지원하여 연구개발에 다양한
지원과 혜택을 주었다. 1970년대 이르러서는 전자산업과 반도체를
선도하는 등 기술선진국이 되었다(Bolesta, 2014).

국가는 엘리트들을 관료로 충원하여 이들에게 강력한 경제계획능
력과 예산배분과 성장의 조율능력을 주었다. 이렇게 이들이 국가를
선도할 수 있는 능력을 부여받은 것은 일본의 정치가 기업가 편에 있
던 엘리트 관료 출신들이 정치를 장악할 수 있었고 이에 따라 국가가
관료를 발전국가에 맞게 조율할 수 있었기 때문이다. 동시에 제2차
세계대전의 패배 이후 전면적인 선거를 통해 정치적 정당성을 획득
하는 체계를 갖추게 되었고 이에 따라 1945년 이후 선거를 통한 정당

화 체계가 안착되었다. 이 과정에서 대기업과 연합하여 적극적으로 발전정책을 도모하는 정치인들은 이들 기업의 돈을 받아 선거에서도 다른 집단들을 압도할 수 있게 되었고 이에 따라 선거라는 민주적 절차를 지키면서 국가에 의한 동원발전국가를 강화시켜 나갈 수 있었다. 따라서 선거의 지속적인 홍보와 교육을 통해 국가의 발전전략에 동의를 얻어내고 성장률로 나타나는 결실을 어느 정도 국민들에게 돌아가게 함으로써 국민적 동의를 얻어낼 수 있었다. 따라서 국가가 국민들 전반에 대한 헤게모니적 관리를 할 수 있었고 노동관리에 있어서도 일부 경우를 제외하고는 헤게모니적 관리가 가능한 상태로 이어져 왔다.

제2차 세계대전 이전까지 지주-소작관계가 주도적이었던 일본농촌도 1945년 농지개혁을 거치면서 소작지를 없애고 자작지로 전환시켰다. 소작농은 사라졌지만 영세자작농이 주도적인 형태로 지속되어 오면서 1950년대 일본의 압축성장이 본격화되자 농촌에서 빠른 속도로 인구가 도시로 이주하게 되었다. 1940년 인구의 44%를 차지하던 농어민(1차 산업 종사자)이 1960년 32.7%, 1980년 10.9%로 감소되었고 이들은 도시의 노동자로 전환되었다. 농촌에서도 겸업이 확대되면서 농업소득비중은 1960년 50.2%에서 1988년 12.8%로 계속 하락하고 있다. 일본은 가업을 잇는 전통이 있어 장남이 겸업을 하면서 농촌에 많이 남아 있고 나머지 자녀가 이주하는 경향이 나타난다. 하지만 직계혈족의 영속집단으로서의 '이에(家)'의식이 크게 약화되면서 장남의 가장(家長)의식도 약화되고 있다. 또한 농촌공동체의 기본조직인 동족(同族)조직과 구미(組)조직도 약화되고 있다(김일철·이문웅, 1994). 이러한 변화로 일본 농촌은 과소인구, 고령화, 소득빈곤의 문제에 처하게 되었고 이를 극복하기 위한 많은 농촌개발정책을 시도

하였지만 문제를 해결하지 못하고 있다.

따라서 다른 동아시아 국가들과 달리 독재를 거치지 않고 압축성장을 실현하였으며 국가가 헤게모니적 관리를 지속적으로 유지할 수 있도록 정치과정이 진행되었다. 야당으로의 정권교체가 몇 번 있었지만 기본적으로 이러한 틀을 유지하였고 또한 자민당이 아닌 정당들이 새로운 헤게모니를 구축하는 데 실패하여 정권을 장기적으로 확보할 수 없었다. 따라서 재벌들을 제2차 세계대전 이후 해체하였지만 압축성장 과정에서 다시 이들 재벌이 경제를 주도하게 되었고 이러한 재벌들과의 연합을 통하여 정치인들이 일본사회에서 공고한 헤게모니를 구축할 수 있었다. 이러한 자민당-재벌 연합 헤게모니 하에서 사법 언론 교육 등이 상당한 상대적 자율성을 유지하고 각각의 지방정부들도 상대적 자율성을 가지고 지역의 정치와 경제를 조율해나갈 수 있었다. 국가의 강력한 계획과 지원이 있었고 지방정부도 이를 필요로 하기 때문에 국가지원을 받기 위해 국가에 맞추어 지역발전전략을 만들고 실행하는 경우가 대부분이었다. 하지만 1990년대 이후 경제성장에 대한 낙관적 미래상이 약화되면서 기업의 연공서열에 의한 평생 직장으로서의 기업공동체도 약화되었고 이에 따라 개인들은 개별적인 생존이 더 중요해지면서 개인화되어 가는 경향이 강화되고 있다.

일본은 집단생활이나 조직생활에서는 집단주의적 성향이 한국이나 중국보다 강하고 조직에 맞춰 활동을 하고 자신의 개인적인 의사를 제대로 표출하지 않는 경향이 있다. 한국이나 중국과 비교하여 자신의 사생활을 타인에게 말하지 않고 집단생활을 하여 같이 근무를 하고 있더라도 다른 직원의 가족생활이나 사생활에 대하여 모르는 경우가 많다. 가족에 있어서도 남녀의 구분이 강하게 남아 있고, 여성이 부엌과 육아를 맡는 경향이 아직도 크다. 이에 따라 가부장제가 많이 약화되었고 남녀평등에 대한 관념도 크게 증가하고 있지만 결혼을 하면 남성이 주도적으로 가족을 관리하게 되며 아내는 가정생활을 주로 관리하게 된다.

일본의 20세기 후반 압축근대화의 과정에 인생전반에 걸쳐서 쓴 일기들에서도 이러한 빠른 변화의 과정들이나 경제적 성장이 반영되어 살면서 많은 변화를 경험하고 대체로 생활의 개선을 목격하는 경향을 보인다. 많은 변화와 경제적 성장을 경험하는 장면의 동아시아 일반에서 나타나는 공통된 특성이다. 일본에서는 한국이나 중국보다 많은 사람들이 일기를 써왔고 생활도 좀 더 자세하게 기록하는 경향을 보이고 있다.[8]

3) 한국의 유형: 후발발전국가의 독재적 자본주의

1950년대 석탄이나 텅스텐의 자원수출로부터 1960년대 섬유나 의류 등의 경공업 수출로 점차 바뀌고 있었다. 쿠데타로 집권한 박정희와 전두환의 강한국가(독재국가)는 정권정당성을 위하여 가시적인 경제성장을 보여야할 필요가 있었다. 박정희는 쿠데타로 정권을 장악하자 빠른 경제성장을 위하여 바로 경제계획을 세우고, 예산을 배분하고, 투자의 우선순위를 결정하는 강력한 경제기획원을 설립하였다. 일본과 마찬가지로 전체 국가경제를 기획하고 관리하는 기구에 최고의 엘리트 관료들을 집중시켜 매년 뚜렷한 목표와 방향을 가지고 기

---

8) 일기의 일기쓰기와 그 변화는 니시카와 유코(2013)를 참조할 것.

업과 국민을 관리하여 왔다. 사회발전의 지표를 수출액으로 상징화하여 수출을 증가시키기 위한 온갖 정책이 실천되었다. 수출액이라는 외형적 수치와 1인당 GNP가 선진국 진입의 지표가 되었다. 또한 수출을 늘리기 위하여 공업단지나 산업단지를 여러 곳에 만들고, 수출 기업에 다양한 특혜와 지원을 하였다. 이에 따라 수출액이 폭발적으로 증가하기 시작하여 1960년 3300만 달러에서, 1970년 8억3500만 달러, 1980년 175억500만 달러, 1990년 650억1600만 달러, 2000년 1604억8100만 달러로 압축성장기의 40년 동안 수출액은 4863배 증가하였다(통계청, 2008). 이를 위하여 수출의 목표치가 제시되면 모든 행정기구들이 이의 실현을 위해 매진하도록 만들었다. 이에 따라 국민소득도 빠르게 증가하여 1인당 소득이 1960년 79달러, 1970년 254달러, 1980년 1645달러, 1990년 6147달러, 2000년 10841달러로 40년 만에 1인당 소득이 137배 증가하였다(통계청, 2008).[9]

경제기획원을 중심으로 국가주도 하의 발전정책, 산업정책, 자원배분, 자본배분, 노동통제, 선거무력화, 마을까지의 국가조직화 강화를 도모하여 국가가 강력하게 산업화를 이끌어나가도록 만들었다. 일본과 마찬가지로 기업들을 국가가 적극 관리하면서 국가가 장악한 금융을 매개로 기업들을 조율할 수 있었으며 때로는 정경유착으로 때로는 폭력적 관리(재벌해체)로 기업이 국가의 목표에 매진하도록 만들었다. 강력하게 국가가 주도하는 경제성장을 추구하였기 때문에 재벌들이나 기업들도 국가가 선도하는 방향으로 매진하는 모습을 보여주

---

9) 인구도 도시로 집중하고 1인당 국민소득도 빠르게 급증하면서 이제 대부분의 국민들이 도시생활을 어느 정도 즐길 수 있게 되었다.

었다. 그렇게 기여하는 기업은 많은 혜택(환율, 금융, 지원, 세제혜택 등)을 받아서 빠르게 기업의 규모를 키울 수 있었고 그렇지 못한 기업은 정체되거나 도태하는 상황이 되었다.

1960년대 한국의 기업들은 일본처럼 경공업 수출에 집중하였다. 일본의 기술을 학습하고 모방하고 훔쳐서 빠른 속도로 더 나은 기술을 지속적으로 개발할 수 있었다. 또한 미국의 기술을 도입하였다. 이러한 기술도입을 빠르게 하고 해당국가로의 수출을 확대하기 위하여 일본과 미국의 기업과 합작을 하거나 이들의 자본을 적극 도입하였다. 다양한 공업단지나 자유무역단지에서 농촌에서 공급된 양질의 노동력으로 경공업 생산과 수출이 빠르게 증가하였다. 이 당시 일본은 중화학공업으로 이전하고 있는 단계이고 임금이 상당히 올라 경공업에서는 한국과 대만의 하청공장을 적극 활용하고자 하였다. 한국과 대만은 일본의 자본과 기술을 적극 유치하여 일본기업들을 위한 수출자유지역을 만들어 관세 없이 수출공장들이 진출할 수 있도록 만들었다.

1970년대 유신정부는 외자를 도입하고 국내자본을 동원하여 당시 선진국의 지표로 간주되던 중화학공업화에 대규모의 자본을 투자하기 시작하였다. 일본이 1960년대부터 중화학 공업을 적극 추진하였기 때문에 한국도 이를 모방하여 선진경제로 도약하고자 하였다. 그러나 1970년대 말 석유가격의 급등으로 경제에 중화학공업과 수출에 치명상을 입히면서 정치적인 불안이 더욱 커졌다. 전두환 정부는 이러한 과정에서 나타나는 불만을 폭력적으로 억압하면서 또한 공기업을 사기업에 넘기면서 기업에 대한 직접 지배를 대거 포기하고 금융 등을 통한 간접 지배로 시장의 자율화를 확대시켜 나갔다. 1980년대 3저 호황으로 대기업의 경제적 규모가 빠르게 성장하였고 또한 사업도 다양화되면서 국가가 일방적으로 지배하고 지휘하기가 점차 어려워지게 되었다. 국가가 일방적으로 기업을 지휘하고 배치하고 키웠던 상황에서 대기업의 힘이 커지면서 점차 국가와 대기업은 협업의 관계로 전환하게 되었다. 노무현 대통령에 이르러서는 힘이 이미 국가에서 대기업에 넘어갔다고 말할 정도가 되었다.

　이러한 압축근대화의 과정에서 정치를 군인출신들이 장악하였으며 이를 주도한 박정희와 전두환은 쿠데타를 통하여 정권을 탈취하였다. 쿠데타 이후 정권의 정당성을 확보하기 위하여 전폭적으로 경제성장의 국가정책을 집중시켰다. 이들은 폭력적인 국가권력을 행사하면서 정부의 성장정책이나 정권유지에 지장을 주는 세력들을 폭력적으로 억압하고 경제성장을 국가 최대의 목표로 동의를 얻기 위해 국민들에게 교육과 홍보를 통하여 각인시키는 노력을 강력하게 실천하여 왔다.

　미군정은 공산주의의 확산을 막기 위하여 일본에서 1945-6년 농지개혁을 했고, 한국에도 농지개혁을 하도록 요구하여, 한국정부는 6.25 전쟁이 끝나고 농지개혁이 진행하였다. 이에 따라 전농가의 85%가 소작농이었던 지주-소작관계는 급속하게 해체되고 경작면적 1 ha 이내의 영세농이 주요 농민이 되었기에 농촌의 가난한 생활은 지속되었다. 이들 농민들은 1960년대 한국에서 압축성장이 시작되면서 급격하게 도시로 이주하였고 이에 따라 1960년 농가인구는 총인구의 56.9%(1424만명)를 차지하였으나 1970년 44.7%, 1980년 28.4%, 1990년 15.5%, 2000년 8.6%(403만명)로 지속적으로 감소하였다(통계청, 2010). 시대별로 인구가 증가하는 도시들의 유형이 다르다. 1960년대 농촌주민들이 대거 도시로 이주하면서 서울과 부산의 인구가 급격하게 증가하였고, 1960년대 후반부터는 울산, 포항, 창원과 같은 공업도시와 광역시들이 빠르게 인구가 성장하기 시작하였다. 1970년대부터는 서울 주변의 성남, 부천, 안양 등이 빠르게 성장하였고 마산, 이리, 구미 등의 수출산업단지의 도시들도 인구가 빠르게 늘었다. 이러한 인구의 이동으로 80년대 이후 농촌에서 혈연공동체와 문중이 급격하게 약화되었다. 『창평일기』, 『금계일기』를 보면 문중활동이 1980년대 이후 크게 줄어드는 모습을 보여준다. 도시에서는 핵가족화가 진행되면서 1985년 센서스 자료에 의하면 도시에서 핵가족 비율이 85%에 이르게 되어 핵가족 중심의 생활이 정착되었다.

이렇게 많은 인구가 빠져나가고 농촌의 빈곤이 지속되면서 농촌을 변화시키기 위한 다양한 노력이 지속되었다. 그 중의 하나가 새마을운동인데 여기에서도 독재국가의 성격이 잘 나타났다. 새마을운동을 위하여 개별 농가들은 토지를 희사하기도 하였고, 정부의 끊임없는 동원에 참여하여야 했다. 이러한 독재국가의 성격이 생산현장에서도 잘 나타난다. 저임금을 매개로 한 수출주도형 산업화에 농촌 출신의 노동자들이 중요한 역할을 하였다. 국가와 기업이 밀착되어 수출확대에만 매진하였기 때문에 노동자의 권리와 인권은 유보되고 저임금과 열악한 노동환경에 많은 사람들이 시달려야 했다. 이러한 과정에서 노동자의 권리를 요구하는 집단은 철저하게 탄압되었고 이에 대한 반작용으로 노동운동도 더 비밀스럽게, 때로는 더 파괴적으로 진행되었다.

독재정부들은 자유로운 선거를 통한 국민의 동의를 확보하기가 어려웠기 때문에 선거과정에 적극 개입하여 각종 부정선거가 끊임없이 계속 되었다. 또는 직접 선출하는 대통령제를 없애고 간접적으로 선출하게 만들었다. 이러한 과정에서 저항세력도 보다 폭력적으로 저항

을 할 수밖에 없었고 독재정부는 경찰, 검찰, 군대, 안전기획부와 같
은 권력기관을 더욱 폭력적인 진압을 하도록 만들어 수많은 인권유린
이 나타났다. 이 과정에서 국가와 기업들의 유착관계가 더욱 강화되
어 대기업들은 선거 시기에 천문학적인 액수의 돈을 독재정권에 기부
하고 선거 후 이에 대한 대가를 챙겼다. 압축근대화를 주도하였던 박
정희, 전두환은 이러한 돈으로 구매한 막걸리, 고무신, 상품, 현금으로
선거과정에서 투표자에게 건네 표를 찍도록 하였고, 여당이 돈을 매
개로 전국적으로 거대 조직을 구축하고 운영할 수 있게 만들었으며,
각종 정부 권력기관이나 행정기관을 동원해 선거에 유리하게 영향을
미치도록 하였고, 또한 직접적으로 정치인들이나 국회의원들에게 돈
을 주고 독재정권을 지지하게 만들었다. 때로는 중앙정보부에서 폭력
을 사용하여 정치적인 반대파를 제안하기도 하였고, 경찰과 군부를
동원하여 반대시위를 철저히 단속하였다. 따라서 압축성장 기간 내내
독재정부는 노동계와 민주화 추진세력과 심각한 긴장상태에 있었고
이러한 사회적 파열음이 유신쿠테타, 박정희의 사망, 광주민주화운
동, 87년 6월 민주화 항쟁 등으로 표출되어 정치적 격변이 자주 나타
나는 모습을 보여주었다.

4) 중국의 유형: 후발발전국가의 독재적 시장사회주의

1949년 중국을 통일한 공산당은 경제를 도약하기 위해 1958년부
터 대약진운동을 시작하였지만 실패하였다. 1966년부터 시작한 중국
의 문화대혁명도 성공하지 못했다. 이 과정에서 중국과 소련과 서로
의 공산주의가 잘못되었다고 비판하면서 갈등이 심화되었고 1969년

우수리강에 있는 전바오섬에서 중소군대가 영토문제로 충돌하면서 서로 극심한 적대관계가 되었다. 당시 미국은 소련 중심의 공산주의에 대한 봉쇄정책을 적극 수행하고 있었다. 미국은 사회주의 진영을 분열시키고 미국 내에서 고조되고 있던 반전운동에 대응하고자 1971년 중국과 접촉을 시작하였고 대만에 부여되었던 유엔 상임이사국의 지위를 중국에 선사하였다. 중국은 1978년 12월 개혁개방을 선언하여 사회주의경제를 포기하고 시장경제를 받아들였다. 미국은 1979년 중국과 국교를 맺으면서 소련의 영향력을 축소시키고 중국을 미국편으로 편입시키기 위해 카터대통령은 중국에게 그동안 일본, 한국, 대만에 제공하였던 경제지원과 시장우대조치를 중국에 제공하기 시작했다. 중국은 이를 통해 시장경제화와 수출주도형 산업화전략에 몰두하는 '개혁개방' 정책을 본격적으로 추진하였다. 중국도 일본, 한국, 대만이 추구했던 미국시장을 매개로 한 수출주도형 경제개발정책을 채택하고 내부자본이 부족하기 때문에 적극적으로 해외자본의 유치를 시도하였다. 화교자본을 시작으로 미국, 일본, 한국자본이 대거 하청공장을 세우거나 공장을 이전하면서 중국은 1978년 이후 세계사적인 압축성장을 실현하였다.

1980년 선전(深圳) 등 4개 도시를 경제특구로 지정하고 계속 그 수를 늘리면서 한국의 수출자유지역보다 더 강력한 외국자본과 공장의 유치장소로서의 역할을 수행하였다. 이들 지역에서는 법인소득세, 관세, 부가가치세에서 면세를 하거나 세율을 크게 낮췄다. 개방 이후의 높은 경제성장률을 유지하여 1978년에서 2007년 사이에 연평균 9.8%의 성장을 이룩했다 (Zhu & Kotz, 2010: 1). 2007년말 중국에 진출한 외자기업이 63만5000개에 이르렀다. 대외교역은 1978년 206

억 달러에서 2007년 2조1738억 달러로 105배나 증가했다. 중국은 한국과 유사한 수출주도형 정책을 펼치면서 권력과 금융배분과 자원배분의 통제력을 통해 산업화를 적극 주도하고 있다. 적극적으로 사기업들의 확충뿐만 아니라 국가 소유의 대기업을 중심으로 전략산업을 키우면서 이들 분야에서 세계적인 규모의 기업들이 빠르게 나타나고 있다.[10] 사기업들도 크게 확충된 내수시장과 수출로 세계적인 기업으로 성장하고 있다(피아오 광싱 외, 2015).

공산당이 지도하는 사회주의 국가가 전략적으로 자원을 배분하고 대규모 지원을 통해 대기업을 키우면서 중앙정부뿐만 아니라 각 성단위에서 정경유착이 극심해져 부패가 널리 확산되었다. 특히 사회주의에서 시장사회주의로 전환하는 과정에서 공기업들을 대거 민영화하면서 이를 불하하는 과정에서 누구에게 불하하는가를 정할 때 당 지도부와의 꽌시(關係)가 가장 중요한 역할을 하였다. 또한 성 정부가 해당 기업을 어떻게 지원을 하고 공기업을 어떻게 활용하도록 허가하는가가 사기업에도 아주 중요한 영향을 미치기 때문에 기업가들은 당 간부와 밀접한 관계를 맺기 위해 적극 노력한다. 이에 따라 기업가들이 당 간부들의 스폰서가 되어 지원하고 혜택을 받는 경우가 일반적으로 나타나면서 심각한 부패문제가 지속되고 있다.

공산당이 대부분의 일을 결정하기 때문에 기업가가 아니더라도 정부의 승인이나 지원을 받으려면 당을 매개로 한 인간관계가 중요하다. 당과 개인이나 기업의 관계가 중요하고 이러한 관계가 퍼져 개인

---

10) 포춘지가 2014년 7월 발표한 세계 500대 기업의 수가 중국+대만+홍콩 100개, 일본 57개, 한국 17개로 이미 중국계가 아시아에서 주도하고 있다.

과 개인, 기업과 기업, 기업과 개인의 관계가 일을 되게 하기도 하고 안 되게 하기도 한다. 객관적인 기준이 제대로 지켜지지 않고 상황에 따라 기준이 이렇게 저렇게 바뀌는 경우가 많다. 관료가 어떻게 결정할지 모르기 때문에 관료와의 관계를 강화하기 위해 부패와 뇌물도 횡행하게 된다. 당이 결정하면 항의하기보다 포기하는 경우가 많다. 따라서 다른 사람의 일에 끼어들려 하지 않는다. 어떠한 개인적인 관계가 작동하고 있는지 모르고 어떻게 일이 진행될지 모르기 때문에 사고가 나거나 무슨 일이 있어도 상관하지 하지 않는 경향이 많이 나타나고 있다. 중국의 일기에는 이러한 관청의 불합리한 모습이 묘사되고 있다(예, 姬鐵見, 2013).

공산당은 현재 약 8000만명의 당원을 가지고 있으며 정부기관, 학교, 연구소, 군, 단체, 사기업에 이르기까지 조직화되어 있다. 다양한 기관과 단체와 기업에 공산당 조직이 있거나 공산당원 직책이 있어 지도부로서의 역할을 하도록 한다. 공산당원은 직원들을 지도한다. 공산당원은 자주 당의 교육에 참여하여 학습을 하며 당과 기관, 단체, 기업과의 매개역할을 한다. 당원이 되면 정부기관이나 공기업 취업에도 유리하고, 일반 사기업의 승진에서도 유리하고, 또한 승진하면 강력한 발언권을 가질 수도 있다. 따라서 상당한 경쟁과 학습을 거쳐야 당원이 될 수 있다.(이채문 외, 2017)[11] 노조를 포함하여 조직화되어 있는 집단은 공산당의 감시나 지도를 받고 있기 때문에 어용의 성격이 강하고 따라서 독립적인 시민사회가 아직 약한 편이다. 미약하지

---

11) 『연변일기』(이채문 외, 2017)은 공산당원에 가입하려 교원이 얼마나 노력하는지 그리고 공산당원이 어떠한 교육을 받고 학교에서 어떠한 역할을 하는지를 잘 보여주고 있다.

만 다양한 시민단체들이 형성되고 있고 일부는 정부에서 지원하고 있다. 광둥에서 노동 시위가 확산되면서 노동 NGO의 활동도 증가하고 있다. 이들은 개별노동자에 대한 도움에서부터 단체교섭, 전략적 파업의 진행에 조언을 해줬다(윤종석, 2014).

중국의 경제가 둔화하면서 노동쟁의가 급증하고 있다. 중국 산업단지에서 계속된 경기침체로 공장이 문을 닫고 사장은 임금을 지불하지 않고 야반도주하는 일이 빈번히 벌어지고 있다. 노동자들의 항의도 급증하고 있다. 이러한 행동의 절반에 경찰이 출동하여 회사를 돕거나 파업노동자를 체포한다. 경찰은 빈번하게 노동운동 활동가들을 구속하였다. 농촌출신 저임금 노동자로 일하면서 항의시위를 했던 농민공들에게 불법시위를 했다고 징역형을 선고하기도 하였다(윤종석, 2014). 정부의 단속과 개입에도 불구하고 노동쟁의가 계속 증가하고 있다. 홍콩 기반 노동단체 '중국노동회보'(CLB)가 집계한 중국 전역의 노동자 시위 및 파업 건수는 2011년 185건에서 지난해 2726건으로 5년 만에 15배 가까이 늘었다(윤종석, 2014).

저임금 노동자를 만들어내는 중국의 고유한 제도가 있다. 농민공은 중국에서 호적은 농촌인 자신의 고향에 있으나 이를 떠나서 일하는 사람들을 지칭한다. 도시에서는 호적을 주지 않기 때문에 해당 도시의 호적이 없는 상태로 살아야 하며 해당 도시의 각종 혜택을 받을 수도 없고 아이들을 학교에 보낼 수도 없다. 중국 국가통계국의 '2016년 농민공 조사보고서'에 따르면 2016년 농민공의 수는 2억8171명이나 된다. 이들의 월평균소득은 54만원이다. 이들은 1980년 이후 출생자가 많으며(49.7%), 남성이 더 많고(65.5%), 주로 제조업, · 건축업, 도소매업, 교통운수창고업 및 우정업, 숙박업, 식음료업에서 노동자로 종사하며, 2차산업(제조업)에 가장 많은 농민공이 종사한다(52.9%).
(中國 國家統計局, 2016) 이들 농민공의 근로환경이나 거주환경은
아주 열악하다. 자녀들이 교육을 받을 수 없고 시정부의 시민에 대한
지원을 받을 수 없으며 사회적으로도 차별을 받아 북경의 경우 북경
주변의 빈민촌에 거주하는 경우가 많다. 이들의 열악한 환경은 姬鐵
見(2013), 『止不住的夢想-一個農民的 生存日記』에 아주 자세하게 묘
사되어 있다.

  이 일기는 또한 핵가족이 가족을 서로 보호하고 의지하여 살아가는
모습을 보여준다. 남녀 관계에서 일부 불평등한 모습이 보이지만 여
성도 주도적인 발언을 많이 하고 자신의 주장도 쉽게 말한다. 또한 부
엌에서 남자가 요리하는 모습이 많이 보여 중국의 여성지위는 한국이
나 일본의 여성지위보다 높다고 평가할 수 있다. 농민공의 경우 가족
과 분리하여 사는 경우가 아주 많다. 빈민촌에서 상호협조를 하는 측
면도 많이 나오지만 절도와 같이 집단관계를 약화시키는 경우도 많이
나타난다. 중국에서 시장경제가 일상화되어 자본주의와 생활이 일상
화되어 있다. 그러나 토지소유는 국가가 하고 있고 주민들에게는 몇
십 년간 임대를 준다. 임대료가 세금인 셈이다. 임대한 땅위에 건물을
소유하는 형태이다. 토지는 국가가 소유하는 사회적 공유의 대상이라
구매자들은 소유권을 그대로 놔두고 토지를 점유하여 사용할 수 있는
권리만 획득하는 것이다. 이러한 모습들이 중국이 압축근대화를 일상
생활에서 경험하는 모습이다.

4. 결론

동아시아의 압축근대화는 몇 가지 공통의 배경을 가지고 있다. 동아시아의 압축성장은 강력한 국가의 주도하에 미리 계획을 짜고 이의 달성을 목표로 삼아 돌진적인 경제성장을 추구하였다. 국가주도로 엘리트들이 사회전체를 경제성장에 전념하도록 조율한다. 기업과 국민을 이에 맞춰 동원해왔다. 일본은 제2차 세계대전 이전에 이미 상당한 경제발전을 성취하여 국민이 높은 저축에 의한 내부의 자본을 적극 활용하였고, 한국은 내부자본과 적극적으로 외자와 차관을 도입하여 투자하였으며, 중국은 해외직접투자를 적극 유치하여 초기의 자본부족을 극복할 수 있었다. 이러한 자본을 바탕으로 수입대체화가 이루어지고 수출주도형 산업화가 적극적으로 이루어져 외환을 확보하여 필수품과 기술도입에 더 많이 더 빠르게 도입할 수 있었으며 이러한 기술도입과 합작이 빠른 기술발전을 가능하게 만들었다. 빠른 기술발전을 위해 국가주도 연구기관이나 연구프로젝트가 광범위하게 기술을 개발하여 제공하였다. 일본이 이러한 과정을 선도하면서 국가주도의 발전국가를 형성하였고, 압축성장으로 일본인들은 빠른 사회적 변화를 경험하였다. 빠른 도시화, 제조업의 성장, 기술개발, 교육확산, 가족관계의 변화, 서구화, 산업의 변화, 빠른 고령화를 거쳐 점차 경제성장이 떨어지면서 소위 잃어버린 20년을 경험하고 있다. 자본주의와 자유선거로 헤게모니에 의한 국민의 자본주의에의 포섭, 사회주의와 공산주의의 제한, 짧은 기간을 제외한 자민당의 집권, 개인화를 경험하고 있다.

동아시아에서는 또한 강력한 국가주의와 민족주의가 작동하였다.

동원이 보다 쉽게 이루어지도록 하고 국가에 대한 충성심을 유지하기 위하여 국가와 국민을 서로 동일시하여 국가를 위해 봉사해야 한다는 민족주의 의식을 만들어냈다. 민족주의를 매개로 서로 동일시하도록 만들어내는 강력한 민족주의적 교육과 홍보가 있어왔다. 국가가 개인보다 중요하고 따라서 개인은 국가을 먼저 생각해야 한다는 의식이 생성되었다. 이러한 과정에 맞지 않는 사람들은 사회적으로 배척되고, 한국과 중국에서는 비국민으로서 간주되면 사회과정에서 소외되었다.

〈표 1〉 압축근대화 경험의 유형

나라	압축성장-년9~10% 성장	국가-선거	경제	저임금 노동자	집단주의	중요한 사회관계
일본	1948-1982	민주적 선거, 헤게모니적 통치, 언론자유	국가주도 자본주의: 대장성과 통상산업부	농민의 이주-도시 빈민/서민지역	조직에 매몰된 개인	가족, 약한 시민사회, 남녀차별
한국	1963-1992	독재적 선거, 독재 정부, 언론통제	국가주도 자본주의: 경제기획원	농민의 이주-도시 빈민/서민 지역, 서울위성도시들	조직에 덜 매몰된 개인	혈족, 가족, 동창, 비공식 네트워크, 시민사회 중간, 남녀차별
중국	1978-2010	간접선거-사회주의적 독재, 언론통제	국가주도 시장사회주의: 국가발전계획위원회	농민의 이주-농민공, 도시 빈민 지역과 근교와 위성도시	조직에 매몰된 개인	가족, 관시, 시민사회 가장 약함, 사회주의적 남녀관계

주민들에게 민족주의와 물질주의적 열망을 자극하여 경제성장에 적극적으로 참여하게 만들어왔다. 해외시장에 수출하는 수출주도형 산업화가 미국시장의 개방으로 성공적으로 이루어질 수 있었다. 수출지향형 경공업 → 중화학공업 → IT콘텐츠산업으로의 발전을 통하여 산업을 고도화할 수 있었다. 이러한 압축근대화의 과정은 농민의 희생과 저임금 노동자의 희생위에 이루어진 것이다. GDP에서 농업이 20% 아래로 떨어진 시점은 일본이 1956년, 한국이 1978년, 중국이 1992년으로 압축성장을 시작한 10여년 뒤에 나타난다. 이러한 급속한 농업비중의 감소는 농업의 잉여와 농민을 적극적으로 제조업 부분으로 이전시켜 제조업에 필요한 자원이나 자본이나 인력으로 활용하여 급격한 수출확대를 도모하였기 때문에 나타났다.

해방 이후 수출주도형 압축산업화에 성공한 일본을 선두로 이를 모방하여 대만과 한국도 수입대체산업화와 수출주도 산업화를 시도하였으며 수출산업화를 위한 기업들에게 가장 많은 혜택과 지원을 해주었기에 이들 소수는 대기업이나 재벌로 성장하였다. 1970년대 일본의 중화학공업화가 빠르게 진전되었는데, 한국도 1970년대 말 중화학공업화를 시도하였고 초기에는 품질과 시장의 측면에서 많은 어려움이 있었으나 1980년대 들어서는 3저 호황으로 중화학공업이 빠르게 진전되었다. 중국도 국가의 적극적인 지원으로 1990년대 중화학공업이 급격하게 성장하였다. 수출주도 경공업화 그리고 중화학공업화의 초기에는 경제성장이 연평균 10%에 가까울 정도로 압축성장을 하였으나 점차 산업이 고도화되면서 성장률이 감소되었다. 시기와 자본의 출처 등에서 약간의 차이가 있겠지만 이러한 과정은 동아시아에서 비슷하게 나타나고 있다.

　일본, 한국, 중국은 각기 국가의 성격이 다르고 자본의 축적과 기술의 수준도 다르다. 이러한 흐름들이 각 개인의 압축근대에 대한 경험과 감성에 영향을 미친다. 한국은 독재적 자본주의로서 강력한 국가기구가 적극적으로 폭력을 사용하여 노동을 억압하며 기업의 수출증가에 매진하였다. 빠른 산업화는 빠른 서구화와 함께 나타나면서 일상생활에서 다양한 문화가 혼성적으로 경험되고 있다. 한국에서는 독재를 극복하기 위한 강력한 민주화 노력이 있었다. 빠른 도시화, 농촌의 빠른 축소와 고령화, 기업의 빠른 성장, 고등교육의 빠른 확산, 강한 노동조합과 저항세력 등으로 나타났다. 중국은 사회주의 공산당 국가로서 토지를 공유하며 시장을 인정하는 시장사회주의를 채택하고 있지만 다양한 영역에서 국가의 개입과 관리가 철저히 이루어지고 있다. 사회주의 국가이기 때문에 도시민과 분리하여 저임금 노동자로 만드는 농민공과 같은 독특한 현상이 나타나고, 노동조합이 없으며, 각 기관에서 공산당이 주도적인 역할을 하는 모습을 보여준다.

　동아시아의 압축성장은 전통, 문화, 의식에도 압축적인 변화를 일으켰다. 한국과 중국은 국가중심의 저돌적 경제성장정책으로 업무, 건설, 사업에서 속도전이 중시되고 이에 따라 부실, 불법, 탈법, 정경유착이 자주 나타나고 있다. 급속한 서구화에 대한 반작용으로 전통의 부활과 보존에 노력하는 사람들이 증가하였고, 교육, 지식, 사상, 여가 등에서 서구적인 요소나 혼성적인 요소들이 대거 등장하였다, 인구는 대거 도시로 몰려들었고, 농민은 급격하게 감소하며 농촌이 주민수가 크게 줄어들어 농촌공동체들이 크게 약화되고 농촌전통도 거의 사라지거나 혼성되는 현상이 나타났다. 중고등교육 입학자가 크게 증가하였으며 TV, 세탁기, 냉장고, 자동차 등의 제품이 급속하게 가정에 보급되어 가족생활에 커다란 변화를 일으켰다. 도시에 중산층이라고 생각하는 주민이 70%를 넘을 정도로(일본, 대만, 한국) 증가하였지만 21세기에 들어와서 경제성장률이 크게 낮아지고 경제적 불평등과 실업률이 악화되자 스스로 하층이라고 생각하는 사람의 비율이 많아지고 있다. 단기간의 고도성장으로 인해 급속하게 높아졌던 사회적 상승기대감이 압축성장 이후 경제성장이 느려지면서 저하되고 있다(김진숙, 2007: 174-175).

참/고/문/헌

• 김일철 · 이문웅. 1994. "일본 농촌에서의 지역활성화 운동의 사례연구." 『국제지역연구』, 3(1): 145-213.
• 김진숙. 2007. "일본의 고도성장 이후 사회의식 변화." 『일본근대학연구』, 18: 173-186.
• 니시카와 유코. 2013. 『일기를 쓴다는 것』, 임경택 · 이정덕 역. 신아출판사.
• 박래욱. 2003. 『학호일기』. 삶과 꿈.
  ＿＿＿. 2008. 『기억, 기록, 인생이야기: 학호 박래욱선생의 일기 인생』. 국립민속박물관.
• 스타인펠드, E. S. 2011. 『왜 중국은 서구를 위협할 수 없나』. 구계원 역. 에쎄.
• 신권식. 2009. 『평택 일기로 본 농촌생활사 1, 2, 3』. 경기문화재단.
• 오유석 외. 2001. 『근대화전략과 새마을운동』. 백산서당.
• 유광호. 2007. 『한국경제의 근대화 과정』. 유풍출판사.
• 윤종석. 2014. "중국노동운동의 최근동향." 『국제노동브리프』, 4월호.
• 이정구. 2015. "중국 노동쟁의가 급증하고 있다." 『노동자연대』, 164호.
• 이정덕. 2015. "제2차 세계대전 이후의 세계체제와 동아시아 압축근대." 『건지인문학』, 13(1): 207-231.
• 이정덕 외. 2012-3. 『창평일기 1-5』. 지식과교양.

_____. 2014-5. 『아포일기 1-5』. 전북대 출판문화원.

_____. 2016. 『금계일기 1-2』. 지식과 교양.

_____. 2017. 『인천일기 1-2』. 지식과 교양.

• 이정덕 · 안승택 편. 2014. 『동아시아 일기연구와 근대의 재구성』. 논형.

• 이종훈. 1990. "고도성장의 일본경제." 『아세아연구』, 84: 19-106.

• 자크, 마틴. 2011. 『중국이 세계를 지배하면』. 안세민 역. 부키.

• 장경섭. 2009. 『가족, 생애, 정치경제: 압축적 근대성의 미시적 기초』. 창작과 비평사.

• 조이제 · 카터 에커트. 2005. 『한국 근대화, 기적의 과정』. 월간조선사.

• 조혜인. 2007. 『상처받은 절개, 날개접은 발전』. 나남출판.

• 최정걸 외. 2017. 『연변일기』. 지식과 교양(6월 출판예정).

• 통계청. 2008. "통계로 본 대한민국 60년의 경제 · 사회상 변화." 통계청 홈페이지 자료.

• 통계청. 2010. "우리나라 농업의 과거, 현재 그리고 미래." http://hikostat.kr/1669.

• 피아오 광싱 외. 2016. "중국 압축성장 속의 농민공의 삶." 『건지인문학』, 15: 221-263.

• 함재봉. 2000. 『유교 자본주의 민주주의』. 전통과현대.

• 후지모리. 1999. 『유교 자본주의 운명과 대안』. 이덕훈 역. 시공아카데미.

• 中國 國家統計局. 2016. 『2016年 農民工 調査報告書』. 中國 國家

統計局.

• 姬鐵見. 2013. 『止不住的夢想-一個農民的 生存日記』. 九州出版社.

• Amsden, A. H. 1989. *Asia's Next Giant: South Korea and Late Industrialization*. Oxford University Press.

• Bolesta, Andrzej. 2014. "The East Asian industrial policy: a critical analysis of the developmental state." NR, 2(2): 9-31.

• Chakrabarty, Dipesh. 2007. *Provincializing Europe: Postcolonial Thought and Historical Difference*. Princeton University Press.

• Ekbladh, David. 2009. *The Great American Mission: Modernization and the Construction of an American World Order*. Princeton University Press.

• Haggard, Stephan. 1990. *Pathways from Periphery: The Politics of Growth in the Newly Industrializing Countries*. Cornell Univ. Press.

• Ikenberry, G. J. 2008. "The Rise of China and the Future of the West." *Foreign Affairs*, Jan./Feb. http://www.ituassu.com.br/china_ikenberry_fa.pdf

• Inglehart, Ronald and Welzel, Christian. 2005. *Modernization, Cultural Change, and Democracy*. Cambridge University Press.

• Johnson, Charlmers. 1982. *MITI and the Japanese Miracle: The Growth of Industrial Policy*, 1925~1975. Stanford Univ. Press.

• Kohli, A. 1994. "Where Do High Growth Political Economies Come From? The Japanese Lineage of Korea's, Developmental

State." *World Development*, 22(9): 12691293.

- Kristof, Nicholas D. and Sheryl WuDunn. 2000. *Thunder From the East: Portrait of a Rising Asia*. Knopf.

- Wong, J. 2004. "The Adaptive Developmental State in East Asia." *Journal of East Asian Studies*, 4: 345362.

- Woo-Cumings, M. ed. 1999. The Developmental State, Cornell University Press.

- World Bank. 1993. *The East Asian Miracle: Economic Growth and Public Policy*. Oxford Univ. Press.

- Zhu, Andong and D. M. Kotz, 2010. "The Dependence of China's Economic Growth on Exports and Investment." http://people.umass.edu/dmkotz/China_Growth_Model_%2010_09.pdf

제6장
압축적 근대성 발전의 동력

손현주

1. 들어가는 말

　서구 중심의 근대성 담론이 부정과 극복의 대상이 된지 오래되었
다. 기든스(A. Giddens)와 벡(U. Beck)이 주장하는 '성찰적 근대성'
이론도 위기에 빠진 서구 중심의 근대화 담론을 새롭게 재구성하여
변화하는 사회질서에 적응하여 기존 서구 근대성이론의 혁신을 담보
하고자 하는 서구 중심의 문제제기이다. 비서구의 근대화를 주체적
으로 이해하고 설명하려는 다양한 시도가 있어왔다. 이에 베버(Marx
Weber)가 "서구, 오직 서구에서만"(in the West, in the West only)이
라고 주장하였던 서구 중심의 근대성 담론이 벽에 부닥쳤고, 새로운
대안 패러다임의 도전이 등장하였다. 가장 중요한 새로운 패러다임은
다중근대성 또는 대안근대성이다(김상준, 2011: 35).

아이젠슈타트(S.N. Eisenstadt), 비트록(B. Wittrock), 아나슨(J. P. Anarson) 등과 같은 비교역사사회학자들이 다중근대성 입장을 견지하고 있다(김상준, 2011: 35). 아이젠슈타트에 따르면(Eisenstadt, 2000: 1-2), 다중근대성은 마르크스, 뒤르껭, 베버 등의 고전사회학자들이 주장하는 근대성이론을 반대하고, 근대성이 서구 중심의 헤게모니가 발현되고 균질화된 형태로 발전한다는 가정을 거부하는 입장이다. 이에 가족생활, 경제적 · 정치적 구조, 도시화, 근대 교육, 매스커뮤니케이션, 개인주의의 확대와 같은 영역들이 다양화될 수밖에 없고, 여러 가지 형태의 제도와 이데올로기 패턴이 생기는 것으로 보았다. 특히 아이젠슈타트는 다중근대성을 문화적 프로그램의 다양성에 대한 지속적인 구성과 재구성의 이야기로 정의하고 있다(Eisenstadt, 2000, 2). 다른 한편, 대안근대성론은 문화이론, 문예-정치 비평, 인류학 등의 분야에서 제기하고 있다(김상준, 2011, 35). 아파두라이(A. Appadurai), 길로이(P. Gilroy), 가온카(D.P. Gaonkar) 등의 학자가 이 분야에 가장 큰 공헌을 하였고, 서구사회의 서구인종사회 혹은 이민자사회의 다양한 근대성 형성에 관심을 갖고 있다(김상준, 2011: 35).

다중근대성 혹은 대안근대성에 대한 담론이 한국사회에서도 활발히 논의되고 있는데 그것 중의 하나가 바로 압축적 근대성이다. 압축적 근대성 논의는 한국이 전통사회에서 근대사회로, 농업사회에서 산업사회로의 급속한 이행을 설명하는 분석틀로 다양한 분야에서 사용되고 있다. 이러한 설명은 한국사회가 갖는 특수한 발전경로를 강조하기 위한 것이다. 특히 장경섭의 압축근대성 이론은 벡이 위험문제와 관련하여 근대성의 새로운 정의를 통해 현대사회가 안고 있는 문제를 해결하고자 했던 것처럼, 한국 사회의 근대화라는 압축적 논리가 위험사회를 어떻게 확대 재생산할 수밖에 없는가에 대한 새로운 각성을 제기하고 만연한 위험에 대한 불안감을 정면으로 맞섰다는 점에서 의미가 있다.

이처럼 중요한 의미가 있고 한국사회의 독특한 발전양상을 설명하고 있음에도 불구하고, 압축적 근대성이 발현하게 된 동력에 대한 논의가 충분히 전개되지 못하였다. 이 글은 압축적 근대성 발전의 조건과 동력을 살펴보고자 한다. 이를 위하여 먼저 서구에서 논의된 근대성의 특징과 동력을 고찰할 것이다. 둘째, 압축적 근대성 개념과 동력에 대한 논의를 살펴볼 것이다. 그리고 마지막으로 압축적 근대성의 발전을 가능하게 한 동력을 1) 발전국가론과 국가주도 계획경제, 2) 모방의 상상력과 목적론적 세계관, 3) 불확실성 회피성향, 4) 전통의 생성적 양식 등과 같이 네 가지 측면에서 논의할 것이다.

2. 서구에서 논의된 근대성의 특징과 동력

근대성 개념의 논의는 서구에서 시작되었으며, 서구의 문화와 사회의 창출을 의미하며 전통 혹은 과거와는 다른 새로움을 함축하고 있다. 19세기에 태동한 근대 사회에 대한 논의는 마르크스, 베버, 뒤르껨, 기든스, 바우만 등에서 찾을 수 있다.

마르크스에게 있어 인간이 동물과 다른 점은 자연을 창조적으로 변형시켜 생산활동, 즉 노동을 한다는 점이었다. 그리고 이러한 생산활동은 인간들 사이의 상호작용, 사회적 관계를 기초로 한다(Marx, 1978: 207). 자본주의 사회에서 생산의 목적은 자본의 확대재생산 과

정을 통한 자본가들의 자본 증식이며, 이 과정에서 생산활동은 분업
을 통해 고도로 조직화되며 노동자들에 대한 착취가 이루어진다. 마
르크스는 역사발전의 각 단계들을 그 사회의 경제적 관계를 통해 이
해하며, 근대사회의 특징을 자본주의와 소외로 규정한다. 특히 그는
근대 사회를 움직이는 원동력으로 생산력의 발전과 계급투쟁을 강조
하였으며, 생산력 발전에 가장 중요한 요소는 기술이다. 기계와 기술
등과 같은 생산수단의 개발은 생산력을 증진시키고, 증진된 생산력
은 이에 따른 생산관계를 변화시켜 사회구성원의 생활과 사회의 발전
을 도모하게 되는 것이다. 이와 같은 마르크스의 생산중심주의 모델
은 문화를 주변화시키고 상징적 차원을 무시하게 된다(앨런 스위지
우드, 2004: 56).

베버는 이윤을 추구하고 영리를 탐하는 것은 자본주의와 상관이 없
으며, 오히려 자본주의는 이러한 비합리적 충동을 억제하고 합리적으
로 조절하는데 있다고 본다(Weber, 2005: 31(xxxi)). 따라서 그는 근
대성의 형성과 발달과정을 '합리화'라는 공식으로 포착한다. 베버는
'합리화'를 아주 일반적인 차원에서 체계화, 통일화, 질서화, 조직화를
의미하는 개념으로 이해하면서도, 구체적인 맥락에 따라 행위의 지향
이 특정한 목적 달성에 있는지 특정한 가치 실현에 있는지에 따라 목
적합리성과 가치합리성으로, 행위가 이해상황에 의해 조정되는가, 정
당성에 의해 조정되는가에 따라서 실질합리성과 형식합리성으로, 행
위가 세계관에 준거하는가, 윤리에 준거하는가에 따라서 이론적 합
리성과 실천적 합리성으로 구별하여 사용한다(김덕영, 2012: 661,
665n17). 베버에게 근대성은 합리성이고 그가 생각하는 근대성의 원
동력을 크게 두 가지가 있다. 하나는 합리화 과정이고 둘째는 청교도

윤리(Protestant ethic)이다. 합리성은 관료제에 의한 국가의 합리화, 산업화에 의한 경제의 합리화, 교육, 미신의 감소, 과학·기술의 진보에 의한 문화의 합리화로 구체화할 수 있다(Wood, 2013: 183). 합리화는 개인적 관계나 친분, 감정적 애착 등을 감소시키고 관료제적 제도에 대한 의존성을 증가시킴으로써 합리적으로 조직생활을 가능하게 한다. 또한 그는『프로테스탄티즘의 윤리와 자본주의 정신』에서 자본주의의 원동력으로 검소, 근면, 천직의식 등과 같은 청교도 윤리와 금욕적 생활양식을 강조한다. 베버는 이러한 청교도적 윤리와 생활양식이 자본의 축적을 가능하게 하였다고 보았기 때문에 종교적 행위와 제도는 근대성의 원동력이 되는 것이다.

뒤르껭은 마르크스와 마찬가지로 역사가 특정한 패턴으로 발전해 나간다고 믿는다. 하지만 뒤르껭은 역사의 발전과정에서 마르크스처럼 혁명에 의한 역사적 단절을 강조하기보다는 역사의 누적적 변동을 강조한다(기든스, 2008: 378). 일반적으로 사회는 분업의 증가와 사회구조의 복잡화가 진행됨으로써 단순하고 동질적이며 종교에 기반한 기계적 연대사회로부터 유동적이고 다원적이며 개인의 존엄성에 기반 한 유기적 연대사회로 발전한다. 뒤르껭은 특히 사회분화와 분업의 성장이 공리주의가 설명하는 것처럼 기대되는 물질적 성장으로부터 촉진되는 것이 아니라 내적 동일성을 가진 채 고립되어 있던 사회들 사이의 접촉의 증대와 도덕적 밀도의 증가에 따라 자연스럽게 나타나는 과정이라고 본다(Durkheim, 1984: 276).

뒤르껭은 특이하게도 근대사회의 근본적인 병리가 점점 더 과도해지는 규제 때문이 아니라 규제의 해체에 기인한다고 본다(김종엽, 1998: 96n). 따라서 사회발전에 따른 비인간화가 분업 자체의 파편화

효과로부터 기인한다고 보는 마르크스와 달리 뒤르껭은 이러한 비인간화가 분업의 성장에 발맞추지 못하는 사회도덕의 아노미적인 상황에서 비롯된다고 주장한다. 근대사회에서는 무엇보다 경제가 일차적인 중요성을 가지게 되기 때문에 경제적 아노미가 가장 심각한 문제로 부상한다(Durkheim, 1984: xxxii). 뒤르껭에게 근대성은 사회적 연대와 분업의 측면에서 이해되고, 근대사회의 원동력은 노동분업의 증가에 있다. 노동분업이 근대사회의 원동력인 이유는 분업이 생산 · 분배 · 소비를 가능하게 하는 인간의 생존활동의 바탕이자 개인과 개인을 연결하는 인간의 결속관계의 토대이기 때문이다(이동원 외, 1993: 17). 노동분업은 공동의 규범과 가치를 해체할 수 있기 때문에 도덕교육을 통해서 구성원들의 결속을 강조할 수 있는 유기적 연대와 시민도덕의 창출을 주장한다.

기든스는 사회적 삶이 시간과 공간을 가로질러 어떻게 조직되는지에 주목하며, 제도 및 사회체계를 '주기적으로 반복되는 실천의 복합체(Giddens, 1998: 76-77)'로 이해한다. 그리고 전통사회에서 근대사회로의 변화를 크게 자본주의(경쟁적 노동과 상품시장 안에서의 자본축적), 감시(정보에 대한 통제와 사회적 관리), 군사적 힘(전쟁의 산업화와 관련된 폭력수단의 통제), 산업주의(자연의 변형: '인위적 환경의 발달')라는 4가지 제도적 차원으로 설명한다(Giddens, 1991: 55-59). 위의 네 가지 요소는 상호의존적이지만 동일한 위치와 힘을 갖지 않는다. 하지만 가장 중요한 요소는 자본주의이다. 근대성의 출현은 무엇보다도 먼저 근대 경제 질서, 다시 말해 자본주의적 경제 질서의 창출과 관련이 있기 때문이다. 또한 그는 근대화에 따른 탈전통화를 설명할 때 전지구화라는 요인을 중요하게 다룬다. 전통사회에서는 매우 국지적인 시공간 하에서 사회적 관계들이 맺어지지만, 근대 사회로 넘어올수록 문자교육과 인쇄술의 발달, 교통 및 통신수단의 발달과 함께 이러한 제도 및 사회적 관계들이 국지화되기보다는 시간과 공간을 가로질러 확대될 수 있는 능력을 가지게 된다는 것이다(Giddens, 1998: 90-91, 98-100; Giddens, 1998: 145-147). 지역적인 배태성으로부터 탈구되어(disembedding; 탈고착), 시공을 초월해서 사회적 관계를 재구성하는(re-embedding; 재고착) 전지구화가 그 자체로 탈전통화라는 점에서 기든스는 근대성이 본질적으로 전지구화한다고 본다(Giddens, 1991: 63-65). 기든스에게 근대화의 원동력은 내적으로 자본주의 외적으로 지구화가 되는 것이다.

기든스는 근대성을 추동하는 이러한 힘들이 여전히 현재진행형이자 점차 더 강력한 힘을 발휘하고 있다는 점에서 우리가 근대로부터 벗어나기는커녕 오히려 보다 급진적이고 심화된 근대사회로 진입하고 있다고 본다. 기든스는 이를 2차근대나 급진적 근대화, 성찰적 근대화라 부른다. 그에 따르면 세계에 대한 지식과 정보가 세계를 통제하는 힘을 가져다줄 것이라 믿었던 계몽주의자들의 기대는 이러한 급진적 근대화와 함께 무너진다. 왜냐하면 이렇게 급진화된 근대사회에서는 오히려 지식과 정보 때문에 불확실성이 증가하며 계산 불가능한 위험이 출현하기 때문이다(Giddens, 1998: 93-94). 하지만 이러한 불확실성에도 불구하고 근대성에 대한 반성은 전통과 자연의 세계, 모든 것이 주어진 세계로 돌아감을 의미하지 않으며, 오히려 근대적 성찰성을 요구한다. 이러한 근대적 성찰성은 현재의 세계를 주어진 것으로 생각하기보다 만들어졌거나 만들어질 수 있다는 사실을 의식함으로써 나타난다. 이러한 급진화 된 근대화에 대한 대안으로 기

든스는 유토피아적 현실주의를 제안한다. 기든스가 '제3의 길'이라는
정치적 대안으로 구체화되기도 한 유토피아적 현실주의는 현실적인
사회인식에 근거하여 새로운 전망을 제시하고자 하는 시도이며, 유
토피아적 이상과 현실주의 사이의 균형을 강조한다(Giddens, 1991:
155).

　바우만은 고도로 근대화된 현대사회에 주목한다. 그는 특히 현대
사회의 '유동성'을 강조하면서 고체와 달리 그 형태를 쉽게 유지할
수 없다는 의미에서 현대사회를 '액체근대'로 개념화한다(Bauman,
2000: 2). 현대사회에서 개인의 정체성은 소비문화 속에서 분열되고,
노동 역시 전지구적 자본의 힘 속에서 액체처럼 흘러 다니며, 이러한
상황 하에서 공동체적 유대도 해체되어 간다(Bauman, 2000). 이처럼
현대 사회의 유동적 성격이 가능한 것은 자유로운 시장경제와 개인주
의적 소비주의의 결합에 근거한다. 시장경제는 끊임없이 효율성을 찾
아 변화하고, 소비자들은 그들의 취향, 습관, 정체성, 소속 집단, 심지
어 직업까지도 변화시킨다. 바우만의 '액체근대' 개념은 현대사회의
문제를 개인화와 위험사회로 접근한 벡과 기든스의 급진적 근대화와
유사한 접근방식을 취한다(손경미, 2013). 바우만은 근대가 그 시작
부터 '액화'의 과정이었음에도 불구하고 근대성의 기획이 본질적으로
견고한 질서가 사라진 충격 속에서 우발성을 적으로 간주하고, 완전
성과 질서를 구축하고자 하는 시도였다고 보고 있다(Bauman, 1992:
11(xi)). 하지만 바우만은 기든스와 달리 이러한 급진적 근대화를 근
대적 성찰성을 통해 극복할 수 있으리라 기대하지 않는다. 오히려 그
는 철저히 포스트모더니스트의 입장에서 근대성의 실패를 역설한다.

　바우만은 포스트모더니즘을 '탈근대'라는 연대기적인 의미로 받

아들여서는 안되며, 포스트모더니즘은 달성 불가능한 목표를 설정
한 근대성의 허위를 제대로 인식하는 관점이라고 주장한다(Bauman,
1993: 3). 근대국민국가를 중심으로 질서를 구축하고자 했던 근대성
의 기획은 나치독일과 공산주의 체제의 붕괴와 함께 사망선고를 받
았다(백승대, 2008: 281-284). 따라서 바우만이 그리고 있는 액체근
대의 모습은 철저한 디스토피아로 나타난다. 개인화와 위험사회의 병
리적 현상에도 불구하고 이는 오직 근대적 성찰성을 통해서만 극복
할 수 있다고 본 기든스와는 달리 바우만은 이를 극복하기 위해서는
새로운 길을 모색해야 한다고 보고 액체근대 하에서 나타나는 다양한
사회문제를 드러내고 분석하는데 집중한다.

　위에서 언급한 마르크스, 베버, 뒤르껭, 기든스, 바우만 등의 사회학
자들이 주장한 근대성의 특징과 근대성의 변동을 지속적으로 가능하
게 한 동력은 다음과 같다(〈표 1〉).

〈표 1〉 주요 사회학자의 근대성의 특징과 동력

사회학자	근대성의 특징	근대성의 동력
마르크스	자본주의, 소외	생산력 발전, 계급투쟁
베버	합리성	합리화 과정, 종교적 행위와 제도
뒤르껭	사회적 연대, 분업, 아노미	노동분업
기든스	자본주의, 감시, 군사적 힘, 산업주의	자본주의, 전지구화
바우만	액체성, 유동성	자유로운 시장경제와 개인주의적 소비주의 결합

3. 압축근대성 개념과 동력에 대한 기존의 논의

한국사회는 서구 국가들이 2-3세기에 걸쳐 이루어 낸 산업화와 근대적 제도의 구축과정을 단지 3-40년 동안에 급속하게 밟아왔다. 이 과정에서 한국사회에 독특한 특성들이 나타나는데 장경섭은 이를 압축적 근대성으로 개념화한다(Chang, 2009). 압축적 근대성은 "정치적, 경제적, 사회문화적 변화가 시간·공간적 차원을 아울러 극히 단축적으로 이루어지고 서로 이질적인 역사적 및 사회적 문명요소들이 동적으로 공존하면서 매우 복합적이고 유동적인 사회체계가 구성·재구성되는 사회적 상황(장경섭, 2010: 507)"을 말한다. 따라서 압축적 근대성이란 개념은 이를 이루는 특성보다는 압축적 과정, 즉 그 특성들이 형성되는 과정에 초점을 맞춘다.

압축적 근대성은 크게 시공간 단축과 시공간 압착이라는 두 가지 과정으로 이루어져 있다. 단축(condensation)은 "두 시점(시대)이나 위치(지역) 사이의 이동 혹은 변화에 필요한 물리적 과정이 축약되는 현상(장경섭, 2009: 20)"을 지칭한다. 시간적 단축 과정은 그 대표적인 사례로 농업사회에서 산업사회로, 나아가 탈산업사회로의 변화과정을 불과 수십 년 만에 이루어낸 급속한 경제발전을 들 수 있다. 공간적 단축 과정은 근대화 초기에는 다양한 외세의 영향 하에, 근대화가 진전된 이후에는 교통·통신 기술의 발달로 공간적 장벽을 넘어 다양한 정치 제도 및 생활문화가 들어오는 과정, 또한 최근에는 외국인 노동자와 결혼 이민자의 증가로 다문화사회를 목전에 둔 상황이 그 사례로 꼽힐 수 있다. 단축의 과정은 다양한 사회적 영역 간, 세대 간에(그리고 아마도 계층 간에) 불균등한 리듬으로 진행되기 때문에,

결과적으로 다양한 사회영역들에서 시간적으로는 전통적, 근대적, 탈근대적 경향이 공존하고, 공간적으로는 토착적, 외래적, 전지구적 요소가 혼재하는 우발적 다원성(accidental pluralism)이 나타나게 된다 (Chang, 1999: 33-34; 장경섭, 2001b: 165-167).

압착(compression)은 "서로 이질적인 시대나 장소에 존재했던 복수의 문명요소들이 일정한 제한적 시공간에 공존하며 상호 압박과 변화를 일으키는 현상(장경섭, 2009: 20)"을 가리킨다. 이러한 압착의 과정은 급속한 시공간 단축의 결과로서 이질적 공간들 및 시간대들의 문명요소들이 공존하게 되는 우발적 다원성의 평면 위에서 진행된다. 가치, 문화, 제도 등 다양한 이질적 시공간의 문명요소들이 혼재하는 가운데 서로 충돌·접합하면서 또 다른 가치, 문화, 제도들을 만들어 내는데 이러한 과정이 압착의 과정이다(장경섭, 2009: 25).

거시적인 차원에서 볼 때, 단축의 과정은 다양한 사회적 영역 간, 세대 간에 불균등한 리듬으로 진행된다. 장경섭 외(2002)는 특히 정치적 영역, 시민사회적 영역, 경제적 영역 등 다양한 사회적 영역들에서 나타나는 불균등한 발전과 이에 따른 정치지체 현상, 즉 정치사회 영역이 시민사회 영역과 분리되는 과정을 추적한다. 한국사회에서 정당중심의 대의정치 모델은 토착적 혁명에 기초하기 보다는 전후 냉전체제와 대미종속의 영향 하에 한국사회에 이식되었으며, 정치영역은 경제발전이란 명목 하에 시민사회의 성장을 억압해왔다. 그 결과 정치영역은 계급적 혹은 시민사회적 문제들을 다루는데 있어 관련 사회집단들을 대변하기보다는 정치사회영역 내부의 논리와 정치인 개인의 정치적 타산에 의해 이루어지는 '제도기생(institutional parasitism)'적 현상이 나타나게 된다(장경섭 외, 2002).

또한 한국사회는 서구 국가들이 2-3세기에 걸쳐 이루어 낸 산업화
와 근대적 제도의 구축과정을 단지 3-40년 동안 급속하게 따라잡으
며, 위험요인 역시 문화 제도적인 측면과 마찬가지로 선진국형 위험
과 후진국형 위험이 공존하는 현상이 나타난다(장경섭, 1998; Chang,
2009). 뿐만 아니라 더 큰 문제는 다양한 안전대책을 빠르게 이윤을
창출하거나 지연됨 없이 행정목표를 달성하는데 불필요하거나 번거
롭다고 여기는 태도가 사회전반에 만연해있다는 사실이다(Chang,
2009: 48). 장경섭(장경섭, 1998; Chang, 2009)은 이처럼 새롭게 나
타나는 한국 특유형 위험까지 다양한 위험요인들이 혼재하는 한국사
회를 '복합 위험사회(complex risk society)'로 규정한다. 한국사회의
압축적 근대화는 이처럼 단축의 과정이 무엇보다 경제 영역에 집중됨
에 따라 경제성장을 최우선시하는 생산우선주의 하에 사회재생산을
위한 제반요건 조성이나 사회복지책임, 사회적 위험 등의 문제들은
가족에 전가되는 방식으로 나타난다(장경섭, 2009; 2011). 울리히 벡
(Beck, 2006: 222)은 근대성의 심화와 함께 위험사회로 진입하면서
제도와 사회에 의해 생산된 위험과 모순들을 개인이 짊어지게 되는
개인화 과정을 겪게 된다고 본다. 하지만 장경섭(2011: 4-7)은 한국
의 경우 이러한 위험사회화 과정에서 개인화 과정을 따르기보다 가족
중심적 대응을 강화했다고 본다. '탈가족화를 근대화의 핵심과정으로
보는 기존의 시각'과는 달리 한국사회의 '압축적 근대성'은 가족이 그
미시적 기초를 구성한다(장경섭, 2009). 장경섭이 주장하는 압축근대
성의 동력은 가족이다. 한국의 근대화는 "가족 동원 체제"에 의존해
교육, 부양, 경제활동 등을 가족이 떠안고 국가는 대신에 성장에 집중
할 수 있었다. 급격한 사회변동 속에서 국가와 사회공동체 대신에 "가

족을 중심으로 갖가지 위기에 대처하고 새로운 기회를 개척하고 사회적 정체성을 유지"할 수 있었다(장경섭, 2001: 165). 그리하여 가족은 "기능적 과부하"(functional overloading)를 겪어야 했다.

　이러한 가족 중심의 근대화를 "가족주의적 압축적 근대성"이라 할 수 있다. 압축적 근대화의 과정은 사회영역이나 세대에 따라 서로 다른 경제 · 사회 · 문화적 환경에 노출시키며 상이한 가족이념들을 구성하도록 만든다. 그 결과 '유교적 가족이념, 도구주의적 가족이념, 서정주의적 가족이념, 개인주의적 가족이념 등' 여러 가족이념들이 공존하게 되는 '가족이념의 우발적 다원성'이 나타나며(장경섭, 2001b: 161-162), 여러 가족이념들이 충돌하고 혼합하는 압착의 과정 속에서 한국 사회의 독특한 현상들이 나타나기도 한다. 그 사례로 압축적 근대화 과정 속에 급격한 변화에 적응 및 참여하기가 어려운 노령층 인구가 계속적으로 증가하고 이들에 대한 부양부담이 가족에게 지워지는 상황에서, 가족 이념 간의 충돌이나 부모와 자녀 사이의 부양문제를 둘러싸고 고부갈등이나 부모와의 분가 등의 문제가 증가하고 있다(장경섭, 2001a). 청소년기 역시 가족은 물론 국가, 산업자본 등 다양한 사회주체들의 적극적 간섭과 지배하에 다양한 사회적 갈등과 경쟁을 담아내는 사회각축장으로 변화해왔다(장경섭, 2006).

　장경섭은 한국의 근대화를 가족주의에 근거하여 내재적 발전을 통해 압축성장을 달성했다고 주장하는 반면에, 강정인은 근대화의 동인을 외부로부터 부과된 것으로 보고 한국 근대화의 특징을 다음과 같이 강조한다(1998: 243). 첫째, 근대화가 내적 요소가 아닌 외적 요소에 의해 추동되었다. 다시 말해 한국의 근대화는 세계 체제의 영향하에 경제대국인 미국과 일본에 의해 주도되었다. 둘째, 한국의 근대화는 동시적이고 압축적으로 전개되었다. 근대국가의 형성, 산업화, 민주화 등의 근대적 과업을 서구의 국가들은 오랜 기간에 걸쳐 달성한 반면에 한국사회의 근대화는 지난 40여 년 동안의 짧은 기간에 달성하였다. 셋째, 근대화가 위에서 아래로 권위주의적 정부에 의해 주도되었다. 시민 사회의 역량이 국가권력이나 재벌의 권력을 제압할 수 있는 정도는 아니다.

일반적으로 한국이 1960년대 이후 급속한 발전을 가능하게 된 요인은, 첫째, "미국의 원조와 외국자본의 도입 및 그에 따른 후발성 이익", 둘째, "박정희 정권의 강력한 경제개발계획", 셋째, "유능한 기업가로서 재벌의 존재", 넷째, "저임금 · 저곡가" 등이 언급된다(정진상, 2000: 89). 이광석은 빅데이터에 의한 정보사회의 위험성을 논의하면서 한국 사회의 근대화를 압축 성장에 따른 "돌진적 근대화"의 조건으로 다음과 같은 5가지를 제시하고 있다(2013: 50-51). 첫째, "한국 발전 모델의 비생태주의적 압축적 근대화 모델", 둘째, "효율성 중심의 논리", "MS 등 특정하드웨어 소프트웨어 다국적기업에 대한 종속관계", "성과주의식 IT정책 집행", "국민 개인정보의 오남용" 등이 있다. 그는 이러한 요인들이 한국사회를 "이중적 복합위험사회(dual complex risk society)"로 만들고 있다고 주장한다(이광석, 2013: 51).

4. 압축적 근대성 발전의 동력

한국의 압축적 근대성이 가능하게 된 조건으로 황석만(2012)은 조선시대의 정교한 중앙집권적 국가 경험, 높은 교육 수준, 일본 식민지

시대의 산업화 경험, 냉전의 산물인 미국의 지원 등을 강조하고 있다. 이 글은 한국 사회에서 압축적 근대성이 가능했던 결정적 국면으로 격동기의 역사적 사건을 검토해 보고자 한다. 한국은 1945년 일본 강점기로부터 해방, 해방 후 미군정 체제(1945-1948), 한국전쟁(1950-1953), 1960년 4.19 혁명 등과 같은 사건들이 있었다. 이러한 역사적 사건 들 중에서 한국 자본주의 발전을 가능하게 했던 혁명적 사건은 해방과 한국전쟁이다. 이 두 사건들은 전통적 사회질서를 무너뜨리고 새로운 질서를 촉진시키는데 기여함으로써 압축적 근대성을 발현시키게 되는 전제 조건이 된다.

해방은 일제식민지시대에까지 남아있던 봉건적 신분질서를 해체할 수 있었던 1차적인 계기가 되었다(정진상, 1995: 341). 해방은 지배적인 일본제국주의 권력구조의 붕괴를 가져왔고, 봉건사회의 양반·상민·천민 등과 같은 신분의식과 이데올로기를 단절시킬 수 있었다. 조선시대의 봉건체제는 1894년 동학농민전쟁을 계기로 해제되다시피 했고, 일제식민지 시대에는 봉건적 지배체제를 가능하게 해주는 지배 이데올로기의 기반을 잃게 되었다(정진상, 1995: 332). 그러나 사회신분제가 완전히 소멸되지 않은 채 일제 말까지 유제의 형태로 잔존하게 되었던 것이다.

한국전쟁은 봉건적 신분질서를 해체할 수 있었던 2차적 계기이자, 과거의 부정적 유산을 말소하고, 1960년대 이후 한국의 급속한 자본축적을 가능하게 하였다(정진상, 2000: 89). 정진상은 이를 "한국전쟁 축적구조"라 부른다(2000: 89). 한국전쟁이 전근대적 신분질서를 달성할 수 있었던 것에는 몇 가지 이유가 있다. 첫째, 농지개혁은 한국전쟁 이전부터 시작되었지만 전쟁 기간 동안 대중들을 동원하기 위하여 농지개혁을 실시하게 되면서 지주계급의 몰락과 영세자작농체제를 창출하여 "낡은 생산관계인 지주소작관계를 파괴"할 수 있었다(정진상, 2000: 97). 둘째, 한국전쟁은 대규모의 인명을 살상하고 이데올로기 전투를 치르게 됨으로써 민중운동의 인적 자원과 조직이 파괴되면서 민중들이 국가의 통제하에 들어가고, 자본주의 지배계급에 저항할 수 있는 가능성을 박탈당했다(정진상, 2000: 100-102). 한국전쟁 이후 국가를 등에 업은 자본은 대중의 저항 없이 자본을 축적할 수 있었다. 셋째, 한국전쟁 이전부터 반공이데올로기가 영향력을 발휘했는데, 전쟁을 거치면서 고착화되어, 국가보안법과 반공이데올로기는 계급지배의 강력한 수단이 되었다(정진상, 2000: 103-104). 넷째, 전쟁은 피난, 월남, 계급투쟁 등과 같은 이유로 대규모의 인구 이동을 가능하게 하여 도시지역의 인구증가와 농촌공동체를 파괴하여 신분제 유제가 해체되는 구체적인 경로가 되었다(정진상, 2000: 106-107).

정진상은 해방부터 한국전쟁에 이르는 기간이 한국자본주의 발전에 끼친 영향을 다음과 같이 기술하고 있다(2000: 108).

일제하까지 반봉건적 생산관계에 부착되어 끈질기게 유지되어오던 사회신분제의 유제는 해방과 함께 뿌리째 흔들리기 시작하여 농지개혁과 한국전쟁으로 결정적으로 해체되었다. 이제 사회관계로서의 신분제는 완전히 해체되고 그 자리에 평등주의와 개인주의, 황금만능주의와 경쟁이데올로기 등이 중요한 사회의식으로 자리잡았다. 평등의식의 확산으로 이제 사회의 가치가 화폐라는 단일한 기준으로 통일되어갔다. 자본주의 사회를 실제로 지배하는 이데올로기인 황금만능주

의가 모든 제약으로부터 해방되어 힘을 발휘할 수 있는 사회구조가 된
것이다.

1) 동력 1: 발전국가론과 국가주도 계획경제

한국의 압축적 근대성을 달성할 수 있었던 고도의 산업화의 원인
은 발전국가론과 그것의 구체적인 실행 방법이 된 국가주도 계획경제
에 기인한다. "발전국가란 정치권과 관료 집단이 상호 협력하에 경제
정책에 전략적 개입을 하여 경제 발전을 이끄는 국가를 말한다."(국
민호, 2008: 217-218) 발전국가는 국가의 최우선 과제를 경제성장에
두고 이를 달성하기 위하여 국가가 경제정책과 다양한 인센티브를 통
해 민간시장에 개입 · 지도 · 조정하는 국가이다. 한국에서 발전국가
의 개입방식에 대해서는 다양한 이견이 있다(황석만, 2012: 154; 박
형준, 2013: 44-47). 암스덴(Alice Amsden)은 국가가 보조금, 특별환
율과 이자, 직접적인 가격 통제 등과 같은 가격 왜곡을 통해 기업들에
게 혜택을 주는 방법으로 한국의 경제발전에 중요한 역할을 했다고
주장한다. 웨이드(Robert Wade)는 국가가 특권 부여와 규율 강제의
방식으로 자원배분의 과정을 통제함으로써 경제 효율성을 높였다고
보았다. 에반스(Peter Evans)는 한국의 급속한 경제성장은 국가가 자
본 사이에 "배태된 자율성(embedded autonomy)"이라 불리는 협조
와 규율이 수반되는 국가-기업 관계에서 비롯되었다고 강조한다. 장
하성은 국가의 산업정책이 경제발전을 성취했다고 주장한다. 이러한
관점들은 모두 국가가 경제 전략을 주도하고 시장 · 사회를 관리 · 조
율함으로써 경제성장의 핵심동인으로 자리 잡았다고 보고 있다.

발전국가론의 작동을 가능하게 한 가장 중요한 3가지 요소는 다음과 같다. 첫째, 경제 발전을 주도한 국가 관료의 능력이다(황석만, 2002: 157). 한국의 관료들은 국가가 추진하는 경제발전 전략을 추진하고, 기업을 육성하고 감독함으로써 경제성장을 위한 시스템을 구축하게 된다. 관료집단은 테크노크라트 집단과 정책 관료 집단(퇴역 장성, 전문 기업 경영인, 전문 행정 관료 등)으로 구성되어 있다(국민호, 2008: 219). 관료 집단의 특징은 크게 두 가지가 있다(김용복, 1998: 131). 첫째, 관료는 대통령에게 종속적이지만 사회세력에 권위주의적 자율성을 갖고 있다. 그리고 대통령의 정책의지에 따라 정책방향이 결정되는 하향식 정책결정이 만연되었다. 둘째, 관료는 정책형성 과정에는 역할이 약하지만 정책집행에는 강한 역할을 한다. 장하준에 따르면, 한국이 1960년대에 자율적이면서도 유능한 관료 체제를 형성할 수 있었던 이유로 1960년대와 1970년대에 성공적으로 공무원 제도 개혁을 달성할 수 있었기 때문으로 보고 있다(강동훈, 2011: 145-146). 특히 자율적인 관료의 존재는 기업과 밀접한 관계를 유지하면서도 기업이 정부에 기대어 기업의 독점적 이익을 추구하는 것을 막아낼 수 있었던 것이다(황석만, 2002: 157). 관료들이 기업의 영향으로부터 벗어나 자본가를 통제하여 국내 투자를 견인하고 국내 생산을 확대하도록 유인함으로써 경제성장의 성과를 달성할 수 있게 된다.

국가 주도 계획경제는 정부의 산업정책으로 나타난다(국민호, 2008: 218). 한국 정부가 개입하는 산업정책의 과정은 다음과 같다. 먼저 산업에 순위를 정하고 육성할 전략산업을 선택한다. 그다음에 선택된 전략산업을 위해 가능한 모든 자원을 총동원한다. 동원된 자원은 선택된 전략산업에 편중 배분한다. 한국 정부의 60-70년대 산업 전략은 두 가지가 있다(국민호, 2008: 220). 첫째, 수출 지향적 경공업 발전 전략이다. 둘째, 1973년에 실시된 중화학공업 추진 정책이다. 이 두 가지 산업 전략의 궁극적 목표는 경제성장과 자주국방을 통한 자립적 산업화이다(국민호, 2008: 220). 한국의 산업화는 크게 3단계로 나눌 수 있다(국민호, 2008: 222-226). 제1단계(1962-1972)는 적극적인 수출정책과 국내 산업 보호이다. 정부는 외국 자본과 기술을 끌어들이고 정책금융을 통해 수출을 독려한다. 또한 정부는 무역 장벽을 세워 국내 산업을 보호하고 기업 보조금을 통해 경제 개입을 적극적으로 한다. 제2단계(1972-1979)는 중화학공업 집중 육성 단계이다. 정부는 이 단계에 수출 주도형 중화학공업 건설과 산업구조 고도화 전략을 위해 철강, 석유화학, 기계 등을 집중적으로 투자한다. 제3단계(1979-1993)는 금융자유화와 수입 개방이 주된 경제정책이었다. 이 단계는 정부의 경제에 대한 간섭이 완화되고 한국 경제가 국제 경제체제에 깊숙이 편입된다. 이 기간 동안 정부는 중화학공업 부문에 대한 특혜가 철회되고 기술 발전 보조와 경쟁력 강화에 집중된다. 한국 정부의 산업 정책과 같은 개입은 1962-1979년에 집중되어 있고, 1980년대 이후에는 개방화가 되면서 정부의 개입은 약화된다.

2) 동력 2: 모방의 상상력과 목적론적 세계관

상상은 가끔은 공상, 망상, 환상과 같이 부정적인 측면과 다른 한편으로 희망, 비전과 같은 긍정적인 측면의 개념과 같이 혼동하여 사용하기도 한다. 상상력은 "이미지를 만드는 힘과 기능"으로 정의할 수 있다(진형준, 2001: 112). 이러한 상상은 과거로 돌아가 사건을 재경험하는 정신적 시간여행, 미래 속으로 자신을 투사하는 일화적 미래사고, 과거사건에서 일어났던 선행조건을 바꾸어 새로운 결과를 그려보는 사후가정 상상, 사후가정·사전가정을 해보는 정신적 시뮬레이션으로 분류할 수 있다(이시은·정영주·박병기, 2014: 90-91). 상상력은 역사적으로 인간 생존을 유지하고 환경의 변화에 적극적으로 대응하기 위해 긍정적인 역할을 발휘해 왔다. 상상은 현실도피적 도구로 이용되기도 하고, 놀이와 사냥을 하고, 종교적 의식을 실천하기 위해서, 예술적 감성과 유토피아의 건설을 위해서, 그리고 새로운 발명과 과학적 발견을 위해서 사용되었다. 보통 상상력은 과거보다는 미래를 지향하며, 다양한 문화발전을 가능케 한 정신적 원동력이다.

한국의 압축적 근대화는 사회발전의 방향을 서구화를 통해 달성하고자 하는 모방적 상상력과 깊은 관련이 있다. 근대화 이론은 전통적인 사회에서 산업화되는 근대적 사회로의 이행을 추구하는 것이다. 한국 근대화 담론의 가장 중요한 요소는 경제성장과 민주화이다. 특히 경제성장의 전략은 서구의 선진국을 모델로 하여 산업화를 통해 선진국을 '따라잡기 전략'이다. '따라잡기 전략'이 바로 서구를 모방함으로써 사회변화를 추구하는 것으로 한국사회 내부의 발전단계와 필요를 무시하고 서구화 발전모델을 한국사회에 강요하는 성격을 갖게 된다. 이러한 모방적 상상력이 압축적 성장을 촉진시키고, 그것이 구체적으로 한국의 근대화에 끼친 영향은 다음과 같다.

첫째, 서구 따라잡기의 모방적 상상력은 한국 미래사회의 비전을 서구의 자본주의와 동일시하는 경향이 있다. 조국 근대화라는 비전은 서구의 모방으로부터 가능하며, 온 국민을 동일한 목표를 바탕으로 일사불란하게 동원하는 기제를 마련하게 된다. 그리하여 서구식 자본주의 외의 다른 비전, 예를 들면, 공산주의, 사회민주주의, 생태주의, 복지국가, 유토피아, 기타 다른 대안미래 등에 대한 상상력이 배제될 수밖에 없었다. 한국 정부는 빈곤국가에서 산업화국가와 자립경제국가라는 목표를 위하여 일반 대중과 지식인을 강력하게 동원할 수 있었고, 서구 지향적 근대화 외의 다른 대안을 위하여 노선투쟁이나 비전에 대한 갈등을 노정할 필요가 없었다. 그리하여 일사불란한 서구식 비전을 달성에 매진하게 되었다.

둘째, 모방적 상상력은 한국을 "총체적 미국화"로 이끌었다. 미국은 한국인들에게 서구 선진화된 나라의 전형이자 이상적인 나라의 상징이었다. 미국화는 한국의 미래이자 꿈이었고, 미국의 가치와 문화가 한국사회에 널리 퍼지게 된다. 한국은 모든 분야에서 미국의 제도와 관행을 내면화시키면서 '제도의 미국화'와 '영혼의 미국화'가 결합된 '총체적 미국화'에 도달하게 된다(김누리, 2012: 416). 근대화의 이상적 모델로서의 미국식 자본주의는 한국인들에게 미국화의 욕망을 확대재생산하는 기제가 되고 선망의 대상이 된다. 에드워드 커니 (Edward Kearney)는 『미국식 The American Way』에서 미국 자본주의 정신으로 첫째, 끊임없는 자기 향상, 둘째, 물질적 성공, 셋째, 근면과 자제, 넷째, 박애주의, 다섯째, 회개와 거듭남을 들고 있다(송병락, 2014: 196-202). 이러한 미국식 사고방식은 한국의 전통적인 사고방식과의 혼재 속에서 개인주의와 물질주의를 배태하여 개인의 성공이 가장 중요한 덕목으로 자리 잡게 되어 압축 성장을 위한 중요한 동기를 제공하게 된다.

셋째, 선진국이 되고자 하는 근대화 사회 담론의 상상력은 민족의 번영된 미래를 낙관적으로 설정함으로써 산업화 정책에 대한 국민들의 지지를 강제적이고 효율적으로 동원할 수 있는 수단을 제공하게 된다. 근대화 사회 담론은 사회의 당연한 발전, 경제성장, 물질적 풍요 등으로 환원됨으로써 일반 대중들이 이러한 발전을 좇아 개발독재에 자발적으로 동의하게 하고 대중동원을 용이하게 한다. 그리하여 노동자들은 열악한 노동조건, 저임금, 인권침해, 생활의 파괴 등의 문제가 있음에도 불구하고 발전주의에 동의하여 개인의 희생을 감내하거나 다양한 사회문제를 개인화시키는 경향을 보인다.

근대화 과정에서 모방의 상상력은 선진국 대열 참여, 선진국의 꿈이라는 목적론적 세계관을 형성하게 되어 다른 다양한 대안 미래를 생각하지 못하게 한다. 경제만 성장하면 모든 것이 해결될 것이라는 경제 제일주의를 낳아서 물질주의적 사고를 고착화시킨다. 또한 모방의 상상력은 서구의 지식에 대한 맹목적 수용을 초래하여 서구에서 유래한 사상, 생각, 접근방식 등을 무조건적으로 받아들이게 됨으로써 사고방식의 식민지화를 초래하게 된다. 이러한 요소들이 정치, 사회, 문화, 환경 등 다른 요소를 고려하지 않고 경제성장에만 몰두할 수 있는 동기를 부여하였다.

3) 동력 3: 불확실성 회피성향

불확실성 회피 성향(uncertainty avoidance)은 사회구성원들이 불확실성이나 미지의 상태를 위협으로 느끼는 정도를 의미한다(Hofstede, 2001). 이 개념은 어떤 사회가 애매모호함, 불확실성, 위험 등을 어떻게 다루는가와 애매모호함, 불확실성, 위험 등이 어떻게 사회에 영향을 끼치는가를 확인하는데 도움을 준다(Hofstede, 2001). 불확실성 회피 성향이 높은 사회는 애매모호함과 분명치 않는 것을 용인하지 않는 경향이 있다. 다시 말해, 잘 알지 못하는 상황이 펼쳐지면 규칙이나 잘 구조화된 환경을 선호하고 위험을 싫어한다. 불확실성을 용인하지 못하는 사회는 애매성과 위험을 방지하기 위하여 법, 규칙, 규정, 기술, 통제 기제 등을 사용하는 경향이 있다. 불확실성 회피 성향이 낮은 사회는 새로운 생각이나 흐름에 개방적이고, 수평적 조직을 선호한다. 사람들은 좀 더 융통성이 많고 위험을 기꺼이 감수하는 경향이 있다. 이들은 혁신과 변동을 적극적으로 수용할 태도가 있다. 불확실성 회피 성향이 높은 나라는 그리스, 프랑스, 일본, 한국 등이고, 불확실성 회피 성향이 낮은 나라는 싱가포르, 덴마크, 스웨덴, 미국, 영국 등이다(Hofstede, 2001).

한국은 불확실성이 높은 나라 중의 하나로, 일반적으로 새로운 기술, 규칙, 종교 등을 통해서 불확실성을 회피하거나 축소하려는 경향이 있다. 한국 사회는 모험하는 것을 불안해하고, 문제나 도전에 직면하게 되면 걱정을 많이 하게 된다. 예측 가능한 조건을 편안하게 여기고, 사회적인 규칙, 관습 선호, 집단의식에 순응하는 것을 좋아한다. 개인들이 집단적 문화에 순응했을 때 실패할 확률도 적고 불확실한 상황에서 벗어날 수 있기 때문이다. 그리하여 한국은 계획된 프로젝트나 사업을 지향하고, 신중하고 예측 가능한 지도자를 선호하는 경향이 있다. 한국사회의 불확실성 회피 성향이 압축성장에 끼친 요소는 크게 두 가지가 있다.

첫째, 불확실성 회피 성향은 집단적 규범, 가치, 행위 등이 불확실성을 감소시킴으로 집단적 동질성에 근거한 행위를 집단 성원에게 요구하는 경향이 있다. 이러한 경향과 관련 있는 것이 열풍문화이다. 우리는 일상생활에서 공무원 열풍, 행복 열풍, 웰빙 열풍, 피케티 열풍, 샌델의 정의 열풍, 인문학 열풍, 몸만들기 열풍, 부동산 투기 열풍, 주식 열풍, 조기유학 열풍, 이민 열풍, 로또 열풍, 성형 열풍, 대박 열풍, 맛집 열풍, 먹방 열풍 등을 접하게 된다. 사회적 열풍은 "어느 일정한 시기에, 특정한 행위에 대한 긴장과 흥분 등의 고양된 감정과 행동을 수반하는 집단적 쏠림현상"이다(김왕배, 2011: 53). 4.19 혁명 이후 60-70년대에 한국사회에 불어 닥친 열풍은 "건설하자", "잘 살고 싶다", "빈곤으로부터 자유로운 조국", "합리적 정신과 절약검소의 정신", "잘살아보세, 잘살아보세, 우리도 한번 잘살아보세" 등과 같이 빈곤으로부터의 해방과 경제적 풍요에 대한 욕망이 근대화의 열풍으로 자리 잡게 된다(이상록, 2011). 경제적 번영에 대한 열풍은 단순한 구호가 아니라 한국인들의 집합적 염원을 압축적 근대화의 방향에 접목시킴으로써 대중들을 근대화의 주체로 유도하고 동원하고 강제할 수 있는 국가와 대중의 집합적인 반응의 산물인 것이다.

둘째, 불확실성을 해소하고 경제발전을 위하여 법제정과 계획된 프로젝트를 지속적으로 실시한다는 점이다. 한국의 압축적 근대화는 개발에 장애가 되는 관습을 억제하고 법제의 새로운 제정을 통해서 경제성장을 모색하는 프로젝트를 수행하였다. 정부는 경제성장을 위하여 규제법과 발전프로그램을 이용하여 법의 도구성을 강조하고, 그 집행을 위하여 행정 및 법 관료를 육성하였다(한상희, 2013: 250). 압축 성장이 가능할 수 있었던 것은 경제정책을 잘 법제화하였던 것이다. 계획된 근대화 프로젝트로 가장 중요한 것은 박정희 정부에 의해 1962년에 주도됐던 경제개발 5개년 계획이 1996년까지 총 7차에 걸쳐서 실행된 것이다. 경제개발 5개년 계획 프로젝트는 산업구조를 고도화시키고 정부주도형 성장정책을 시장영역에 강제하여 정부의 목표를 달성하도록 유도하였다. 경제정책을 법령으로 잘 제도화하였던 예로는 '공업단지의 조성·개발 및 관리에 관한 법제'이다(법제처, 2012). 60년대에 산업의 근대화와 수출촉진을 위하여 필요한 것이 공업입지 개발과 공업단지를 조성·운영하는 정책이었다. 이 목적을 달성하기 위하여 정부는 "수출산업공업단지 개발조성법"(1964.9.14)을 제정·공포하였다. 70년대에는 "수출자유지역설치법", "지방공업개발법", "산업기지개발 촉진법", "공업단지관리법", "공업배치법" 등을 제정하여 전국적으로 공업입지정책을 구체화하였다. 국가의 사회영역에 대한 법령의 제도화 예는 인구정책이다. 1960년대에 인구증가는 사회적 손실이나 경제성장의 방해물로 간주하였다. 인구정책의 대표적인 예가 가족계획과 해외이민이었다. 정부는 인구 증가를 억제하기 위하여 국내 인구를 해외로 보내는 "해외이주법"(1962.3.9)을 제정하였다. 또한 출산억제를 위하여 가족계획사업을 범국민적 운동을 추진하면서 "가족계획심의위원회", "대한가족계획협회", "가족계획어머니회" 등을 조직하여 가족계획의 당위성을 홍보·실천하고, 여성불임시술을 합법화하기 위하여 "모자보건법"(1973.2.8)을 제정하였다(김흥주, 2002: 60). 이처럼 국가는 근대화 목적을 달성하기 위하여 정책과 법을 활용하여 인구이동과 가족에 적극 개입하여 인구구조의 변동을 추진하였다.

4) 동력 4: 전통의 생성적 양식

한국 사회가 소유하고 있는 전통적 양식이 압축근대와 같은 새로운 현상을 초래하는 생성적 동력이 된다. 전통적 양식은 문화적 전통, 인종적 전통, 지리적 전통으로 나눌 수 있다. 문화적 전통은 유교문화와 인종적 전통으로는 민족주의가 있다. 지리적 전통은 한반도가 갖고 있는 지리적 특성으로 국토면적이 좁아서 인구가 밀집되어 있고 공간 이동성의 용이함에 있다. 이러한 세 가지 전통이 근대화 과정에서 재구성되어 한국사회가 압축적 근대성화를 달성하는 방식을 획기적으로 변화시킬 수 있었다.

문화적 전통으로는 유교가 압축성장에 긍정적인 영향을 미쳤다는 것으로 유교자본주의로 표출된다. 유교자본주의는 한국, 대만, 홍콩, 싱가포르 등과 같은 아시아 국가의 급속한 경제발전은 "가족중심 주의 근면, 교육, 위계질서를 강조하는 유교문화의 영향이 결국 양질의 노동력과 근면과 철저한 기업중심적 사고와 잘 훈련된 부패하지 않은 전문 관료 등 경제 발전의 필요한 요소를 낳는데 기여"했다고 보는 입장이다(김병욱, 2015: 84). 이러한 유교자본주의적 입장은 여러 학자들에게서도 발견되는데, 에어크맨(David Aikman)은 가족중심, 사회기강의 유지, 건전한 노동정신 등과 같은 유교문화가, 포겔(Erza Vogel)은 실력주의 엘리트, 시험제도, 집단의 중심, 자아개발 등과 문화적 관행이 한국의 지속적인 경제성장에 기여했다고 보고 있다(김병욱, 2015: 84). 유석춘과 국민호도 한강의 기적을 가능하게 한 아시아적 가치로 "연고주의에 입각한 경제적 거래비용의 감소, 가족주의 모델에 기초한 재벌식 기업경영, 국가에 의한 시장지배"를 강조한다

(전상인, 2000: 78). 유교문화가 국가와 기업의 정경유착, 기업의 문
어발식 확장 등과 같은 경제에 부정적인 영향을 끼쳤다는 문제점도
지적된다. 하지만, 공동체 지향적 집합주의, 교육의 중시, 노동윤리 등
과 같은 유교적 속성이 권위주의 국가의 개입, 국가와 기업의 연고주
의적 관계망 형성, 지배적인 가족주의적 대기업 등을 통하여 한국의
급속한 압축성장을 위한 사회적 · 정서적 조건을 형성하는데 이바지
했다고 볼 수 있다.

둘째, 인종적 전통으로는 민족주의가 있다. 한국에서 민족주의는
공통의 언어 · 핏줄 · 문화 등과 같은 동질성에 기반한 민족 공동체를
지향하는 정체성, 가치관, 기획 등을 포괄하는 개념이다. 1960년대 후
발산업화국가이자 분단국가로서 한국의 과제는 "근대화의 달성, 통
일을 통한 민족국가의 완성, 탈종속을 통한 자립경제 달성, 대미의존
탈피"였다(김일영, 2006: 224)였다. 그 중에서도 민족국가로서 근대
화의 달성이 박정희 정부의 가장 중요한 국가적 목표였다. 박정희시
대의 민족주의는 경제적, 안보적 자립을 위하여 "방어적 근대화 민족
주의"를 강조하게 된다(김일영, 2006). 다음은 박정희 시대의 방어적
근대화 민족주의를 상징적으로 나타내는 것이다(김일영, 2006: 231).

"나를 확대한 것이 즉 우리 국가다. 우리 민족이라고 할 때의 우리
도 역시 마찬가지이다. 따라서 국가가 잘 되는 것은 내가 잘되는 것이
며, 국가를 위해서 내가 희생을 하고 봉사를 하는 것은 크게 따지면 나
개인을 위해서 봉사하는 것이고 우리 자신을 위해서 희생하는 것이
다."(박정희, 〈연두기자회견〉, 1970.1.9))

"국민의 한 사람 한 사람이 '나'와 '국가'를 하나로 알고 국력배양
을 위해 총력을 기울여야 할 것이다."(박정희, 〈제8대 대통령 취임사〉,
1972.12.27)

"민족과 국가라는 것은, 이것은 영생하는 것입니다. 특히 하나의 민
족이라는 것은 영원한 생명체입니다. 따라서 민족의 안태와 번영을 위
해서는 그 민족의 후견인으로서 국가가 반드시 있어야 하겠습니다. 국
가는 민족의 후견인입니다. 국가 없는 민족의 번영과 발전이라는 것은
있을 수 없는 것입니다.(박정희, 〈연두기자회견〉, 1973.1.12)〉

박정희의 연설문에서 나타나듯이, 민족은 생명체가 있는 유기체적
존재로 개인의 가치보다 민족의 가치를 우선시함으로써 "싸우면서
건설하자"는 방어적 근대화 민족주의를 가능하게 한다. 이 시기의 주
된 담론은 "민족의 번영과 발전"이었고, "민족의 번영과 발전"은 경제
성장에 기반한 조국 근대화로 구체화되었으며, 조국 근대화를 위해서
는 개인의 희생과 봉사가 전제되어야 했다. 방어적 근대화 민족주의
는 개인의 희생을 강요하는 이데올로기로 활용되어 저임금 장시간 노
동을 위한 노동자 계급에 대한 통제를 가능하게 하였다. 또한 조국 번
영이라는 미래를 위해 현재의 고통을 견디어야 한다는 가정을 암묵
적으로 전제하게 된다. 민족에 대한 강한 애착을 바탕으로 하는 민족
주의는 경제적 번영과 자립성을 위하여 국민을 강제적으로 동원할 수
있었던 중요한 기제가 되었다.

셋째, 국토 면적이 좁은 한반도의 지리적 전통이다. 한국은 인구가
많고 국토공간이 협소하여 산업화와 도시화의 과정 속에서 인구가 신
속하게 다른 지역으로 이동하게 됨으로써 압축성장을 할 수 있는 조

건의 평등을 발전시켰다. 토크빌(Alexis de Tocqueville)은 평등을 정 태적 평등과 동태적 평등으로 구분한다(조홍식, 2012: 325). 정태적 평등은 과거에 비해 빈부의 격차가 줄어들었을 경우를 의미하고, 동 태적 평등은 계급 간의 자유로운 이동을 의미한다. 토크빌은 근대 사 회의 특징으로 정태적·동태적 평등의 발전을 강조한다.

예를 들면, 좁은 국토공간은 빠른 시간 안에 근대적 교통체계를 형 성하는데 기여를 하게 된다. 1970년 7월 7일 경부고속도로가 개통 된 이래로, 호남고속도로, 남해고속도로, 영동고속도로, 대구-마산고 속도로, 대구-광주 88고속도로, 중부고속도로, 서해안고속도로, 기 타 민간자본유치 고속도로 등의 건설이 있었다(권자경, 2011: 10). 지 난 40여년은 고속도로 시대의 진입을 시발점으로 항만, 철도, 공항의 근대적 교통체계를 확립하였다. 특히 경부고속도로의 완공은 압축성 장의 기반을 제공하게 된다. 경부고속도로가 끼친 영향은, 첫째, 지역 간 인적, 물적 교류의 확대, 둘째, 경부고속도로 축을 중심으로 새로 운 산업단지 등이 조성되어 지역개발 촉진, 셋째, 자동차·제철·시 멘트 산업 등과 같은 고속도로 건설 관련 산업의 성장, 넷째, 국민소 득 증가 및 마이카 시대 돌입, 다섯째, 지역 간 수송 단축 및 원활한 화 물수송으로 제품생산성 향상과 물류비 절감, 여섯째, 전국의 하루생 활권, 일곱째, 1970년대 한국 기업체의 동남아 및 중동지역의 진출을 위한 토대 제공 등이 있다(권자경, 2011: 11). 또한 철도도 고속도로 와 마찬가지로 경제성장의 견인차 역할을 하여 압축성장에 지대한 영 향을 끼친다.

철도는 경제발전을 위한 도약의 선행역할을 수행하였으며, 경제규모를 확대시키는데 선도적 역할을 수행하였다. 철도는 여객과 화물을 도시간, 지역간 수송을 독점하여 시장의 확대를 가져 왔으며, 경제활동 인구의 원활한 이동을 가능하게 함으로써 산업발전에 기여하였다. 또 한 철도는 공업의 발전, 농촌근대화, 산업도시형성, 지역개발 및 분업 촉진 등의 대변혁을 가능하게 하였으며, 경제발전의 필수적인 자원개 발, 유통망 확장에 기여하여 산업진흥에 직접적인 영향을 주었다.(이 철우, 2007: 280)

근대화 과정 속에서 고속도로, 철도 등과 같은 교통체계는 한국인 의 삶을 변화시키고, 누구나 표만 사면 어디든지 이동할 수 있는 평등 사상을 심어주었다(이철우, 2007: 280). 겔러는 "산업사회가 평등주 의적이라 유동적인 것이 아니라 유동적이기 때문에 평등주의적일 수 밖에 없다"라고 주장한다(겔러, 1988: 212; 조흥식, 2012: 327에서 재 인용). 한국사회의 협소한 지리적 특성은 지리적, 계층적 사회적 이동 을 압축적으로 가능하게 하여 근대화 사회의 이동성과 평등사상을 가 능하게 하였다. 그로 인해 개인주의가 성행하고 공동체주의가 와해하 게 된다. 근대화 과정에서 인간은 평등하기 때문에 경쟁과 생존의 법 칙을 따라야 한다. 평등의 조건은 독립적 사고와 성공에 대한 강한 물 질적 욕망을 추구하게 되어 압축성장을 위한 중요한 요소가 된다.

5. 맺는말

한국 사회의 압축적 근대화를 가능하게 한 조건으로 대전환을 가능하게 했던 성격을 갖는 사건은 일제의 강점기로부터 해방과 한국전쟁이었다. 역사의 결정적 국면으로서 이 두 사건은 기존 질서를 해체하고 새로운 질서를 창출하는데 혁혁한 공헌을 하였다. 해방은 봉건적 신분질서를 무너뜨림으로써 봉건질서 속에서 억압되었던 생산력의 해방을 가져왔다. 또한 한국전쟁은 "한국전쟁 축적구조"를 가능케 함으로써 상품-화폐 관계가 수립되고, 농촌과 도시의 상품생산자들이 빠르게 분화할 수 있었다. 그리하여 새로운 생산관계를 통하여 새로운 잉여를 착취하고 국가의 강력한 지도하에 급속한 자본축적을 달성할 수 있는 조건이 형성되었다.

한국의 압축적 근대화를 가능하게끔 한 동력은 크게 네 가지가 있다. 첫째, 국가발전론과 국가주도 계획경제이다. 중앙집권적인 국가관료제가 효율적으로 경제정책과 산업정책을 추진함으로써 국내 투자를 촉진시키고, 국내생산을 관리함으로써 경제성장의 방향성과 속도를 조정하고 경제발전을 위한 모든 자원을 동원할 수 있었다. 둘째, 모방의 상상력과 목적론적 세계관이다. 서구식 자본주의에 대한 모방적 상상력은 자본주의 이외의 대안을 배제하고 오로지 서구화를 지향함으로써 선진국 진입이라는 목적론적 세계관을 형성하여 경제성장에만 몰두할 수 있었다. 셋째, 불확실성 회피 문화이다. 불확실성 회피 문화는 경제적 번영에 대한 열풍, 법 제정과 계획된 프로젝트를 지속적으로 실시하게 하여 산업구조를 고도화하고 예측 가능한 경제발전단계 로드맵을 가능하게 하였다. 넷째, 전통의 생성적 양식이다. 유교와 같은 문화적 전통, 민족주의와 같은 인종적 전통, 좁은 한반도의 지리적 전통은 근대화 과정을 재구성하여 서구와는 다른 방식의 발전방식을 초래하였다.

압축적 근대성에 대한 조건과 동력을 살펴봄으로써 한국 근대화 과정은 다양한 전근대적인 요소와의 관계 속에서 압축적으로 발전하였음을 알 수 있다. 홉스봄(Eric Hobsbawm)은 서구의 자본주의 발전도 전자본주의적이거나 비자본주의적인 요인들에 크게 작용하였음을 강조하였다(장문석. 2016). 홉스봄은 자본주의는 자본주의가 아닌 것들이 서로 복잡하게 얽혀있고 모순적인 관계 속에서 발전했기에 역사적인 관점에서 다음과 같이 자본주의를 이해해야 한다고 주장한다(장문석, 2016).

우리가 숨 쉬고 있고 우리의 모든 활동을 가능케 하는 공기를 우리가 당연한 것으로 여기듯이, 자본주의는 그것의 작동이 이루어지는 환경, 그것이 과거로부터 물려받은 환경을 당연한 것으로 여겼다. 공기가 희박해졌을 때에야 비로소 자본주의는 그런 환경이 얼마나 중요했던가를 발견했다. 바꾸어 말하면 자본주의는 자본주의적이기만 했던 것이 아니었기 때문에 성공했다.

참/고/문/헌

• 강동훈. 2011. "발전국가론과 한국의 산업화." 『마르크스21』, 11: 134-173.

• 강정인. 1998. "'정보화 사회' 담론에 대한 비판적 고찰." 『세계화, 정보와 그리고 민주주의』. 문학과 지성사, pp. 242-261.

• 국민호. 2008. "한국의 경제 위기와 발전국가 모델." 『사회와 이론』, 13: 213-249.

• 권자경. 2011. "산업화 경로의 결정요인 분석." 『한국행정학회 학술발표논문집』, 1-14.

• 기든스. 앤서니. 2008. 『자본주의와 현대사회이론』. 박노영 · 임영일 역. 한길사.

• 김누리. 2012. "총체적 미국화와 유럽적 가치," 『독일언어문학』 58: 415-439.

• 김덕영. 2012. 『막스베버: 통합과학적 인식의 패러다임을 찾아서』. 도서출판 길.

• 김병욱. 2015. 『한국 선도산업(철강, 조선, 반도체) 발전모델』. 킴스정보전략연구소.

• 김상준. 2011. 『맹자의 땀 성왕의 피』. 아카넷.

• 김용복. 1998. "한국 자본주의와 국가 · 관료." 『역사비평』, 43: 125-139.

• 김왕배. 2012. "대방열풍과 '카지노' 사회." 『사회과학논집』, 42(2): 51-77.

• 김일영. 2006. "박정희 시대와 민족주의의 네 얼굴." 『한국정치외

교사논총』, 28(1): 223-256.

• 김종엽. 1998. 『연대와 열광: 에밀 뒤르켐의 현대성 비판 연구』. 창작과 비평사.

• 김홍주. 2002. "한국 사회의 근대화 기획과 가족정치: 가족계획 사업을 중심으로." 『한국인구학』, 25(1): 51-82.

• 박형준. 2013. 『재벌 한국을 지배하는 초국적 자본』. 책세상.

• 백승대. 2008. "현대사회를 보는 바우만의 시각: 탈근대성과 유 동적 근대성을 중심으로." 『大韓政治學會報』, 16(1): 277-301.

• 법제처. 2012. 『2011 경제발전경험모듈화사업: 산업단지의 개발 조성 및 관리에 관한 법제』.기획재정부.

• 손경미. 2013. "바우만의 액체근대론과 벡의 성찰적 근대화론 비 교 연구: 개인화, 위험사회를 중심으로." 『사회와 이론』, 22: 139- 174.

• 송병락. 2014. 『자본주의의 웃음 자본주의의 눈물』. 마이디팟.

• 이동원 외 13. 1993. 『현대 사회학의 이해』. 이화여자대학교출판부

• 이광석. 2013. "2장 빅데이터 위험 정보사회의 '정보재난'의 문제 점." 『빅데이터와 위험정보사회』. 커뮤니케이션북스, pp. 33-56.

• 앨런 스윈지우드, 박형신 · 김민규 옮김. 2004. 『문화사회학 이 론을 향하여: 문화이론과 근대성의 문제』. 한울 (Swingewood, Alan. 1998. Cultural Theory and the Problem of Modernity. Palgrave Macmillan)

• 이상록. 2011. "경제 제일주의의 사회적 구성과 '생산적 주체' 만 들기: 4 · 19-5 · 16 시기 혁명의 전유를 둘러 싼 경합과 전략들." 『역사문제연구』, 25: 115-158.

• 이시은 · 정영주 · 박병기. 2014. "상상의 재개념화: 구조와 과정을 중심으로." 『교육심리연구』, 28(1): 89-115, 90-91.

• 이철우. 2007. "한국의 철도발달과 산업사회의 갈등." 『국제평화』, 4(1): 276-310.

• 장경섭. 1998. "압축적 근대성과 복합위험사회." 『비교사회』, 1998: 371-44.

_____. 2001. "가족이념의 우발적 다원성: 압축적 근대성과 한국 가족," 『정신문화연구』, 24(2): 161-202.

_____. 2010. "세계의 한국화?: 반영(反映)적 지구화 시대의 압축적 근대성." 『한국사회학회 사회학대회 논문집』, 12: 507-510.

_____. 2009. 『가족 · 생애 · 정치경제: 압축성 근대성의 미시적 기초』. 창비.

_____. 2001a. "압축적 근대성과 노인문제의 재인식: '신세대'로서의 노인." 『가족과 문화』, 13(1): 1-29.

_____. 2006. "청소년기의 사회각축장화: 한국의 압축적 근대성과 청소년." 『가족과 문화』, 18(4): 93-125.

• 장경섭 · 장귀연 · 이재열. 2002, "냉전, 압축적 근대성, 노동정치: 탈구된 정치사회와 민주노동당." 『세계정치』, 24: 151-191.

• 장문석. 2016. 『자본주의 길들이기: 자본과 자본 아닌 것의 역사』. 창작과비평사.

• 전상인. 2000. "자본주의 및 민주주의 발전과 아시아적 가치." 『연세경영연구』, 37(2): 77-96.

• 정진상. 2000. "한국전쟁과 전근대적 계급관계의 해체." 『경제와 사회』, 46:88-113.

- 정진상. 1995. "해방직후 사회신분제 유제의 해체: 경남 진양군 두 마을 사례연구." 『사회과학연구』, 13(1): 331-351.
- 조흥식. 2012. "조건의 평등과 근대의 조건: 토크빌과 겔너의 비교 연구." 『한국정치연구』, 21(3): 321-342.
- 진형준. 2001. "상상력 연구방법론1: 상상력과 예술적 창의성." 『불어문화권연구』, 11(1): 112-123.
- 황석만. 2012. "박정희 경제 체제의 형성과 지속: 경로의존적 접근." 『아시아리뷰』, 2(1): 153-184.
- 한상희. 2013. "법과 사회발전: 발전으로서의 '법의 지배', 그 시론." 『일감법학』, 25: 249-284.
- Bauman, Zygmunt. 1992. *Intimations of Postmodernity*. Routledge.
  _____. 1993. *Postmodern Ethics*. Blackwell.
  _____. 2000. *Liquid Modernity*. Polity Press.
- Chang, Kyung-Sup. 2009. "Compressed modernity and its discontents: South Korean society in transition." *Economy and Society*, 28(1): 30-55.
- Durkheim, Emile. 1984. The Division of Labour in Society. The Macmillan Press.
- Eisenstadt, S. N. 2000. "Multiple modernities." *Daedalus*, 129: 1-29.
- Giddens, Anthony. 1991. *The Consequences of Modernity*. Polity Press
  _____. 1998. *Conversations with Anthony Giddens:*

Making Sense of Modernity. Polity Press.

- Hofstede, Geert. 2001. *Culture's Consequences: Comparing Values, Behaviors, Institutions and Organizations Across Nations*. 2nd Edition. Sage Publications.

- Marx, Karl. 1978. *The Marx-Engels Reader(2nd ed.)*. W.W.Norton&Company, Inc.

- Weber, Max. 2005. *The Protestant Ethic and the Spirit of Capitalism*. Routledge.

- Wood, Ellen Meiksins. 2013. *The Origin of Capitalism: A Longer View*. Aakar Books.

제**2**부

압축근대의 경험

『창평일기』와 『아포일기』에서 나타난 기술수용과 양가성에 대한 연구 [1]

손현주 · 문만용

1. 머리말

이 글은 전라북도 임실의 농민인 최내우(崔乃宇, 1923~1994)가 쓴 『창평일기』와 경상북도 김천의 농민인 권순덕(權純德, 1944~)이 쓴 『아포일기』를 바탕으로 한국의 압축근대화 과정에서 농민들이 겪게 되는 근대적 경험으로서 기술의 수용, 그리고 기술수용 과정에서 나타나는 양가성의 특성을 살펴보고자 한다. 최내우는 1969년부터 1994년까지, 권순덕은 1969년부터 2000년까지 일기를 작성하였다. 최내우와 권순덕 두 농민이 일기에 기록한 26 · 31년이라는 서사적

---

1) 이 글은 『지방사와 지방문화』 제19권 1호에 수록된 "농민일기에서 나타난 기술수용과 양가성에 대한 연구: 『창평일기』와 『아포일기』를 중심으로"를 이 책의 취지에 맞추어 수정한 것이다.

시간은 한국의 급속한 근대화 시기였다. 근대화는 사회적 객체로서 경제적, 정치적, 문화적, 기술적 측면의 제도 및 구조뿐만 아니라 사회적 주체로서 개인의 가치, 태도, 행동방식 등이 전근대사회와는 다른 양상을 보여준다.

기술은 농업의 근대화와 경제 발전의 가장 중요한 동력이었다. 근대 기술의 성장과 전파는 한국 자본주의 성격과 내용을 변화시켰을 뿐만 아니라 최내우, 권순덕을 비롯한 농민들의 삶과 태도를 변화시켰다. 농민들이 기술을 수용함으로써 전통적인 방식에서 벗어나 기계와 기법을 통해 자연을 통제하고 생산성을 높이며 편리성을 추구할 수 있게 되었다. 이러한 근대의 기술합리주의는 기술이라는 기제를 통해 개인에게 내면화되었으며, 개인들은 조직과 공동체 안에서 그들의 정체성을 형성하고 사물에 대해 생각하는 방식을 변화시키면서 근대적 인간으로 성장할 수 있게 되었다.

이러한 관점에서, 이 글은 첫째, 이론적인 측면에서 양가성, 근대성, 기술의 수용에 대한 관계성을 살펴볼 것이다. 둘째, 최내우의 『창평일기』와 권순덕의 『아포일기』에 대해서 간단히 설명할 것이다. 셋째, 『창평일기』와 『아포일기』에서 나타나는 기술수용 과정을 구체적으로 고찰할 것이다. 넷째, 기술수용 과정에서 나타나는 양가성의 특징을 세 가지 측면에서 살펴볼 것이다. 마지막으로 그 동안의 논의를 요약하고 기술수용 과정의 특징과 양가성의 형태를 통해서 논문의 의의를 밝히고자 한다.

2. 양가성, 근대성, 그리고 기술의 수용

상호모순적인 태도와 행동, 대립적인 감정의 공존, 이중적인 가치와 이데올로기의 표출을 특징으로 하는 양가성(ambivalence)은 우리의 일상생활에 가장 흔히 나타나는 현상 중의 하나로 다음과 같은 심리학 및 사회학적 전통을 갖고 있다. 스위스 심리학자인 블로일러(E. Bleuler)는 정신분석학적 측면에서 양가성이라는 용어를 최초로 사용하였고, 정신분열증의 4대 증상 · 연상 장애, 자폐증, 부적절한 감정, 양가성 중의 하나로 간주하였으며, 긍정적이고 부정적인 요소가 동시에 나타남으로써 생기는 다양한 심리적 경향으로 정의하였다(Raulin and Brenner, 1993: 201). 스멜서(N. Smelser)는 인간의 감정, 정서, 선호도 등을 설명하는데 한계가 있는 합리적 선택이론의 문제점을 보완해줄 수 있고, 인간의 행동, 사회제도, 인간조건 등의 비합리적 측면을 이해하는 중심적인 개념으로 양가성을 강조한다(Smelser, 1998). 그는 양가성을 "같은 사람, 대상, 상징에 대한 반대되는 정서적 지향성"이라고 정의한다(Smelser, 1998: 5). 그는 현실 세계는 반합리적일 뿐만 아니라, 인간 조건은 자유와 구속, 독립과 의존, 자율성과 분리, 성숙과 미성숙 등과 같이 존재론적 딜레마에 근본적으로 빠져있다고 가정한다. 그리하여 인간행동, 사회제도, 그리고 인간조건을 충분히 이해하기 위해서는 양가적 설명전략이 필요하다고 주장한다.

근대성 그리고 근대성의 발달과정을 나타내는 근대화는 양가성이라는 본질적인 특성이 저변에 깔려 있다. 예를 들면, 근대성은 경제적 성장과 개인주의의 확장을 통해 개인의 경제적 · 정치적 · 문화적 삶의 다양성을 증가시켰지만(Inglehart et al., 2004: 6), 다른 한편, 서구 중심의 경제적 · 사회적 형태를 통해 문화적 획일성을 지향하기도 한다(Bauman, 1991). 근대성의 진행과정은 다양성과 획일성이 동시에 공존하여 지배적인 가치의 만연과 비지배적인 가치 · 신념 · 생활양식 · 관습 · 언어 등이 말살되는 부정적인 측면과 개인의 자율성 신장과 민주적인 정치체제의 확장에 따른 건강한 개인의 삶을 유지하는 긍정적인 측면이 있다. 다원화된 사회질서에 기반을 둔 오늘날의 급속한 사회변동은 모순적인 발전 양식을 동시에 보여주는 양면적 경향이 더욱더 두드러지고 일반적인 사회현상이 되어 간다. 물론 근대성 자체가 본질적으로 양면성을 넘은 다중적 의미를 지니고 있으며, 제국의 근대가 식민지를 필요로 하듯 식민지의 근대도 제국에 의해 추동되는 점을 바탕으로 본질적으로 모든 근대는 '식민지 근대'라는 지적도 존재한다(윤해동, 2009). 한편 월러스틴(I. Wallerstein)은 근대성 자체를 끝없는 기술적 진보와 지속적인 혁신을 추구하는 "기술의 근대성"과 권위에 대한 자발적인 해방을 지향하는 "해방의 근대성"으로 구별해서 논의한 바 있는데(Wallerstein, 1996), 기술의 근대성과 해방의 근대성이 상당한 시차나 괴리를 보이는 경우가 드물지 않다.

다원주의, 상대주의, 모순 상태의 범람, 불안정성, 불확실성이 가득한 사회를 이해하기 위하여 사용되고 있는 양가성은 과학기술이 현대사회에 끼치는 영향에서도 찾아볼 수 있다. 기술을 바라보는 가장 일반적인 시각은 기술결정론(technological determinism)이라 할 수 있다. 이는 기술이 자체의 발전 논리를 지니고 있으며, 사회와 무관하게 자율적으로 발전한 기술은 사회 변화에 막대한 영향을 미친다는 생각으로, 기술의 중립성과 기술 중심적인 사고를 주요한 특징으로 한다.[2] 하지만 기술변화가 곧바로 사회변동을 유발한다는 설명은 너무나 단순화된 주장이며, 기술 변화 역시 사회의 영향을 받고 있다. 기술의 사회적 형성론(social shaping of technology)은 기술변화의 과정은 정치, 경제, 문화적 요소와 같은 사회적 요인들이 개입되는 복합적 과정이며, 기술 변화의 속도와 방향, 기술의 형태와 결과는 사회구조의 성격에 따라 달라질 수 있음을 주장한다. 또한 기술변화의 사회적 성격을 강조하면서 기술의 효과뿐 아니라 기술의 내용까지 논의의 대상으로 삼는 기술의 사회구성주의(social constructivism of technology)는 미시사회의 행위자나 집단의 활동에 주목하여 기술변화에 다수의 궤적이 존재하며 그 중에서 특정한 경로가 사회적으로 선택되고, 이런 기술의 영향력이 다시 사회로 확산됨을 강조했다.

기본적으로 과학기술은 긍정적인 측면과 부정적인 측면을 모두 갖고 있다(이영희, 2001: 72). 과학기술은 인간에게 편리함과 쾌적함을 제공하여 삶의 질을 향상시키는 긍정적인 부분이 있지만, 다른 한편 물질문명과 인간정신의 부조화, 환경문제, 윤리문제, 사회적 안전문제 등을 야기함으로써 위험사회를 초래하는 부정적인 결과를 초래하기도 한다. 이러한 과학기술의 양면적 속성은 기술의 수용과정에서도 적용할 수 있다. 개인이나 조직은 다양한 작업과정에 대한 효율성을 높이기 위하여 새로운 기술을 받아들인다. 새로운 기술의 채택은 진보적이고 인간에게 부담을 줄이고 더 많은 자유를 줄 것이라는 기술의 해방적 기능을 전제로 한다. 하지만 기술의 수용은 의도하지 않았던 불만, 불안전, 통제라는 부정적인 결과를 낳는다. 가사 기술의

---

2) 기술과 사회의 관계에 대한 논의는 송성수(2014: 87-115) 참조.

예를 들면, 루스 코완(R. Cowan)은 『엄마에게 좀 더 많은 일을(More Work for Mother)』(1983)에서 1870년대 이후 미국에서 가사노동이 기계화되고 세탁기·냉장고와 같은 가전제품이 보급되었음에도 불구하고 여성의 평균가사노동시간이 크게 줄어들지 않았다고 주장했다. 그 이유는 새로운 가정기술체계가 가정주부의 노동이 아니라 석탄/물 나르기, 카펫 청소, 장작패기 등 그 동안 남성과 자녀가 맡았던 노동을 줄였으며, 각종 신기술의 출현이 침대보와 속옷의 잦은 교체 등 생활표준의 향상을 가져와 결과적으로 주부의 노동량이 많아졌음을 주장했다. 산업화 이전에는 모든 가족이 비교적 공평하게 가사노동을 분담했지만 산업화 이후에는 가정주부에 대한 이데올로기의 변화 속에서 가사노동의 양은 증가한 반면 가정주부가 가사노동을 전적으로 혼자서 맡게 되는 상황이 된 것이다. 위에서 살펴본 것처럼, 기술의 수용은 일방적이거나 필연적인 방향으로 나아가는 것이 아니고 사회와의 상호작용을 통하여 양가적 측면을 들어내게 된다. 한 사회의 기술수용과 그 결과는 기술 자체의 내적 논리에 의해 전개되는 것이 아니라 사회적 선택, 환경, 인간의 기술 수용에 대한 의지 등을 종합적으로 파악하고 양가적 속성을 살펴보았을 때 기술이 개인의 생활에 끼친 영향과 기술의 수용과정을 더 잘 이해할 수 있을 것이다.

3. 최내우의 『창평일기』와 권순덕의 『아포일기』

『창평일기』는 1969년부터 시작되어 1994년, 필자인 최내우가 교통사고로 갑작스레 세상을 떠나기까지 26년간 작성되었으며, 일기를 쓰기 이전의 기억을 회고한 글인 '월파유고'를 포함해서 그의 일기 전체가 모두 4권으로 출판되었다(이정덕 외, 2012; 이정덕 외, 2013). 창평일기가 작성된 전라북도 임실군 신평면 창평리는 주변에 크고 작은 산이 둘러싸고 있는 내륙지역으로, 전형적인 농촌마을이다. 일기를 작성한 최내우는 그곳에서 70여년의 생애를 보냈으며, 1946년 3.5마력 발동기를 이용하여 도정업을 시작한 이래 48년간 도정공장을 운영하면서 벼농사에서 양잠에 이르기까지 다양한 사업을 이끌어온 자수성가형 인물이다. 그는 한국전쟁 직전인 1949년 26세의 젊은 나이에 마을 구장(현재의 이장)직을 맡아 1965년까지 17년 동안 이장을 지냈다. 그 이후에도 마을 개발위원장, 정화위원장, 마을 산림계장, 학교 운영위원, 동창회장, 공화당 군위원, 향교 장의원(掌議員) 등 각종 공식, 비공식 직책을 맡아 한국농촌의 근대화 과정에서 마을의 중심인물로 활약하였다. 그의 일기에는 농촌사회의 변화를 파악할 수 있는 많은 정보들이 담겨있으며, 다양한 그의 이력과 독특한 성격 덕분에 일기를 통해 가족, 마을의 일상과 함께 당시 시대상의 여러 측면을 엿볼 수 있다. 창평일기에 대해서는 이미 몇 편의 연구가 나왔으며(김규남, 2011; 김규남, 2012; 안승택, 2013; 문만용, 2013; 안승택, 2014; 이성호 · 문만용, 2014), 관련된 글들을 묶은 단행본도 출판되었다(이정덕 외, 2014).

『아포일기』는 경상북도 김천시 아포읍 대신리에 거주하고 있는 농민 권순덕이 1969년부터 2000년까지 약 31년 동안 농촌생활의 소소한 일상을 그려낸 이야기이다(이정덕 외, 2014; 이정덕 외, 2015). 권순덕이 살았던 동신마을은 행정구역상 아포읍 대신리에 속하는 자연부락으로 김천, 구미, 선산 등의 도시가 인접해 있고, 도로가 일찍이 발달하여 주민들의 이동이 활발한 편이었다. 또한 이 지역의 편리한 교통은 타 지역에 비해 선진화된 농법이 빨리 유입되어 농업 생산력의 발달과 상업적 농업의 발전을 가능하게 하였다. 권순덕은 1944년 3월 20일 권영조의 5남 1년 중 셋째로 태어났으며 초등교육만을 받아서 높은 학력을 갖고 있지는 않았다. 그는 1972년 29세의 나이에 중매결혼을 하였고 슬하에 1남 2녀를 두어 핵가족을 이루었다. 권순덕의 농촌에서의 삶은 흙, 기계, 기술, 종자, 비료, 농약 등을 사용하고 가족노동을 이용하여 벼, 보리농사, 밀 이외에 소규모 채소 및 과수를 1차 생산물로 만들어내고, 닭, 돼지, 소 등과 같은 가축을 사육하는 노동과정이었다. 또한 겸업으로 국수생산, 자전거포, 상하수도 공사, 고속도로 및 아파트 건설 일용노동, 트랙터 로타리 작업 등을 하면서 자본주의적 경영형태와 근대기술의 도입을 통해 새로운 농촌경제 활동을 적극적으로 하였다. 권순덕은 교육수준이 초등학교졸업으로 낮은 수준임에도 불구하고 1960년대 말에 영세농에서 1990년대 부농으로 성장할 수 있었던 것은 끊임없이 기술을 받아들이고 겸업을 통한 근대적 농업경영에 대한 경험 등을 통하여 개인적 근대성을 개발하였기 때문에 가능했다.

4. 기술의 수용

1) 창평일기 속 기술/기계

최내우는 1946년부터 거의 반세기를 도정업에 종사했기 때문에 도정공장은 그의 한 평생이 새겨진 공간이었다. 부모로부터 특별히 재산을 물려받지 못한 그는 도정업의 수익으로 농토를 조금씩 구입하면서 재산을 불려왔기 때문에 도정공장은 그가 농업을 비롯해 여러 농가 사업을 영위할 수 있는 출발점이자 바탕이 되었다. 따라서 그는 도정공장을 구성하는 기계와 기술에 대해 매우 적극적인 수용태도를 지니고 있었으며, 새로운 기계나 기술에 대해 남들보다 한발 앞서 받아들이려 노력했다. 새로운 농기계 운용법이나 영농기술을 익히기 위해 각종 강습에 참여하거나 책을 찾아보며 공부하기를 마다하지 않았으며, 환갑을 훌쩍 넘긴 나이에도 처음으로 오토바이를 구입해 타는 등 농촌기계화의 흐름 속에서 긍정적인 적응력을 보여주었다. 그렇지만 그가 열심히 받아들인 기계나 기술이 항상 만족스러운 결과로 이어지는 것은 아니어서 새로운 기계나 기술에 대해 의심이나 후회하곤 했다.

　최내우의 삶에서 가장 중요했던 기계는 무엇보다 도정공장을 이루는 여러 기계들이었다. 1946년 처음 갖게 된 발동기와 정미기로 작은 정미소를 시작한 그는 이후 세월이 지나면서 새로운 기계들을 갖추어 나갔고, 작은 고장의 경우 자신이 직접 기계를 고쳐가면서 도정공장을 운영했다. 처음 도정업을 시작할 때는 전기가 공급되기 이전이었기 때문에 석유를 연료로 하는 발동기를 이용했는데, 사회경제적 혼란 속에서 석유가 품절되자 목탄으로 기계를 돌렸다. 한국전쟁의 폐허가 어느 정도 복구된 다음 다시 석유를 이용하게 되었으며, 1974년 그의 마을에 전기가 들어왔지만 그의 도정공장은 여전히 주유소에서 공수한 기름을 이용해 원동기로 기계를 돌렸다. 그런데 도정공장의 여러 기계들은 잦은 고장을 일으켰으며, 특히 도정공장은 특정한 시기에 많은 작업물량이 몰리는 특성이 있기 때문에 기계 고장에 의한 작업 지체와 그에 따른 비용은 상당한 부담이 되었다. 도정공장에는 원동기, 탈곡기, 석발기, 현미기, 탈맥기 등 여러 기계가 있기 때문에 이중 말썽을 일으키는 기계가 항상 있기 마련이었다. 가장 바쁜 시기인 매년 10~11월 그의 일기에는 기계 고장 때문에 애를 먹었다는 기록이 빠지지 않았으며, 오히려 고장 없이 무사히 돌렸다는 때가 드물 정도였다. 이 때문에 그는 새로운 기계를 구입할 때 비싸더라도 성능이 더 좋은 최신형을 선호하는 모습을 보였는데, 비싼 기계도 구입 직후 이상이 있는 경우가 허다했다. 이는 도정공장의 기계뿐 아니라 경운기, TV, 상수도 공사 등 그가 받아들인 여러 기계/기술에서 매우 자주 나타나는 현상이었다. 당시까지 국가 전체적인 공업화의 수준이 그리 높지 못한 상태였기 때문에 새롭게 출시되는 기계나 기술 자체의 품질과 수준이 그리 만족스럽지 못해 새 기계에 대한 높은 기대와 희망을 거스르는 것이 현실이었다. 또한 여러 가지 기계가 돌아가는 도정공장은 항상 사고 위험성을 안고 있었는데, 기계 이상으로 최내우 자신이 부상을 당하거나(1977.6.24.) 동네 아이가 탈곡기에 손을 대서 손가락이 절단되어 병원을 보내 치료를 받게 하고 치료비도 부담하는 등의 사고가 있었다(1976.10.14.). 사고는 작업의 효율을 높여주는 기계를 도입했을 때 발생할 수 있는, 현실적으로 완전히 피하기는 힘든 부작용이었다.

최내우는 새로운 농기계의 도입에 매우 적극적이었는데, 신평면에서 그가 최초로 구입해서 사용한 경우가 대부분이었다. 1969년 자동분무기, 1974년 경운기, 1980년 기계식 이앙기 외에도 바인더, 고추건조기 등 농사에 필요한 다양한 농기계를 조기에 도입해 활용했으며, 자신이 소유한 자동분무기나 양수기 등의 기계는 마을 주민들에게 약간의 대가를 받고 빌려주기도 했다. 기계식 이앙기의 경우 한철에만 집중적으로 활용되는 고가의 기계로 개인이 소유하기에는 부담이 컸기에 최내우의 주도로 기계이앙회원 9명을 모집하여 공동으로 활용했으며, 그는 기계이앙기를 운용하기 위해 1979년 말부터 기계이앙기 교육을 받았다. 이러한 농기계의 도입으로 농사 자체가 수월해진 것이 사실이었다. 하지만 농기계에 대한 의존이 커짐에 따라 기계가 고장이 날 경우 농사 자체가 차질을 빚기도 했으며, 특히 마을 주민들이 공동으로 사용하는 기계의 경우 마을 전체의 농사 일정에 지장을 주기도 했다. 또한 농기계의 도입은 단순히 농업노동의 강도와 양을 줄여주는 차원을 떠나서 품종 선택 등 농사관행 자체에도 영향을 미쳤다. 기계이앙이 확대되면서 품종 선택에서 기계이앙에 유리하다는 특성이 중요한 선택 기준의 하나가 된 것이다(1981.1.1). 1970년대 다수확이 가장 강조되었던 상황이 농촌 노동력 감소와 농기계 보급의 확대 속에서 기계화에 유리한 품종을 선호하는 양상으로 변화된 것이다.

최내우는 1974년 경운기를 도입하는데, 이는 상당히 이른 편이었다. 경운기는 7년 상환에 52만원으로, 당시로서는 거액이었으며, 도입 과정이 매우 복잡하고 까다로운 심사를 거쳐 지정을 받아야했다. 그 과정에서 여러 곳에 많은 수수료를 지불했는데, 당시 경운기 도입이 상당한 혜택으로 여겨졌기 때문에 관행적인 상납을 해야 했다. 경운기라는 근대적인 기계를 도입하는 과정에는 여전히 전근대적인 관행이 남아있었다. 새로운 제품, 시설, 기술, 제도 등 물질적·기술적 측면의 근대성과 이를 둘러싼 개인과 집단의 행동이나 문화, 사고방식의 근대성에는 속도차이가 있었다. 기술이나 물질적 변화가 먼저

오고 이를 둘러싼 사고나 문화의 근대화가 상대적으로 늦게 오는 것
이 한국만의 현상은 아니었지만 빠른 시간에 압축적 성장을 거둔 한
국 사회에서 그와 같은 괴리는 더욱 도드라졌다(문만용, 2013: 39-
40).

　최내우가 새롭게 받아들인 기계는 도정업이나 농사뿐 아니라 그
의 일상생활에도 큰 변화를 가져왔다. 1970년대를 거치며 취사용 석
유풍로와 난방용 연탄보일러가 설치되어 임산연료를 채취하는 수고
가 많이 줄어들었고, 전기와 수도의 가설에 따라 생활 전반이 크게 편
리해졌다. 특히 TV는 새로운 정보제공원이 되어 주말이면 동네주민
들이 한데 모여 TV를 시청하는 새로운 문화를 만들었다. 마을에 전기
가 들어오자 최내우의 아들이 TV를 구입하자고 했을 때 최내우는 채
무가 있는데 무슨 TV냐며 반대를 했지만 곧이어 마음을 바꾸어 기왕
구입하는 거면 큰 것을 구입하자는 생각에 처음 구입한 17인치를 19
인치로 바꾸기까지 했다(1974.10.26.). 새 TV는 구입한지 며칠 만에
고장을 일으켰지만, TV 덕분에 많은 마을 주민들이 그의 집을 찾았
으며, 특히 주말에는 "내실에는 남녀노소가 방부터 마루까지 대만원"
을 이룰 정도였다(1974.12.14.). TV 도입은 마을주민들에게 크게 환
영받았지만 최내우는 TV를 그다지 즐기지 않았는데, 일요일에 몰려
든 마을주민들에게 점심까지 대접해야 하는 상황이 불편했을 것이다
(1974.12.15.). 전기의 도입은 분명 생활의 편리를 가져다주었지만 한
편으로 감전사고라는 새로운 위험을 가져왔다(1975.8.12.).

　『창평일기』에 의하면 1975년 마을에 전화가 가설되기 이전까지 가
장 중요한 장거리 통신 수단은 편지와 전보였다. 간혹 급한 일이 있을
때 임실이나 관촌면에 나가 전화를 이용하기도 했지만, 1970년대 중

반 마을에 전화가 가설되면서 전화통화를 위해 읍내로 나가야 하는 불편을 덜게 되었다. 1975년 최내우는 시외전화를 가설하고자 신청했고, 마을의 다른 주민과의 경쟁을 뚫고 그의 집에 시외전화를 설치하게 되었다. 설치한 전화는 며칠 만에 고장이 나 수리를 받아야 했지만 마을 주민들이 유용하게 이용했다. 그러나 최내우가 전화국에 납부하는 요금과 주민들이 이용하고 지불한 요금 사이에 차액이 발생하는 경우가 있어 곤란을 겪기도 했다(1976.10.4.). 시외전화라는 기술 자체의 문제는 아니었지만 최내우는 새로운 기계가 가져다 준 편리함과 부담감을 동시에 느껴야 했다.

사실 전기, 상수도, 전화 등 새로운 기술은 생활의 편리를 가져다주었지만 한편으로 고정적인 현금 지출을 필요로 했다. 1970년대 통일계 신품종과 관련 영농기술의 보급과 그에 따른 생산량의 증가를 통해 농가의 외형적 소득은 늘어났지만 각종 영농비용과 주거 환경 개선 및 일상의 신기술 도입에 의해 소비가 크게 늘어났다. 비료에서 경운기까지 각종 영농기자재는 물론이고 공과금 같은 생활비나 병원비까지 외상 거래가 많았기에 최내우를 비롯한 많은 농가들은 적지 않은 부채를 안게 되었다. 1970년대 새마을운동 기간을 통해 농가의 소득이 늘어나는 비율보다 부채의 증가비율이 더 높았다고 알려졌는데(오유석, 2003: 483), 최내우의 집안도 예외가 아니었다.

최내우가 받아들인 새로운 기술에는 기계기술뿐 아니라 여러 가지 영농기술도 포함되었다. 그는 통일계 신품종 재배에 적극적이었는데, 이는 시비, 보온, 관개 등 여러 가지 새로운 기술을 필요로 했다. 또는 그는 벼농사 외에도 농가소득 향상을 위해 여러 가지 농가 사업에 뛰어들었다. 양잠, 축산, 약용식물재배, 잎담배 재배 등 정부의 지도나 자신이 확보한 정보에 근거해 새로운 분야로의 진입을 주저하지 않았다. 물론 그 같은 시도에는 새로운 지식이나 기술을 받아들이기 위한 부지런한 노력이 필요했다. 1970년대 최내우가 많은 정성을 기울인 농가사업은 양잠이었다. 1969년 종일 잠사 서적을 읽었다는 기록이 나오는 것으로 보아 1960년대 후반이나 1970년대 초반부터 양잠을 시작한 것으로 보인다. 그는 전문가로부터 양잠 교육을 받을 기회가 있을 때마다 빠지지 않고 참석했으며, 책을 통해 정보를 얻기도 했다. 건강한 누에를 키우기 위해 약방에서 인삼을 사다 누에에게 주기도 했는데, 사람이 먹어야 하는 인삼을 누에에게 준다는 것에 마음이 편하지 않았지만 어쩔 수 없이 누에나 먹이인 뽕잎에 뿌렸다(1970.6.5.; 1977.9.12.). 그는 사람도 제대로 못 먹는 비싼 인삼을 누에에게 준다는 비난을 받을까봐 가족에게도 비밀로 했으나 큰 효과를 보지는 못했다. 많은 노력에도 불구하고 최내우의 양잠 결과는 그리 만족스럽지 못했으며, 특히 1970년대 후반에 이르러 2차 오일쇼크에 이어 세계 경제가 불황에 빠지면서 생사의 수요가 줄어 가격도 하락하고 수출도 부진하게 되어 잠사업은 사양 산업이 되고 말았고, 최내우도 양잠사업에 걸었던 기대를 접어야 했다.

양잠뿐 아니라 축산이나 약용식물 및 잎담배 재배에서도 기울인 노력에 비해 큰 수익을 올리지는 못했다. 정부의 복합영농 장려정책에 힘입어 우사를 짓고 소를 키우기 시작했지만 정부의 농축산물 시장 개방 정책에 의해 소 값이 크게 떨어지자 그는 날마다 꼼꼼하게 기록하던 축산일지 등을 파기하기에 이르렀다(1988.4.18.). 건강한 소를 키우기 위해 교육을 받고 갖은 정성을 다 기울였지만 기술과 노력만으로는 수지타산을 맞출 수가 없었던 것이다.

새로운 기계와 기술은 특별히 물려받은 게 없던 최내우가 자수성가하여 지역의 유지가 될 수 있었던 가장 큰 원동력이었다. 평생 기계를 다루었던 그는 어떤 기계이던지 적극적인 수용 자세를 보였으며, 농가사업을 위해 다양한 방식으로 이용하고자 했다. 하지만 그가 앞장서서 수용한 기술이 항상 그가 원하는 결과를 만들어내는 것은 아니었다. 기계나 기술이 바라는 결과를 만들어내기 위해서는 그를 둘러싼 제도나 정책도 호응을 해야 했다. 또한 기계나 기술의 발달은 그가 원하는 방향으로만 진전되지는 않았다.

1980년대 초반의 경제적 어려움 속에서도 최내우는 도정공장에 대한 투자를 아끼지 않았다. 1983년 원동기실을 확대하고 새로운 원동기를 도입했는데, 고사를 지내고 참석한 마을 주민 50여 명에게 술과 음식을 대접했다(1983.2.4.). 고가의 기계장치를 들여오거나 자동차를 구입한 다음 번창하기를 기원하며 음식을 장만하여 고사를 지내는 것이 당시 흔히 볼 수 있는 풍경이었다. 새로운 원동기 도입 이후에도 정미기나 탈곡기 등 여러 기계들을 새로운 제품으로 교체하거나 부품을 사서 직접 조립하면서 공장의 시설 수준을 유지해나갔다(1983.8.8.).

하지만 그의 성장 기반이 되었던 도정공장은 새로운 기계의 등장으로 위기에 빠지게 되었고, 1980년대 콤바인 도입에서부터 그러한 단초가 보였다. 1983년 38명이 모인 이앙기회원 총회에서 콤바인을 구입해야 한다는 제안이 나왔으나 최내우는 자신은 경운기도 있고 탈곡기도 있기 때문에 반대 의사를 밝혔다(1983.6.19.). 도정공장을 운영하면서 탈곡도 중요한 작업의 하나로 실시하고 있는 그에게 벼 베기에서 탈곡까지 한꺼번에 할 수 있게 한 콤바인은 그리 반가운 대상은 아니었을 것이다. 하지만 결국 콤바인 도입은 노동력 부족을 겪고 있는 농촌에서 피할 수 없는 대세가 되었고, 1980년대 중반 임실뿐 아니라 대부분 농촌 지역에 콤바인이 도입되었다.

무엇보다 농협이 추진했던 대규모 미곡종합처리장(RPC)의 등장은 도정공장에 큰 위협이 되었다. 최내우는 1992년 1월 농협이 벼 탈곡에서부터 시작하여 면 공장으로 운반해서 보관, 도정하고 자택까지 운반해주는 사업을 시작할 계획임을 확인하고 큰 우려를 하였다(1992.1.24.). RPC는 수확 직후 물벼 상태의 벼를 농민에게 구입하거나 위탁받은 후 건조, 저장, 도정, 선별, 포장, 판매를 일관 기계화 및 자동화 설비로 처리하는 대규모 종합시설이었다. 첫 번째 RPC는 1991년 충남 당진 합덕 농협과 경북 의성 안계 농협에 시범 설치되었는데, 이후 조금씩 확대되어 갔다. 최내우는 농협이 그 같은 사업을 벌이는 것은 생산자는 편리할지 모르지만 그에 필요한 인건비 등을 감안할 때 수지가 맞을 수 없는 무리한 계획이고, "장기적으로 국가가 망할 징조"라는 극단적인 반응을 보였다. 사실 RPC는 수확, 건조, 저장, 보관, 유통 등 그동안 분산적으로 진행되던 수확 후 관리를 종합한 것일 뿐 아니라 농협이 쌀시장에 적극 참여함으로써 유통에도 큰 변화를 가져오게 된 사건이었고, 영세 도정공장에는 큰 타격이 되었다. 이에 도정공장을 운영하는 업자들은 농협의 방침에 강하게 반대했으며, 국회의사당 앞에서 모여 대규모 시위를 벌이기로 했다(1992.12.12.). 그러한 반발에도 불구하고 기술의 발전과 농촌 노동력 감소라는 사회적 변화 속에서 RPC의 보급은 거스르기 힘든 흐름이 되었다.

농협의 정책뿐 아니라 식량 소비자들의 의식변화도 도정공장에는 위협이 되었다. 같은 시기에 마을 주민 한 명이 자가 도정기를 구입했는데, 이를 알게 된 최내우는 1년에 직접 도정하는 양이 몇 kg 되지도 않으면서 그 비용을 아끼려고 도정기를 구입하는 것은 자신에 대한 모욕이라 생각하고 무척 분노했다(1992.10.25). 당연히 도정공장 운영자 입장에서 자가 도정기 구입자가 무례하게 보였겠지만, 이는 쌀의 소비나 유통 방식이 변해가면서 나타나는 자연스러운 결과였다. 쌀 소비가 줄어들면서 양보다 밥맛 등 질에 대한 관심이 높아지면서 쌀의 포장단위도 줄어들었고, 농가에서도 대량으로 도정을 해서 저장을 하는 방식보다 필요할 때 조금씩 도정을 해서 밥맛을 유지하고자 하는 경향이 늘어가면서 소량 도정을 위한 자가도정기 보급이 시작된 것이다.

이러한 위기 상황에서도 최내우는 많은 돈을 들여 도정공장의 보수에 나섰다. 1993년 원동기, 정미기 등 여러 기계 및 부품을 교체하는 한편 320만 원을 들여 대대적으로 공장을 보수하였다(1993.2.15; 1993.3.5). 이는 어려운 상황에서 공격적인 경영을 한 것으로, 정미소라는 이름 대신 도정공장이라는 표현을 고수했던 최내우의 도정업에 대한 애착을 보여주는 사례였다. 그에게 도정공장은 쇠락해가는 정미소가 아니라 새로운 기계가 언제나 힘차게 돌아가는 역동적인 공간이었다. 40년이 넘는 기간 동안 그의 삶과 함께 했던 도정공장은 외부에서 가해지는 위기에도 금방 포기할 수 없었던 특별한 대상이었다. 하지만 그의 각별한 애착으로도 도정공장의 쇠퇴는 막을 수 없었다. 새로운 기술과 이를 둘러싼 새로운 제도와 문화는 수용자에게 항상 긍정적이고 만족스러운 결과만을 주는 것은 아니었다. 기계로 흥하게 된 그에게 새롭게 등장한 기계가(는) 부메랑이 되어 돌아온 것이다.

빠르게 변화하는 기술과 사회의 흐름에 맞추기보다 오랜 기술(old technology)를 고수하고자 했던 최내우의 오판을 탓할 수만은 없다. 그에게 도정공장과 그 기술은 쉽게 대치될 수 있는 대상이 아니었다.

2) 아포일기 속 기술/기계

변변히 물려받은 재산이 없는 젊은 농민 권순덕은 친척들의 농사를 대신 지어주면서 생활을 유지해나갔다. 젊었을 때 도시와 상업을 동경하여 장사의 노하우를 담은 책을 보고 정보를 얻기도 했고, 1971년 큰마음을 먹고 인천으로 가서 다리미 월부 장사를 시작했지만 그의 도시 생활은 10여일 만에 끝이 났다. 결국 이후에는 농촌에서 농사를 지으며 상업, 축산업을 함께 하면서 삶의 보람을 찾겠다고 결심했다. 하지만 소작만으로는 충분한 수입을 확보할 수 없었기 때문에 그는 틈틈이 인근의 고속도로 공사현장이나 도시의 건축현장을 찾아 노동일을 해서 생계에 보탰다. 노동일을 통해 익힌 기술이나 기계를 다룬 경험으로 그는 자신의 일뿐 아니라 친척이나 동네 주민의 크고 작은 공사에 참여하여 적극 도와주었으며, 국수 만드는 기계를 들여오거나 자전거 수리점을 열기도 했다. 그도 최내우처럼 기계/기술에 대해 적극적이고 우호적인 태도를 지녔으나 동시에 불안과 아쉬움도 지니고 있었다.

권순덕의 가장 중요한 생업이었던 농업도 새로운 기술을 필요로 했다. 무엇보다 정부가 권장하는 다수확 신품종 벼를 재배하기 위해서는 여러 가지 새로운 기술을 익혀야 했다. 통일벼는 보온이 중요했기에 보온절충못자리가 필요했고, 정부도 이에 대해 영농교육을 통해

강조했지만 처음이라 시행착오와 함께 불안감을 감출 수 없었다. 권
순덕은 신품종 재배교육을 받았으며 빠짐없이 듣겠다고 의욕을 보였
지만 고작 몇 시간 교육하고 새마을교육을 받았다는 이수증을 주는
행태에 대해서는 불필요한 낭비라고 비판했다(1974.1.8.). 특히 정부
의 권유와 강요에 어쩔 수 없이 전부 공동모판을 설치했지만 그의 판
단으로는 통일벼 모가 연한 상태에서 운반하기 때문에 장점보다 단점
이 많았다(1974.4.9.). 이는 농촌지도소가 외부에서 보기 좋게 하려고
고속도로 주위에 공동모판을 만들도록 했기 때문인데, 그보다는 구석
구석 보온모판을 잘 하는 것이 더 중요하다고 생각했다. 그는 일방적
인 수용보다는 자신의 경험을 바탕으로 취사선택을 하려는 능동적인
태도를 갖고 있었다.

　불안과 희망을 안고 시작한 통일벼 재배는 한동안 만족스러운 결
과를 가져왔다. 하지만 1978년부터 심각한 문제가 노출되기 시작했
고, 그 동안의 만족이 후회로 바뀌게 되었다. 이에 권순덕은 농촌지도
소는 신품종이라고 무조건 권장할 것이 아니라 얼마나 생산이 되었
고 병충해에는 얼마나 강한지 충분히 참작해서 권장해야 된다는 의
견을 밝혔다(1980.9.17.). 특히 신품종을 선택하게 하기 위해 면사무
소 직원들이 신품종을 하지 않을 경우 융자금도 없고 농약도 농협에
서 주지 않는다고 법석을 부리는 바람에 어쩔 수 없이 신품종을 재배
해야 했는데 허무하게 흉년이 되었다고 억울해했다.[3] 그러나 흥미롭
게도 그는 이듬해에도 불안감 속에서 신품종을 선택하면서 스스로의

3) 1970년대 신품종 보급을 위한 정부의 영농정책이 많은 경우 강압과 강제를 동반하
　면서 농민들과 적지 않은 갈등을 일으켰으며, 이는 『아포일기』뿐 아니라 경기도 평
　택의 『대곡일기』에서도 찾아볼 수 있다(문만용, 2013: 25-43).

선택이 모순된다고 평가했다. 즉, 신품종은 남이 한번 농사를 짓는 것을 보고 그 이후에 해야 실패가 없다고 생각하면서도 매년 신품종을 우선적으로 선택하는 자신이 모순적이라는 것이다(1981.4.2.). 그는 1981년에는 신품종 서광벼(이리342호)를 재배하면서, "올해도 신품종을 해서 피해가 많이 난다면 신품종을 해서 팔자를 고친다고 해도 다시는 안하겠다."고 다짐하기도 했다. 그럼에도 불구하고 그는 통일계 품종을 꾸준히 재배했다. 신품종이 번번이 실패했다고 밝히면서도 점차 좋은 것들이 나오기 때문에 기대를 버리지 않았던 것이며, 이는 새로운 품종/기술에 대해 지녔던 희망과 우려가 중첩된 결과였다.

사실 평생토록 해온 일이지만 농사는 언제나 만만치 않았고, 항상 상당한 기술을 필요로 했다. 농민들의 노력과 무관하게 기후, 병충해 등에 크게 영향을 받았으며, 품종이나 농약의 변화에 따라 달리 대처해야 했기 때문에 간단한 일이 아니었다. 특히 새로운 영농법을 도입해서 피해가 날 경우 만회가 쉽지 않았기 때문에 남들의 상황을 봐가면서 따라가는 것이 좋다고 생각했다. 특별히 새로운 방법이 아니더라도 남들보다 먼저 할 경우에 따르는 어려움 때문에 "내년에 서들어서 할 필요가 업다고 본다. 외냐하면 뒤에 하면 따라만 하면 돼는돼 앞쓰서 하면 마음적이나 육체적이나 더 힘더는 것은 사실이다. 앞푸론 뒤따라가야 하겠다"(1987.4.8.)고 생각했다. 그런 다짐에도 불구하고 그는 새로운 시도를 두려워하지 않았다. 예를 들어, 그는 1978년 형과 함께 마을에서 처음으로 참외 온상을 시도했지만 충분한 경험과 기술이 없어 적지 않은 어려움을 겪어야 했다. 또한 과일농사를 지으면서 남들이 하는 유황소독대신 양잿물을 쳐도 된다는 말을 듣고 마을에서 혼자서 양잿물을 사용하면서, 과일 농사를 망치는 것이 아닌

가 걱정하기도 했다(1992.3.26.). 사실 새롭게 도입한 기술이 항상 의
도한 좋은 결과를 가져오는 것은 아니었다.

벼·보리·밀 외의 작물들은 새로운 기술을 더 많이 요구했고, 실
패 가능성도 더 컸다. 젊은 시절의 권순덕은 특용작물에 대한 사람들
의 관심을 못마땅해 했으며, 농업의 핵심인 주곡을 제쳐놓고 상업 작
물에 몰리는 현상에 대해 사람들이 너무 약아졌다고 비판했다. 하지
만 현실은 벼·보리농사만으로는 충분한 수입을 올리기 어려웠고, 그
도 경험을 통해 "특수작물 한마지기만 잘 하면 벼농사 열 몇 마지기
하는 것만큼" 수익을 올릴 수 있다고 깨닫고 특수작물을 할 필요성을
느꼈다. 결국 정부의 추곡수매량이 한정되고, 수매가 인상률이 물가
인상률을 따라잡지 못하게 되자 점차 과수의 재배 비중을 높였다. 그
는 주곡 외에 배추, 무, 고추, 양파, 파, 참깨, 감자, 고구마 등의 채소와
자두, 복숭아, 배, 사과, 딸기, 수박, 포도, 참외, 매실 등 다양한 과일을
재배했다. 그가 살던 동신마을은 일찍부터 자두, 배, 포도 등 과수농
업이 발달한 지역이었지만 당시 전국적으로 과수원의 수가 늘어나면
서 과일농사도 큰 수익을 얻기가 쉽지 않았다.

1990년대 들어 권순덕은 벼농사보다는 수익이 더 크리라 생각하고
논을 포도밭으로 바꾸었다(1992.12.6.). 하지만 이후에도 스스로 잘
한 선택인지, 올바른 길인지에 대해 계속 고민을 했다. 포도재배를 위
해서도 새로운 기술이 필요했고, 이를 위한 영농교육에 참석한 그는
큰 강당을 가득 채운 농민들을 보고 포도의 과잉생산으로 가격이 떨
어질 수밖에 없으리라 우려했다. 포도재배 교육 등 군 지도소는 여러
주제의 영농교육 기회를 제공했지만 그에 대한 농민들의 평가는 그
리 좋지 않았다. 특용작물에 대한 높은 교육 수요에 비해 군 지도소가

제공하는 교육은 수도작이 많았고, 그마저 "옛날 교육이며 이른 교육은 농민을 실망을 주는 교육들"이기 때문이었다(1992.11.17.). 불안과 기대를 안고 시작한 권순덕의 포도농사는 첫 해에 좋은 결과가 나왔다. 다른 농가들은 칼륨 부족으로 많이 실패했으나 그의 포도밭은 작황이 좋았고, 이에 스스로는 아직 포도기술자가 아니라고 생각하지만 동네 주민들이 포도농사에서 그를 따라 하여 머쓱해하기도 했다(1994.8.24.). 권순덕에 의하면 농민들 사이에 포도 기술은 형제에게도 가르쳐주지 않는다는 말이 있었는데, 자신의 형이 사과나무에 약을 살포하는 노하우를 자신에게 알려주지 않았다는 사실을 뒤늦게 알고 깜짝 놀라면서 사람들이 하는 말이 정말 그렇다고 생각했다(1998.9.18.). 전통적으로 과학에 비해 기술은 비밀주의의 특성이 강했는데, 흥미롭게도 권순덕은 가족 사이에도 그와 같은 비밀이 있었다고 기록했다.

과일 재배는 벼농사보다 수입이 많았지만 그만큼 비용도 많이 들어가고 어려웠다. 특히 과일의 숙성을 빠르게 해주는 약제는 권순덕에게 많은 고민을 안겨주었다. 많은 과수재배 농가들이 과일이 한창 자랄 시기에는 성장촉진제를 사용하고, 수확기가 다가오면 착색제를 사용했다. 처음에 그는 약을 살포해서 억지로 익혀서 판매하면 제값을 받지 못하리라 생각하고 약제를 쓰지 않았지만 실제 마을에서 약을 살포해 출하를 많이 하는 사람들이 수입을 더 올리는 것을 보고 결국 자신도 약을 쓰게 되었다(1988.6.25.). 그 이후로도 계속 고민을 했지만 대부분의 농가가 착색제를 사용하기 때문에 그 역시 사용을 피하지 않았다. 1994년 과감하게 착색약제를 쓰지 않기로 했지만 결과적으로 상당한 손해를 보게 되자 "세상에 선한 사람이 해가 돌라는 것이 생각을 할수록 가슴을 칠 일이다. 내년에는 어떠한 일이 잊쓰도 착색 약을 살포을 하여서 일적 내야 하게다" 생각했다(1994.7.1.). 그러나 1999년에 들어와 농가들이 자발적으로 착색약을 자제하기로 했고, 권순덕 역시 "김천 포도" 이미지를 되찾기 위해 이 흐름에 동참했다(1999.8.1.). 분명 당장 이익을 가져다주는 기술이지만 장기적으로 볼 때 도움이 되는지, 그리고 좋은 먹을거리를 생산해야 한다는 농민의 양심 때문에 그는 착색제 같은 인위적인 기술에 대해서는 주저하고 고민을 했다.

권순덕은 기본적으로 기계에 대해 우호적인 편이었고, 농사에서도 형편이 닿는 대로 여러 기계를 사용하고자 했다. 모터로 보리타작을 시작하면서 안성맞춤이라며 만족스러워했으며, 1980년 콤바인으로 벼 베기를 하는 것을 보고 농촌에 큰 변화가 올 것이라 예측했다(1980.9.30.). 그는 모심기 역시 이앙기를 이용하면서 노동력을 현저하게 줄여주기 때문에 없는 사람도 결국은 이앙기로 모내기를 할 것이라 믿었다(1981.4.12.). 1984년 가을에는 대부분의 동네 사람들이 기계로 벼를 베는 것을 보며 세상이 많이 변했음을 느꼈다. 하지만 비록 기계를 쓰는 것이 편하기는 하겠지만 콤바인으로 탈곡한 뒤 논바닥에 적지 않은 양의 알곡이 떨어져 있는 것을 보고 전국적으로 따지면 어마어마한 양이 될 것이라며 걱정했다(1985.10.25.). 형의 경운기를 이용해 농사를 짓던 권순덕은 1983년 융자를 받아 경운기를 구입했다. 자신의 농지도 얼마 되지 않는데 경운기를 샀다고 비난하는 사람이 있을지 모른다고 걱정하면서도 무척 만족스러워했다. 부인에게도 즐거운 마음으로 경운기 운전을 가르쳤는데, 그 덕분에 그의 부인은 마을에서 처음으로 경운기를 운전하는 신여성이 되었다

(1983.12.13.).

1980년대의 농업기계화 흐름 속에서 경운기, 이앙기는 기본이었으며, 콤바인 등 대형 농기계의 사용 비중이 높아졌고, 그에 따라 영농비용도 증가했다. 권순덕은 새로운 농기계를 사용하고 나서 감탄하면서 농촌에서 "이제는 정말 사람이 일을 하는 것이 아니고 기계가 일하는 거라고" 절실히 느꼈다고 기록했다(1987.6.7.). 기계화의 진전에 따라 새로운 논을 구입한 경우에도 콤바인 등 농기계 운용이 잘 되는 곳을 선호하게 되었다. 최내우의 일기에서 기계화가 품종 선택에 중요한 변수가 된 것처럼, 기계화가 농지를 선택할 때도 고려요인이 된 것이다. 농업기계화가 가져온 가장 큰 불편은 만만치 않은 농기계 유지보수비였다. 그는 정부에서 농민을 돌봐주려면 농기계 부품을 원가로 공급할 수 있는 제도를 만들어야 된다고 생각했으며,(1992.4.4.) 기계를 다루는 경험을 바탕으로 자신이 직접 농기계 수리를 위해서 기술을 배우려고 했지만 부품 조달 등 현실적으로 쉽지 않은 문제가 많았다.

권순덕은 구입한 농기계로 자신의 농사뿐 아니라 남의 농사를 도와주면서 부수입을 올렸다. 1986년 신형 이앙기를 구입했고, 1990년에 트랙터를, 1993년 파종기를 도입했다. 이앙기를 이용한 모내기는 손모에 비해 여러모로 편리했고, 김매기 역시 인력으로 하는 제초보다 점차 여러 작물마다 맞춤형으로 나온 제초제를 사용하여 신기할 정도로 효과를 보았다. 그는 부부가 일주일 이상 매달려야 끝이 났던 김매기가 3,500원짜리 제초제로 하루 만에 다 해결되자 "정말 살기 좋은 세상이다"며 감탄했다(1990.7.20.). 태풍으로 쓰러진 벼가 이미 싹도 나고 있고, 콤바인 이용료도 비싸지자 온 식구가 낫으로 벼 베기를 했

지만 결과적으로 온 식구가 먹은 먼지가 콤바인 비용보다 더 손해를
본 것 같아 다시는 낫으로 벼 베기를 하지 않겠다고 다짐하기도 했다
(1998.11.5.). 현실적으로 농촌에서 기계화는 선택이 아니라 필수가
되었다.

그렇다면 농업기계화로 인해 권순덕이 담당했던 농업노동은 감소
했을까? 그는 농민들이 기계화 때문에 이전보다 더 게을러졌다는 불
만을 표하곤 했다. 물론 이러한 불만은 그 자신에게는 해당되지 않았
다. 분명 기계화는 동일한 농사에 들어가는 노동력을 상당부분 절감
해주었지만 생겨난 여유 시간을 새로운 노동에 투자했기 때문에 실제
로 그가 담당했던 전체적인 노동의 양은 줄지 않았다. 어느 정도 여유
가 생긴 다음에 그는 스스로 일을 줄여야 한다고 계속 얘기는 하지만
막상 실천에 옮기지는 못했다(1999.5.19.). 스스로 욕심을 버리지 못
했다고 자책했지만 수십 년간의 삶의 방식을 바꾸는 것이 쉽지는 않
았던 것이다.

농민 권순덕이 농사기계 이외에 운용한 다른 중요한 기술/기계는
1972년 20,500원을 들여 구입한 국수틀이었다. 이는 동네에서 재배
하는 밀을 이용해 주로 주민들에게 국수를 뽑아주기 위한 것이었는
데, 익숙해지기까지 상당한 시간과 힘이 들었다. 국수틀을 좀 더 쉽게
돌리기 위해 이듬해 부인의 목걸이를 팔아 전기모터를 사서 연결했지
만 기대만큼 잘 되지 않아 애를 먹었다(1973.4.29.). 기계를 잘 다루었
던 그는 모터의 회전수를 조절하고 일부 부품을 교체해서 겨우 국수
틀에 적합하게 만들었다. 국수틀은 고장이 나지 않으면 얼마 되지 않
더라도 조금씩 부수입을 가져다주었지만 잔고장이 나서 예상하지 못
한 돈이 들어가곤 했다. 그는 이렇게 뒷돈이 들어가는 줄 알았으면 애

초부터 사지도 않았을 것이라 푸념했다(1974.3.27.).

상업에 대해 오래 고민하던 그는 자전거포를 열기로 결심해서 1973년 8월 돈 3만원을 들고 "고물상 허가" 신청을 냈다(1973.8.6.). 그러나 자전거를 수리하고 중고로 사고 파는 작은 가게도 허가를 받기까지 무려 10개월이 걸렸다. 추가 서류를 제출하고 지문검정에[,] 추가 비용에[,] 신원조회까지 복잡한 과정을 거쳐 드디어 기다리던 허가를 받게 되었다(1974.5.3.). 막상 기다리던 허가를 받고나니 연장을 살 돈이 없어서 쩔쩔매다가 어렵게 가게 문을 열었지만 장사는 쉽지 않았다. 작은 자전거포이지만 자금을 들여 물건을 구비해야 장사를 할 수 있기 때문에 돈을 빌려서 산소용접기를 도입했으며, 익숙지 않아 한동안 애를 먹었으나 상점이 어느 정도 구색을 갖추게 되어 스스로 만족스러워했다(1974.12.20.). 하지만 결과적으로 자전거포는 그다지 성공적이지 못했으며, 부업 정도로 시작했지만 오히려 가게 일 때문에 농사일에 신경을 쓰지 못하게 되자 1978년 가게 문을 닫아야 했다.

생산활동과 관계없이 일상생활 속에서도 새로운 기술/기계는 편리함과 걱정을 함께 안겨주었다. 권순덕은 1970년 무렵 세 리어카 분의 짚을 팔아 라디오를 구입했다(1970.1.19.). 비록 라디오가 휴대용이 아니라 불편했지만 그는 일을 하러 나갈 때마다 라디오를 챙겨갔다. 라디오는 소소한 즐거움을 주는 대상이나 새로운 정보의 공급원이 되었다.[4] 하지만 같은 해 마을에 전기가 들어온 다음에도 한참동안 TV

---

4) 1975년의 조사에 의하면 농민들이 과학기술과 관련해 가장 많은 정보를 얻는 출처는 라디오가 압도적이었다(과학기술처 편, 1975).

구입은 망설였다. 그는 1979년 하반기에 TV를 구입했는데, 전기요금과 함께 매달 TV 시청료가 고정적으로 지출되는 것에 대해 부담스러워했다(1979.12.11.). 특히 자녀들의 교육에 방해가 될까봐 TV 구입에는 소극적이었지만 대학에 들어간 딸을 위해 1993년 망설이지 않고 컴퓨터를 구입했다(1993.7.3.). 구입한 컴퓨터에 스피커를 연결해 노래방 기계로 활용했고, 마을에서도 노래방은 처음이라며 동네사람들이 구경을 오기도 했다(1993.7.12.).

　권순덕은 농촌에 들어온 전기 덕분에 서울과 동시간에 새로운 소식을 접할 수 있게 되었고, 전기모터로 탈곡을 하면서 많은 일손을 줄일 수 있게 되었다면 만족스러워했다. 하지만 스스로의 삶을 볼 때 생활수준이 높아진 것은 좋은 일이지만 국가적으로 외채가 계속 늘어나고 있는 상황에서 소비만 높아지는 것이 아닌가라는 걱정을 했다. 실제 일상 속 새로운 기술은 생활의 편리뿐 아니라 문화적 소비라는 새로운 가치를 지니고 있었다. 1995년 새집을 지어 이사한 그는 160만원짜리 고급 오디오를 구입했으며,(1995.6.3.) 현실적으로 오토바이에 충분히 만족하면서도 1999년 아들의 연애생활에 도움이 되지 않을까 하는, 다소 엉뚱한 이유를 들어 1,250만원이라는 거금을 들여 자동차를 구입했다. 이 같은 신기술의 수용은 생활필수품이라기보다 그의 경제적 수준과 문화적 소양을 보여주는 상징의 의미가 있었다.

5. 양가성

1) 기술의 해방적 기능과 기술에 대한 부정적 인식

『일기』에서 나타나는 여러 가지 기술은 기본적으로 편리성, 노동력 절감 등 해방적 기능을 담당했다. 하지만 동시에 그 기술이 가져온 예기치 않은 문제들은 기술에 대한 부정적 태도도 함께 이끌어냈다. 인간이 기술을 발전시키고 활용하는 주된 목적 중의 하나는 노동시간을 줄여서 사회문화적 여가시간을 늘리고 생산성을 높여서 인간다운 생활을 하는 기술의 해방적 기능이다. 그러나 농업기술이 기계화되고 보편화되는 상황이 곧바로 농민들의 삶의 질을 높여주는 것은 아니었다.

『아포일기』의 주인공 권순덕은 시간을 절약하고, 노동력을 아끼고, 생활의 편리를 위해 다양한 형태의 기술을 받아들였고, 이를 통해 어떤 일이든지 잘 할 수 있다는 자신감과 신념을 갖게 되었다. 그러나 기술의 활용이 가져온 노동과정의 용이성과 편리성에도 권순덕의 수행한 노동의 양은 줄어들지 않았다. 그는 남는 노동시간을 새로운 종류의 노동에 투입해나갔고, 결과적으로 그는 언제나처럼 바쁘고 힘든 생활을 해나갔다. 그 덕분에 어느 정도 경제적 여유를 갖게 된 다음에도 그는 스스로에게 조금이라도 편한 삶을 살 것인가, 아니면 계속 노력해 재산을 불려나갈 것인가를 질문하고, 언제나 후자의 답을 택했다. 실제로 성공을 위한 합목적적인 활동에 대한 그의 집착은 근면을 넘어서는 자기 및 가족 착취적 노동과정으로 나타났다. 특히 그의 아내는 가부장적인 농촌문화에서 가사노동과 육아노동 외에 다양한 농사활동을 담당해야 했기 때문에 노동강도가 매우 높았고(심했고), 이는 농지규모가 커지면서 가중되었다. 그녀가 마을에서 처음으로 경운기를 운전할 수 있는 여성이었다는 사실은 명예보다는 힘든 현실을 보이는 증거이기도 했다. 세탁기의 도입이 엄마의 가사노동을 줄여주지 못한 것처럼 새로운 기계나 기술의 도입이 결과적으로 권순덕과 그의 부인의 노동을 크게 줄여주지는 못했다. 물론 이는 기술 자체의 문제가 아니라 그의 삶의 방식의 문제라 할 수 있지만 기술이 가져온 해방적 기능은 그리 자명하지 않았다.

기술은 최내우와 권순덕을 비롯한 농민들의 삶을 윤택하게 해주었지만 신기술에 대한 의존도가 커질수록 그들의 삶에도 불안요소가 생겨났다. 권순덕은 남들보다 앞서 새로운 기술을 받아들이려 노력했지만 매번 스스로도 불안감을 감추지 못했다. 새로운 기술/품종이 지니고 있는 다수확에 대한 기대 이면에는 신품종에 대한 의심이 있었고, 실제 그는 매년 이 같은 희망과 우려라는 양가성 속에서 선택을 고민해야 했다. 한편으로 농촌기계화가 진전되면서 기계에 대한 의존도가 커졌고, 이는 농민들의 농사에 대한 자율성을 축소시키는 결과를 가져왔다. 고가의 농기계의 경우 마을 주민들이 공동으로 활용하고, 이를 위해 작업 일정도 적절하게 짜야했다. 하지만 예기치 않게 기계 고장이 날 경우 마을 전체의 농사 일정에 큰 차질이 빚어질 수밖에 없었다. 또한 권순덕이 불만을 표출했듯이, 농업기계화는 농민들을 점차 게으르게 만들었으며, 많은 사람들에게 새로운 정보원이자 유흥을 제공했던 TV는 자녀교육에 방해물로 작용할 가능성이 컸다. 아울러 도입한 새로운 기계/기술에 인해 빚어지는 사고는 그 이전에는 경험하지 못했던 사태로, 기계/기술이 가져온 부정적 부산물들이었다.

분명 기술은 경제적 혜택을 포함하여 개인의 삶이 좋아지는 데 도움이 되었지만 그 같은 긍정적인 인식 너머에는 기술이 가져온 부담과 문제점이 자리 잡고 있었다. 새로운 기계나 기술은 높은 생산성과 효율을 기대하게 만들었지만 많은 경우 아직은 충분히 발전하지 못한 기술 수준 때문에 잦은 고장을 불러일으켰으며, 새로운 기술을 유지하기 위한 추가적 비용이라는 짐을 져야했다. 가계에 보탬을 주고자 권순덕이 도입한 국수틀은 고장이나 모터 설치 등 계속해서 추가적인 유지관리 비용이 들어갔고, 그는 뒤늦게 이러한 추가 부담이 있는 줄 알았으면 시작을 하지 않았을 거라면서 후회했다. 평생 도정공장을 운영한 최내우도 일감이 몰리는 가을에 기계 고장으로 매년 애를 태워야 했으며, 그 때문에 새벽까지 잠자리에 들지 못하는 경우가 허다했다. 또한 수도, 전기, 전화 등 일상의 새로운 기술들은 분명 일상생활에 큰 편리를 가져왔지만 매달 고정적으로 현금 지출을 요구했고, 이는 일반적인 농가에 적지 않은 부담이 되었다. 기계화와 신품종에 따른 새로운 영농법은 거스르기 힘든 대세가 되었지만, 이는 농가에 상당한 규모의 지출을 요구하여 농가부채 증가의 중요한 요인이 되었다.[5]

최내우와 권순덕은 기술합리주의의 영향을 받아 기술은 자신들의 삶을 완성하고 경제적 부를 만들어 가는 중요한 힘이라 여겼다. 그들의 기술수용 과정에서 기술은 농민에게 필요한, 혹은 농업에 관한 전반적인 지식이라는 넓은 의미보다는 기계, 재주, 도구 등과 같은 좁은

---

5) 1970년대 농촌의 현실을 문제 삼은 이문구의 소설 "우리동네 이씨"에는 TV, 전자자, 전기밥솥, 선풍기 등 가전제품 외상이 전체 영농 빚의 4할에 달했다고 묘사했다. 이는 소설 속의 허구적 묘사만은 아니었다(김흥신, 2010: 76).

의미를 갖는 인공물이나 기교로 간주되는 경향이 있었다. 즉, 그들에게 기술의 본질적 측면은 문화양식, 지식, 과정이라기보다는 하나의 객관화된 대상으로 인간의 필요와 작동에 의해서 움직이는 도구였다. 소규모의 벼·보리농사와 도정업만으로 충분한 경제적 안정을 찾을 수 없었던 권순덕과 최내우는 다양한 기술과 기계를 적극적으로 도입했으며, 기술에 저항하거나 기술비관론적 경향을 거의 보여주지 않았다. 하지만 그들도 기술사용에 따른 의도되지 않은 부정적인 결과를 경험함으로써 기술이 인간의 모든 문제를 해결할 수 없다는 점을 직시하면서 기술문명에 대해 항상 낙관적인 태도를 유지할 수 없었다. 기술합리주의는 농업생산성 증가, 농가소득의 증가, 편리성의 향상, 삶의 자신감 증대 등을 가져왔지만 의도되지 않았던 비용지출, 부채의 증가, 사고·작업지체 등과 같은 부작용, 노동강도의 증가 등의 문제를 야기했다. 결과적으로 기술의 해방적 기능에는 부정적인 부산물이 항상 뒤따랐고, 이는 기술/기계에 대한 양가성의 바탕이 되었다.

2) 사적이익을 위한 기술과 공적이익을 위한 기술

두 번째 양가성은 개인의 이익과 사회의 이익이 노동과정에서 상호배타적으로 내면화되어 갈등을 일으키고 있는 점이다. 농민들이 농산물을 생산할 때 부닥치는 딜레마는 수단방법을 가리지 않고 개인의 경제적 가치를 추구할 것인지 아니면 사회성원의 건강과 안녕을 위해 친환경적인 방법을 사용하는 것이 바람직한지에 대한 것이다. 『아포일기』에서 나타나는 개인의 삶의 방식과 공공의 가치가 충돌하는 모습은 조기출하와 고가판매를 위해서 권순덕이 과일의 조기 착색제 사용 여부를 고민하는 부분에서 잘 드러난다. 그는 처음에 덜 익은 과일의 성숙을 도와주는 조숙약(성장촉진제) 사용을 주저했지만 약 살포를 통해 생산량과 수익을 늘리는 이웃들을 보면서 뒤늦게 동참하게 되었다. 하지만 여전히 강제착색은 인간을 속이는 기만행위라 생각하면서 인간을 속여야만 경제적 이득을 얻는 경제체계의 논리에 대해 안타까워했으며, 농민의 양심으로 착색제 같은 약품의 사용에 대해 고민하면서 법적인 규제가 필요하다고 생각했다. 결국 1999년 지역의 농가들이 스스로 착색약을 자제하기로 결정하여 그도 이에 따랐지만, 최근까지 일부 농가가 조기출하를 목적으로 착색제 등 미등록 농약을 사용해서 문제가 되고 있는 것이 현실이다(『대구일보』 2015.4.9.). 또한 권순덕은 제초제를 사용하여 너무도 쉽게 김매기를 마치면서 정말 편해졌다고 감탄했지만, 그 같은 제초제는 분명 환경에 유해한 영향을 끼칠 가능성이 컸다. 장기적인 사회적 이익까지 고려한다면 제초제 사용 문제는 단순히 노동력 감소라는 차원에서 긍정적으로만 평가할 수 없는 문제였지만 그에게는 아직까지 환경에 대한 인식이 그리 크지 않았다.

이처럼 개인의 이익과 사회의 이익이 끊임없이 갈등하는 관계를 형성하여 인간의 공익을 위한 친환경적 지향과 생산력 확대를 극대화하기 위한 자본주의적 농업 생산의 경쟁적이고 이윤추구적인 속성이 동시에 나타났다. 이러한 양가성이 등장하는 것은 자연과 인간을 이분법적으로 구분하는 사고와 개인의 극대화된 이익이 행동의 기준이 되는 개인주의의 만연에 있다고 볼 수 있다. 권순덕의 기술합리주의는 인간-자연에 대한 이분법적 사고를 바탕에 두고 있으며, 자연은 인간에 의해 지배되고 개발되어야 하는 대상으로 간주하는 인간 중심주의 사상과 결합되어 있다. 그에게 자연을 훼손하거나 환경문제를 등한히 하는 것이 인간과 농업활동에 치명적이 될 수 있다거나 지속 가능한 생활을 위해서 환경보존과 같은 행동이 필요하다는 생태주의적 관점이 희박하였다. 그의 일기에 등장한 '환경'은 주변 환경을 의미하며 생태적 의미의 환경 개념은 없었다. 또한 개인주의의 만연으로 농업생산성 증대와 소득향상이 가장 중요한 농업활동의 목표였기 때문에 생태계 파괴 문제를 고려하는 것이 쉽지 않았다. 물론 이는 개인의 문제라기보다 그 시대의 한계였다고 할 수 있다. 그리하여 자연적 환경이 경제적 가치를 창출하는 원천이거나 혹은 자연을 통해서 인간이 필요한 산물을 생산한다는 인간과 자연의 상호작용적 측면을 간과함으로써 가치와 환경문제가 등장하게 되어 양가성이 나타날 수밖에 없었다.

『창평일기』의 최내우에게도 유사한 방식의 양가성을 찾아볼 수 있다. 최내우에게는 도정공장이 가장 중요한 삶의 기반이었다. 그러나 사회변화에 따라 도정공장에 대한 수요는 줄어들게 되었고, 이는 그에게 큰 위기가 되었다. 식생활의 다양화에 따라 쌀의 소비가 줄어들고, 밥맛에 대한 관심이 높아지면서 소비자들이 필요한 만큼 소량씩 도정하기 위해서 자가 도정기가 보급되었다. 그런데 최내우는 마을 주민이 자가 도정기를 구입하자 노골적으로 불만을 표출했다. 또한 농협이 도정을 비롯해 쌀의 수확 후 관리를 종합한 RPC 건설을 추진하자 그를 비롯한 도정업자들은 강하게 반발하며 대규모 시위를 벌이기까지 했다. 자가 도정기나 RPC가 기존 도정공장에 비해 반드시 더 낫거나 합리적인 기술이라고 하기는 어렵지만 변화된 시대상황에서 만들어진 새로운 기술이며, 소비자들에게 더 많은 혜택을 줄 수 있는 여지가 있었다. 하지만 최내우에게는 자신의 핵심 사업에 큰 타격이 되는 위협이었고, 비록 새로운 기술/기계에 우호적인 그였지만 이에 대해서는 부정적인 반응을 보일 수밖에 없었다. 권순덕이 고민하던 문제와 완전히 동일한 성격은 아니었지만 개인적인 이익과 사회적인 이익이 충돌하는 지점에서 기술에 대한 양가성이 드러난 셈이었다.

　이처럼 개인의 이익과 사회의 이익이 서로 갈등하는 양상은 자유주의와 공동체주의의 논쟁과 그 맥락을 같이한다. 자유주의는 개인의 권리와 자율성을 중시하지만 공동체주의는 사회적 책임과 연대성을 강조한다(손철성, 2007: 18). 개인의 발달, 개인의 도덕적 자발성을 핵심으로 하는 자유주의 입장에서 볼 때, 개인의 이익을 위한 합리적 행동은 당연하다. 그러나 이러한 자유주의가 다른 사람에게 피해를 주고 자신의 만족과 행복만을 추구하는 극단적인 개인주의로 치닫게 되면 공동체의 공유된 가치가 무너질 수밖에 없다. 과일을 생산하는 권순덕은 과일을 먹는 소비자의 정의를 극대화하는 방향으로 과일생산을 해야 하고, 올바른 먹거리를 소비자에게 제공할 수 있도록 노력해야 할 의무가 있다. 그러나 권순덕이 사회적 이익과 행복을 위한 과일재배를 하게 되면, 자신의 경제적 이익을 포기해야 하는 경우가 발생하게 된다. 이렇게 현실생활은 더 복잡하고 갈등의 양상을 보인다. 최내우는 소비자를 비롯한 사회의 요구에 부응하는 방식으로 도정공장을 운영할 의무가 있었지만, 그 같은 접근은 자신에게 손해를 가져올 가능성이 컸다. 즉, 사회의 이익을 위한 생산활동은 자신이 원하는 경제적 이득을 낼 수가 없기 때문에 경제적 풍요를 전제로 하는 자유주의적 개인주의 접근을 할 수 밖에 없었던 것이다. 자유주의적 개인주의는 합리적인 경제활동을 통해서 농민의 삶을 속박했던 전통과 구습을 극복을 했지만 개인의 농업생산활동의 목적을 공동체에 살고 있는 다른 인간들과의 관계 속에서 볼 수 없게 하여 공동체적 덕성이나 환경문제와 같은 시민의 공적 영역을 무시함으로써 사적이익을 위한 기술과 공적이익을 위한 기술 간의 양가성을 도래하게 되었다.

3) 기술수용 과정의 합리성과 비합리적 관행

세 번째 양가성은 기술수용과정에서 나타나는 합리성과 그 과정을 둘러싸고 나타나는 제도나 관행의 비합리성이 상호대립적으로 전개되는 양상에서 찾을 수 있다. 근대의 합리성을 대표하는 것 중의 하나가 기술의 발달과 수용에 있다. 엘룰(J. Ellul)은 기술을 "인간 활동의 모든 영역에서 합리적으로 고안되며, 절대적 효율성을 갖는 방법들의 총체"라고 정의했다(신광은, 2010: 97-98). 다시 말해 기술은 특정한 목적을 달성하기 위하여 사용되는 도구, 기법, 절차 등을 모두 망라하는 것으로, 기술에 의해 합리성과 효율성의 원리가 일상세계 및 노동과정에 침투하게 된다. 최내우와 권순덕은 새로운 기계/기술의 수용을 통해 농사나 도정업 등 농가사업의 합리성을 추구하고자 했다. 그러나 그들이 보여준 급속한 기술수용 과정에는 전통적인 사고방식과 문화지체현상이 온존하여 전근대적이고 비합리적인 제도의 관행과 비합리적 기술행위가 중첩되어 있었다.

권순덕은 농사기법과 생산방식의 합리성을 증진시키기 위하여 농촌진흥청, 군지도소, 면사무소 등에서 실시하는 농업교육 프로그램에 적극적으로 참여했다. 전통사회에서 농업지식은 가족과 친척들로부터 배웠지만 근대화 과정을 거치면서 제도화된 교육을 통해 농사를 배우게 되었다. 기계농업이 보편화되면서 권순덕의 농부로서의 삶도 제도권 교육을 통하여 기술적 활동을 습득함으로써 사회적 합리성을 추구하게 된다. 하지만 그가 받았던 교육은 실제 필요를 충족시키는 효율적 교육이기보다는 다분히 형식적이고 전시적 성격을 지니고 있는 경우가 많았다. 수요자인 농민의 필요에 맞는 기술교육보다는 외부에 보이기 위한 방식의 교육과 기술지도가 적지 않았고, 이는 그 교육대상이 되는 기술의 가치에도 부정적 영향을 미칠 수 있었다.

특히 다수확 신품종의 보급과 그와 관련된 영농교육과 기술지도에서는 다분히 강압적 방식이 활용되면서 근대적 기술교육이라는 이름을 무색케 했다. 권순덕은 농촌지도소가 신품종이라고 무조건 강권할 것이 아니라 어떤 조건에서 얼마나 생산이 되고 병충해에 대해서는 얼마나 강한지 충분히 참작해서 권장을 해야 된다고 밝혔다. 지극히 당연하게 보이는 그의 바람은 역설적으로 정부의 신품종 장려가 그렇지 못한 과정이었음을 말해준다. 실제 면직원들은 농민들이 신품종을 채택하지 않을 경우 융자금도 주지 않고 농협이 농약도 공급하지 않을 것이라며 법석을 부렸고, 그 바람에 어쩔 수 없이 신품종을 재배해야했지만 결과는 흉년이 되고 말았다(1980.9.17.). 근대적이고 효율적이라는 다수확 신품종 재배를 위한 새로운 영농법 교육과 기술지도 과정에서 농민들은 자신의 경험과 지식으로 판단할 수 있는 자율적이고 주체적인 대상이기보다 일방적 정부정책의 타율적 대상이었다.[6]

압축적 근대화라는 한국사회의 전반의 격변 속에서 농촌 역시 농업

---

6) 외부의 강권에 의한 신품종의 보급은 일제 강점기 우량품종의 보급 과정에서도 마찬가지 양상으로 나타났다(허수열, 2011: 283).

기술과 일상생활 속 물질문명의 측면에서 이전과 다른 새로운 요소가
점차 확산되어 갔다. 그런 그 과정과 그것을 둘러싼 문화까지 근대적
인 것은 아니었다. 최내우는 마을 주민들과 함께 조림작업을 마치고
관련 공무원으로부터 조림비를 지급받을 때나 과학영농을 위해 경운
기를 구입할 때도 접대비나 교제비라는 이름의 관행적인 상납을 해야
했다. 권순덕은 작은 자전거 수리점을 열기 위한 허가를 받기 위해 10
개월 동안 온갖 서류에 지문검정, 신원조회까지 복잡한 과정을 거치
면서 마음고생을 해야 했다.

기술수용의 과정에 합리성과 비합리적인 관행이 존재하게 된 것은
전근대성과 근대성이 동시에 공존하기 때문이다. 기술의 수용과정 자
체는 합리성이 구체화된 근대적 관료제도와 조직에 의해 추진되고 기
술합리주의가 보편적인 원리로 통용되지만, 기술수용이 실천되는 행
위는 전근대적 관행-상납, 뇌물, 강압적인 명령, 의례적(ritual) 행위-
등이 개입되었다. 전근대적 관행이 존재하는 이유는 전근대적 성격을
지닌 관료들의 도덕적 해이와 형식주의 등이 사라지지 않고 재생산되
고, 근대화라는 국가 목적을 달성하기 위해서는 개인 혹은 조직의 목
소리와 개별적 조건이 반영되지 않았으며, 신속한 기술 전파라는 업
무수행을 위하여 업적중심주의에 기반을 둔 정부 조직의 경직된 행위
가 기술 전파 자체에 집착하였기 때문이다. 또한 전근대성과 근대성
이 공존하는 이유는 기술의 발달에 따라 의식, 제도 등과 같은 비물질
적 측면이 물질적 측면의 발달에 뒤쳐짐으로써 발생하는 문화지체현
상과 관련이 있다. 근대적인 기술의 변동을 제도와 가치가 따라 잡지
못함으로써 전근대적인 성격의 가치와 관행이 유지되어 문화적 갈등
과 사회적 혼란을 야기하였다. 다시 말해, 기술 전파라는 목적합리성

은 실현되었지만 문화지체로 인해 가치합리성이 결여되어 근대적인
제도의 합리성과 전근대적인 관행이 대립되는 양가성을 갖게 되었다.

6. 맺음말

본 논문은 최내우와 권순덕의 『일기』에서 나타나는 기술수용 과정
의 성격과 양가성의 특징을 살펴보았다. 전근대사회에서의 농업은 노
동력에 크게 의존하여 농민들의 기술사용은 시간·공간적으로 매우
한정적이었는데, 두 편의 『일기』에서는 근대화 과정을 통해서 선진
영농의 도입과 농업의 기계화가 보편화되는 것을 확인할 수 있었다.
최내우와 권순덕은 전통적인 기술에서 벗어나 근대기술의 수용을 통
해서 자연과 노동과정을 합리적으로 통제함으로써 기술에 대한 의존
도가 높아지는 기술 합리성을 경험하게 되어 근대적 인간으로 조금씩
변화하게 된다. 최내우와 권순덕이 일기에서 보여 준 기술수용 과정
의 성격을 살펴보면 다음과 같다.

첫째, 이들은 농업 기계와 기술을 상대적으로 빨리 받아들여 기술
수용에 대한 개방적인 태도를 보인다. 최내우는 전통적인 농민과 달
리 새로운 무언가를 열정적으로 받아들이는 초기 수용자의 태도를 보
여서, 기술수용에 실험자적인 역할을 하곤 한다.[7] 권순덕은 초기 수용

---

7) 기술수용주기 이론은 신기술이 소개되고 수용되는 과정을 설명하는 이론이다. 수
   용정도에 따라 혁신자(innovators), 초기 수용자(early adopters), 초기 다수 수용
   자(early majority), 후기 다수 수용자(late majority), 지각 수용자(laggards)의 5단
   계로 구분한다. 혁신자는 변화를 이끄는 소수의 용기 있는 사람들로 기술 자체에
   관심이 있어서 위험을 감수하면서 신기술을 적극적으로 받아들인다. 그 다음으로

자의 태도를 보이면서 동시에 기술에 관심이 많지만 실용적이고 이득이 될 것이라는 확신이 있을 때 기술을 받아들이는 초기 다수 수용자의 태도를 갖고 있다. 둘째, 기술수용 과정에서 농민들이 개별화되고 기계/기술에 대한 농민들의 의존도가 심화되면서 공동체 구성원들이 서로 도와주는 공동체적 연대가 와해되는 경향이 있다. 일반적으로 전통적인 농업에서는 특정한 도구나 기술에 대한 사용을 농민들이 결정을 하고 농촌 구성원들이 함께 기계/기술을 이용하여 협업을 많이 하였다. 그러나 근대 기술의 도입은 농민들 간의 상호의존성에 기반을 둔 품앗이와 같은 협업을 감소시키고 농민들의 기계에 대한 의존성을 높여서 개인화된 노동의 수준을 증가시켜 농촌공동체의식의 약화를 초래하였다. 셋째, 기술수용에 영향을 미치는 요인은 유용성, 편리성, 호기심 등과 같은 내적 요인 이외에 정부의 강력한 정책, 영농교육 등과 같은 외부 영향 요인도 중요한 역할을 하였다. 1960년대 후반부터 1970년대 초반까지는 주로 개인적 관심과 편리성이 중요한 기술수용의 동인이었지만 1970년대 중반부터는 정부정책과 이에 기반을 둔 영농교육이 상대적으로 중요한 역할을 하였다. 그리하여 기술수용은 시간이 지나면서 내부요인보다는 외부요인의 중요성이 증가하는 추세를 보여 준다. 또한 농업 관련 책도 기술수용과정에 일정 정도의 영향력을 행사한 것으로 나타나고 있다. 넷째, 농촌지도소와 같은 농민 교육 및 훈련 프로그램이 신기술을 농민들에게 전파하는데

초기 수용자는 대중들의 기술수용에 가장 영향력 있는 집단으로 혁신을 선호한다. 초기 다수 수용자는 신중한 사람들로 혁신자와 초기 수용자들에 의해 검증된 신기술을 수용한다. 후기 다수 수용자는 회의적인 사람들로 대다수의 사람들이 신기술을 수용할 때 사용한다. 지각 수용자는 전통적인 사람들로 신기술에 비판적이고 마지못해 신기술을 수용한다.

중요한 역할을 하였다. 정부는 농한기를 이용하여 영농교육을 실시하였으며 영농기술합격증 등과 같은 제도를 통하여 과학영농을 주도하였다. 그러나 기술 수용에 영농교육이 중요한 역할을 했음에도 불구하고 영농교육의 부실화로 농민들의 교육의 실효성에 대해서는 회의적 시각이 팽배하였다. 다섯째, 기술수용과정이 반드시 경제적 합리성에 근거하고 있지 않다는 것이다. 권순덕과 최내우는 기술수용에 따른 이익과 손해를 정확하게 평가해서 합리적으로 기술을 선택하는 것이 아니라 선호도 등에 입각한 감정적이고 비합리적인 선택을 하고 있다. 부채가 있음에도 불구하고 기계나 가전제품을 구입하고, 더 큰 TV에 대한 선호도 때문에 비싼 가격을 지불하고 TV를 구입하며, 아들의 연애를 위하여 자동차를 구입하고, 비싼 농기계를 구입에 따른 손익과 구입 후에 대한 비용지출 및 사용계획을 고려하지 않고 구입하는 경우 등이 있다. 최내우와 권순덕의 기술수용은 합리적이고 목적 지향적인 경제적 합리성뿐만 아니라 과시적 소비, 감정적 선택, 비합리적 의사결정 등이 서로 연관되어 이루어지는 과정이다.

기술수용과정에서 나타나는 양가성은 크게 3가지가 있는데, 첫째, 기술의 해방적 기능과 기술에 대한 부정적 인식, 둘째, 사적이익을 위한 기술과 공적이익을 위한 기술, 셋째, 기술수용과정의 합리성과 비합리적 관행 등이다. 이처럼 기술수용 과정에서 드러나는 양가성은 기술수용 자체에 문제가 있는 것이 아니라, 농민들의 기술에 대한 인식, 인간과 자연의 상호작용의 과정에 대한 가치관, 그리고 문화지체 현상 등에 근거한다.

결론적으로, 이 글은 최내우와 권순덕의 『일기』에서 나타난 농민의 기술수용과정 및 양가성의 성격을 규정한 것으로 한국 농민의 특성으로 일반화를 할 수 없다. 그러나 기술수용과정에서 개인의 경험과 감정, 모순, 다원성, 애매성 등의 측면에 대한 강조와 설명은 신품종, 신기술의 수용이 직접적으로 농업의 과학화를 가져왔다는 기술결정론적 입장이나 소득증대를 달성하기 위한 합리적 인간행동이라는 경제적 접근과 같은 일면적 설명에 대해 회의적인 관점을 보여줌으로써 근대화 과정에서 기술의 다면적 측면과 인간과 기술의 상호작용을 확인할 수 있었다. 또한 기술변동에 대한 정서적인 불만과 저항, 문화지체현상 등과 같은 기술의 행위에 대한 사회적, 문화적 맥락에 대한 고찰을 가능케 함으로써 상대적으로 연구가 되지 않았던 기술과 사회와의 관계, 그리고 기술수용에 대한 사회적 요소의 중요성을 확인할 수 있었다.

참/고/문/헌

• 과학기술처 편. 1975. 『한국농촌의 과학기술보급과 그 의식에 관한 조사연구』. 과학기술처.

• 김광기. 2003. "양가성, 애매모호성, 그리고 근대성: 알프레드 슈츠의 '전형성' 개념의 응용 연구." 『한국사회학』, 37 (6): 1-32.

• 김규남. 2011. "생애사 기록물 『책평일기』와 『월파유고』에 나타난 정체성과 언어 의식." 『방언학』, 13: 25-60.

• 김규남. 2012. "과도교정과 위신 표기의 사회언어학적 이해: 개인기록 『창평일기』 1차 입력 본(1969년~1980년)을 중심으로." 『방언학』 15: 257-285.

• 김홍신. 2010. 『1970년대 소설에 나타난 산업화 양상 연구』. 박이정.

• 문만용. 2013. "일기로 본 박정희 시대의 '농촌 과학화'." 『지역사회연구』, 21(1): 25-43.

• 손철성. 2007. "자유주의와 공동체주의의 주요 논쟁점에 대한 검토." 『동서사상』, 3: 17-32.

• 송성수. 2014. "기술과 사회를 보는 시각." 한국과학기술학회 지음. 『과학기술학의 세계』. 휴먼사이언스, pp. 87-115.

• 신광은. 2010. 『자끄 엘륄 입문』. 대장간.

• 안승택. 2013. "폭력의 거처: 한 농촌일기에 나타난 거친 농민들과 촌락공동체 그리고 국가." 『지역사회연구』, 21(1): 45-71.

• 안승택. 2014. "한 현대농촌일기에 나타난 촌락사회의 계 형성과 공동체 원리." 『농촌사회』, 24(1): 7-44.

• 안희용. "일부 김천자두 '농약오용', 대표과일 명성 먹칠." 『대구일보』, 2015. 4. 9.

• 오유석. 2003. "1970년대 농촌새마을운동에 대한 역사적 평가." 한국농촌경제연구원 편. 『한국 농촌사회의 변화와 발전: 한국 농업·농촌100년사 논문집 제2집』.

• 윤해동. 2009. 『식민지 근대의 패러독스』. 휴머니스트.

• 이성호·문만용. 2014. "「일기」를 통해 본 1970년대 농촌개발정책과 마을사회의 변화." 『지역사회연구』, 22(2): 29-48.

• 이영희. 2001. "과학기술의 사회적 통제와 수용성 연구: 생명공학을 중심으로." 『과학기술학연구』, 1(1): 71-103.

• 이정덕 외. 2012. 『창평일기 1, 2』. 지식과교양.

_____. 2013. 『창평일기 3, 4, 5』. 지식과교양.

_____. 2014. 『압축근대와 농촌사회』. 전북대학교출판문화원.

• 정구현·최영찬·박흔동·장익훈. 2010. "농업인의 혁신기술 수용 및 지속적 사용 변수간의 관계." 『농업교육과 인적자원개발』, 42(3): 109-137.

• 허수열. 2011. 『일제초기 조선의 농업』. 한길사.

• Bauman, Zygmunt. 1991. *Modernity and Ambivalence*. Cornell University Press.

• Chen, Ke and Alan H. S. Chan. 2011. "A review of technology acceptance by older adults." *Gerontechnology*, 10(1): 1-12.

• Inglehart·Ronald et al. 2004. *Human Beliefs and Values: A Cross-cultural Sourcebook Based on the 1999-2002 Values Surveys*. Sieglo XXI Editores.

- Immanuel Wallerstein. After Liberalism. 강문구 역. 1996. 『자유주의 이후』. 당대.
- Levine, Donald. 1985. *The Flight from Ambiguity: Essays in Social and Cultural Theory*. University of Chicago Press.
- Smart, Barry. 1999. *Facing Modernity: Ambivalence, Reflexivity and Morality*. Sage Publications.
- Smelser, Neil J. 1998. "The rational and the ambivalent in the social sciences." *American Sociological Review*, 63: 1-16.

제8장

제8장

1970~80년대 농촌마을에서의
종계의 의미 찾기:
최내우의 『창평일기』와 종계장부를 중심으로[1]

진명숙 · 이정덕

1. 문제제기

최내우(1929~1994)는 1969년부터 1994년까지 25년간 일기를 썼다.[2] 그의 일기에는 삭녕 최씨 종중과 종중 재정에 관한 내용이 많이 등장한다. 최내우가 속한 종중은 통례공 최수웅(崔秀雄. 1464~1492)과 목천공 최적(崔頔. 1535~1596)을 중시조로 모시고 있으며, 세거지는 전라북도 남원이다.

최내우는 전라북도 임실군 삼계면 신정리에서 태어났으나, 태어난

---

1) 이 논문은 『지역사회연구』24(3)에 실린 "1970~80년대 농촌마을에서의 종재와 종계의 정치사회적 의미: 최내우의 『창평일기』와 종계장부를 중심으로"를 수정 · 보완한 것임

2) 그의 일기는 모두 입력되어 5권으로 출판되었다. 이정덕 외(2012-2013). 『창평일기 1~5』. 지식과 교양.

직후 본가인 창인리로 와서 세상을 떠날 때까지 평생을 이곳에서 살았다. 삭녕 최씨는 창인리 마을에서 지배적인 영향력을 행사해 왔던 유력 성씨 중의 하나이다(이성호·안승택, 2016: 13). 하지만 창인리는 각성바지 마을로 다양한 성씨가 존재하여 종가를 단위로 마을 활동이 이뤄지고 있는 곳은 아니다.[3] 일기에 나타난 종중 활동은 최내우가 종중 행사나 회의를 위해 남원에 자주 드나들면서 기록한 내용들이다. 최내우는 종회에 참여하고, 묘사를 지내고, 비석을 세우고, 종곡(宗穀)과 종토(宗土)를 관리하는 등 종중의 크고 작은 일을 맡아 바쁜 나날을 보냈다. 최내우는 비록 종가를 잇는 손(孫)은 아니었으나, 삭녕 최씨 종중에 대한 남다른 애정과 책임을 지녀서 '삭최(朔崔)'에 대한 자부심이 매우 강했고, 통례공과 종중의 부흥을 강하게 염원했다.[4]

이 일기가 매우 흥미로운 점은 종중 활동에서 '종재(宗財, 중중재산)'와 관련된 내용이 아주 많다는 것이다. 일기에 나타나는 종재를 관리·운영하는 주체는 '임실남원대종계(任實南原大宗契. 이하 대종계)'와 '고조이하사종계(高祖以下私宗契. 이하 사종계)'이다. 하지만 최내우는 일기에서 종중과 종계를 분명하게 구분하여 사용하지 않았

---

3) 농촌 동성(同姓) 마을은 종중 전통의 유지와 변화를 들여다보는 유용한 연구 대상이 되어 왔다(예를 들어 여중철, 1973; 최재석, 1987; 조강희, 1988; 이광규, 1990; 김일철 외, 1998; 지승종 외, 2000; 문옥표 외, 2004; 배영동, 2005, 2009; 이연숙, 2007; 이창기, 2011, 2014 등). 최내우가 살고 있는 창평리는 동성 마을은 아니므로 창평리는 본 연구 대상은 아니다. 특히 종계 연구는 마을 안팎으로 작동하는 역할과 의미를 연구하는 데 동성 마을 분석보다 유리하다고 판단된다.

4) 최내우는 언제 세상을 떠나게 될지는 알 수 없으나 죽음을 대비하여 1990년 유서를 써 놓았다. 이 때 종중원들에게 보내는 편지도 함께 작성했는데, 삭녕 최씨 발전에 전심전력을 다해줄 것을 부탁하는 내용이다.

다. 그에게 종중 활동이란 크게 두 가지로 요약된다. 하나는 묘사, 비석 건립, 이장 등의 숭모(崇慕)활동이다. 다른 하나는 종재의 수입과 지출을 결산하는 회의 참석이다. 엄밀하게 말해 전자가 종중 활동이라면, 후자는 종계 활동이다.

　그동안 근대화, 도시화 등 시대적 흐름 속에 종중의 변화하는 역할과 기능을 밝힌 연구는 꾸준하게 출간되었다(예를 들어 여중철, 1973; 이창기, 1977; 김택규 1979; 이광규, 1990; 이창기, 2004; 이대화, 2010; 김광억, 2012; 이창언, 2013; 122~127). 하지만 종계의 내용과 변화에 집중한 연구는 거의 이루어지지 못했다. 본 연구는 종계에 초점을 맞춰 최내우가 살았던 당시, 종계의 기능과 의미가 무엇인지를 밝히는 데 있다. 이를 위해 종계의 구심점인'종중재산'에 대한 분석이 필요하다. 물론 시대 변동에 따른 종중의 변화를 고찰하기 위해 종중 재산을 분석 대상으로 삼은 논의가 없었던 것은 아니다.

　조강희(1988)는 도시화 과정에서 문중 종산의 부동산 가치가 오르면서 경제적 공유재산인 종재를 기반으로 문중의 종중 활동이 어떻게 변화되었는지를 다루었다. 박자영(1991)도 문중 재산인 위토 운영의 변화가 문중 조직에 어떤 변화를 가져왔는지 고찰하였다. 결국 이들은 종계 자체보다는 종계를 통하여 문중의 변화를 이해하고자 하였다. 그동안 종계에 관한 연구들은 종계를 종중을 유지 · 발전시키는 경제적 매개체로 접근하는 경향이 강했다. 조선시대를 사례로 한 정승모(2006), 백옥경(2014)의 연구도 종계라는 물적 자원을 기반으로 종중이 어떻게 형성되고 강화되는지를 분석한 바 있다. 다만 김창민(2001)은 종계가 종중으로 발전하기 위한 미분화된 조직이라는 기존 연구(유명기, 1977; 이광규, 1990)에 의문을 갖고, 경제적 결사체로

서 종계가 종중과는 대비되는 분명한 성격을 지녔다고 강조했다. 이
논문은 이러한 시각에서 종계의 성격과 내용에 집중하고자 한다.

본 연구자들은 종중 재산이 종중을 변화시키거나 또는 유지시키는
경제적 토대. 그 이상의 사회적, 정치적 역할과 의미에 대해서도 이해
해야 한다고 생각한다. 그러한 측면에서 종중 재산의 사회문화적 의
미에 천착한 이상균(2015)의 최근 논문이 눈길을 끈다. 이상균은 반
남박씨 서계공파를 사례로 조선조 의례와 친족의 결합 과정에서 생겨
난 종재가 이후 식민지기, 해방이후, 근·현대를 거치면서 끊임없는
변용을 보인다는 점을 강조하면서 사회문화적으로 구성된 종재와 종
중을 설명하고 있다. 그는 종중 재산을 사회 변동 속에서 종중을 지속
시키는'사회적 사물'로 명명하였다(이상균, 2015: 252). 그러나 이상
균은 조선조부터 근·현대를 아우르는 종중 재산의 통시적 변용에 초
점을 맞춰 해당 시기의 종재 변용 양상을 평면적으로 기술하는 데 그
쳐 있다. 본 논문과 같은 시대인 1970-80년대 종재 변용 양상을 살펴
보면, 도시 개발로 인한 재산 분쟁을 방지하기 위해 종중이 종중규약
을 만들어 명문화하였다는 정도로 마무리 짓고 있다. 그리고 2000년
대에는 종중의 문화유산이 부각되면서, 종중 재산이 도덕재산으로 인
식되고 있다고 설명한다. 종재의 통시적 변용에 집중한 나머지, 당대
에 종재가 구성원들에게 미치는 사회적 영향이나 종재를 둘러싼 구성
원들의 이해의 정치에 대해서는 소홀하게 다루었다.

1970~80년대는 근대화, 도시화와 맞물려 전통이 급속도로 약화되
는 시기이다. 이농이 심화되면서 종중 행사에 참여하는 종원 수도 감
소한데다, 사람들의 종중 의식도 약해지거나 사라져 갔다. 그럼에도
일기에는 여전히 묘사(墓祀)가 지속되고, 묘사의 물적 기반인 종계도

운영되고 있다. 그런데 종계 운영을 비단 종중을 지켜내기 위한 '경제적 노력'으로만 볼 수 있을까? 종재 및 종계가 종중의 지속과 번영을 위한 물적 토대이기는 하지만, 이를 넘어선 정치적, 사회적 역할에 대해서도 집중적인 논의가 필요하다. 종계가 계를 구성하는 회원들의 현재의 이해와 관심에 어떻게 관련되어 있는지, 종계가 타성(他姓)까지 포함하는 마을공동체의 중요한 기제로 어떻게 작동하는지 등을 고찰해야 할 것이다. 따라서 이 연구는 〈창평일기〉와 종계 장부 가운데 종재와 관련된 부분만을 추출하여, 70~80년대 농촌 마을에서의 종재 운영이 종중을 넘어서 마을 안팎의 사회적 맥락 속에 어떻게 작동하고 있는지를 살펴보고자 한다. 이를 통해 종재 운영의 주체인 종계의 특성을 도출하고, 종계의 정치적, 사회적 의미를 밝히고자 한다.

앞에서 말한 바와 같이 이 연구를 위해 중요하게 활용된 분석 자료는 최내우가 25년간 쓴 〈창평일기〉이다.[5] 〈창평일기〉 외에 대종계와 사종계 회계 장부도 분석에 활용하였다. 종계 장부는 일기에 기록되지 않은 수입지출 내역을 확인하고, 일기와 대조해가며 오류를 최소화하는 데 도움이 되었다. 이 밖에 종중 정기총회의 회의록과 최내우가 남긴 유서, 세 차례에 걸쳐 실시한 최성효와의 인터뷰 자료도 활용하였다. 여기에 쓰인 이름은 일기의 주인공인 최내우를 제외하고 모두 가명이다.

---

5) 최내우는 거의 하루도 빠짐없이 그 날 일어났던 일을 일기에 기록하였다. 이정덕 외(2012: 27)는 〈창평일기〉에서 독해 가능한 연구 주제는 가족과 자녀, 개인사/마을사, 공동체, 사회적 네트워크, 경제와 노동활동, 국가 시책과 공식 네트워크, 공간적 활동범위의 분화와 확장, 근대적 개발과 문명화, 사회이념과 주민의 의식 및 정체성 등 매우 다양하다고 언급한 바 있다. 〈창평일기〉를 바탕으로 연구 논문들이 이어지고 있다(이성호, 2013; 안승택, 2014; 이성호 · 안승택, 2016).

2. 종중 및 종계 개관

최내우는 삭녕 최씨 낭장공파(郞將公派)의 22세손, 통례공파(通禮公派)의 16세손, 목천공파(木川公派)의 13세손이다.[6] 삭녕 최씨는 낭장공파와 부사공파, 두 분파로 나뉘어 세전(世傳)되어 오고 있으며, 최내우는 낭장공파로 이어지는 계보에 속해 있다. 삭녕 최씨가 남원에 세거하기 시작한 시기는 통례공(通禮公) 최수옹부터이다. 최수옹은 일찍이 음사(蔭仕)로 충의위 정략장군(忠義衛 定略將軍. 종4품)까지 올랐다. 그는 연산군 때 사화를 피해 처가인 남원으로 내려왔으며[7], 서울로 돌아가지 못하고 29세의 젊은 나이에 세상을 떠난다. 최수옹은 남원 노적봉 아래 구선동에 묻혔으며, 최수옹의 증손 최옹(崔顒)이 벼슬길로 나갔다가 정3품 좌통례(左通禮)로 증직되어, 그의 후손들을 통례공파로 부르게 되었다.

최수옹의 손자인 최언수(崔彦粹)의 네 아들, 최영(崔穎), 최옹(崔顒), 최정(崔頲), 최적(崔頔)이 출세하여 각각 승지공파(承旨公派), 남강공파(南岡公派), 지평공파(持平公派), 목천공파(木川公派)로 나

---

6) 경기도 연천과 강원에 자리했던 삭녕군(朔寧郡)은 일제 강점기 철원군과 연천군에 각각 편입된 후 경기도 연천군 북면 삭녕리로 남아 현재에 이르고 있다. 시조인 최천노와 중시조인 최유가가 살던 곳은 강원도 철원군 마장면 대전리 괴음촌으로 현재는 휴전선 안에 위치해 있다고 한다(http://www.sakchoi.com).

7) 삭녕 최씨 대종회 홈페이지(http://www.sakchoi.com)에는 최수옹이 신병치료를 위해 남원에 내려온 것으로 설명하고 있으나, 김봉곤(2013: 151)은 연산군 10년(1504) 갑자사화와 관련이 있는 것으로 보고 있다. 연산군의 생모가 사약을 받을 때, 광주이씨 이세좌(李世佐)는 형방승지로서 사약을 들고 갔는데, 갑자사화 때 약을 들고 갔다는 이유로 죽임을 당하였다. 이세좌의 셋째 아들 이수의(李守義)의 처가 최수옹의 형인 최수영의 딸이었기 때문에, 최수옹이 사화를 피해 남원으로 내려간 것이다.

뉘어진다. 이 중 남강공파는 정읍, 태인, 고부 일대로, 지평공파는 해미, 양평, 제천 일대로 이거하였으며, 승지공파와 목천공파는 남원에 남아 세거해 오고 있다.[8] 최영의 손자대인 최보(崔葆), 최연(崔■), 최온(崔蘊)의 후손을 중심으로 각각 창성공파(昌城公派), 성만공파(星灣公派), 폄재공파(砭齋公派)로 분파되는데, 창성공파에서는 후사가 제대로 이어지지 못하면서, 통례공파의 종통(宗統)은 동생 최연으로 이어지게 된다(김봉곤, 2013: 151-152).

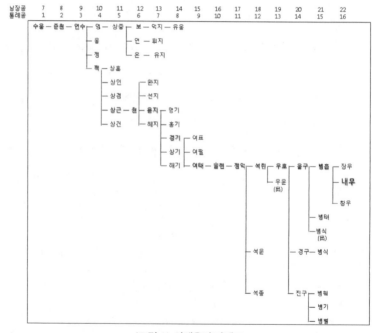

〈그림 1〉 최내우의 가계도

---

8) 최성효에 의하면 목천공 최적의 후손 중 4남인 최상근의 후손들만 현재 남원에 세거한다고 한다.

최수옹의 증손인 목천공 최적(崔頔)은 선조 15년(1582) 진사에 합격하고, 음직(蔭職)으로 목천현감(木川縣監)을 역임하였으며, 선조 25년(1592)에 임진왜란이 일어나자 셋째 아들 상겸과 더불어 고경명(高敬命)을 따라 의병을 일으켜 싸웠다. 선조 29년 61세에 죽은 후 좌승지(左承旨)에 증직되었다. 통례공과 목천공의 묘는 남원시 사매면 계수리 마을 내 노적봉 자락인 구선동(九仙洞)에 위치해 있다. 뿐만 아니라 통례공의 종손인 삼계공 최언수, 최언수의 첫째 아들인 승지공 최영, 최영의 독자인 미능재공 최상중, 목천공 최적의 셋째 아들인 진상공 최상겸과 다섯째 아들인 부장공 최상건 등의 묘가 조성되어 있다(http://www.sakchoi.com). 최내우의 6대조인 최술현과, 8대조인 최경기도 이곳에 모셔져 있어, 최내우는 묘사 때마다 남원을 방문하였다. 계수리에는 통례공파 제각인 '노유재(露濡齋)'가 건립되어 있는데, 이는 최온이 5세조 통례공의 묘사를 위해 건립한 '노유암(露濡庵)'에서 이어져 내려오고 있다. 일기에 등장하는 종중 및 종계 활동을 간단하게 살펴보자.

1) 통례공파 대종중과 목천공파 대종중

최내우는 최수옹과 최적을 중시조(파시조)로 모시고 있지만, 최내우는 통례공파와 목천공파의 적통(嫡統) 가계에 속하지 않으므로 일기를 통해서는 삭녕최씨 통례공파와 목천공파의 종중 활동과 변화에 대해 파악하기 힘들다. 다만 최내우는 통례공파, 목천공파 대종중 회의에 대의원(75.5.26; 91.2.10) 또는 종원의 한 사람으로 참석하였으며, 회의 장소는 항상 남원 사매면 계수리였다.

목천공파 종중회의는 통례공파 회의가 끝난 다음 날 열리는 경우가 많았다(85.1.11; 86.12.22.; 89.12.18.; 91.1.6.; 92.12.14.). 80년대 목천공파 종중회의의 가장 중요한 안건은 목천공 종대(제각) 건립이었다(85.1.11.). 종대 건립 논의는 1983년 시작된 듯하다(83.11.5.). 1984년 공사 착공과 함께 종원들로부터 호당 백미 1입을 갹출키로 결의하고(84.1.21.), 모금이 진행된다(84.2.13.; 84.3.2; 84.4.12). 종대는 1984년 4월경에 완공되었다(84.4.27.). 1989년에는 목천공파 대종중 정기총회 때 목천공 유적비 건립이 논의되어(89.12.18), 1991년 유적비 제막식을 거행한다(91.4.7.). 목천공파 정기총회에서는 위선 사업에 소요된 경비의 수입과 지출 결산, 종대 관리, 종토 운영에 관한 사안들이 논의되었다(91.1.6.; 92.12.14).

최내우는 1970년대 통례공파 및 목천공파 종중 묘사에 참석하지 않다가 1983년부터 참석하기 시작한다(83.11.5.). 그는 이 묘사를 '대종묘사'라고 지칭하였다. 대종묘사에는 각 지방 도처의 종원들이 참석하였고(84.10.29.), 매년 10월 첫 공휴일로 정하고 난 후에는 150여 명 가량의 많은 종원들이 참석하였다(86.11.2.). 최내우는 전주에 사는 삭녕 최씨의 모임인 동화회 회원들과 함께 버스를 대절하여 함께 참석하기도 했다(87.11.22.; 90.11.18.).

2) 임실남원대종계와 고조이하사종계

최내우는 '임실남원대종계(任實南原大宗契)'와 '고조이하사종계(高祖以下私宗契)'를 이끄는 주요 종원으로 활동하였다. 대종계는 최내우의 5대조인 최정익으로부터 8대조인 최경기에 이르는 조상을 위

선하는 조직이다. 그리고 사종계는 최석린을 중심으로 그 이하의 종
원들이 주축이 된 조직이다. 최내우는 4대조인 최석린부터 8대조인
최경기까지를 대종중(대종계)으로, 4대조인 최석린대부터 아래로 이
어지는 계보를 사종중(사종계)으로 구분하였다.[9] 사종계의 활동 근
거지는 임실 창인리이며, 대종계는 임실과 남원이다.

대종계를 단위로 한 종중의 명칭은 '삭녕최씨 목천공파 성보공종
중'이며, 사종계는 '삭녕최씨 목천공파 사옥공종중'이다. 성보공은 최
경기를, 사옥공은 최석린을 일컫는다. 그런데 최내우는 일기에 사옥
공, 성보공이란 단어를 단 한 차례도 쓰지 않았다. 이 명칭은 종산 등
기부 자료에서 찾은 것이다. 사옥공종중, 성보공종중은 왕판 종산이
군부대에 편입되면서, 새로 종산을 구입한 후 등기를 하기 위해 명명
한 것이다.[10]

---

9) 최내우는 이 두 종계 모임을 종친회, 종계일, 종중총회, 종회, 종계회의, 대종회,
사종회 등 다양하게 명명하였다. 특히 이 둘을 대종, 사종으로 명확하게 구분한
것도 아니었다. 예를 들면 86년 1월 1일 일기에 '머지않아 대종계회의일은 닥치
고'라고 쓰고, 회의가 열린 1월 19일에는 '사종친 회의가 유사 최관재 집에서 개
최되었다'라고 썼다. 종계 장부 표지에 기록된 대종계, 사종계가 가장 정확한 분
류체계라고 생각된다.
10) 이 사실을 볼 때 종계가 종중의 전단계로 이해할 수 있다. 최내우가 활동한 임실
남원대종계와 고조이하사종계는 경제적 결사체로 시작하면서, 추후 성보공, 사옥
공 종중을 형성하였다. 그러나 최내우는 자신을 성보공, 사옥공 종중원으로 인식
하지 않고, 통례공, 목천공 종중원으로 인식했다. 입향조인 통례공이나, 파시조인
목천공이 조선조에 출세한 인물로, 대외적으로 남원 삭녕최씨 종중의 대표성을
띠는 조상이기 때문이다. 종계가 종중이 되기 위해서는 비석, 제각, 족보 등 상징
성을 개발해야 하는데, 새로운 파문중으로서의 성보공종중, 사옥공종중이 형성될
지는 의문이다. 성보공종중, 사옥공종중은 경제적, 사회적 기반으로서의 삭녕최
씨의 파문중이라기보다는 위토 등기를 위한 법적 명칭에 불과하기 때문이다. 이
처럼 성보공종중, 사옥공종중은 조상을 모시기 위해 가까운 혈족끼리 조직한 모
임으로 인식하는 정도이며, 자신의 혈통을 대외적으로 대표하는 명칭으로 인식하

이 두 종계가 언제부터 시작되었는지는 정확하게 알 수 없다. 다만 종계는 당내친(堂內親) 범위를 벗어난 5대조 이상의 묘사를 지내기 위해 위토를 장만하면서 조직되므로(유명기, 1977; 이광규, 1990), 종계가 운영되기 시작한 시점을 대략적으로나마 가늠해볼 수 있다. 최내우의 장남 최성효에 의하면, 신평면 창인리 필동마을의 왕판 종산은 최석린(1810~1865) 대(代)를 모시기 위해 조성된 것이라 했다.[11] 최석린은 최내우로서는 4대조인 고조이지만, 당시 최석린의 종손인 최성길의 기준에서 보면 5대조로서 당내의 범위를 벗어나 있다. 그 시점은 최석린의 제사를 기제로 지내다(70.3.3), 묘제로 옮긴 때로 생각된다(71.12.4.). 종손인 최장우의 병세가 짙어지고, 얼마 안 되어 사망한(72.4.1.) 시점과도 일치한다. 이렇게 보면 사종계가 운영되기 시작한 시기는 최석린의 제사를 묘사로 옮기던 1970년대 전후로 추정해볼 수 있겠다.

한편 대종계의 조직은 1800년대 후반일 것으로 판단된다. 대종계의 위선 대상은 최경기(8대조)-최여태(7대조)-최술현(6대조)-최정익(5대조)이다. 최경기는 여표, 여필, 여태라는 세 아들을 두었음에도, 왜 3남 여태의 손들이 최경기를 모실까? 이는 최여표의 4대에서 후사(後嗣)가 끊겼고, 최여필 역시 9대에서 후사가 끊겼기 때문일 것이다. 최여표의 후사가 끊긴 시점은 최우호(1835년생) 대이며, 최여필의 후사가 끊긴 시점은 최장우의 손인 최성길(1921~1986) 대이다. 그런데 최성길이 한참 생존해 있던 70~80년대에도 이미 최경기의 묘

지는 않았다. 성보공종중, 사옥공종중은 파종중의 작은 모임 정도로 여겨진다.
11) 최성효는 왕판 종산이 언제 마련되었는지 알지 못했다.

사를 최여태의 손들이 지내고 있었으므로, 2남인 최여필의 후손들이 최경기의 묘사를 가져가지 않은 것으로 짐작된다. 다시 말해 최경기의 묘사가 최내우의 '임실남원대종계'로 이관된 시기는 최우호 사후(1884년)의 시기일 것이다. 이 시기는 최경기가 당내친을 벗어난 때와 중복된다. 그러므로 최경기 묘사를 중심으로 종계가 시작되었다면, 이 대종계는 이르면 1884년 이후에 조직되었을 것으로 추정된다.

임실남원대종계의 주요 활동은 5대조부터 8대조에 이르는 조상의 묘사를 지내고, 위토를 관리하는 일이다. 최내우는 매년 5~8대조 묘사에 거의 빠짐없이 참석했다. 그는 각 묘사를 조상의 묘가 있는 지명을 따서 '곡성 묘사'(5대조), '계수리 묘사'(6대조), '연산 묘사'(7대조), '대율리 묘사'(8대조)로 불렀다. 연산묘사는 한식에 지냈으며, 나머지 5대, 6대, 8대는 11~12월 경에 지냈다. 이 네 지역에는 모두 종답(宗畓)이 조성되어 있어, 산지기로 하여금 경작하도록 했다. 최내우는 묘사 후에 산지기로부터 받은 경작토지세를 종재 수입으로 기록하였다. 최내우는 1985년과 1991년에 유사를 맡았다(85.1.27.; 91.2.10). 대종계 장부 시작 페이지에는 정회원 명단과 종중원들의 명단이 작성되어 있다.[12]

사종계의 주요 활동은 최석린의 묘사를 지내는 일이다. 최내우는 이 묘사를 '왕판묘사', '고조고묘사'라고 불렀다. 최석린을 기제에서

---

12) 정회원은 18명으로, 이는 일종의 대종계의 대의원의 성격을 지닌 듯하다. 이러한 대의원 성격의 대종계 정회원 제도는 1977년 시작된 것으로 짐작된다. 그리고 장부에 적혀진 종원 명단은 모두 94명이다. 이는 1980년대 초반 최경기의 살아있는 후손들을 모두 기록해 놓으려 한 듯하나, 족보와 대조해보니, 10여명이 빠져 있는 것으로 확인되었다.

묘사로 전환한 해는 1971년으로 추정된다(71.12.4.).[13] 이후 왕판 종산이 군부대로 편입되면서 새로 구입한 남원 사매면 계수리에 모시기 시작했다(87.12.8.).

최내우는 사종계의 유사를 세 차례 맡은 것으로 추정된다(72.1.19.; 84.11.11.; 87.12.30.). '사종재경리부'에 의하면, 1980년대 사종계 회원은 25명이다. 종계원으로 활동하기 위해서는 회비 등을 갹출할 수 있는 독립된 경제 단위를 꾸린 가장이어야 하므로, 최내우 항렬 세대인 사촌과 사촌들의 자녀 일부가 종계에 가입되어 있다. 사종계의 정기총회는 매년 한 차례 실시되었으며, 주요 안건은 종재 결산이다. 총회에 참석한 인원은 10명이었을 때가 가장 많았고(79.1.2.; 86.12.18.), 대부분 네댓 명, 혹은 대여섯 명이 참석하였다(81.1.3.; 87.1.21.; 87.4.12.; 88.10.1.; 89.12.20.; 91.1.26.; 92.1.17.; 93.2.12.; 94.1.20.).[14]

---

13) "文洞골 高祖 兩位 첫 歲祠[歲祀]을 올이엿다. 祭物은 昌字가 장만햇는데 寶城堂叔 大{里} 炳赫 堂叔 成吉이도 參禮햇다. 論山에서 成曉가 外泊次 왓다"(71.12.4.).

14) 본문에서 언급하지 않은 삭녕최씨 관련 모임이 이 외에도 〈창평일기〉에는 여럿 등장한다. 동화회, 조부이하사종계, 화수회, 구선종친회 등이 그것이다. 동화회는 전주에 거주하는 삭녕 최씨의 친목 모임이다. 조부이하사종계는 최내우의 조부인 최옹구를 중심으로 1980년대 후반 결성된 종계이다. 조부이하사종계가 활동한 배경은 최옹구 후손들의 위토가 새로 조성되었기 때문이다. 최성효에 따르면 1987년 신평면의 종산이 군부대에 편입되자, 토지보상금으로 성보공, 사옥공 종중 명의의 종산 외에 종답은 옹구, 경구, 진구의 후손 명의로 각각 나눠가졌다고 한다. 최옹구의 후손들은 최옹구의 4세손인 최성길이 사망한 후(86.12.3.), 1988년부터 증조인 최옹구를 묘사로 모시었으며, 위토 지명을 따 '대문내묘사'라 칭했다(88.11.26.; 89.11.17.; 90.12.5.; 91.11.24.; 92.11.13.; 93.12.2.). 이 외에 1990년대 화수회, 구선종친회 등 새로운 종중 조직이 결성되었다. 1991년 5월 19일에 열린 통례공파종중 정기총회에서 '화수회 부활안'이 논의되어(91.5.19.), 1993년 4월 11일 첫 모임을 갖는다(93.4.11.). 그리고 이 날 목천공파 후손들의 친목 모임인 '구선종친회'를 조직하기로 결의한다(93.4.11.). 남원 계수리의 '구선대(九仙

〈그림 2〉 임실남원대종계 장부   〈그림 3〉 고조이하사종계 장부

3. 종재의 운영과 식리(殖利)

임실남원대종계와 고조이하종계 운영의 가장 주된 목적은 4대조에
서 8대조의 묘사를 관장하는 일이다. 종계에서 묘사를 주도한다는 것
은 곧 묘사의 물적 기반인 묘산과 위토를 관리한다는 뜻이다. 종계 장
부에 기록된 종재 지출 내역도 대부분 위토 공사나 묘사 참석에 소요
된 여비 등이 주를 이루고 있다.

이 두 종계의 가장 굵직한 재산은 종산과 종답으로, 각지에 흩어져
있다. 하지만 〈표 1〉에서 보듯 종중의 묘사 활동에는 현금이 필요하
므로, 현금재산을 마련하고, 이를 불려나가는 식리(殖利)는 종계의
중요한 업무이다.

종계에서 종중재산을 마련하는 방법은 여러 가지가 있다. 하나는
위토 경작에 따른 토지세의 수입이다. 토지세는 위토를 짓는 산지기

臺)' 명칭을 따 이렇게 명명하였다.

와 종원에게 부과된다. 위토를 경작하는 산지기는 묘사를 도와주기 때문에 일반적인 소작료보다는 적은 액수이지만 경작세(토지세)를 내야한다. 종원은 묘사 일을 적게 하기 때문에 산지기보다 더 많은 액수를 내지만, 종원이 묘사 일을 하면 산지기보다 더 적은 액수를 내기도 한다. 창평일기에 나타난 사례에서는 산지기로부터는 백미 4~5말을, 종원으로부터는 백미 1가마니 정도를 받았다. 대종계에서 운영하는 위토는 모두 임실이 아닌 외지에 있었기 때문에 그 마을 주민을 산지기로 고용했으나, 사종계 위토는 임실 관내에 위치해 있어 종계원이 경작하였다.

〈표 1〉 1987년도 세출 예산   단위: 원

대종계			사종계		
날짜	내역	금액	날짜	내역	금액
1.25	고 최병혁 조의금	35,000	1.2	대리위토 객토사업비	100,400
1.25	종손 성길 조의금	35,000	1.2	대리위토 보수공사비	20,000
1.25	정수, 철수차비	4,000	1.2	종계회 및 고조묘사 3인여비	27,100
1.25	병기, 태우, 내우, 기철 차비	5,400			
1.25	병기, 내우, 태우 차비	4,050			
1.25	대종대표회비 내우조	10,000			
1.25	전주임실종원비	2,500			
4.6	연산7대조묘사 3인 여비	13,680			
11.26	9대조묘사 당숙 여비	4,000			
11.26	쌍백당 묘사 당숙 여비	3,400			

12.4	8대조 묘사 4인 여비	8,000			
12.5	6대조 묘사 두현당숙2인 여비	3,500			
12.6	곡성5대조 2인 여비	8,000			
88.1.6	총회시 남원종원왕복여비	2,000			
88.1.6	비상용보유금	20,000			
	잔액	999,707		잔액	154,915

위토세를 받은 후에는 이자를 불리기 위해 사채업을 하는 최성길에게 맡기는 때도 있었다(74.4.6.; 77.6.20.; 83.4.6.). 그러나 80년대부터는 은행 거래를 일상화했다(83.4.28.; 84.1.11.; 84.11.22.; 86.1.16.; 89.1.26.; 90.2.2.; 93.2.6.; 94.1.27.). 특히 종토가 군부대로 편입되자 보상금을 받아 전북투자은행에 예치한 뒤엔, 이자 수입이 꽤 발생했음을 알 수 있다(87.4.30.; 90.3.26.; 90.12.31.). 대종계, 사종계 통장은 각각 두개씩이었다(93.6.12.). 하나는 적금통장, 다른 하나는 자유입출금 통장이다.

종재를 늘리는 또 다른 방법은 종곡(宗穀)의 이자를 받고 빌려주는 일이다. 대종계와 사종계에서는 매년 당해의 종곡 이율을 정하고, 종원들이 가져다 쓴 종곡에 이율을 적용하여 갚도록 했다. 70년대 이율은 연 20%, 또는 30%로(71.1.7.; 72.1.19.), 비교적 높은 편에 속했다. 그러나 80년대에는 이율이 15%로 낮아졌음을 알 수 있다(1984년 정기총회 회의록). 종곡 종잣돈은 종계 회원들에게 의무적으로 백미를 환산한 금액을 갹출하여 마련하였다(77.1.16.). 하지만 매년 부과되지는 않았으며, 종잣돈이 부족하거나, 종중 재산을 늘릴 필요가 있을 때 실시하였다(77.1.16; 83.11.23). 종잣돈 마련은 독립된 가구를 기준으로 이뤄졌다(77.1.16.; 83.11.23.)[15]. 아래 내용은 종곡 거래 상황을 확인할 수 있는 대목이다.

> "성규 72두, 내우 13두, 보성당숙 26두, 총 11입 1두가 들어왔다"(71.1.7.).
> "보성 당숙이 6입을 정미하여 3두를 갚았다"(71.7.7.).
> "대종중 종곡결산 결과 잔고가 9입 8두 2승이다"(72.1.19.).
> "성규 회계는 3두 8승만 남았다"(75.1.19.).
> "대리, 두현 당숙들이 와 종곡 2입을 회계했다"(77.1.21.).
> "당숙이 원리 합해 16두 8되인데, 우선 1입대만 줬다"(79.8.6.).
> "병기 당숙이 4입 6두 빌리고, 이자만 7두 냈다"(83.1.17.).
> "병기가 대종곡 6입 9두 6승을 갚았다"(87.1.25.).
> "최병혁 20두, 최병기 20두, 최태우 20두, 최창우 5두. 20두는 이자 포함 28두 8승"(사종계 장부 자료. 1983년).

대종계 장부에는 1977~1983년까지 종곡 관리 현황이 기록되어 있다. 1977년 원곡 기본금이 1가마니 8말에서 시작하는데, 이 기본금을 최성길에게 보관했다. 사채업을 하던 최성길에게 맡겨 이자를 꾀했던 것이다. 그리하여 1978년에는 이자가 3말 2되 증가하여, 2가마니 1말 6되가 되었으며, 1979년에는 2가마니 5말 9되 2홉이, 1980년에는 3가마니 1말 1되 4홉이, 1982년에는 3가마니 7말 3되 3홉, 1983년에는 4가마니 4말 7되 9홉이 되어 있다.

---

15) "基本金은 人當 白米 1斗로 해서 現金 2,300원 주웠다."(77.1.16.), "宗家 戶當 白米 一斗식을 据出하야 宗財을 늘이기로 햇다."(83.11.23.).

종재가 부족하거나 급히 필요할 때는 종원들에게 회비를 갹출하여 종재를 마련하기도 했다. 상석 제작에 종재가 부족하자, 호당 10,000원씩 부담하게 하였다(79.7.26.). 1980년 1월 3일 정기총회에서는 15명의 종계원에게 20,000원씩 할당하여 총 300,000원을 마련했다(사종계 장부). 1983년 총회 때는 종재를 결산하면서 종원당 2000원씩 걷기도 했다(83.1.17.). 84년 11월 11일에는 종계원 14명에게 백미 1말씩(5,600원)을 갹출했다(사종계 장부).

지금까지 창평일기에 나타난 종재 식리 양상을 살펴보았다. 종원들로부터 종재 갹출을 많이 할 경우 종원들의 불만이 높아지고 갈등이 늘어날 가능성도 있다. 하지만 종재가 많을수록 종중의 활동이 활발해지기 때문에 집행부는 종재를 늘리려는 경향을 보여준다. 종재가 증가하면 각종 지원이 늘어나 종중의 각종 행사를 펼치고, 제각이나 묘비를 정비하여 지역에서의 위세를 높일 수 있기 때문이다. 종중은 재산을 이용하여 주로 묘사 등의 위선 활동을 수행하지만 또한 가난한 종원들에게 저리로 쌀을 빌려주거나, 낮은 토지세를 받고 종토를 맡기거나, 종원 자녀들의 장학금을 지원하기도 한다. 이러한 맥락들이 어떻게 작동하는지를 살펴야 종계의 전체적인 역할을 이해할 수 있을 것이다. 따라서 다음 장에서는 종계의 정치사회적 의미를 좀 더 자세하게 살펴보겠다.

4. 종계의 정치사회적 의미

최내우는 문중의 대소사에 적극적으로 참석하느라 무척 바쁜 나날을 보냈는데, 그가 관여한 대소사에는 대부분 경제적 비용이 수반되

는 일이었다. 최내우 일기와 종계 장부에서 확인할 수 있는 종재는 남
원임실대종계와 고조이하사종계의 재산을 말한다. 이 장에서는 종재
를 둘러싸고 벌어지는 다양한 경험을 살펴보고, 70~80년대 농촌 사
회에서 운영된 종계의 정치사회적 의미가 무엇인지를 살펴보자.

1) 종재 갈등의 타협과 혈족공동체의 지속

1970년 1월 최정익 부인(청주 한씨)의 제사에 참석한 최내우는 보
성 당숙에게서 들은 이야기를 일기에 적어 놓는다. '비얌정 할아버지
가 몰래 연산 위토를 팔아버렸는데, 그 아들 신안 당숙이 속없이 또
위토를 사달란다'는 말을 최내우에게 전달한 모양이었다(70.1.29.).
이 이야기는 묘사를 상의하러 형님 댁에 갔는데, 다시 회자되었고
(70.4.16.), 몇 년이 지나서도 또 도마 위에 올랐다(73.11.14.). 최내우
에게 신안당숙은 최석윤의 증손으로 9촌간이다.

일제 시대 이래로 민사법원에 제기된 종중 재산 소송은 대단히 많
았던 걸로 확인되고 있다(심희기, 1993; 1). 종중 재산을 둘러싼 갈등
은 종원이 일방적으로 종토를 매매하면서 법적 소송으로까지 진행되
었을 때 첨예해졌다. 최내우의 대종계, 사종계에서는 비록 법적 소송
까지 진행된 적은 없었으나, 〈창평일기〉에는 종토 소유나 매매를 둘
러싸고 반목과 갈등이 여러 차례 기록되어 있다. 종재를 관리·운영
하는 종계는 경제적 성격을 강하게 지니기 때문에, 종계원들은 경제
적 이해관계에 민감하게 반응하기 마련이다.

일기에 나타난 긴장과 갈등 가운데 하나가 바로 종곡을 가져다 쓴
후 갚지 않았을 때이다. 1977년 대종계 정기총회 때 최성규가 빌려

간 대종곡 문제로 많은 말
이 오고 갔다. 최성규가
가져다 쓴 종곡 8입이 쌓
여 이자 포함 20여 가마니
가 된 것이다. 종원들이 어
느 정도 낼 수 있냐고 묻
자, 최성규는 잘 살면 갚겠
다고만 대답했다. 그 정도
로 이야기를 마무리 지었
다(77.1.16.) 몇 년 후 열린
대종계 회의에서도 최성규

〈그림 4〉 종계 회의록
최성규의 종곡 문제를 논의하는 내용이 기록되어
있다.

가 청산하지 않은 종곡 얘기가 언급되었다. 최성규는 아직은 별 도리
가 없다고 응답했다. 최내우는 임실 종원의 한 사람으로 미안한 마음
이 들었다(80.1.3.). 20여 가마니의 종곡 문제가 어떻게 매듭지어졌는
지는 알 수 없다. 그런데 1984년 초에도 최성규가 갚지 않은 종곡이
또 다시 말썽거리로 등장한다. 최내우는 병혁 당숙으로부터 성규가
종곡을 2가마니에 마무리 지으려 한다는 말을 듣는다(84.1.5.). 최내
우가 총회에 이 문제를 언급하자, 종원들은 원곡 6가마니 5말이라도
갚아야 한다고 입을 모았다(84.1.8.).[16] 그러나 종계 장부에는 최성규
가 1984년 1월 8일 백미 2가마니 가격인 112,000원을 갚은 것으로 되

---

16) 정기총회 회의록에는 다음과 같이 기록되어 있다. "다음 성규가 관리했던 종곡청
    산에 대하여 내우는 발의를 통하여 성규에 대한 신상 발신을 했든 바 남원 ○○는
    의견을 통하여 원리복리는 못할망정 원곡 6입5두는 종중에 드려노와야 타당하다
    고 하여 ○○ 의견에 채택되었다.(〈그림 4〉참조)"

어 있다(대종계 장부).

최내우는 최병기 당숙이 종곡을 갚는 시기가 늦어지자 일기에 긴장감을 토로했다. 최병기 당숙은 서울로 이사 갈 계획을 세웠는데, 개인 채무가 상당히 많았던 모양이다. 갚아야 할 종곡도 7가마니나 되었다(85.12.19.). 최병기 당숙은 가옥을 팔아 개인 채무를 갚았으면서도, 대종곡과 사종곡을 갚지 않자 최내우는 불안감을 감추지 못했다(86.3.15.). 그런데 최병기 당숙이 이듬해 정기총회 때 갚아야 할 종곡 6가마니 9말(489,300원)을 모두 가져왔다. 최내우는 그 날 일기에 '다행이다'고 적었다(87.1.25.).[17]

한편, 종재를 둘러싼 긴장은 묘산, 위토 등 종토와 관련하여서도 나타나고 있다. 최성규는 종곡뿐만 아니라 위토 매매 건으로도 종원들의 속을 썩였다. 최성규는 증조부(최우호)의 위토인 대리 600여 평을 지어 왔다. 어느 날 최내우는 특조법에 근거하여 종답의 이전등기를 하려고 서류를 떼어보니 명의가 최영인으로 되어 있어야 하는데, 장양춘으로 되어 있다는 것을 알고 깜짝 놀란다(79.1.6.). 다음 날 바로 최내우는 최병기 당숙을 모시고 전주에 사는 최성규의 형 최성길을 찾아가 '너희 땅이나 집을 내놓으라.'라고 항의를 했다. 최성길은 알겠다고 응답했다(79.1.7.). 대종계 회의에서 위토 매매에 관한 뒷말이 다시 나오자, 최성규는 그 전답을 종토로 한 것 자체가 위법이라며 불만을 토로하기도 했다(80.1.3.). 몇 년 후 왕판 묘사에서 최성길은 최성규가 위토를 팔아먹은 것을 묵인하자고 제안했고, 최병기 당숙은

---

17) 그러나 최병기 당숙은 서울로 이사하지 않았고, 신평면 대리에 계속 머물러 살았다.

이에 동의한다. 최내우는 아무 대꾸도 하지 않았으나 그도 어쩔 수 없다는 것을 인식했다. 그러면서 최성길과 최성규 형제는 불량 종원으로 낙인찍힐 것이라고 일기에 적고 있다(83.11.23.).

과거에는 종중이 독립된 법인이 아니기 때문에 토지를 종중의 이름으로 등기할 수 없어 종중 대표, 종손, 또는 다수의 종원 이름으로 등기를 하였다. 소유자로 등기된 일부 사람들이 토지를 차지하거나 매각하는 사례가 빈번하게 나타났다. 현재도 종답인 농지는 종중 명의로 등기가 되지 않아 종답의 등기 명의인 종손이나 종원이 종답을 처분하거나 대출금 담보로 사용하는 경우가 발생하고 있다. 그래서 종중 재산을 둘러싼 민사 소송이 벌어지기도 하는데, 〈창평일기〉에서는 이러한 사태가 한 번도 나타나지 않았다. 그저 불평하는 정도에서 끝난다.

이러한 불평은 다른 여러 사례에서도 목격되고 있다. 사종계에서 위토를 짓는 창우에게 종재로 양수기를 구입해 주었고(78.1.12.), 작황에 따라 양수기 구입 이자를 지불하기로 한다(79.1.2.). 그럼에도 최창우가 나몰라 하자, 추석 성묘 자리에서 최창우에 대한 불만의 목소리가 터져 나왔다. 최창우의 형인 최내우까지 '도둑놈'이라며 비난을 샀다(80.9.23.). 대종계원인 최병직도 종전을 계속 내지 않다가, 종중에서 재촉한 후에야 내놓았다며 종원들에게 비난거리가 되기도 했다(84.11.6.) 그런데 주목할만한 점은 종토를 사적으로 매매해 버리거나, 빌린 종재를 끝까지 갚지 않는 등의 큰 말썽을 일으킬 경우, 이를 해결하는 과정이 타협과 봉합의 방식으로 전개된다는 점이다. 최성규의 종곡 채무가 논란이 되자, 종계원들은 원곡만이라도 갚으라며 타협을 보려 했다. 하지만 결국 최성규는 2가마니로 채무를 청산해 버렸고, 이 문제는 봉합되고 만다.

1980년대 사종계에서 치른 큰 일 가운데 하나는 군부대 편입에 따른 종산 매매와 종토 구입이었다. 최석린이 모셔져 있던 왕판 종산이 군부대 땅으로 편입되자, 최내우는 종계원 몇몇과 함께 종토 구입을 위해 곳곳을 돌아다닌다(86.10.2; 87.4.30.; 88.1.11.). 이 때 자기 땅을 종산으로 매도할 것을 강하게 요구하는 종원들이 여럿 나타났다. 최병기 당숙이 그 중 한 사람이다. 최병기 당숙은 최내우에게 자기 종토를 사가라고 해도 말을 안 듣자, 왕판 종산에 경작하는 알밤 수확대를 종중에 내놓으라며 분풀이를 한다(86.11.12.). 또 최내우 방해로 땅을 못 팔게 되었다는 내용을 비석에 새겨 후손에 알리겠노라며 협박을 하는 등(86.11.21.), 최내우와 최병기 당숙의 언쟁은 계속되었다 (86.11.25.). 최병기 당숙은 최내우 뿐만 아니라 다른 종원들을 설득하기 위해 애를 썼다(86.11.14.; 86.11.16.; 86.11.20.). 최내우는 최병기 당숙이 요구하는 땅값이 비싼데다, 이런 문제는 총회에서 결정해야 한다며 당숙의 요구를 자른다(86.12.15.). 사종계에서는 최병기 땅이 아닌 남원 계수리에 종산을 마련하였다.

종토 관련하여 또 다른 불만들이 터져 나왔다. 최창우는 남원에만 종토를 구입하려는 것에 불만을 제기하였다. 종계원들의 거주지인 창인리에 사야 농사를 지을 것 아니냐는 것이다(87.1.15.). 최경구의 증손인 최태우는 군부대로 넘어간 필동 땅을 자기에게 넘기라 하는가 하면(87.3.15.; 87.4.12.), 최진구의 아들인 최병기도 아버지를 이장할 도봉리 땅을 내놓으라고 요구하는 등(87.3.15.) 종토 구입을 둘러싼 갈등이 표면화되었다.

애초에는 삭녕 최씨 묘소가 대부분 남원 계수리에 있기 때문에 계

수리에 종토를 구입하려고 했으나, 임실에 위토를 갖길 원했던 종원
들 때문에 임실에도 위토를 구입하였다. 그리고 이것을 최응구, 최경
구, 최진구의 손들이 나눠 갖게 되었다. 이 때 임실에 새로 구입한 위
토가 창인리, 대리, 도봉리 위토이다. 대리 위토를 살 때에도 종원 중
일부가 대리 위토는 최병기에게 좋은 일 시켜주는 것이라며, 불만을
토로하기도 했다. 왜냐하면 대리에 사는 최병기가 위토를 경작할 게
틀림없기 때문이다. 특히 자금이 부족하여 대리 종토는 금액의 일부
를 종원들에게 갹출하였으므로 그 불만은 더 컸던 듯하다(90.2.13.;
90.3.19.). 그러나 결국 대리 위토를 마지막으로 모든 종토의 구입과
등기가 마무리된다.

〈표 2〉 1990년 기준 사종계 종토 현황[18]

위치	구분	규모 (평)	위선 대상	최종명의 변경일	비고
남원 계수리 311-2	종답	1035평	고조양위, 증조부 둘째처	88.2.16	
남원 계수리 311-1	종답	795평	조부양위	89.10.18	
남원 계수리 산 92	종산	5970평	후손을 위한 선산	87.7.9	
남원 계수리 산 93	종산	8910평	후손을 위한 선산	87.7.9	
임실 창인리 91	종답	448평	진구 위토	88.1.29	최창우 경작
임실 대리	종답	671평	증조 양위	90.7.31	최병기 경작
임실 도봉리	종답	475평	경구 위토	87.5.15	최태우 경작

18) 위 종토 현황은 1990년 최내우가 미리 유서를 쓰면서 함께 기록한 내용을 종계
   장부와 대조해가며 재구성한 것이다.

종재를 둘러싼 종계원들간의 긴장과 반목은 자주 목격되었다. 통례공파, 목천공파 종중 회의나 행사에서도 종비 문제로 시비가 벌어지기도 했다(90.4.12.). 8대조 입석 날에는 희사금 문제로 종원들의 불평이 가득했다(90.4.12.). 이러한 갈등은 종중 균열과 약화로 이어질 수 있다.

그런데 최내우 일기에 나타난 대종계와 사종계는 종재를 둘러싼 갈등을 해결하기 위해 '호혜적' 방식을 취하고 있었다. 이러한 갈등은 종계원간의 협상과 타협, 그리고 종국에는 문제를 일으킨 종원의 과오를 덮어버리는 방식으로 해결해나갔다. 과오를 범한 종원을 재판에 넘기는 것은 종중의 명망을 떨어뜨리는 일이므로 대종계와 사종계는 최대한 타협을 보려 애썼다. 그리고 문제를 일으킨 종원에게 사회적 비판을 가하는 선에서 끝냈다. 이에 대해 "뭐, 어쩔 것이여"라는 최성효의 대답은 딱히 뾰족한 방법이 없음을 암시한다. 이는 종중이 혈족공동체로서 갈등을 해결하는 방식이기도 하다.

종재를 둘러싸고 종원들간에 마찰과 긴장만이 목격된 것은 아니었다. 앞서 언급했듯이 종계에서는 어려운 종원에게 종곡을 대부해주거나 위토를 맡겨서 어려운 생활을 이겨낼 수 있도록 도와준다. 일기에는 친목계에서 흔히 보이는 종계원간의 '상호부조', '친목활동'도 눈에 띈다. '종재를 종원들의 여행 경비로 사용한다거나'(73.4.10.), '외지로 이사하는 종원에게 봉투를 해준다거나'(85.4.9.), '종재를 종계원의 조의금으로 활용한다거나'(88.2.8.; 89.6.6.; 93.6.11.) 하는 사례가 이에 속한다. 최병혁 당숙의 집안이 어려워지자, 대종계 총회에서는 최병혁 당숙이 내야 할 종토세 백미 1가마니를 감해주는가 하면(72.1.19.), 도봉리 위토를 짓는 최태우가 위토세를 낼 상황이 안 되자

5두를 삭감시켜 주는(94.1.12.) 등 종계원들의 형편에 맞춰주기도 했다. 따라서 종원들은 자신이 어려울 때 종중이 도와주거나, 외부에서 문제가 생겼을 때 종중과 종원들이 바람막이가 되어줄 것이라는 기대를 가지게 되며, 이를 기반으로 종중이 혈족공동체로 작동하게 된다.

이처럼 종계의 종재 운영은 기본적으로 계약과 원칙에 기반하나, 그 기저에는 공동체의 '호혜성'이 자리하고 있다. 종회는 종재를 둘러싸고 벌어지는 갈등 국면을 끊임없이 타협해가는 자리이기도 하다. 종원이 종토를 팔아먹거나, 빌린 종재를 갚지 않는 등 종중의 공유 재산을 사적으로 유용하는 일이 벌어질 때, '개인 땅을 내놓으라'며, '원금만이라도 갚으라'며 종재의 피해 상황을 최소화하기 위해 협상하고, 타협한다. 이게 관철되지 않을 때에는 결국 어쩔 수 없이 '봐주기'라는 해결 방식을 채택하지만, 그 사람의 사회적 위신은 실추되기도 한다. 이러한 호혜적 방식을 통해 종계원들의 극한 균열을 봉합하고, 종중이 와해되지 않으면서 혈족공동체로 지속하게 된다.

2) 종계에의 참여와 이해의 정치

종중은 특정 시대의 출세한 조상을 파시조로 하여 형성된 친족 조직이다. 종중은 묘역을 정비하거나, 제각이나 비를 건립하거나, 문집이나 파보를 간행하거나, 시제 등의 의례를 치르는 등 종중의 상징성을 개발하여 종중의 위세를 드높이고자 한다. 종중이 모시는 파시조는 대부분 양반인 경우가 많아, 종중은 주로 양반 세력과 관계되어 있다. 그러나 중인 가문에서도 종중이 형성되기도 하고(백옥경, 2014), 출세한 조상이 아닌 무명시조의 경우 지명을 문중명으로 하는 사례도 있다(이광규, 1990).

최내우 일기에 나타난 대종계, 사종계는 조상의 시제를 위해 후손들이 위토를 장만하면서 형성된 경제적 결사체로서, 종계의 상징 활동은 통례공이나 목천공 위선과 관련되어 전개되었다. 현재 사옥공종중은 지명이름을 따서 '창인대리사옥공종중'으로 불리기도 한다. 성보공종중, 사옥공종중은 종토의 법적 등기를 위해 만든 이름에 불과하다. 두 종계의 종중 정체성은 통례공파, 목천공파에 있다. 종계에 해당되는 묘사는 지명 이름을 따 '연산묘사', '계수리묘사'라고 불리었다. 최내우는 종계가 관리하는 위토의 조상을 8대조, 7대조라 칭하였으나, 남원대종중을 향해서는 통례공, 목천공이라 불렀다.

김창민(2001: 194)은 종중이 중심 조상부터 현재 살고 있는 후손까지 모든 조상과 친척을 포괄하는 통시적 조직이라면, 종계는 현존하는 친척들로만 구성된 공시적 조직이라고 언급한 바 있다. 일기에 나타난 대종계와 사종계가 최내우 아들 대에도 여전히 현존하고 있으나, 이는 조상의 시제를 모시기 위해 결성된 공시적 결사체라 할 수 있다. 일기에 나타난 통시적 친족 조직은 통례공과 목천공을 중시조로 하는 종중이다. 대종계와 사종계는 통례공파, 목천공파의 번창과 지속을 위해 필요에 따라 종원들에게 가끔 물질적인 도움을 주지만, 이 두 종계의 운영 목적은 4~8대 조상의 위선에 있다.

하지만 두 종계가 통례공파, 목천공파 종중의 위세를 강화하고, 8대조에 이르는 조상의 위선을 위해서만 운영된 것은 아니다. 앞서 언급했듯이 두 종계는 현존하는 종계원들의 친목과 상호부조 등 종계원의 이해에 부합된 활동을 중요하게 여겼다. 본 연구자들은 최내우 일기를 읽으면서, 최내우가 왜 그토록 종중 활동에 매진했는지를 생각하지 않을 수 없었다. 그의 장남은 아버지의 성격 탓으로 이야기하였으나, 투철한 종중 의식, 강한 희생정신만으로 최내우의 활발한 종중참여를 설명하기는 어렵다. 공시적 조직으로서의 종계가 종계를 구성하는 현재 구성원들의 이해관계에 부합되지 않고서는 이에 대한 실마리를 풀 수 없을 것이라 생각했다.

대종계와 사종계에 참여하는 이들은 종중 활동의 근거지인 임실(창인리, 대리 등)이나 남원(계수리)에 거주하지 않고, 타지로 이주한 이들이 많았다. 종손조차도 전주에서 살다가, 서울로 이사하였으며(82.1.31), 80년대 25명의 사종계원 가운데 임실을 떠나 사는 계원들이 13명이나 되었다. 두 종계는 삭녕 최씨 조상을 지속적으로 모실 수 있는 경제적 토대이면서, 종계원들에게는 종중 의식을 고취시켜 자부심을 갖게 하고, 종중 결속을 강화시키는 계기가 된다. 그런데 이러한 종중 결속은 통례공파, 문중공파라는 문중(가문) 의식에서 비롯되기도 하겠지만, 종원들의 현재의 이해와 관계되어 있다는 점을 무시해서는 안 된다.

종곡을 빌려주는 사례를 보자. 종곡을 빌려주는 것은 종중의 재산을 늘리려는 노력이다. 그러나 종곡이 재산증식을 목적으로만 운영된 것은 아니었다. 70년대에는 종계원들이 서로 종곡을 활용하려 했던 것으로 보인다. 다음은 이를 유추할 수 있는 일기 내용이다.

"성규에게 백미 10입을 빌려주기로 했다. 그러나 기간은 2년만이다. 그 후에는 보성댁 당숙에게 돌아간다. 그 후에 다시 성규에게 빌려주기로 했다"(71.1.7.)

"성규 72두, 내우 13두, 보성당숙 26두로 총 11입 1두가 들어왔다.

10입은 내가 다시 연 3할로 빌리기로 했다"(71.1.7.).

"창우 집에 가서 종곡을 달라고 하니, 없다고 했다. 창우에게 성길
조 5입 4두를 병기 당숙에게 넘겨주라 했다"(78.3.2.).

일기에는 종계원 전원이 종곡을 이용한 것 같지는 않으며, 7~8명
정도가 종곡을 활용한 것으로 보인다. 그런데 위 내용처럼 종곡을 빌
려주는 것에도 순서나 원칙이 있었던 듯하다. 종곡을 일정 기간 사용
한 후에는 이를 갚아 다음 종원이 사용토록 했다. 1970년대 곤궁했던
상황에서 종계원 가운데 종곡을 가져다 쓰고 싶은 이들이 여럿 있을
때 이러한 원칙을 정하지 않으면 안 되었을 것이다. 종곡을 빌려주는
일은 종재의 식리를 꾀한 목적도 있으나, 종계원을 구휼하는 데에도
어느 정도 영향을 미쳤을 것으로 생각된다.

앞서 종재를 둘러싸고 종원들의 숱한 요구와 이해를 살펴보았다.
추석날 최우호 산소에서 벌어진 논쟁도 그 한 예이다. 최우호의 제사
나 차례를 종손 최성길이 아닌 그의 동생 최성규가 준비하는 것을 못
마땅해 한 최병기 당숙은 최우호의 산소에서, 최성길에게 최우호 제
사를 가져가라고 했다. 그러자 최성길은 최병기 당숙이 짓는 위토세
2가마니 중 1가마니를 자기에게 주면 그것으로 제사를 지내겠다고
하자, 최내우는 제사 비용을 받고 제사를 지내겠다는 최성길이 종손
의 자격도 없다고 비판하는 말을 일기에 늘어놓았다(82.10.1.). 이 얘
기는 이후에도 몇 차례 언급된다(82.12.4.; 83.4.19.). 자신의 집안제
사인 종증조부 제사를 종재로 지내려 한 것에 발끈한 것이다.

임실에 거주한 종계원들은 종곡을 활용하거나, 종답을 짓는 등 종
재에의 접근이 외지에 나가 사는 종계원보다 수월했고, 그래서 이해

관계에 더욱 민감하게 반응했다. 최성규는 종곡을 자주 이용했고, 대리와 왕판 종토도 경작했다. 종손 최성길은 동생 최성규의 위토 매매 건을 묵인해주자고 제안했다. 종산이 군부대로 편입되자 자기 땅을 종토로 구입하라는 최병기, 최병갑, 최병열 등의 종원들의 요구도 꽤 빗발쳤다. 임실에 사는 최창우, 최병기, 최중기 등은 임실 내 위토 구입을 요구하였고, 이를 관철시켰다. 관촌과 가까운 전주에 살았던 최성길은 사채업에 종곡을 활용하여 이득을 꾀했다. 최내우 역시 왕판 종산을 경작하였지만, 종중에 별도의 수확료를 내지 않았다. 그는 종산을 이용하는 것에 대한 자신의 요구가 매우 정당하다고 인식했다. 그는 방앗간을 운영하면서 종곡의 입출상황을 자세히 기록했고, 이에 대한 의견을 적극적으로 개진하였다. 특히 최내우는 대종계, 사종계에서 활동하는 종원들 중 가장 나이가 많아[19], 어른으로서의 입장을 관철시키는 데 유리했을 것이다. 〈그림 5〉는 대종계 중 정회원 18명의 묘사 참석 비율을 나타낸 것이다. 묘사 참석 비율이 높은 회원은 임실에 거주하거나 임실과 가까운 완주, 전주에 거주한 이들로, 종재를 둘러싸고 목소리를 낸 종계원들과 일치한다. 즉 임실이나 인근에 거주하는 이들은 종곡이나 종답에 접근할 수 있는 기회가 높았고, 이해관계에 민감하게 반응할 가능성도 컸다.

---

19) 1993년 서울 삭녕최씨 대종회에서 70세 이상의 종원 명단을 작성하기 위해 남원 종중에 명단을 요구했다. 그래서 남원에서 임시총회를 소집했고, 회의에 다녀온 최내우는 그 날의 일기에 '우리 종파에서 70세 이상이 자기 혼자였다'고 기록했다 (93.2.2.).

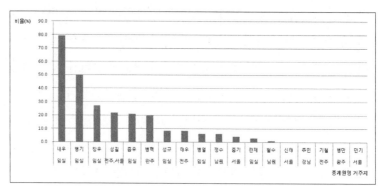

<그림 5> 종계원의 묘사 참석 비율

　이들이 종재를 둘러싸고 목소리를 낼 수 있었던 것은 종계원으로서 종비를 납부하고, 종중의 위선 행사에 적극적으로 참여한 데에 기인하였을 것이다. 최내우는 묘사를 거의 빠짐없이 참석하였으며, 이장(移葬) 및 비석 제작, 비문 편찬 등의 작업을 거의 주도하였다. 위토를 남몰래 매매하고, 종곡 채무를 갚지 못해 종원들의 애를 태웠던 최성규는 종손인 형을 대신해 제사나 명절 차례를 성실하게 지냈다. 자기 땅을 종토로 구입해갈 것을 강하게 요구했던 최병기는 종계원 가운데 묘사 참석 횟수가 가장 많은 인물이다.

<그림 6> 남원 계수리 선산(종묘)

<그림 7> 2016년 대종중 묘사

종계는 조상의 위선을 위해 형성된 경제적 결사체로, 현존하는 친
척들로부터 일정한 금액을 걷어 운영되는 조직이다. 종계원들은 종계
의 회비나 별도의 기금 마련에 참여해야만 하며, 종중 위선 사업에도
관심을 가져야 한다. 이러한 의무를 적극적으로 이행한다는 것은 그
만큼 발언권도 강해지며 또한 자신과 관계되어 있는 것도 많아 개인
적인 이해에 민감할 수밖에 없음을 시사한다.

3) 종재와 종계의 사회적 연망

아래 일기 인용문은 종곡을 빌린 삭녕 최씨 종계원이 자신이 빌린
종곡을 다시 마을 사람들에게 빌려줬음을 유추할 수 있는 내용이다.
즉 대종계, 사종계의 종곡 이용 범위가 최씨가 아닌 마을 사람들에게
까지 확장되고 있는 것이다.

"裵仁湧 氏는 崔成奎 條(宗穀) 4叺을 會計햇다. "(71.1.15.)
"成奎 會計는 宗穀 12叺 中에서 柳正進에 奉來로 6叺 주고 工場에서
成金 便에 1叺 주고"(73.4.10.)
"食後에 成奎을 오라고 햇다. 大宗穀을 會計한바 75년 末 現在로 倂
利해서 成浩는 10叺8升 乃宇는 6叺 7斗 6升 8合 計 16叺 8斗 2升 8合
으로 算出햇다. 그려면 75년 2月 10日 安吉豊 氏에 白米 6叺 5斗을 成
奎 條로 넘겨준 것이 元利 合해서 8叺 4斗 5升엿다."(76.1.8.)
"林澤俊 19斗 金長映 15斗 成吉 條 2叺 計 5叺 4斗을 堂叔에 넘겨주
라고 햇다."(78.3.2.)

위에 기록된 배인용, 유정진, 안길풍, 임택준, 김장영 등은 모두 마
을 주민이다. 이들은 최씨 종계로부터 직접 종곡을 가져다 쓴 것은 아

니다. 마을 주민들이 종계원과 개인적으로 종곡을 거래한 것이다. 하지만 종계 장부에는 마을 주민이 종곡을 갚거나, 혹은 종곡을 가져다 쓰려 할 때, 자신이 사용하려 하는, 또는 사용했던 종곡의 출처가 종원 누구와 관계되어 있는지 기록되어 있다. 최성규는 배인용, 유정진, 안길풍과 종곡 거래를 하였다. 그리고 최창우와 최내우의 당숙은 임택준, 김장영과 거래를 하였다. 당장의 현금이 필요하거나, 경제적으로 궁핍해진 마을 주민은 최씨 종원 개인에게 금전을 부탁하는 일이 생겼을 것이다. 종원은 그에게 빌려준 금전이 개인의 것이 아니라 최씨 종중의 것, 즉 '종곡'임을 밝히고 빌려준다. 이 때에도 종곡의 이율을 적용한다.

우리는 이 사실을 통해 70~80년대 최씨 종계 종곡이 마을 주민이 급전이 필요할 때 구휼 기능을 부분적으로나마 담당했음을 알 수 있다. 일기에서 마을 주민이 종원과 거래한 금전의 규모는 적은 액수가 아님을 알 수 있다. 배인용은 4가마니, 안길풍과 유정엽은 6가마니, 임택준은 약 2가마니 규모의 금전을 빌렸다. 농협과 같은 공적 금융기관을 이용할 수 없는 주민들에게, 고금리 사채가 부담인 주민들에게, 이보다 이자가 낮은 최씨 종중 종곡은 조금이나마 마을 주민들이 경제적 곤궁에서 벗어나도록 도움을 주었을 것이다.

이처럼 종곡은 최씨 종중의 혈족공동체를 농촌 마을 내 주민간의 '지연공동체'와 연결시켜 주는 역할을 하고 있다. 최씨 종중을 위해 운영되는 '종곡의 공동체'는 농촌 마을 내 지연적 연망에 맞닿아 있다. 최내우 일기를 통해 농촌 주민의 금전 거래를 분석한 이성호 · 안승택(2016: 27~28)은 농촌사회의 공동체적 친밀성은 돈거래를 위한 신용의 바탕을 이룬다고 주장하였다. 마을 공동체의 성원으로 살아간다는 것은 이웃에서 빚을 얻을 수 있는 자격을 얻는 일에 다름 아니라는 것이다. 마을 주민들은 빚을 통해 거의 꼼짝달싹할 수 없는 '빚의 공동체'를 만들어갔다. 이 해석은 종곡 운영에도 적용된다. 즉 혈족공동체는 종곡 거래를 위한 바탕을 이루며, 종곡과 관계된 빚의 공동체는 혈족공동체뿐만 아니라 마을공동체까지 확대되어 이들을 중첩적 연계망으로 끈끈하게 엮어주고 있다.

한편, 종묘나 위토가 타 지역에 있는 경우, 묘사를 지낼 때 산지기나 그 마을사람의 도움을 받아야 한다. 이 때 종토를 둘러싸고 마을을 넘어선 사회적 연망이 작동한다. 그 마을에 종원이 거주할 경우, 그 종원을 매개로 마을들이 서로 엮이는 네트워크 연망이 구축된다. 그런데 종원이나 마을 주민들이 점점 도시로 이주를 하여 사회적 연망을 이어나갈 사람이 줄어들면서 산지기나 위토답의 소작인을 구하기가 갈수록 어려워지고 있다.

대종계에서는 5~8대 조상의 묘사를 지낼 위토를 전남 곡성, 남원 계수리, 충남 광석리, 남원 대율리 등에 장만하였다. 그리고 각 위토마다 산지기가 고용되어 있었다. 타성(他姓)에게 위토를 임대하여 소작을 시키던 관습은 조선조 묘직(墓直)이라 부르는 노비들이 묘전(墓田)을 경작하던 조선조의 전통에서 비롯되었다고 한다. 그러나 이제는 산지기로서 소작을 하는 사람도 많이 줄어들어 넉넉하지 못한 종원이 위토를 경작하는 경우가 많아졌다(이광규, 1990: 208).

신평면 내 왕판 종산, 창인리, 대리, 도봉리 등의 위토 역시 모두 사종계원이 경작했다. 하지만 5~8대조 묘사를 위한 위토는 먼 지역에 위치했기 때문에 그 마을에서 산지기를 구해야만 했다. 종중이 소유한 종묘나 위토가 종원들이 살지 않는 농촌 마을에 위치할 경우, 종중은 종토가 있는 마을과 관계를 맺지 않을 수 없다. 가장 핵심이 되는 인물이 바로 산지기이다. 최내우의 5~8대조의 위토를 짓는 산지기는 최씨 종중의 종산을 관리하고, 묘제가 열릴 때마다 제물 등을 준비했다. 그리고 위토 경작에 따른 일정액의 토지세를 종중에 냈다. 최내우는 한식날에는 거의 빠짐없이 충남 계룡시 엄사면 광석리의 7대조 '연산 묘사'에 참석하였다. 최내우는 묘사가 끝나고 산지기 최씨로부터 토지세를 받아 일기에 기록하였다.[20] 〈표 3〉은 충남 광석리와 남원 대율리의 산지기로부터 받은 토지세를 정리한 것이다. 토지세는 백미의 시장 가격을 적용하여 현금으로 받았다.

〈표 3〉 위토세 수입 현황

7대조 위토세			8대조 위토세		
날짜	토세	비고	날짜	토세	비고
1970.4.17	4,600원	8두			
1971.4.6	3,500원	5두			
1972.4.6	3,500원	5두			
1974.4.6	7,000원	5두	1974.11.28	6,400원	2두
1975.4.6	8,500원	5두	1975.11.20	10,000원	
1976.4.5	10,500원	5두	1976.11.20	10,000원	
1977.4.6	12,000원	5두	1977.11.26	9,200원	2두
1978.4.6	13,500원	5두	1978.11.13		기록없음
1979.4.6	17,500원	5두	1979.11.30	15,000원	

20) 최내우가 연산 묘사를 지낸 곳은 충남 계룡시 엄사면 광석리이다. 조선조에 연산이라는 지명으로 사용되어 '연산'이라 칭하였다. 최내우는 1970년부터 1994년까지 1981년 한 해만 빼고 연산 묘사에 참석한 것으로 나타났다.

1980.4.5	20,000원	5두	1980.11.23	10,000원	
1981.		기록없음	1981.11.16	20,000원	
1982.4.6	28,000원	5두	1982.11.30	10,000원	가뭄피해
1983.4.6	33,500원	5두	1983.11.17	20,000원	4두
1984.4.5	31,000원	5두	1984.11.5	15,000원	
1985.4.7	35,000원	5두	1985.11.25	26,000원	
1986.4.6	40,000원	5두	1986.11.15	28,000원	4두
1987.4.6	40,000원	5두	1987.12.4	37,000원	5두
1988.4.5	40,000원	5두	1988.11.22	36,000원	4두
1989.4.6	43,000원	5두	1989.11.12	34,000원	4두
1990.4.6	50,000원	5두	1990.11.30	30,000원	
1991.4.5	50,000원	5두	1991.11.19	30,000원	

〈표 3〉에서 알 수 있듯이 1984년 11월 5일에는 원래 약속한 백미 4말 가격보다 적은 금액을 받았다. 산지기가 위토 수로를 설치하느라 5일간 작업을 했기 때문이다. 위토 수로를 놓는 일은 최씨 종중 전답에 이익이 되므로, 산지기는 토지세에 자신의 인건비를 적용했던 것이다(84.11.15.). 위토 인근에 지하수를 파 물을 공급하는 관정 설치비도 종중이 부담했다(92.11.8; 92.12.17.).

산지기와 종중은 기본적으로 경제적 거래 관계이다. 산지기는 종산을 관리하고 묘사를 준비하며 일정액의 토지세를 부담하는 대신, 위토 경작에 따른 수확물을 획득한다. 최성효에 의하면 산지기가 손해를 보면서까지 위토를 경작하는 일은 없다고 한다. 그러나 산지기가 종중과 맺는 경제적 거래는 사회적 호혜 관계에 바탕하고 있다. 산지기에게 토지세를 부과하는 방식은 상황에 따라 유동적이다.

묘사 제물을 정성스럽게 준비한 대가로 토지세를 감해주는가 하면 (70.4.17.), 토지세를 아예 부과하지 않기도 한다(91.11.19.; 93.4.5.). 가뭄이 든 해는 토지세를 깎아 주고(82.11.30.), 별도의 일을 부탁하고는 수고비를 전하기도 했다(81.1.28.). 5, 6대조 묘사의 종답에는 아예 토지세를 부과하지 않았다. 그 까닭은 경작지 면적이 적어 묘사 준비만으로도 충분하다고 생각했기 때문이다.

농촌에서 산지기를 하겠다고 나서는 사람이 드물었기 때문에 종중은 산지기와 호혜적 관계를 유지하기 위해 애썼다. 토지세를 인하하거나, 아예 받지 않았을 때 발생할 약간의 경제적 손실을 감수하고서라도 종중은 위선에 지장이 생기지(미치지) 않도록, 다시 말해 산지기 활동이 중단되지 않도록 노력하지 않으면 안 되었다.

1970년 연산 묘사를 지내러 충남 광석리 마을을 찾은 최내우는 제물을 보며 전년에 비해 성의껏 준비한 것에 흡족해한다. 최내우는 산지기 최대길에게 다음 해부터 백미 5말로 인하해주는 대신 제물을 좀 더 많이 정성껏 준비해달라고 요구한다. 그리고 이듬해인 1971년부터 1991년까지 무려 20년 간 쌀 다섯 말 가격의 토지세를 유지한다. 그러나 최씨는 1984년 연산 묘삿날 산지기 일을 그만두겠다며, 후임을 구하여 데려오겠다고 한다(84.4.5.). 최씨는 이듬 해 변씨라는 새로운 인물을 소개시켜 준다(85.3.11.). 그런데 변씨가 성에 차게 일을 하지 않은 모양이었다. 최내우는 최씨에게 다시 산지기를 부탁하려고 그의 집을 찾았으나 최씨는 자리를 피했다(93.4.5.). 최대길은 끝까지 산지기 일을 승낙하지 않았다. 어쩔 수 없이 최내우는 변씨라는 사람에게 토지세 5말을 없애는 조건으로 산지기 일을 계속할 것을 합의한다. 최내우는 그 날 일기에 변씨를 '양심없는 사람'이라 칭하며 언짢

은 마음을 표현했다. 하지만 객지라서 부탁할 사람이 마땅치 않은 상
황이라 밑지는 셈 치고 응할 수밖에 없었다(93.4.5).

남원 대율리 산지기 형씨도 일을 그만두겠다고 하여 최내우는 후
임을 구해달라고 부탁한다(84.11.5.). 이듬해 산지기가 바뀌었는지는
일기에서는 알 수 없었으나 1992년 산지기가 다른 이름인 것으로 보
아 그 사이에 바뀐 것으로 추정된다. 1992년도부터는 산지기로부터
받아 왔던 토지세를 받지 않기로 결정했다(91.11.19). 1992년도에 산
지기는 위토에 물을 수월하게 댈 수 있도록 최씨 종계에 지하수를 파
는 '관정(管井)' 설치를 요구한다. 산지기는 관정을 설치해 주지 않으
면 위토를 짓지 않겠다고 했다(92.11.8.). 그래서 6대조 묘사 후 회의
에서 관정에 관한 안건을 논의한 후(92.11.9), 관정을 설치해 주었다
(92.12.14.; 92.12.17.; 92.12.21.; 93.2.6.).

그렇다 하더라도 종중이 산지기 비위를 맞춰주기만 한 것은 아니
다. 사실 연산 묘사를 맡아 위토를 경작하던 최대길이 그만둔다고 해
도 최내우 종중으로서는 할 말이 없었다. 여기에는 나름의 사연이 있
다. 1940년경 충남에 있는 7대조 위토를 최석윤의 증손이 팔아버린
일이 있다(70.1.10.; 70.4.16.; 73.11.14.). 그가 앞에서 언급한 비얌정
할아버지이다. 그 위토를 최대길이 짓고 있었으나, 위토가 다른 사람
에게 넘어가버리자, 산지기 최씨는 더 이상 삭녕 최씨의 종산을 관리
하지 않아도 되었다. 그러나 그는 광석리에 새로운 위토가 마련되기
전까지 무려 15년간 7대조 묘소를 돌봐주었다. 해마다 벌초를 해 준
것이다(70.4.16.). 위토는 끊겼으나, 최대길은 종중과의 호혜적 관계
를 이어나간 것이다.

산지기는 벌초나 제물 준비 등의 업무뿐만 아니라 삭녕 최씨 종중

과 관계한 여러 가지 일들을 도와야 했다. 산소 주변의 입목을 잘 가
꿔야 했고(70.2.13.), 묘사 전날 최씨 종원들이 마을에 도착할 경우 하
룻밤을 묵게 했다(71.11.27.; 77.4.6.; 77.11.28.; 80.11.22.; 80.11.24.;
83.8.14.). 임야대장, 조림 등의 서류 업무를 떠안기도 했다(70.3.7.;
79.1.22). 특히 종중에서는 묘사의 제물 차림을 중요하게 여긴데다
(70.4.17.; 78.11.15.; 80.11.25; 82.11.30.; 92.11.8.; 93.11.26.), 묘
사에 참가한 모든 사람들에게 음복상을 싸주는 게 관례였으므로
(89.11.13.), 산지기는 제물 준비에 신경을 쓰지 않을 수 없었다. 산
지기를 그만둔 후에는 위토 경작과 묘사 운영에 지장이 없도록 후임
을 구해주었다. 종중은 조상을 주축으로 형성된 집단이고, 종중의 가
치는 조상을 모시고 받드는 것에 있으므로 제비(祭費)의 원천이 되는
위토를 경작하고, 묘산의 관리와 묘사 운영을 돕는 산지기는 종중에
서 무시할 수 없는 존재이다. 과거에는 산지기를 하려는 사람이 많았
기 때문에 산지기와의 관계를 종중이 주도하였으나 이제 산지기를 하
려는 사람이 거의 없어 종중이 대체로 산지기의 요구사항을 들어주는
경향이 〈창평일기〉에서도 잘 나타나고 있다. 산지기와 종중의 호혜적
관계는 산지기에 유리한 방향으로 바뀌었고, 산지기의 역할도 이전과
비교하여 묘사와 관련된 일로만 한정되는 경향이 있이 묘사를 매개로
한 종계의 사회적 연망은 갈수록 약화될 것으로 전망된다.

5. 결론

지금까지 농민 최내우 일기와 종중 회계 자료를 통해 농촌 마을에

서의 종재 및 종계 운영 양상을 살펴보고, 1970~80년대 종계가 종중을 넘어서 어떤 의미를 지녔는지를 분석하였다. 최내우는 삭녕 최씨 통례공파 16세손, 목천공파 13세손으로 '삭최(문의 필요)'에 대한 자부심이 높았고 종계 활동에도 매우 적극적이었다. 그가 관여한 종계는 '남원임실대종계'와 '고조이하사종계'이다. 전자는 최내우의 5~8대조를, 후자는 4대조를 모시기 위해 조직되었다. 이 두 종계는 묘사 등의 숭모 활동에 수반되는 경제적 비용을 종답과 종곡 운영을 통해 충당해나갔으며, 종재를 불리기 위해 종원들에게 이자를 받고 빌려주기도 했다.

이 연구는 종재 및 종계가 종중의 의례를 수행하는 데 필요한 부수적인 경제적 토대, 그 이상의 다양한 정치적, 사회적 함의를 지니고 있음을 보여주고 있다. 본 논문에서 다룬 정치사회적 의미를 세 가지로 정리하면 다음과 같다.

첫째, 종재를 둘러싸고 종원들간에 반목과 긴장이 나타나는데, 이를 해결하는 데 혈족공동체로서의 호혜성 관념이 중요한 역할을 한다. 종계는 계약과 원칙에 기반하여 종재를 운영하지만, 종재를 놓고 갈등이 벌어질 때 끊임없는 타협, 협상, 조정의 과정을 거쳐 극심한 균열을 봉합하고, 혈족공동체로서의 종중이 지속되도록 한다.

둘째, 종계가 현존하는 친척들로만 구성된 공시적 조직이라는 점에 주목하면서, 종재가 종계원의 현재적 이해관계에 밀접하게 맞닿아 있음을 확인하였다. 종곡을 빌려다 쓰거나, 종답이나 종산에 농사를 짓거나, 종산이 개발되는 과정에서 종계원들은 자신의 이해에 민감하게 반응한다. 그런데 종재를 둘러싼 이해의 정치를 펼치는 이들은 주로 도시로 이주하지 않고 농촌마을에 남아 종중활동에 적극적으로 참여하는 종계원들임을 알 수 있었다.

셋째, 종재와 종계 운영이 마을 안팎의 사회적 연망으로 확장되어 작동하고 있었다. 마을 주민의 종곡 이용을 통해 종재가 종중의 범위를 넘어 마을 내 지연공동체 단위에서 작동할 뿐만 아니라, 묘산과 위토 운영 과정을 통해 다른 지역의 산지기 및 그 마을과 관계를 맺으며 광역적인 사회적 연망이 구축되고 있음을 확인하였다. 즉 종계가 종중을 넘어 마을 안팎의 확장된 관계 속에서 사회적 역할을 수행하고 있는 것이다.

이 글은 70~80년대 농촌을 단위로 운영되었던 종계를 농촌의 시대적, 사회적 맥락 속에서 들여다봐야 한다는 문제의식에서 출발한다. 이 연구는 종계를 종중이 유지 · 지속되도록 경제적 뒷받침을 하는 조직으로만 접근해서는 종계의 역할과 의미를 제대로 파악할 수 없음을 보여준다. 종계는 마을공동체와 광역적 연망을 통해 지역의 집단을 연결하고 묶어주는 역할을 한다. 즉 종중의 경제적 토대를 넘어 지역의 사회적 연망을 촉진하는 기제이다.

참/고/문/헌

• 김광억. 2012. 『문화와 정치와 지역사회의 권력구조: 안동과 안 동김씨』. 서울대학교출판문화원.

• 김봉곤. 2013. "智異山圈(南原)士族 朔寧崔氏 家系記錄과 通婚 圈." 『고문서연구』, 42(0): 147-175.

• 김일철 외. 1998. 『종족마을의 전통과 변화: 忠淸南道 大湖芝面 桃李里의 事例』. 백산서당.

• 김창민. 2001. "시제를 통해 본 문중과 친족계 : 진도 세등리의 사 례." 『지방사와 지방문화』, 4(1): 173-199.

• 金宅圭. 1979. 『氏族部落의 九條硏究』. 一潮閣.

• 문옥표 외. 2004. 『조선양반의 생활세계: 義城金氏 川前派 고문 서 자료를 중심으로』. 백산서당.

• 박자영. 1991. 『門中組織의 性格과 그 變化에 관한 硏究 - 位土의 運營을 中心으로-』. 서울대학교 대학원 인류학과 석사논문.

• 배영동. 2005. "안동 오미마을 풍산 김씨 『世傳書畵帖』으로 본 문 중과 조상에 대한 의식." 『한국민속학』, 42: 195-236.

_____. 2009. "선산김씨 문중활동의 지역문화적 의의 : 文簡公派 를 중심으로." 『지방사와 지방문화』, 12: 175-223.

• 백옥경. 2014. "朝鮮 後期 牛峰金氏 가문의 門中形成과 宗稧 : 繼 仝公派를 中心으로." 『역사민속학』, 46: 271-310.

• 안승택. 2014. "한 현대농촌일기에 나타난 촌락사회의 계(契) 형 성과 공동체 원리." 『농촌사회』, 24(1): 7-44.

• 여중철. 1973. "同族集團의 諸機能 -慶北 月城郡 江東面 良洞里

를 中心으로."『한국문화인류학』, 6: 109-130.

- 유명기. 1977. "同族集團의 構造에 關한 硏究: 全羅南道 羅州郡 山浦面 明好里의 事例."『人類學論集』, 3: 3-33.

- 이광규. 1990.『韓國의 家族과 親族』. 민음사.

- 이대화. 2010.『20세기 김천지역 연안이씨 종중의 지속과 변화』. 한국학중앙연구원 한국학대학원 박사학위논문.

- 이상균. 2015.『서울 근교 종중과 종중재산의 변용: 반남박씨 서계공파를 중심으로』. 한국학중앙연구원 박사학위논문.

- 이성호. 2013. "반공국가 형성과 지역사회의 변화:「월파유고 (月波遺稿)」의 한국전쟁기 기록을 중심으로."『지역사회연구』, 21(1): 1-24.

- 이성호 · 안승택. 2016. "1970-80년대 농촌사회의 금전거래와 신용체계의 변화:『창평일기』를 중심으로기획을 중심으로."『비교문화연구』, 22(1): 5-51.

- 이연숙. 2007. "양반마을의 門中儀禮와 宗族意識: 아산시 송악면 외암리 禮安李氏의 사례."『사회와 역사』, 75: 5-35.

- 이정덕 외. 2012.『창평일기 1』. 지식과 교양.

_____. 2012.『창평일기 2』. 지식과 교양.

_____. 2012.『창평일기 3』. 지식과 교양.

_____. 2013.『창평일기 4』. 지식과 교양.

_____. 2013.『창평일기 5』. 지식과 교양.

- 李昌基. 1977. "동족집단의 기능변화에 관한 연구."『한국사회학』, 11: 77-94.

_____. 2004. "대도시지역 부계혈연집단의 조직."『민족문화논

총』, 29: 315-348.

_____. 2011. "영해 원구리 영양남씨의 문중조직과 종족활동." 『민족문화논총』, 49: 499-536.

_____. 2014. "영해 도곡리 무안박씨의 문중조직과 종족활동." 『민족문화논총』, 49: 211-253.

• 이창언. 2013. "도시화와 종족활동의 지속과 변화: 경산현 지역의 종족집단을 중심으로." 『실천민속학연구』, 21: 129-161.

• 정승모. 2006. "조선후기 문중형성과 문중계 운영방식." 『역사민속학』, 23: 61-92.

• 조강희. 1988). "都市化過程의 同姓集團研究: 大邱地域 한 門中의 構造的 變化." 『民族文化論叢』, 9: 271-294.

• 지승종 외. 2000. 『근대사회변동과 양반』. 아세아문화사.

• 최재석. 1987. "離村과 親族의 變化 : 한 村落社會에서의 事例研究." 『한국사회학』, 21: 215-240.

• http://www.sakchoi.com (삭녕최씨전국대종회 홈페이지, "남원의 선조유적", 2016.6.17.)

제9장

압축근대화 시기 남성 중·노년기 질병경험과 대처방법의 시계열적 변화:

『창평일기, 1969-1994』를 중심으로

공은숙

1. 연구의 필요성과 목적

넓은 의미에서 노화는 생명체가 탄생하여 사멸하기까지 지속되는 퇴화과정이며 결과는 죽음이다. 인간의 경우 신체기능은 20-25세를 절정으로 하여 점차 감퇴되는 현상을 보이며, 말년기에 이르면 더욱 악화되는 경향이 있다(최영희 외, 2014). 중년기 여성들처럼 극적인 호르몬 변동으로 인한 폐경기의 현저한 신체적 노화가 나타나지는 않지만, 중년기 남성도 지속적으로 신체노화를 경험한다. 또한 결혼생활이나 직업, 경제문제, 자식문제, 인간관계 등에서 다양한 변화를 경험하게 되고 이러한 변화가 신체적 정신적 영역에도 영향을 미쳐 결국 여러 가지 질병이나 사고로 이어진다.

중년기나 노년기 남성들을 대상으로 질병에 대한 연구들이 이루어지고 있지만 한 남성의 중년기와 노년기에 걸친 방대한 일기를 통해 나타난 시계열적인 질병체험의 변화를 연구한 논문은 아직 한국에서 찾아보지 못했다. 『창평일기 1-4』(이정덕 · 김규남 · 이성호 · 소순열 외, 2012-2013)는 한 사람이 겪은 경험들을 중노년기에 걸쳐 매일 기록해 놓은 자료로서 질병에 대한 기록들이 많이 나타나고 있어 개인의 질병에 대한 생애체험을 들여다 볼 수 있는 좋은 자료이다.

질병과 건강에 대해 이십년을 넘게 가르쳐온 본 연구자는 일기를 읽으면서 질병과 관련된 체험들이 상세하게 자주 기록되어 있고 생애사의 변화에 따른 질병과 건강의 변화가 잘 나타나 있어 여러 가지 호기심이 생겼다. 46세부터 71세까지 약 26년 간의 오랜 기간 일기를 써왔기 때문에 중노년기의 변화에 따라 질병과 건강의 변화가 어떻게 나타나는가? 질병과 건강의 변화에 어떤 흐름이 있을까? 구체적으로 어느 시기에 어떤 질병과 증상들이 나타났을까? 증상과 질병을 어떻게 체험하고 어떻게 대처하였을까? 1969년부터 1994년까지 근대화가 압축적으로 진행되던 시기에 관련 의료보건체계들이 어떻게 변하였고 이를 어떻게 활용하였을까?

본 연구자는 일기에 나타난 대상자의 중년기와 노년기의 일상생활 기록 중 질병과 관련된 자료만을 추출하고 탐색함으로써 대상자가 중노년기 일상에서 경험하는 신체 및 심리정신적 증상과 건강변화, 그리고 질병경험에는 어떤 것들이 있는지 살펴보고, 증상을 완화하기 위한 질병대처양상을 살펴보고자 한다. 또한 본 연구자는 이러한 변화의 흐름을 제시하고, 인간의 중노년기에 보편적으로 나타나는 건강변화에 대해 논의하고자 한다.

2. 연구자 성찰

본 연구자는 지금 막 60대에 들어서는 노인간호학자로서 중년기와 노년기에 나타나는 기본적인 신체적, 심리 · 사회 · 문화적인 면을 체험하고 있으며, 이러한 과정에서 나타나는 의미와 인식을 해석해내는 데도 관심을 가지고 있다. 중년기에서 노년기로 넘어가는 시점에 있는 연구자는 눈과 몸이 쉽게 피곤해지고, 청력이나 목소리가 약해지며, 기분이 언짢은 때가 종종 나타나는 것을 체험하면서 늙어간다는 사실을 인식하고 있다. 이러한 노화과정을 통해 인간은 점차 신체가 약화되어 죽음에 이르는 것으로 느끼고, 이에 따른 여러 가지 심난함도 경험하고 있다. 또한 노인간호학을 전공하면서 수많은 노인들의 건강과 질병을 조사하고 탐색해 온 연구경험을 통해 창평일기에서 간단하게 명시된 질병과 건강의 변화에 대한 내용들을 보면서도 전후맥락을 쉽게 이해할 수 있었다.

언어는 인간의 경험을 드러내는 도구이며, 이를 통해 경험의 의미와 구조에 대해 파악할 수 있게 된다. 그러나 언어는 개인의 인지기능, 교육정도, 사회문화적인 배경, 또는 지정학적인 배경 등 인체의 내적 외적 환경에 의해 다양한 영향을 받게 되므로 개인의 차가 많이 나타난다. 창평일기의 시대는 1969년부터 1994년까지 우리나라가 근대적인 압축성장을 하면서 현대사회로 이전되는 시기에 기록되었다. 농촌에서는 본격적인 새마을 운동을 통해 정부의 경제개발과 농촌개발, 그리고 다양한 시책들이 이루어진 환경이었다. 일기를 기록한 대상자는 22세까지 일본의 식민지통치 시대를 체험하였고, 이후 젊은 성인기에는 해방과 6.25 한국동란 및 지역에서의 좌익과 우익

세력의 대치를 체험하였다. 경제적으로나 사회문화적으로도 세계 최 빈국가에서 출발하여 경제적으로나 사회문화적으로 급성장하고 급 변하는 한국사회를 헤치며 살아왔다. 특히 질병과 관련하여서는 조선 시대의 한방 또는 토속적인 의료지식과 행위에서 양방의료시설들이 급속도로 발달하고 국민건강을 위한 여러 가지 의료개혁들이 일어나 는 시기를 체험하였다. 어쩌면 가장 큰 스트레스를 체험한 세대일 수 있으며, 건강에 대한 위협도 그에 대한 대처도 많은 변화를 경험한 세 대이기도 하다. 이처럼 급변하는 환경에서 어떻게 건강을 유지하고 질병을 경험하며 늙어 가는지를 살펴보는 것도 한국의 압축근대를 이 해하는 한 편린이 될 수 있을 것이다.

3. 대상자 소개

본 연구의 대상인 일기를 쓴 사람은 1923년에 전라북도 임실군 삼 계면 신정리 덕암마을에서 후처의 두 번째 아들로 태어났으며, 5살 때 아버지를 여의고, 편모슬하에서 자랐다. 경제적으로 아주 빈곤했 으며, 1살 때에 이주한 신평면 창평리에서 1994년 교통사고로 사망 할 때까지 줄곧 한 마을에서 생활하였다. 교육정도는 초등학교 졸업 자이며, 방앗간을 운영하면서 재산을 축적하였고, 두 명의 부인을 거 느렸으며, 11명의 자녀들을 두었다. 1949년부터 1965년까지 17년간 이장을 지냈으며, 다양한 지도자 역할을 하면서 한국사회의 압축적인 변화와 발전을 경험하였다. 본 연구의 대상인 일기는 한글과 한자, 사 투리와 일본식 외래어 그리고 자신만이 알 수 있는 용어를 사용하고

있다.[1]

4. 표본 추출과정

본 연구의 자료는 한 남성이 26년간 매일의 일상을 기록한 일기로 이차적인 자료이다. 표본 자료의 추출 과정은 다음과 같다.

첫째, 연구주제와 관련된 핵심용어를 사용하여 방대한 일기자료에서 문단들을 추출하는 기법(깜짝새 프로그램)을 활용하여 자료들을 찾았다. 사용된 핵심용어들은 아프다, 통, 통증, 고통, 증상, 어지럽다, 정신, 맘, 속, 손, 발, 다리, 허리, 머리, 배, 눈, 귀, 코, 심장, 병, 질병, 질환, 사, 죽음, 약, 한약, 양약, 병원, 의원, 한방, 양방, 의사, 수술, 출산 등의 키워드를 사용하여 일차 자료를 추출하였다. 추출된 자료의 분량은 A4 용지로 약 545페이지였다.

둘째, 추출된 자료를 읽어가면서 질병이나 건강과 관련된 의미를 지닌 구나 문장들에 하이라이트를 하였다.

셋째, 연구주제와 관련하여 일기저자가 기록한 의미 있는 구와 문장들을 유사한 속성끼리 취합하여 나열하였다. 일기저자가 기록한 하루의 일기 중에는 다른 속성을 가진 구와 문장들도 혼합되어 있고, 다른 속성에 해당하는 구와 문장들이 유사한 용어로 표현되어 있어 반복적으로 읽으면서 가능하면 유사한 속성들을 추출하여 시계열적으

---

1) 대상자와 일기 그리고 시대적 배경에 대한 설명은 『창평일기 1, 3』(이정덕 외, 2012)에 아주 상세하게 정리되어 있다.

로 정리하였다.

넷째, 연구주제와 관련된 의미있는 자료가 누락되었거나 의미없는 자료가 잘못 포함되었는지를 확인하기 위해 일기의 원 자료 전체를 읽으면서 전후 맥락을 확인하고, 교정하는 과정을 거쳤다. 원 자료는 A4 용지 총 1,695페이지 분량이며 5권의 책으로 출간되어 있다(이정덕 · 김규남 · 이성호 · 소순열 외, 2012-2013).

다섯째, 연구주제와 관련하여 취합된 의미 있는 기록들을 주제별로 나열하여 주제군을 구성하였고, 범주화시켰다.

여섯째, 일기분석에 대한 연구에 경험이 있는 문화인류학 전공 교수 2인에게 자문을 구하였으며 내용과 맥락의 적합성에 대한 피드백을 받았다.

일곱째, 연구자의 질문에 합당한 현상들을 주제군과 범주와 연결하여 기술하면서 분석결과를 통합하여 논의하였다.

5. 연구결과

연구 대상인 일기에서 중노년기의 질병 및 건강변화와 관련된 의미 있는 자료의 범주 4개, 24개의 주제군, 그리고 관련된 주제의 핵심단어는 〈표 1〉과 같다. 〈표 1〉에서는 전체적인 흐름을 제시하였고 그 다음 일기에 나타난 구체적인 자료들을 범주와 주제별로 날짜 순서에 따라 제시하였고 이에 대한 분석을 최종적으로 제시하였다.

〈표 1〉 일기에 나타난 남성의 중-노년기 질병경험과 대처 요약

범주	주제군	주제의 핵심단어
중년기 질병경험 (46-59세) (1969년-1982년)	일반적 전신증상	- 열, 통증, 피로감, 언짢음, 몸이 좋지 않음, 고단함, 이상함, 불편함, 고달픔
	심리정서적 증상	- 불안, 기분나쁨, 분노감, 창피감, 후회함, 속상함. 걱정, 맘졸임, 맘이 안좋음, 괴로움, 두려움, 갑갑함, 심경이 날카로움
	근골격계 국소증상	- 수족통증, 허리통증, 무릎뼈 골절, 갈비뼈골절, 기브스, 손톱빼기
	감각-신경계 국소증상	- 눈에 이상, 불면, 몸이 애림, 수족이 애림, 통증
	구강-소화기 계 국소증상	- 치아가 애림, 발치, 잇몸통증, 잇몸염증, 치아구멍, 구토(개욱질), 설사, 대변이상, 변비, 장질부사
	심혈관계 국소증상	- 가슴이 두근거림
	호흡기계 국소증상	- 나타나지 않음
	피부비뇨계 국소증상	- 고름, 된종, 뒷꼭지 염증, 옻이 오름.
	사고	- 물에 빠짐, 상옥에서 낙상, 자전차에서 낙상, 교통사고
노년기 질병경험 (60세-71세) (1983년-1994년)	일반적 전신증상	- 열, 과열, 갈증, 통증, 두통, 전신이 아픔, 한기, 오한, 몸이 불쾌, 몸이 고단함, 몸이 불편함, 피곤함, 몸이 좋지못함, 몸이 이상, 고역, 몸이 고됨, 못살겠다. 꽁꽁 앓음, 꿈자리가 안좋음, 애리다, 감기, 견딜 수 없음, 입맛이 없음, 떨림,
	심리정서적 증상	- 보기싫음, 불안, 괴로움, 한심, 고독감, 맘이 불편, 신경질, 고민, 정신빠짐, 열남, 무시당함, 바라지 않음, 더 살고 싶지 않음

노년기 질병경험 (60세-71세) (1983년-1994년)	근골격계 국소증상	- 다리부상, 중상, 손발 피곤함, 몸이 불편, 고개와 허리 불편, 다리통증, 허리통증, 타박상, 무릎통증, 발바닥통증, 몸이 무거움.
	감각-신경계 국소증상	- 수족에 쥐가 남, 어지럼증, 이상함, 팔목애림, 팔통증, 수족불편, 수족이 피곤, 전신떨림증, 신경부전, 오그라듬, 쥐가 남, 수족 떨림, 두통, 건망증, 불면증, 코피, 귀가 애림, 보청기,
	구강-소화기 계 국소증상	- 잇몸째기, 신경치료, 치가 애림, 치통증, 입안 이상, 치아 제거, 발치, 치과치료, 장질부사, 먹지 않음, 배가 이상함, 구역질, 체기, 시장기, 영양부족, 건괴욕질, 변비, 위가 헐음, 속이 좋지 않음, 양기 떨어짐, 가슴이 틀어오름, 소화불량, 위가 불편, 목이 쓰림, 식도통증, 위궤양진단 - 당뇨병진단
	심혈관계 국소증상	- 혈압상승, 가슴통증, 가슴이 두근거림
	호흡기계 국소증상	- 가슴통증, 가슴이 이상함, 기침, 열, 가슴이 불편, 폐결핵 진단
	피부-비뇨계 국소증상	- 작두에 손을 베임, 소변이 잘 안나옴, 가려움증, 소변 색이 안좋음.
	사고	- 낙상으로 인한 중상, 타박상, 교통사고로 사망
중년기 증상 대처방법	양방의료 기관 방문 및 처치	- 보건소(임실군 보건소) : 투약, 주사 - 병의원 및 의료원: 전주임내과, 관촌병원, 임실중앙병원, 전주병원, 서울병원, 전주예수병원, 전북대병원) - 약국: 오수, 임실, 관촌, 전주 - 검사처치: 혈액검사, 소변검사, 대변 검사, 전신 엑스레이 촬영, 가슴 방사선검사, 외과처치, 치과처치, 컴퓨터 검사, 종합검진, - 투약처치: 진통제, 항생제, 설사제, 변비제 - 주사처치: 보혈제, 항생제, 수액제

중년기 증상 대처방법	한방의료기 관 방문 및 처치	- 한의원: 관촌, 임실, 전주 - 처치: 침시술, 뜸뜨기, 한약 짓기,

	자가간호 및
	민간요법
		- 휴식: 휴식, 취침, 눕다, 독서, 신문보기, 수양
		- 금주: 금주결심, 절주, 금주령, 단주결심,
		- 식품: 뱀술, 약감주, 좀피나무, 느릅나무, 엉
		  경퀴, 청국장, 개장국, 견육, 물고기, 몸보신,
		  소식, 금식
		- 목욕: 약물탕 온천욕

노년기
증상 대처방법
	양방의료기
	관 방문 및
	처치
		- 보건소(임실군 보건소): 진찰, 투약약물, 주
		  사, 가슴사진 촬영, 위사진 촬영,
		- 병의원 및 의료원: 전주임내과, 관촌병원, 임
		  실중앙병원, 전주병원, 삼례서울병원, 전주
		  예수병원, 전북대병원, 동양치과, 임실치과,
		  관촌치과, 송치과, 전주이빈인후과, 전주이
		  종현내과, 전주박일주내과, 임실의료원, 전
		  주현대방사선과, 남원의료원, 성바오로병원
		- 약국: 오수, 임실, 관촌, 전주, 신성, 남원 웅
		  정
		- 검사처치: 혈액검사, 소변검사, 대변검사, 전
		  신 엑스레이 촬영, 가슴 방사선검사, 두부
		  (머리)사진, 외과처치, 치과처치, 컴퓨터 검
		  사, 종합검진, 위내시경, 조직검사, 가래검
		  사, 초음파검사,
		- 투약처치: 진통제, 항생제, 설사제, 변비제),
		- 주사처치: 보혈제, 정력제, 영양제, 항생제,
		  수액제(보통주사)

	한방의료기
	관 방문 및
	처치
		- 한의원: 관촌, 임실, 전주, 남원주천,
		- 처치: 침시술, 뜸질치료, 약쑥뜸질, 한약 짓
		  기, 우황청심환, 우황포용환, 백-퐁단(무릎
		  약)

노년기 증상 대처방법	자가간호 및 민간요법	- 휴식: 휴식, 취침, 눕다, 독서, 신문보기, 수양 등 - 금주: 금주, 금주결심, 절주, 금주령, 단주결 심 등 - 식품: 흰죽, 닭죽, 진두찰, 엄나무, 오갈피, 뱀 능그리술, 돈족발, 종피나무, 홍삼골드, 홍 삼, 수삼, 우유, 보신탕, 소식, 절식, 금식, - 목욕: 죽림온천, 물뜸질, - 기타: 자가오줌마시기

제 1 범주: 중년기 질병경험 46세(1969년)−59세(1982년)

일기기록은 1969년 1월 1일부터 시작된다. 일기저자의 나이가 46세이며, 인간발달주기의 중년기에 해당한다. 중년기 건강변화는 9개의 주제군으로 나누어 볼 수 있다.

주제군 1: 일반적 전신증상

〈72/2/22〉"신에 열이 남"

〈69/1/18〉"이 조치 못해서 애려[애로]가 심했다."

〈69/1/19〉"감기로 종일 알코 식사까지도 폐했음."

〈69/1/21〉"이 좋지 못함"

〈69/1/23〉"몸이 언짠하기 한이 업섯다."

〈69/4/2〉"신체 이상헤 침대에 누엇으니"

〈69/10/9〉"몸이 조치 못해서 사랑에서 누워 잣다."

〈70/1/9〉"오후에는 몬[몸]이 조치 못해서"

〈70/3/15〉"종일 집에서 누웟섯다. 몸이 이상해서엿다."

〈70/4/12〉"몸 부편해서 10시까지 침실에 누웟섯다."

〈70/9/11〉"몸이 조치 안해 점심도 먹지 안코는"

〈71/1/31〉"오전 중에 몸이 고탈파서 누웟다."

〈71/1/17〉"오후에는 몸이 좋이 못햇서 눈 것이 잠이 들엇다."

〈72/5/15〉"아침에 몸이 조치 못햇다."

〈73/4/28〉"몸이 부편햇다. 종일 사랑에서 휴양햇다."

〈70/12/7〉"종일 방에서 몸조리햇다."

〈74/5/31〉"몸이 좋이 못해서 종일 사랑[사랑]에서 뉘엇다."

〈74/6/26〉"몸이 좋이 못해서 식사도 하고 싶지 안다."

〈75/2/15〉"몸은 여전히 좋이 못해서 성미가 한약 2첩을 가저 왓으나 아즉 효가(효과)는 보지 못햇다."

〈75/5/16〉"종일 놈[몸]이 좋이를 안햇다. 연령이 들은지 작년 보다 달아진 듯십다."

〈75/6/22〉"몸이 이상햇다."

〈75/8/2〉"처음 한니 몸이 좋이 못햇다."

〈78/7/17〉"종일 사랑에 누웟다. 몸이 괴로와 햇다."

〈78/7/20〉"비는 종일 내렷다. 사랑에서 누웟다. 몸은 부편햇다."

〈78/11/5〉"몸이 좋이 못해서 사랑에서 독서하고 있엇다."

〈79/12/26〉"몸이 이상하게도 부안심이 들엇다."

〈79/12/28〉"몸이 부안해서 종일 집에서 침실에 누워 있엇다."

〈80/3/22〉"몸는 갈수록 과열이 낫다. 약을 먹어도 몸은 더 괴롭고 매사가 뜻이 없다."

〈80/5/18〉"몸이 부편해서 사랑에서 침실에 들엇다. 광양여행을 취소"

〈80/6/10〉"신체가 몹이 괴로왓다."

〈81/2/6〉"종일 음주로 몸이 불편함"

〈81/6/10〉"석양에 갑작히 병이 생기엿다. 밤새도록 알고[앓고] 지 냈다."

주제군 2: 심리정서적 증상

〈69/4/4〉"농사 걱정 가사 걱정 자식들 걱정 고민만 생각히드라."

〈69/4/5〉"자식이 가출을 하고보니 부모 심사도 괴롭다."

〈70/8/7〉"성만이가 휘발유 통을 가지고 와서 우리 식구 6인을 이 불에 태워 죽인다고 우협햇다. 남이 부그러서 못견디게 되엿다. 어머니 생각이 무뚝 난니 대성통곡 하다.

〈70/8/8〉"누웟든니 병이 생길 것 갓다. 아무리 생각해도 분하고 생명까지도 끈을 생각뿐이엿다.큰 죄가 될가바 다시 마음을 정돈햇다. 여려 식구을 고생시켜서는 안니되겟다고 생각 중이다.속상헌데 술 한 잔 하자고 권햇다."

〈70/9/5〉"기분이 좋지 않음"

〈70/10/29〉"이유를 알 수 업고 밤새도록 기분이 납밧다."

〈72/1/2〉"이상한 생각에 잠이 안옴"

〈72/3/11〉"해장부터 기분이 납부다. 처의 인상[인상]이 조치 못햇다. 고용인도 잇는데 큰소리도 못하고 심경이 괴로왓다. 소시에 작별하자고 했으나 끝내 동거하겟다고 해서 인도적인 면에서 동거한바 말년까지도 마음에 안 맞다. 언어가 납부고 처세[처세]도 납부고 아해[아해] 지도방침도 부족 인사성[인사성]도 업고 근 50세가 된 가모로써 한심스럽고 조혼 청춘시절 무정하게 보낸 과거가 후회난다."

〈72/3/15〉"금년 농사걱정으로 종일 마음이 안좋음, 일신에 병이 날까 맘졸임"

〈72/5/15〉"심경이 부안해서 꼭 누버있엇다. "

〈73/3/19〉"죽고만 싶었다."

〈73/11/9〉"성만이는 대리응시. 형사 3명이 들어왔다. 마음이 괴로왔다. 자수을 시키라고 햇다."

〈75/6/10〉"농번기에 주야 다사한 시기에 성만 성환 기타 타인 몇 〃 이 자치기 하는 것을 보니 열이 낫다. 마음이 괴로왔다."

〈75/6/22〉"몸이 이상햇다."

〈75/7/31〉"서울 객지로 떠나든지 10일쯤 되니 내외가 협작하야 공갈로 복망염으로 병원에 입원했으니 오만원만 가저고 오라고 전보를 첬으니 그려 흉포한 놈이 또 있르라. 아무 반응이 없으〈니〉가 할 수 없이 한 뼘쯤 된 낫작을 압세워 집에 왓다. 물코 답변하기 거북해서 외면햇다. 그리고 거짓말만 하고 보광당 외사 한정옥 외상도 내외상 더려웃게 어지려 노코 갓다. 라지오방도 외상이 있는 듯. 부량한 놈. 다시는 꿈에도 보일가 걱정이다."

〈75/8/2〉"외상갑 인부 임을 주워야 한데 일푼이 없어 괴롭다."

〈75/8/3〉"고장이 나서 심경이 날카로〈와〉젓다."

〈75/8/14〉"성만이 말을 냇다. 마음이 괴로왓다."

〈75/9/1〉"성환이 (70년) 뿅사건 성만이 @흥영사건 성용(현재 입건중) 폭행사건 다시 성환 주민 침입사건 해서 경찰서 전주 검찰청 법원 출입이 너나도 자〃햇다. 외인의 이목도 두렵고 마음 괴롭다."

〈75/9/10〉"성만이가 서울서 왓다고. 마음이 떨이엿다."

〈75/10/27〉"전주 재판소에서 성환 공판에 6월을 실형 선고햇다. 남부그렵고 생각하면 성만이 검찰에서 형무소로 성용도 검찰까지 갓고 현재 미결인데 연속해서 성환이는 특수절도[특수절도]로 몰이여 수감되여 있으니 마음 부안하기 짝이 없다. 금일까지 55일쯤."

〈75/11/16〉"성만이를 데리고 공장에서 일을 한니 마음이 괴로왔다. 저〈도〉괴로울 것이다."

〈76/9/17〉"너무 갑갑하다."

〈76/9/22〉"입원 12日째 매우 괴로움"

〈78/7/17, 20〉"종일 사랑에 누워 있으니 몸이 괴로움, 몸이 불편함"

〈79/1/1〉"일가를 생각하니 지난해과 같이 괴롭다."

〈79/1/2〉"허송세월 보내는 것 같아 자나깨나 마음이 불안함"

채무는 3할도 겨우 갑고 잔채가 7할이 남고 보니 마음이 아둑했다."

〈79/12/31〉"송구영신을 보내면서 채무도 미 정리하고 보니 진심으로 마음 괴로왔다."

〈80/7/29〉"메누리가 안니 곱살시려 네의 행동을 고치라며 금추에는 나가거라 하고 고성을 노펏다."

〈80/8/18〉"일기도 매우 부순하야 심정이 부안하다."

〈80/8/24〉"성김이하고 정게뜸에서 풀을 종일 하는데 부안한 생각이 낫다."

성환에 대리로 전화햇는데 오지도 안코 해서 그랫다."

밤에 성미하고 성환 건에 대하야 말을 다투웟다."

상범 라리하고 전주 조부제사에 참례햇다."

성호는 일직 갓드라. 생각해보니 말하지 안코 간 점 매우 부안햇다."

〈80/8/29〉"종일 비만 내리니 심정이 괴로왓다. 전답을 들여다보니 부안햇다."

〈80/8/30〉"매일 비만 내리니 마음 괴로왔다."

〈80/9/12〉"성환이 매일 먹고 놀기만 하니 딱하고 외인들 보기에도 챙피가 막심[막심]햇다."

〈80/10/26〉"종일 비바람은 근칠 줄을 몰앗다. 마음 괴로왓다."

〈80/12/27〉"마음이 괴로와서 집에 잇기가 실타. 양로원에 갓다."

〈81/4/15〉"방에서 잠만 자고 잇다. 열이 낫다. 메누리보고 네 그럴 수 잇나. 참을 수 없다. 메누리 인상[인상]도 조케는 못 보겟다."

〈82/1/12〉"대단이 괴롭다. 부동산을 매도햇서로 채무가 미청산이고 보니 진심으로 마음 괴롭다."

주제군 3: 근골격계 국소증상

〈73/9/12〉"석양에 자전차로 뽕밭에 가다가 낙상하여 좌족을 2치 이상 찌저젓다."

〈73/11/28〉"뒷발꿈치 찢어져 치료햇다."

〈75/1/7〉"우수족이 불편한데, 밤에는 몸이 고되엇다."

〈75/8/15〉"수족이 부평햇다."

〈75/12/13〉"손을 치료하고"

〈75/12/14〉"임실병원까지 단여 손을 치로해다."

〈76/9/6〉"x-ray 결과 무릎뼈에 금이 가서 공구리(기브스)함"

〈76/9/7〉"기브스 6주 진단 및 치료"

〈76/9/8〉"왼쪽 갈비뼈가 이상함"

〈80/7/6〉"관촌병원에 가서 손을 치료만 하고 명일 손톱을 빼자고 햇다. 치료비는 3천원

〈80/7/24〉"밤에는 허리가 부평햇다."

〈81/3/5〉"허리와 다리가 앞아서 괴로왓다."

〈81/10/6〉"석양에 사료를 싣고 상차하는데 애로[애로]가 만햇다.

일모는 되엿는데 창평 촌전에 오다 하천에 빠젓다. 뛰여내렸으나 발이 닿엇다."

〈81/10/7〉"발통증으로 인한 불안한 걸음으로 임실병원에서 치료"

〈81/10/8〉"오날을 일즉 병원에 뻐쓰로 갓다. 발을 사진으로 찍고 보니 금이 갓다."

〈81/10/20〉"새보들 포루라[포플러] 지엽을 끗는데 손을 다치엿다."

〈82/2/15〉"손에 통증으로 치료받음."

〈82/5/23-24〉"허리통증으로 휴식."

주제군 4: 감각-신경계 국소증상

감각계(눈, 귀, 코)

〈73/5/31〉"병원에서 눈치료"

〈80/1/4〉"코에서도 코만 풀〈면〉 피가 난다."

〈80/10/15〉"석양에 전주 안과에 갓다. 치료는 했으나 맛찬가지드라."

〈80/10/20〉"눈에 이상이 있어 병원에서 치료"

〈82/8/5〉"예수병원 안과검진 후 눈썹을 뺏다"

신경계

〈69/4/30〉"새벽에 잠이 오지 안해"

〈72/5/30〉"손이 불키여[부르터서] 엇잔햇다[언짢았다]. 밤에 잠을 든니 우측 수족이 애리여 몹시 엇잔햇다."

〈72/5/31〉"수족이 애리서엿다."

〈75/12/8〉"밤에는 손이 애리서 복잡햇다."

〈76/9/5〉"좌측 몸에 심한 통증"

〈78/7/16〉"중식이 끝나자 목부터 억개 역구리가 절이기 시작 밤에 잠을 이루지 못하고 관촌으로 약을 사려 갓다."

〈78/7/18〉"밤에는 잠을 못 이루고 한 번 누면 혼자서 이러나기 어려 웟다. 병은 담도 안니고 풍도 안니고"

〈78/7/19〉"대학부속병원의 신경외과에 다니면서 저림증 치료하기로 하고"

〈79/10/15〉"어제 점심부터 먹지 못하고 금일 작업하는데 수족이 쥐가 나서 부안햇다."

〈81/3/9〉"새벽에 몸이 이상햇다. 상신 반신이 떨이드라. 하신는 이상이 없는데 아마도 풍기인 듯십다. 두통이 흔들이드라"

주제군 5: 구강-위장관계 국소증상

구강, 치아

〈70/10/17〉"밤중에 치가 애리서 잠을 이루지 못햇다."

〈70/10/18〉"치가 애리니 빼자고 햇다. 치를 빼고 진통제 먹음."

〈73/10/4〉"입엄[잇몸]이 앞아서 임실중앙병원에 가서 치료"

〈76/7/9〉"치아가 아리고 잇몸이 부어 치료함"

〈76/7/28〉"치아검진하여 1개 부실. 계속 불안함"

〈76/7/29〉"전주 동양치과에서 윗니 1개 발치하고 아랫니 구멍난 것 삭제함. 아랫니 본을 뜸"

〈82/6/11〉"치아 5개를 새로 하고 1개 발치"

〈82/6/20〉"치아 뽄을 뜸"

〈82/7/27〉"설 엽이 골마서 서울병원에서 치료 받앗다."

위장관계

〈71/5/28〉"새벽에 모이 좇이 못해서 변소에 2, 3차 간 바 구토[구토]까지 하게 되엿다."

〈71/7/14〉"몸 괴롭다. 설사병이 나서 종일 변소만 단니엿다."

〈71년 10월 29일〉"대변이 이상하게 나옴. 12시까지 10여 차례 변소에 갓다."

〈72/7/3〉"연3일 식사도 못하고 술만 먹는데 토를 한데 목에서 피〈가〉 너머왓다."

〈74/7/19〉"기력이 없고 하문으로 사[설사]만 한니 눈이 속으로 드려간 것 갓고 해서 성환을 시켜서 임실에서 5첩을 지여왔다."

〈76/9/12〉"10餘 日만에 大便을 보게 되게 되엇다."

〈77/3/22〉"매일갗이 술을 마시고 보니 취하지도 안코 아침에는 구역질이 나고 식사는 하지 못하다."

〈77/7/8〉"금일부터 금주와 단주할 결심이다. 해로운 점이 있다. 첫재 입마시 업고 두채 아침에는 고욕질이 나고 세채 혈변을 보기도 한니 이게 전부 술로 인한 원인[원인]라고 생각코 단주하겟다."

〈79/7/9〉"해장에 오수 약방[약방]에 갓다. 장질부사라고 약을 지엿다."

〈80/1/4〉"이상하게 몸이 부안햇다. 혈변을 보고"

〈80/1/5〉"혈변을 4, 5회 보니 몸 압작히[갑자기] 부안."

〈81/3/18〉"오후에는 뱃속이 부안해서 휴식을 햇다."

〈81/10/20〉"조식을 하는데 배속이 不安. 식사한 것을 다 퇴하 버렷다."

주제군 6: 심혈관계 국소증상

〈73/3/19〉"자식이 장기만 두니 가슴이 두근두근"

주제군 7: 호흡기계 국소증상

중년기에는 증상기록이 없음.(후에 노년기에 나타남)

주제군 8: 피부-비뇨계 국소증상

〈73/3/1〉"고름이 많이 남"

〈73/3/17〉"뙨종이 나서 3일 겨디다[견디다] 못서 간바 칼로 쑤신바 고름이 만히 나왔다."

〈73/12/4〉"되곡지[뒤꼭지; 뒤통수] 발자는 날로 심해저 갓다. 종일 방에서 치료[치료]햇지만 여전히 애려서 대단햇다. 밤이 된니 더 애 드라."

〈73/12/5〉"종일 방에서 치료[치료]햇다. 고롬도 만니 나왓으나 여 전히 애리엿다."

〈81/6/23〉"수족이 모두 일광에 데여 적색으로 변햇다. 밤에 잠을 자 는데 不安햇다."

〈82/1/23〉"옻이 올랏다. 몹시 불안하고 괴롭다."

주제군 9: 사고

〈72/5/15〉"물에 빠지고 보니 금일 일수가 과히 좋은 편은 못된 걸로 생각햇다."

〈72/6/3〉"오후 방아 찟는 상옥에서 떠러저 신체이 이상햇다.(낙상)"

〈73/9/12〉"석양에 자전차로 상전에 가다가 낙상을 햇는데 좌족을 2 촌 이상 찌저젓다. 박일청 씨 중대장 싸이드카로 임실 중앙병원에 갓다. 치료[치료]비 2,500인데 외상으로 하고 700원에 택시로 왔다."

⟨76/9/4⟩"아침 7시 30분 뻐스로 엄주영 씨 혼례식차 승차함. 1시 30 쯤 해서 혼자서 횡단보도를 넘다 중앙에서 교통사고을 냇다. 정신채 려 눈을 뜨니 병원이엿다. 때는 2시 쯤이엿다. 약 30분을 정신을 이 렷다는 것이다."

⟨81/10/6⟩"석양에 사료를 싣고 상차하는데 애로[애로]가 만헷다. 일모는 되엿는데 창평 촌전에 오다 하천에 빠젓다."

제 2 범주: 노년기 질병경험 60세 (1983년)–71세(1994년)

주제군 1: 일반적 전신증상

⟨83/2/2⟩"몸이 불쾌하다."

⟨83/2/3⟩"술을 참고 보니 식사 시간이 되면 시장해서 몸이 고역이다."

⟨83/7/8⟩"몸이 조치 못해서 종일 사랑에서 누윗다.어제 술이 과음인 듯십다."

⟨84/4/10⟩"종일 장작을 팻다. 밤에는 끙끙 앓고 대단히 고단하다."

⟨84/5/7⟩"몸이 몹시 불편헷다."

⟨84/9/17⟩"몸 이상이 생기엿다. 밥맛이 저하되고 전신이 오한기기 가 있어 사랑에 누윘으니 부안햇다."

⟨84/9/25⟩"매일 고되여 몸이 괴롭다."

⟨84/10/19⟩"잠자는데 대단이 몸이 고되엿다."

⟨85/2/17⟩"몸이 부평햇다. 요새 술을 과음한 듯십다.종일 식사을 못 햇다."

⟨85/5/28⟩"제초제[제초제] 뿌렷다.밤에는 대단이 곤하드라."

〈85/6/12〉"뉴예 사육하는 데 조력햇다. 모텡이 가지치기. 요소 일대을 뿌렷다. 매일 작업일과가 과중하다. 못살겟다."

〈85/6/14〉"매일 여가는 없다. 참으로 고되다."

〈86/7/7〉"매일 여가는 없고 고역이다. 못살겟다."

〈86/10/4〉"밤에는 꽁 〃 알앗고 꿈자리가 않 좋으라."

〈87/2/13〉"사벽[새벽]에 병이 낫다.팔다리가 애리고 오한기가 잇어 견딜 수 없엇다."

〈87/2/14〉"몸은 피곤하다."

〈87/11/7〉"밤에는 꽁 〃 알앗다. 노동하면 작연보다 달은 데가 만타."

〈88/10/27〉"갑작기 몸이 불편함."

〈90/3/6〉"종일 몸이 불편하다."

〈90/3/31〉"술이 과음하야 이, 삼일간은 수족과 음식 맛을 일엇다."

〈90/4/15〉"어제 밤에 병이 나서 밤이 새도록 고통[고통]을 밧고 아침에는 약을 지여다 먹고 종일 사낭에서 수양햇다."

〈90/4/16〉"몸 불편해서 건강치 못하다."

〈90/4/23〉"종일 한기가 심하다."

〈90/10/11〉"종일 사낭에서 휴식을 취하고 있엇다."

〈91/4/2〉"병이 낫다. 밤{새}도록 알앗다. 어제 병이 생기는 것은 감기라"

〈91/6/1〉"잠이 들다 병이 낫다. 전신이 아프고 열이 나고 한기가 들어 밤을 새우는데 고통스러움."

〈91/6/15〉"못처럼 작업을 종일 하다 보니 전신이 부편하다."

〈91/12/31〉"밤중에 자다 병이 낫다. 수족하고 전신이 떨이기 시작햇다"

〈92/1/1〉"밤 중에 병이 나서 아침에 몹시 몸이 불편함. 식사도 못하고 전신이 떨리고 중풍으로 될까 염려하엿다."

〈92/2/15〉 "몸이 부평하다. 식사를 전연 못함. 종일 사낭에서 지냇다."

〈92/3/1/〉 "몸이 이상하드니 밤중에 한기가 들면서 알앗다. 약을 2차
레 지여 먹어도 실효가 없다."

〈92/3/8〉 "밤중에 몸에서 한축이 나고 대단이 악화되엿다."

〈92/7/24〉 "어제 밤중에 몸이 이상하는데 알고 보니 감기〔인〕 듯십드라."

〈93/1/13〉 "새벽에 감기〔감기〕가 드려 김침〔기침〕은 물논이고 목 앞
으고 머리도 앞으고 대단햇다. 임맛이 뚝 떠러저 피곤〔피곤〕햇다."

〈93/4/27〉 "감기가 심해서 전신이 떨인다. 기침도 심하다."

〈93/4/29〉 "병세는 갈증이 많하고 머리가 앞으고 수족이 떨이고 코
물이 내리고 식사의 뜻이 없는 병이다."

〈93/5/11〉 "밤에 몸 이상해서 감기가 재발한 듯십다. 몸에 열이 심하
고 밥을 못 먹엇다. 시근땀만 홀이고"

〈93/12/29〉 "이상하게 두통이 심함. 약을 먹으면 조금 개엇다가 다
시 시작하여 부안하다.

〈93/12/31〉 "두통이 심햇다."

〈94/1/1〉 "통증이 심하다. 병원에 응급으로 가야한다고 생각"

〈94/1/3〉 "두통은 지속적임. 부안하다."

〈94/1/4〉 "밤부터 지속적인 두통이 심햇다."

〈94/1/6〉 "두통이 심함은 지난 번 발치가 원인인 듯하다. 당뇨증은
상처가 나면 잘 아물지 않는다고 들었다."

〈94/3/1〉 "먹고 싶은 음식이 없다. 아침 조반을 먹으려 하니 메기들
안햇다. 몸은 천근이나 무겁고 한기가 들고 해서 종일 사낭에서 출
입 금하고 누워 지냇다. 어제 투약은 이일채 음약햇든니 수족은 조
금 통증이 덜한 듯싶으나 아편약이라서 그런 듯십다."

〈94/3/2〉"간야 중에도 종전 다름없이 고통증[고통증]이 심햇다. 마음적으로 대단이 부안하다."

〈94/3/5〉"몸 중양급이라서 출입하기 난햇다. 사낭에서 지내며 신문이나 보고 후면을 산보햇다."

〈94/3/15〉"몸이 부안하다."

주제군 2: 심리정서적 증상

〈83/6/7〉"메누리보고 이따우로 아무케나 밥을 줄 수 잇나 햇다. 보고 십지 안타"

〈83/6/10〉"노년에 무슨 일이 만한지 참으로 괴롭다. 부안하기 짝이 없다."

〈83/6/14〉"노년에 다사한지 한심하다."

〈83/7/13〉"메누리가 좌우지사을 행하니 마음 괴롭다."

〈83/9/13〉"성동이는 오늘도 술을 만이 마시고 낮잠만 종일 자니 일시[일시] 보기 스려운 만금[마음] 금할 길이 없다."

〈83/12/21〉"연말은 박두해 가는데 채무는 정리 못 하고 신년을 맞게 되니 괴롭기 한이 업다."

〈84/1/1〉"노년기가 당하야 말노가 부안하다. 청춘이면 자신이 잇다."

〈84/8/22〉"독서만으로 시간을 보내는데 그것도 괴롭드라."

〈84/8/27〉"야간에는 고독감이 듬. 12시가 지나면 잠이 들고 새벽 4시에 기상이다."

〈84/8/30〉"9月 1日에는 꼭 퇴원하야지 하고 마음 먹엇다. 다리는 불편한 점이 잇다."

〈84/8/31〉"원장님이 직접 치료하려 왔다. 앞으로 일주는 경과해도 완치가 못 된다고 햇다. 퇴원계획이 무효 되엿다. 오늘이 13일채 불안햇다."

〈84/9/9〉"시장기는 드는데 요구좀 해보라는 니 없고 마음이 불안햇다."

〈85/8/16〉"비가 내렷다. 신경질이 낫다. 매일 비가 오고 보니 불안하다."

〈85/10/28〉"환자에 매달여 나도 고역이드라. 보호자들은 남자가 만해서 다행이드라."

〈86/1/21〉"채무 때문에 고민이 심하다. 자식들은 부모에 미루고 있으니 난처하다. 엇저면 될고. 성미 모조차 신병이 생겨 오늘도 약은 지여 왓지만 변비에다 치질까지 겸햇다니. 돈도 없지 또 겹처 마음이 괴롭다."

〈86/2/1〉"마음이 불안하야 갈 곳이 있어도 불출입하고 사랑에서 휴식만 햇다. 사채정리가 못 되니 매우 괴롭다."

〈87/2/13〉"괴로워도 참고"

〈87/2/15〉"가슴에 통증으로 밤에 부안하엿다."

〈87/4/25〉"조기하야 고비[호주머니] 돈을 창기니 현김 사○만 원이 행방을 몰앗다. 이이일 자 고비에 넛고 간바 이제 생각이 낫다. 전신이 떨이기 시작 사낭 전부를 뒤저도 행방부명이다. 그러니 삼일 지{났}쓰니 알 도리가 없다. 정신는 빠저버렷다."

〈89/1/13〉"생각하니 정초부터 기분이 부안하다."

〈90/2/6〉"변소에 가서 대변을 보면서 부안하다."

〈90/10/7〉"종일 사랑에서 휴식을 취하고 있엇다. 마음도 불안하고 마음먹는 대로 되지 안코 기분이 불안불안 중이다."

〈90/6/13〉"가족이 협조 해주지 안키에 열이 낫다. 내 보리도 안인데 개심하야 신경질이 나서"

〈90/10/11〉"마음도 부안하고 마음 먹는 대로 되지 안코 기분 부안안[부안] 중이다."

〈91/1/2〉"유서 초안[초안]을 정서 중이다. 1)연령 2)생각 부족 3)필재할 수 있을 때"

〈91/4/3〉"어제 병이 생겨 감기라 하지만 위선관계로 몇일 고민을 한 것이 몸에 이상이 것 갓다."

〈91/7/11〉"전 가족을 몰살하는데 이런 방법으로 죽이는야가 생각 중이라고 하며 원수를 갑겠다고 했으니 이유를 모르겟다. 흉칙하기 한없엇다. 종일 부안[불안]햇다."

〈91/11/27〉"가정이 부안 중에 잇다. 메누리가 제 마음대로 경제권을 쥐[고] 있으니 분하다. 재산도 내 것인데 제 것인 양 처리하는데 기분이 납부며 용전도 타다 이용하니 노연기가 되니가 대단한 무시을 당하고 있다."

〈92/1/31〉"오늘도 유서를 솔질햇다[손질햇다]."

〈93/12/29〉"약을 먹으면 조금 개었다가 다시 시작하여 부안하다."

〈93/12/31〉"질병으로 불안감이 생긴다."

〈94/3/24〉"꼼작 못하고 집 사낭에서 지냇다. 몸이 좋이 못해서인지 마음이 부안하다."

〈94/4/24〉"몸은 부안하는데 약으로만 지내는 신세[신세]인데 전사가 막〃하다. 할 수 없이 사는 대로 사다가 돈 떠려지면 죽는 게고 돈 생기면 사는 대로 사는 수박에 없다. 절대로 고생하면 햇고 죽으면 죽지 자식에 돈 좀 달아고 십지를 안다. 그려나 내의 생계의 형편은 장기적으로 살고 십지 안타. 자식들에서 시우[대우] 바드며 살기는 그른 듯십다. 또 자신이 바리도[바라지도] 안는다."

〈94/5/22〉"집에 있으면 다리가 부평하다. 한시도 다리는 통증이 개이들 안는다. 이쯤 되면 더 살고 십지 안켓드라."

주제군 3: 근골격계 국소증상

〈84/8/19〉"끝을 내고 집에 와서 정문에서 자전차에서 하차하려다 대탐상[대부상]을 당헷다. 병원으로 옮겨 입원햇다. 중상이엿다. 원장은 삼주 입원을 말하드라."

〈86/3/31〉"손발이 피곤하엿다."

〈88/12/20〉"팔다리 아픈 데 뼈주사 맞고 온습포 뜸질하엿다."

〈88/10/27〉"갑작스레 몸 불편하다."

〈89/1/2〉"고개와 허리가 아프다."

〈91/3/16〉"다리도 앞으고 하다. 엇전지 이상한 마음이 든다."

〈91/7/24〉"간바 다리에 통증."

〈91/9/20〉"허리가 앞았다."

〈92/1/3〉"떨림은 조금 개었으나 손발이 쥐가 나 견디기 어려엇다."

〈92/6/29〉"허리와 다리에 통증"

〈93/6/1〉"새벽 4時에 목욕탕에 들어가다 문벽에 부딪혀 정신을 잃었다. 한 번 두 번이 아니고 멋 차례 이마를 부딪혔다."

〈94/1/23〉"밤에 무릅이 심하게 불편하고 통증이 지속되엇다."

〈94/1/28〉"무릅이 몹시 부편하다. 약쑥 뜸질을 해도 시원치 안타."

〈94/2/3〉"발바닥 통증이 있다."

〈94/2/13〉"내의 몸은 약을 복용햇지만 별 효과가 없다. 기역이 저하[저하]되여 몸이 무겁다. 놋고만 시픈데 누면 무릅이 통징이 온다."

주제군 4: 감각-신경계 국소증상

감각계(눈, 귀, 코)

〈83/8/30〉"어제 몸이 이상한바 오늘도 종일 언잔하고 코피를 만니 흘엿다."

〈84/5/4〉"종일 고되엿다. 코아피[코피]까지 낫다."

〈84/9/8〉"몸이 부쾌하다. 코피가 가혹[간혹] 흐른다."

〈87/2/15〉"몸이 이상은 없는 듯하오나 업드리면 코피가 흐르니 이상하다. 사랑에서 종일 서예 공부만 하는데 코피가 난다. 코를 풀여도 흐른다."

〈87/2/16〉"전주 이비인후과를 다님. 진찰결과 코안이 헐어서 세수도 하지 말고 코도 풀지 말아야 한다고 하엿다."

〈89/1/2〉"귀가 애린다. 이비인후科에서 고막이 터젓다고 하엿다."

〈89/7/25〉"본인도 이가 부실하야 이비후과에 접수하야 청역검사를 한바 치요하야 완치할 수는 없고 보청기[보청기]를 다는 수박게 없다고 햇다."

〈90/2/5〉"어제밤에 이(귀) 안이 통징이 생겨 잠을 제대로 이루지 못햇다. 오늘 식후에 바로 임실 중앙병원에서 양도증을 발행받아 전주한 이비후구과[이비열후과]에 갓다. 진찰결과[진찰결과]는 이 내가 허렷다고 하고"

〈90/2/6〉"전주이빈인후과에 단여서, 역전 최인범에게 가니 아랫니를 빼자고 한바 귀가 앞서 병원에서 오는 길이라 햇든니 귀병이 완치되면 빼자 햇다."

〈90/7/7〉"60만 원을 주고 보청기를 수수햇다."

〈93/4/28〉"콧물이 흐름"

신경계

〈83/6/28〉"몸이 부안햇다. 양 수족이 쥐가 나서 몸살을 햇다."

〈83/8/29〉"몸 대단이 부안 어지럽고 기력이 없다."

〈83/9/3〉"석양이 되니 이상하게 몸이 부안햇다. 수족이 쭈시고 머리가 통증이 심하고 해서 할 수 없이 온돌방에 누웟다."

〈84/5/7〉"몸이 대단이 부편하다. 수족이 쥐가 나서 괴롭다. 종일 사랑에서 잊아 하니 답〃하다."

〈84/7/13〉"수족이 이상이 생겻다. 할 수 없이 작업은 여전이 햇다. 밤이면 팔목 애린다."

〈84/10/3〉"팔이 애리고 통증이 심하다."

〈84/10/4〉"좌우 수족이 통증이 심하야 고통 중인데 엇드케 하면 조흘지 답〃하다."

〈84/10/12〉"수족이 부편하야 아주 부안하다."

〈84/10/15〉"휴수하다 오늘 탈곡하면서 수족을 활역햇든니 매우 언잔하다."

〈85/8/4〉"수족은 노력만 한면 부안하다."

〈86/3/31〉"노고가 많앳다. 수족이 피곤햇다."

〈86/9/20〉"기상을 하고 있으니 전신이 떨이드라."

〈87/2/13〉"새벽에 병이 나서 팔다리가 애리고 오한이 있어 견딜 수 없엇다."

〈90/7/1〉"갑작기 신경이 부족겟다. 이상하게 생각이 든다."

〈91/6/3〉"오늘도 종일 누워서 지냄. 어지럽고 활동하기 어렵다. 점심에 죽을 조금 먹음."

〈91/8/14〉"제초를 하는데 수족이 이상하야 할 수가 없게 됨. 오그려 든데 한시도 부안하다."

〈92/1/3〉"몸 떨이는 것은 개였으나 수족이 쥐가 나서 부안햇다."

〈93/4/28〉"손발이 떨림. 콧물흐름"

〈94/1/1〉"두통이 지속되고"

〈94/1/4〉"두통이 심해젓다."

〈94/3/11〉"몸이 부안정하야 하족이 부평하다."

〈94/3/14〉"통증이 온니 할 수 없다. 당뇨도는 160이라 햇다."

〈94/5/5〉"생각이 부족하야 건망증[건망증]이 있어 총역이 더디드
라."

〈94/5/8〉"다리는 매일 통증이 개이들 안는다. 밤이면 잠이 잘 깨인
다. 약은 계속 복용하지만 별 효역이 없다."

〈94/5/11〉"양 다리는 예에 비하면 오늘 심이 부평해서 서울병원에
갓다."

〈94/5/22〉"집에 있으면 다리가 부평하다. 한시도 다리는 통증이 개
이들 안는다. 이쯤 되면 더 살고 십지 안켓드라."

주제군 5: 구강-위장관계 국소증상

구강, 치과

〈83/1/17〉"뻐스로 전주 치과에 갓다. 치료[치료]을 하고 신경을 죽
이고 이, 삼일 만에 다시 오라 햇다. 동양치과엿다."

〈83/2/3〉"나는 중앙의원에 가서 잇몸을 쩻다."

〈84/9/8〉"술을 참고 보니 식사 시가 오면 시장해서 고역이다."

〈85/7/15〉"치아가 애려서 견디여내{기}가 난처햇다."

〈85/7/16〉"밤새도록 치아가 애려 고역을 치렷다. 치아가 앞서서[아
파서] 삼일간 고역으로 지냇다. 치사가 왔다."

〈85/10/17〉"입안이 이상 잇어 중앙의원에서 치료를 햇다."

〈90/2/6〉"전주 이빈인후과에 단여서 전주역전에 최인범을 방문하고 아랫지를 빼자고 한바 귀가 앞서어 병원에서 오는 길이라 햇든니 귓병이 완치되면 빼자 햇다."

〈90/10/7〉"치아 2개를 빼냇다."

〈90/10/11〉"임실치과에 전치 3개를 제거."

〈92/1/21〉"치과에서 치요[치료]햇다."

〈92/6/3〉"야중에 치아가 이상이 생겨 오늘은 일즉이 임실 치과에 갓다. 치요를 받앗다.

〈92/6/16〉"치과에 가서 치요도 바[받]고 간첩[간접] 공굴을 햇다."

〈93/7/19〉"치아가 통증이 있서 상아치과로 갓다. 다음에는 빼자고 햇다."

〈93/7/25〉"금일 임실치과에서 치 2개를 빼냇다."

〈93/7/28〉"임실치과에 기분이 부안[불안]하야 금일은 관촌치과로 갓다. 의사가 친절하고 시우[대우]가 좋으라. 내의 요구대로 치아 2개를 또 뽀밧다."

〈93/7/30〉"관촌치과에 치아 뽓앗다."

〈93/8/10〉"관촌치과에 갓다. 신경[신경]을 죽이고 몇일 치요하야 틀이를 해라 햇다. 그려기로 햇다."

〈93/8/13〉"관촌치과 치요차"

〈93/8/18〉"전번에 치아는 뺀 옆에서 뼈가 길어나서 부평하야 수술을 한바 30분이 걸엇고 살을 쩨고 치틀 뼈를 갈아내고 띠여냇다. 처방약을 약방에서 구입해 온바 진통제드라.집에 온니 통증이 생겨 두통[두통]까지 범햇다. 생땀이 낫다."

〈93/8/19〉"관촌치과에 치료하려 갓다."

⟨93/8/21⟩"관촌치과에 치요햇다. 월요일 또 오라 햇다."

⟨93/8/22⟩"전주에서 한태성가 치아 뽄 뜨려 왓다. 대김 250,000원으로 결정."

⟨93/8/23⟩"관촌치과에서 실밥을 뺏다. 내일 또 오라 햇다. 그려나 갈 생각이 없엇다."

⟨93/12/6⟩"중식을 하고 관촌치과에 갓다. 치아를 사진으로 찍어 보더니 세 이가 상햇으니 내일 뽑자 해서 왓다."

⟨93/12/7⟩"관촌보건소에 갓다. 치아가 아금이[어금니]라서 뽑는데 힘드렷다. 다음 치는 신경을 죽이기로 하고 김[금]요일에 가기로 하고 왓다."

⟨93/12/13⟩"치과에서 치아 신경을 치료햇다."

⟨93/12/30⟩"치아 첫 신경치료를 받앗다."

위장관계

⟨84/5/5⟩"야중에 자다 병이 낫다. 아마도 장질부사로 안다."

⟨84/5/6⟩"종일 부식하고 전신에서 통증이 왔다. 밤새도록 알앗다."

⟨84/8/8⟩"새벽에 갑자기 배가 이상함. 대변, 구역질. 체한 증상."

⟨84/9/14⟩"술을 금하고 보니 삼시 식사시간을 기드[릴]라면 만은 괴롬이 잇다."

⟨86/10/7⟩"전주 이비과[이비열후과]에 들이엿다. 영양부족이라고 했다."

⟨88/3/27⟩"매일 술 안 마신 일은 없다. 오늘은 복부가 이상한 통증[통증]이 있어 매우 부안햇다."

⟨88/8/8⟩"새벽에 압작이 배가 이상햇다. 변소에 가서 대편을 보왓다. 아침에 고욕질[구역질]이 낫다. 고욕질은 자〃햇다. 조음도 중식

도 뜻이 없다. 전주로 상범 집에 연락하야 전주 도청 앞에 이종현내과[내과]로 오라 하야 진찰[진찰]을 받은바 체인 듯십다 햇다."

⟨88/8/20⟩"아침에 이상햇다. 건괴욕질(오심구토)증"

⟨88/10/27⟩"식사도 뜻이 없다."

⟨89/1/2⟩"오후에 대변을 못 밧다고 해서 외과병원에 가서 약을 받앗다."

⟨89/1/3⟩"결과는 이상 없으나 위가 허렷다고 하고 복용약 1주분 받앗다."

⟨91/3/16⟩"양기[양기]도 뚝 떠려젓다. 음식도 감소가 되며 먹고 십지 안타. 다리도 앞으고 하다. 엇전지 이상한 마음이 든다."

⟨92/2/7⟩"조식을 하려 한데 뜻이 없엇다. 속이 좋이 못 해서 음식이 먹고 십지가 안타. 종일 사냥에서 휴식햇다."

⟨92/2/15⟩"식사는 전연 못 한다."

⟨92/7/18⟩"4일째 변비."

⟨93/1/2⟩"새벽에 가슴이 트려오고 몸이 이상햇다. 꾹 참고 전주에 가서 침 사관을 맞고 양약도 먹고 한바 부안 속에 식사한 것이 소화 부양으로 생각햇다."

⟨93/2/19⟩"새벽에 가슴 위가 불편하야 소도[소다]를 먹고 잇다가 할 수 업이 토햇다. 우황청심환을 먹고 있으니 목이 쓰라리고 복부가 이상햇다."

⟨93/2/20⟩"자다 새벽에 이상이 생기여 퇴[토]하고 약을 먹어도 듯지를 안해서"

⟨93/4/3⟩"온수를 마시면 식도에 통증, 술을 마시면 통증을 느낌."

⟨93/4/10⟩"음식을 먹는데 온수를 마시면 식도가 통징이 잇고 술을 마시면 또 통징이 잇다. 부득이 금주를 선포햇다."

〈93/12/15〉"갑작이 3일채 위가 이상햇다. 개이지 안코 음식만 너머 가면 가슴이 뗏엇---하고 석식은 먹을 수가 없다."

〈94/1/1〉"위에 구멍이 뚫려 병세가 악화되엇다."

〈94/1/21〉"위계양(위가 페엇다), 당뇨병이 나타낫다."

〈94/1/25〉"아침에 대변이 나오지 못해"

〈94/6/3〉"또 가슴이 트려 올아다. 가슴이 트려 오르면 열이 오르며 잠시는 언짠하다."

주제군 6: 심혈관계 국소증상

〈90/2/6〉"석양에 갑자기 가슴이 이상햇다."

〈91/11/12〉"수일간 부안하야 혈압이 상승햇다."

〈93/11/21〉"새벽에 갑자기 가슴에 통증이 시작. 참음. 계속 가슴에 통증이 지속됨. 중식과 소주를 몇 잔 했는데도 가슴에 통증이 지속됨. 약국에서 진통제를 사먹엇다. 갑자기 심장과 기능이 이상"

주제군 7: 호흡기계 국소증상

〈87/2/15〉"가슴에 통증이 있어 밤에 불안햇다."

〈88/8/8〉"가슴이 이상하엿다."

〈89/1/2〉"기침이 심하다."

〈89/2/20〉"새벽에 가슴이 이상햇다. 통증 잇고 마음이 달아젓다."

〈90/2/7〉"오전에는 이상이 없고 오후 삼시 - 사시 사이에 가슴이 이상하야 통징 있다."

〈92/3/25〉"몸이 부안하야 종일 사냥에 있엇다. 가슴이 이상하다."

〈93/11/21〉"새벽에 뜻박게 가슴에 통증이 왔다. 이상이 역이고 참앗다."

〈93/11/23〉"가래, 가슴이 이상하엿다. 폐결핵. 처자가 5-6년 전부터 기침을 심하게 하엿다. 전염이 된 것으로 생각되엇다."

〈93/12/31〉"가슴이 부편햇고 두통이 심햇다."

〈94/1/20〉"갑작이 가슴에서 통징이 오고 팔다리가 앞으며 두통기도 잇고 한기 드렷다. 부안햇다."

주제군 8: 피부-비뇨계 국소증상

〈83/7/11〉"작두로 집을 썰다 손을 벳다. 손을 베고 보니 부구가 되여 잠시 편하다."

〈84/9/21〉"상처에 반창고를 오늘부터 떼 버렷다. 약 일개월 이일 만에 완치된 듯십다."

〈91/3/16〉"오늘 갑작히 소변이 더디 나온다."

〈91/7/23〉"밤에 몸이 근지려서 잠을 설자 금일은 병원에 갓다."

〈93/12/2〉"소변을 보니 소변의 색이 좋이 안햇다. 시급 병원에 가야는데."

주제군 9: 사고

〈84/8/19〉"집에 와서 정문에서 자전차에서 하차하려다 대탐상[대부상]을 당햇다. 병원으로 옴겨 입원햇다. 중상이엿다."

〈94/6/18〉"교통사고로 사망"

제 3범주: 중년기 대처방법

주제군 1: 양방의료기관 방문 및 처치

보건소

〈72/5/22〉 "오후에 보건소에서 왓다. 진찰도 하고 약을 주웟다."

〈75/6/21〉 "임실 보건소 방문보건팀이 소독하고 마이싱(항생제) 주고 갓다."

병원(1차, 2차, 3차 병원)

〈71/10/29〉 "정경석 씨에게 가서 문의하고 약을 받앗다."

〈73/3/2〉 "임실병원에 가서 약을 받앗다. 임실 중앙병원에서 진료와 약을 받앗다."

〈73/3/17〉 "오전에 임실 중앙병원에 갓다."

〈73/3/19〉 "병원치료을 받앗다."

〈73/9/12, 13, 14〉 "임실 중앙병원에 가서 치료받앗다."

〈73/9/26〉 "병원에서 치료[치료]헷다."

〈73/10/4〉 "입엄[잇몸]이 앞아서 임실 중앙병원에 가서 땃다."

〈73/11/28〉 "저녁에 임실중앙병원에 가서 치료받앗다."

〈75/12/14〉 "임실병원까지 단여 손을 치료해다."

〈78/7/16〉 "중식이 끝나자 목부터 억개 역구리가 절이기 시작 밤에 잠을 이루지 못하고 관촌으로 약을 사려 갓다."

〈76/9/11〉 "전주 임내과에 40일간 입원하여 치료 받앗다."

〈78/7/21〉 "全州 病院 방문하여 치료받앗다."

〈79/7/9〉 "해장에 오수약국에 가서 장질부사 약을 받앗다."

〈80/1/5〉 "성현이를 관촌으로 보내서 양약을 지여왔다."

〈80/7/7〉 "서울病院에서 치료받음. 매일 받기로 하엿다."

〈81/10/7, 8〉 "임실병원에 다녀옴. 발사진 찍음. 금이 간 것 발견"

〈80/10/18〉 "금주함, 병원에서 치료받았다."

〈81/10/9〉 "4일째 병원치료 받음. 어제보다는 조금 부드러웟다."

〈82/1/24〉 "옻 견디다 못해 임실 의원 갓다. 치료김[치료김] 일천 원 주웟다."

〈81/10/10-15〉 "임실병원에서 치료받앗다."

〈82/7/27〉 "혀 옆이 곪아 서울병원에서 치료받았다."

〈82/8/5〉 "예수병원에 투약차 갓다. 십오일분 일일,일○○원을 주웟다."

〈82/9/2〉 "전주 예수병원에서 약받앗다."

주제군 2: 한방의료기관 방문 및 처치

한의원

〈74/7/19〉 "기력이 없고 하문으로 사[설사]만 한니 눈이 속으로 드려간 것 갓고 해서 성환을 시켜서 임실에서 5첩을 지여왔다."

〈75/1/5〉 "금암동에서 침을 만앗다."

〈75/1/6〉 "전주에 침 마지려 갓다."

〈75/2/15〉 "한약 2첩 복용"

〈78/7/18〉 "성김을 시켜서 대리 안길풍에 약 몃 첩을 지오라 햇드니 2첩을 대려 마신 바 1신이 다룬데 못 견디엿다."

〈74/7/19〉 "기력이 없고 하문으로 사[설사]만 한니 눈이 속으로 드려간 것 갓고 해서 성환을 시켜서 임실에서 5첩을 지여왔다."

주제군 3: 자가 간호 및 민간요법

수면 및 휴식

〈69/1/21〉 "약 2시간 동안 취침하고"

〈69/1/30〉 "종일 사랑에서 휴식취하엿다."

〈69/1/31〉 "조반 후 신체불능으로 사랑채에 누워 휴식"

〈71/1/31〉 "오전 중에 몸이 고탈파서 누웟다. (종일 누웠다. 석양에 누웠다 등)"

〈72/2/4〉 "종일 휴식햇다."

〈75/2/15〉 "종일 내실에서 독서하고 신문만 보앗다."

〈75/2/16〉 "종일 방에서 ?역 독서만 햇다."

〈72/5/15〉 "사랑채에서 종일 누워 휴식"

〈75/5/16〉 "사랑[사랑]에 누웟다가 석양에야 기상햇다."

〈77/7/9〉 "종일 몸이 좇이 못해서 사랑에서 수양하고 있엇다."

〈77/11/4〉 "밖에 나가지 않고 종일 사랑에서"

〈78/7/17〉 "종일 사랑에 누웟다."

〈78/11/5〉 "몸이 좋지 않아 사랑에서 독서"

〈79/4/30〉 "몸이 좇이을 못해서 종일 사랑[사랑]에서 누웟다. 식사가 뜻이 없다."

〈79/5/1〉 "몸이 부편해서 누웟다."

〈79/12/25〉 "몸이 부안해서 사랑채에서 지냇다."

〈80/1/17〉 "종일 사랑[사랑]에서 독서만 햇다."

〈80/3/21〉 "종일 사랑[사랑]에서 누웟다. 성미는 약을 지로 갓다."

〈81/2/4〉 "양로당에서 종일 즐기고"

〈81/2/6〉 "양로당 다녀와서 사랑에서 종일 휴식"

〈81/3/17〉 "뱃속이 불안하여 휴식"

〈82/5/13〉 "종일 몸이 부안해서 사랑에서 누웟다."

〈82/5/23〉 "허리가 앞아 終日 누워 휴식."

〈82/6/30〉 "청소년시절부터 60세까지 소식하고 부지런하면 말년에 높이 오르니 행복이 언제 오는지 휴식과 독서"

〈82/8/12〉 "무더운 날시이기에 집에서 휴식하면서 독서만 햇다."

〈82/8/16〉 "휴식햇다. 사랑에서 독서햇다."

절주/금주

〈71/11/7〉 "금일부터 절주하면서 약을 먹기 시작햇다."

〈73/3/17〉 "금일부터 다시 금주하게 되엿다."

〈73/11/29〉 "금일부터 금주령을 자신이 내렷다."

〈74/7/3〉 "신상으로 의하야 금주할 결심[결심]. 부득기 금일부터 금주햇다."

〈75/1/7〉 "만 3일 금주에 돌입"

〈75/12/21〉 "12월 14일부터 술을 참는데 금일까지 8일채다."

〈77/3/22〉 "매일 갖이 술을 마시고 보니 취하지도 안코 아침에는 구역질이 나고 식사는 하지 못하다. 결심하고 금일부터 무기한한하고 주류 1절을 금지하고 싶다. 친우들에 무순 꾀든지 쓰고 금주해보겟다."

〈77/3/24〉 "금일도 술은 금주을 햇다. 그러니 식사는 맞이 있엇다. 몇일이 갈가 걱정이다."

〈77/7/8〉 "금일부터 금주와 단주할 결심이다. 해로운 점이 있다. 첫재 입마시 업고 두채 아침에는 고욕질이 나고 세채 혈변을 보기도 한니 이게 전부 술로 인한 원인[원인]라고 생각코 단주하겟다."

〈80/10/18〉"금주햇다."

〈82/6/16〉"육월 십일일부터 술을 금주하기 시작 금일까지 오일채다."

〈82/6/20〉"오늘만 금주하려 함. 밥맛이 좋다. 식사 시에 매우 위험"

보양식

〈74/3/19〉"엄주영씨 댁에서 인수와 동반해서 견육을 주워 잘 먹엇다."

〈75/7/8〉"모광호 집에서 벰술을 먹은는지 허리가 좀 이상한 듯햇다."

〈76/9/13, 15〉"개장국을 복용, 견육을 사가지고 와서"

〈78/1/15〉"신평서 성미가 물고기를 사와"

〈82/5/25〉"장질부사라고 하여 藥 五첩을 짓고 청국장을 너서 대리라기에"

목욕

〈73/4/30〉"이종매 원기는 말햇다. 신경통 지걸 기타 병에는 약물탕에 가면 완치된다고 햇다. 구례에서 뻐스로 화게장터에서 하차코 약 2.5k쯤, 신경통 같은 기타 병은 약물탕에 가면 완치된다고 들었다"

〈82/12/14〉"모욕탕에서 깨끗이 몸의 떼를 씻고"

식물

〈75/8/20〉"임실에서 모인을 맛낫는데 신경병에는 엉거구[엉경퀴]가 제일이라고. 좀피나무가 우 제일이고."

기타

〈82/6/30〉"소식하다."

제 4범주: 노년기 증상 대처방법

주제군 1: 양방의료기관 방문 및 처치

보건소

〈91/3/16〉"임실보건소에 갓다. 오늘 갑작히 소변이 더디 나온다. 그리고 양기[양기]도 뚝 떠려젓다. 음식도 감소가 되며 먹고 십지 안타. 다리도 앞으고 하다. 엇전지 이상한 마음이 든다."

〈92/3/26〉"보건소에 가서 진찰를 한바 사진을 요구하야 전주 현대방사선과[현대방사선과]를 가서 촬영을 하고 임실에다 주니 복용약을 10여 일분을 지여 왓다."

〈93/4/29〉"오늘도 종일 사랑채에서 지냄. 보건소에 가서 주사도 맞고 약을 받앗다."

〈93/5/11〉"보건소 갓다. 주사도 맛고 약을 복용 중이다."

〈94/1/26〉"임실보건소에서 자조 전화가 왓서 오늘은 할 수 없이 1개월분 약을 바다 왓고 가슴사진도 찍엇다. 2월 26일 또 오라 햇다. 6개월을 복용하면 가부가 난다고 햇다."

〈94/4/25〉"보건소에서 결핵약을 가저왔다."

병원(1차, 2차, 3차 병원)

〈83/1/17〉"뻬스로 전주 치과에 갓다. 치료[치료]을 하고 신경을 죽이고 이, 삼일 만에 다시 오라 햇다. 동양치과엿다."

〈84/5/6〉"대리에서 약을 지엿고 오수[오수]에 가서 약을 지여왔다."

〈84/8/19〉"병원으로 옴겨 입원햇다."

〈84/9/8〉"오늘 병원에 치료하려 갓다"

〈86/6/7〉"회노에 중앙병원에 들이여 주사 일대을 맞고 왔다."

〈86/10/7〉"전주 이비과[이비열후과]에 들이엿다. 좌이을 검진해 본바 이상은 없고 헤람[혈압]도 정상이고 하나 영양부족이라고 했다."

〈87/3/3〉"이이비인후과에 치요 차 갓다. 전번에는 김이비후과[김이비열후과]에 간바 치요 방법이 맞이 안코 부친절하드라."

〈87/3/4〉"전주 이비인후과에 가서 치요를 밧고 전주 방사선과에 가서 사진도 찍어밧다.

〈88/8/8〉"이종현내과[내과]로 오라 하야 진찰[진찰]을 받은바"

〈88/8/12〉"결심하고 아침식사를 폐하고 육시 삼○분 뻐스로 전주 박일주의원에 갓다. 혈액 검사 엑쓰레이 촬영 위내시경을 끝내고 일시쯤 결과가 나왓다. 위에는 이상이 없으나 하부에 염증이 있으니 술하고 + 담배를 금하고 이 개월만 복약[복약]하라 햇다."

〈88/10/28〉"박일주의원에 갓다. 엑쓰레이 찟고 초음파기계로 진찰을 햇다. 종합검진 결과는 이상이 없다고 하고 삼, 사주간 복약하라 햇다."

〈88/12/26〉"임실 중앙병원에서 정역주사를 마잣다. 미로뎁보인데 이주마다 한 번식 주사하라고"

〈88/12/27〉"삼예 서울병원에 갓다. 주사를 밧고 왔다. 확{실}히 홈[효험]을 보왓다."

〈88/12/30〉"임실 중앙병원에 갓다. 정역제[정역제] 주사을 맞고 왓다. 이차채 맞았으나 별무하드라."

〈89/1/2〉"귀가 애린다. 내과에 갓다. 진찰하고 사진도 찍고 혈액도 검사하고"

〈89/1/2〉"오늘 병원 4개소를 다녀옴."

〈89/1/3〉"오늘도 방사선과에 갓다. 만오천원을 주고 검진"

〈89/1/6〉"예수병원에 갓다. 이를 치요[치료]하고 사직[사진]도 찍고 월요일에 오라 햇다.

임실로 직행햇다. 몸이 부편하야 주사를 맛고 왓다."

〈89/7/21〉"임실에 중앙병원에 갓다. 주사도 맛고 예수병원에 진찰코자 원장의 소견서도 밧앗다."

〈89/8/14〉"임실 치과에서 치료를 밧고 왓다."

〈90/2/7〉"임실의요원[임실의료원]에서 종합검사를 한바 엑쓰레이 사진하고 소변검사 조직검사 일절을 혈액검사까지 하고 미검사는 대편하고 위검사 위시경만 미진햇다. 이비열원과[이비인후과] 치요[치료] 삼인[삼일]채다."

〈90/2/8〉"대편(변)을 준비하고 임실의요원에 갓다. 위시경을 요구한바 기구가 부능이라고 하면서 전주 현대방사선[방사선]과로 가래햇다."

〈90/2/10〉"임실의요원에 결과를 보려 조식을 금하고 갓다. 다행이 당료병은 없다고 기계로 감정햇다. 간지스토마는 지금 이 시점에는 약을 복용 못 한다고 햇다."

〈90/4/11〉"산성약국에서 약을 갓고 왓다."

〈90/4/15〉"어제 밤에 병이 나서 밤이 새도록 고통[고통]을 밧고 아침에는 약을 지여다 먹고 종일 사냥에서 수양햇다."

〈90/6/27〉"임실 보건소에 위 사진을 촬영하려 갓다."

〈90/8/3〉"임실에서 중앙병원장의 소견서를 받아다."

〈90/8/4〉"남원의료원에 갓다. 2주분 약만 짓고 목요일 16일경에 위시경[위시경]하려 가기로 햇다."

〈91/3/19〉"주사을 마잣다."

〈91/5/27〉"영양제 주사을 마잣다."

〈91/8/13〉"수족 부편 보혈 주반[주사] 마잣다. 주반[주사]을 마자
도 별 효역이 없다."

〈92/1/1〉"우황포롱환[우황포롱환(우황포용환)] 을 사오라 햇다."

〈92/1/3〉"관촌병원에 가서 보혈주사를 맞고, 보통주사도 맞고, 집에
서 종일 휴식하면서 "

〈93/8/7〉"역전에서 보신주사을 마잣다."

〈93/10/15〉"보혈주사을 마잣다."

〈93/11/14〉"보혈주사을 마잣다."

〈93/11/23〉"임실의료원 방문, 가래검사, 6가지 약을 받앗다."

〈93/12/15〉"임실의료원에 가서 상의햇든니 보호를 잘 하며 육식을
하라고 하며 몇일 지내다 와보라 햇다."

〈93/12/16〉"전주로 예수병원에 갓다. 임실의료원에서는 보호하면
서 기드려 보라 햇지만 참을 수 없어 간 겟다. 예수병원에서 용우을
상면한바 위시경[위시경]을 하고 있드라. 특별이 위시경을 한바 내
부는 이상이 없다고 하고 혈검사 소변검사하고 약을 지여 주원서[주
어서] 정오부터 예수병원의 약을 복용하고 임실 약은 폐기[폐기] 처
분햇다."

〈93/12/17〉"기온은 영하 8도라고 몹시 한냉햇다. 관촌치과에 단여
온데 괴로왓다."

〈93/12/22〉"전주에 예수병원에 당햇다. 종합결과[종합결과]는 오
후 4시경에 발표햇다."

용우는 말하는데 당뇨병[당뇨병](사진을 보면서) 폐병 위가 허려서
합병증[합병증]이 있다고 말하고 치료는 하지만 잘 듯지 않는다 햇
다. 그러나 1주일 만에 진찰을 밧고 약으로 다스리다 필유에는 입원
하자 햇다."

〈93/12/26〉"보혈주사 맛고"

〈93/12/31〉"예수병원에서 이차검진 받앗다."

〈94/1/1〉"예수병원에서 진료"

〈94/1/3〉"조식을 못하고 7시에 여수병원[예수병원]에 갓다. 두부
[머리] 사진을 찍엇다. 신경과[신경과]로 옴겨것다. 신경과장이 약
을 처방하고 수요일 오라 햇다."

〈94/1/5〉"석양에 치과에 단여왓다."

〈94/1/7〉"예수병원에서 용우을 상면하고 위 사진을 찍고 약을 십사
일분을 지엿다."

〈94/1/7〉"송의원에서 치과치료 받앗다."

〈94/1/15〉"관촌치과에서 치아를 해넛고"

〈94/1/21〉"제일차로 내과[내과]로 호명해 간다. 제일번으로 진찰
[진찰]을 받은바 내의 병세는 폐병, 당뇨병, 위계양(위가 페엇다) 삼
가지 병이라 약 처방에 난점이 잇다고 햇다. 이 약 저 약 합음하면 안
조타 햇다. 병원에서 약을 복용한비[복용한바] 통증이 갯다."

〈94/1/25〉"아침에 대편이 나오지 못해 조식 후에 송의원에 가서 약
을 지여 왓다."

〈94/2/15〉"몸이 대단이 부편햇다. 오후에는 임실의료원에 갓다. 내
약은 폐병만 다룬 약이고 당옥약[당뇨약]은 예수병원에서 짓고 폐
약은 임실서 짓는 도이박에 없다."

〈94/4/13〉"전주 예수병원에 갓다. 10여 일을 띠우고 갓다. 당도[당
도]는 180도라며 기간 약을 떼는데 당도는 정확들 못햇다고 햇다."

〈94/6/3〉"임실 신설 병원 성바오로의원에 갓다. 혈압도 재보고 진찰
하고 1일분 약만 지여주면서 예수병원 외는 복용을 금하고 내일 조
식을 금식하고 오라 햇다."

〈94/6/4〉"바오로병원에 2일채 갓다."

〈94/6/5〉"금일도 임실 병원에 단여왓다."

〈94/6/9〉"실 병원에 단여왔다."

〈94/6/11〉"8시에 출발. 임실 병원에 갓다. 전주 예수병원도 포기하고 임실보건소도 포기햇다."

〈94/6/14〉"12일채 임실 병원에 단여왔다."

〈94/6/17〉"임실 병원에 단여왔다. 내의 병세는 양호햇다. 분명히 아라보게 되엿다. 이려한 조시로만 간다면 수명 연장은 자신 잇다. 엽시인들은 내의 병이 악화될수록 주화한[좋아한] 자가 다소 잇다."

주제군 2: 한방의료기관 방문 및 처치

한의원

〈83/2/3〉"20첩 약을 짓고"

〈84/10/13〉"남원에 가서 침을 또 맞앗다."

〈88/8/20〉"한약방에서 약지음. 건강을 되찾기 위하야 약을 지엿다"

〈88/12/20〉"전주한의원 가서 침을 맞고"

〈90/4/11〉"남원 주천면에 침을 마지려 갓다"

〈91/7/24〉"관촌의원에서 뜸질치료. 뜸질을 하는데 몹시 뜨거운데 뜨거우면 효과가 잇는 줄 알고 심이 참앗든니 결과는 살이 불켜서 살이 이것다[화상]."

〈92/10/7〉"전주 침을 마즈려 갓다. 오늘 2일채다."

〈92/10/20〉"전주대학 근방을 차즈니 침술자는 없다. 산 중도에 잇는데 사찰의 증[승]인데 한 60세쯤 된데 환[자]는 20명이 잇드라. 침을 꼽고 약 1시간 후에야 침을 뽑는데 인당 2천이드라."

〈93/1/2〉"새벽에 가슴이 트려오고 몸이 이상햇다. 꾹 참고 전주에 가서 침 사관을 맞고"

〈93/1/7〉"전주에서 침을 맞고"

〈94/2/1〉"아침에 남원에서 침을 맞앗다."

〈93/5/12〉"전주로 향하야 용머리치에 영남한의원에서 내과약을 지여 왓다."

〈94/1/4〉"어제 밤부터 계속 두통[두통]은 심햇다. 아침에 곰곰 생각해 보니 예수병원에 잘 모르겟다면 문제가 잇다고 판단코 최종으로 침[침]을 마자 보겟다고 햇다. 남원 주천에 가서 침을 맞는데 단번에 시원햇다."

〈94/1/6〉"남원 주천 주 씨에 침 마즈려 갓다. 두통이 심{한} 것은 일전에 치과에서 치아 뺀 소치{인}가도 십다."

〈94/1/8〉"금일 삼번 차 침을 맞은바 차도[차도]는 양호[양호]하다. 약으로 흠[효험] 본지 약으로[침으로] 본지는 잘 모르겟다."

〈94/1/28〉"약쑥 뜸질을 해도 시원치 안타. 남원 주 씨 침술자에 전햇든니 삼, 사일 후에 오라 햇다."

〈94/1/30〉"무릅약(백풍단) 풍약을 삼개월 십오일간 중단햇든니 다시 무릅이 알키 시작햇다. 월 약대가 이만 원식인데 김전이 부족해서 뗀 바 생각하니 다시 먹어야 하겟다. 당뇨약 폐약 즉시 치요 일자는 금일로 일 개월 십육일채다. 이월 일일부터 보건소 약으로 갱신 복용[복용]하겟다."

〈94/1/31〉"백풍약 복용 착수함. 오늘은 생각다 못해서 삼개월 십오일 만에 전주 영남한의원 용머리고개로 갓다. 일개월분을 지여 즉석에서부터 복용햇다. 간야에는 무릅이 심하게 부편. 통증이 개이지 안햇다."

양약 투약

〈84/11/4〉"밤에 신경통 약을 먹고 자다보니 예에 비하니 호체 평안한 듯싶드라. 종일 작업을 해도 그러케 괴로운 점이 없는 듯싶다."

〈86/3/31〉"남원 웅정리 김지약국에 조제[조제]하려 갓다. 진맥도 하고 약은 만 원치를 지엿다. 십팔일분."

〈86/5/9〉"남원 웅정에 약을 지려 갓다. 일김 일만 원을 주고 십팔일분."

〈87/2/13〉"바로 몸조리를 했으나 안 될 것 같아 양약을 구입해 먹엇다. 아침은 굶고 박일주의원에 가서 엑스레이 촬영하고 초음파기로 검사하엿으나 별 이상이 없다고 하여 복용할 약만 일주일분 받음. 약 3-4주 동안 복용해야 한다고 함. 오늘부터 자신에게 금주령을 내렷다."

〈88/8/20〉"전주내과에 방문 약을 받아 복용하얏다."

〈89/12/29〉"감기가 들어서 목이 쟁기고 부안하야 양약방에 가서 약을 사먹고 집에 왔다.

〈91/2/3〉"보혈주사를 마잣다. 이ㅇ여 일 만이엿다."

〈92/3/26〉"임실중앙병원에서 복용약을 10여 일분을 지여 왔다."

〈92/7/24〉"어제 밤중에 몸이 이상하는데 알고 보니 감기{인} 듯싶드라. 양약방[양약방]에 보내서 1일 분을 복용했다."

〈93/1/7〉"양약도 먹고 한바 부안 속에 식사한 것이 소화부양으로 생각햇다."

〈93/4/28〉"관촌에서 약을 지어다 복용."

〈93/11/21〉"중식과 술 섭취 후 통증 지속됨. 약국에서 진통제를 사먹음."

〈93/11/22〉"임실의요원에 사진을 제시한바 폐병 초기라 햇다. 바로

약을 쓰면 된다 햇다. 내일 가래를 바다서 오라 햇다. 마음이 부안햇
다.”

〈94/1/1〉“예수병원에서 약 받아 복용”

한약 투약

〈85/8/4〉“우황청심환을 공복에 먹엇다. 수족은 노력만 한면 부안하
다.”

〈91/1/18〉“오늘부터 보약 들기 개시했다.”

〈91/12/11〉“어제 석양부터 3첩재 약을 복용한바 식사에 입맛이 도
라왓다. 확실이 영양역[영향역]이 온 것은 사실이 나타낫다.”

〈92/1/1〉“우황청심환을 사오라 햇다.”

〈92/2/7〉“우황청심원[우황청심환]도 구입 먹어 보왓다.”

〈92/3/2〉아침에는 한약[한약]을 지여 오라 햇다. 종일 사냥에서 한
약을 대려 복용[복용]하고 취안햇다.“

〈93/1/13〉“조식 후에는 임실 한약방[한약방]으로 보내서 약을 지어
다 @취한[취한]도 하고 햇다.”

〈93/8/10〉“무릅약 백풍단약을 복용하기 시작햇다.”

〈94/1/30〉“무릅약(백풍단) 풍약을 삼개월 십오일간 중단햇든니 다
시 무릅이 알키 시작햇다. 월 약대가 이만 원식인데 김전이 부족해
서 뗀 바 생각하니 다시 먹어야 하겟다. 당뇨약 폐약 즉시 치요 일자
는 금일로 일 개월 십육일채다. 이월 일일부터 보건소 약으로 갱신
복용[복용]하겟다.”

〈94/1/31〉“백풍약 복용 착수햇다.”

〈94/3/17〉“관촌 남중약국에 갓다. 병세를 자세하게 설명해 주고 우
선 10첩만 짓고”

의료 검사 및 처치(피검사, 소변검사, 가래검사)

〈93/11/23〉 "임실의료원 방문, 가래검사, 6가지 약을 받음."

의료 검사 및 처치(방사선 검사)

〈89/1/3〉 "오늘도 방사선과에 갓다. 만오천원 주고 검진을 함."

〈92/3/26〉 "전주 현대방사선과[현대방사선과]를 가서 촬영을 하고"

〈93/2/19〉 "조식을 폐[폐]하고 전주 현대방사서과에 갓다. 사진을 찍고 보니 의사선생은 위에는 아무 이상 없으니 안심하시요 햇다."

〈93/2/20〉 "덕선 집에서 석식을 하고 집에 와서 자다 새벽에 이상이 생기여 퇴[토]하고 약을 먹어도 듯지를 안해서 전주 현대방사선과에 가서 사진을 찍고 보니 이상은 없다 햇다."

〈93/11/22〉 "현대방사선과에 갓다. 사진을 찟고 검진 결과에 의하면 폐가 좋이 못하다면서 의사하고 상의해서 약을 쓰라 햇다."

〈94/1/1〉 "매년 방사선과에서 가슴사진을 찍었다. 문제가 없었다."

주제군 3: 자가간호 및 민간요법

수면 및 휴식

〈83/7/8〉 "몸이 조치 못해서 종일 사랑에서 누웟다."

〈90/4/15〉 "어제 밤에 병이 나서 밤이 새도록 고통[고통]을 밧고 아침에는 약을 지여다 먹고 종일 사낭에서 수양햇다."

〈90/4/16〉 "종일 집에 수양햇다."

〈90/4/23〉 "종일 사낭에서 독서로 일과를 보냇다. 한기[한기]가 심하다."

〈90/8/2〉 "몸이 괴로와서 사낭에서 잠시 휴식햇다."

〈91/6/2〉"밤에 병이 나 종일 누워서 지냈다."

〈92/2/7〉"조식을 하려 한데 뜻이 없섯다. 속이 좋이 못 해서 음식이 먹고 십지가 안타.

종일 사낭에서 휴식햇다."

〈92/2/15〉"종일 사낭에서 지냇다. 몸이 부평하다."

〈93/1/27〉"몸이 이상햇다. 종일 사낭에서 독서하다 남잠도 드럿다."

〈93/4/10〉"사랑채에서 독서하며 지냇다."

〈93/4/28〉"종일 사랑에서 누워 지냇다."

〈93/4/29〉"오늘도 종일 사랑채에서 지냇다."

〈94/1/22〉"출입 금하고 사랑채에서 지냇다."

〈93/4/29〉"오늘도 종일 사랑채에서 지냇다."

〈93/12/1〉"종일 휴식하고"

〈93/4/10〉"사랑에서 독서하며 지냇다."

〈93/4/28〉"오늘도 종일 사낭에서 누워 지냇다."

금주, 금식

〈87/5/14〉"금주하기로 결정햇다. 열이 생기고 식사도 뜻이 몸없드라."

〈87/5/24〉"십일일채 금주. 술먹자고 권하여 딱 한잔만 하기로 하고 마셧다."

〈88/3/27〉"금일부터 무기한 금지주 계획을 세웟다."

〈88/8/8〉"오늘부터 금주조치령을 스스로 내리다."

〈88/8/8〉"금식하다."

〈88/9/10〉"금주는 금일채 삼사일채이다."

〈89/7/20〉"술을 권하는데 못 먹겟다고 反對하고"

〈90/2/6〉"금일로 육일채 금주 중이다"

〈90/2/11〉"술 마실 곳은 많{이} 잇는데 금일 십일일채 금주 중이다."

〈90/7/6〉"오늘부터 술 안 마시기 결심햇지만 어느 정도를 실행될지 이문시된다."

술로 의하야 가족들에서 부안감이 생기다. 술을 갇아 바친데 불편 또 객이면 입장이 난하다."

〈90/7/7〉"어제부터 술 안 마시기 결심한바 오늘은 두 분이 한 잔 하자는데 쩔 〃 거절[거절]햇다. 대단이 미안하드라."

〈90/7/9〉"영원히 끝고 십다. 오늘 4일채 금주햇다. 약 20-30일만 부음하면 완전히 끈을 수 잇겟다. 꼭 실행하야지. 1일 삼식이면 조금 부족하다. 조식을 하고 중식을 기드려면 시장하고 중식하고 석식을 기드리면 아주 시장하다. 간식을 하야지 그려치 못 하면 매일 서운하겟다."

〈90/7/13〉"8일채 금주하고 잇다. 오늘 임태업 씨의 자식 관계로 오수 보신탕[보신탕]집에 간바 술을 근[권]햇지만 거절[거절]햇다. 이대로만 간다면 혹 금주 실행이 될지"

〈90/7/17〉"오늘은 외유하는데 친우들 술을 근하는데 난처햇다. 할 수 없이 냉정이 거절햇다."

〈90/7/27〉"오를까지[오늘까지] 만 23일채 금주를 햇다."

〈90/8/8〉"오늘 34일채 금주를 햇다. 34일채 부음주한바 앞으로 금주의 각오는 존수될는지 아마 결심은 깨지지 않을 것 갓다.시험 삼마 조금 마셔보니 대단이 부안점이 발동하야 속이 좋이 안트라. 매주[맥주]를 조금 마셔보왓든니 그것은 팬찬트라. 혹 매주 정도는 소양의로 마셔볼가 한다."

〈90/8/19〉"금주는 꼭 실행하야겟다. 술 생각은 없다."

〈90/8/24〉"50일채 금주햇다."

〈90/10/9〉"금일로 꼭 97일간 금주햇다. 이제는 아마도 영원이 술은 금주할 것 갔다. 1반 주민들도 [내가] 술을 들지 않는다고 잘 알고 잇다."

〈92/5/27〉"오늘부터 몸이 부편하야 금주를 단행햇다."

〈92/6/1〉"6일채 금주햇다. 면장 백원기 청첩[청첩]이 잇어 갓다.각 기관장 및 지방인 몃 분이 모엿다. 중식 상과 주반을 겸해서 잘 차렷드라. 술을 근[권]하는데 할 수 업시 한 잔을 여려 차레로 난누어 마셧다."

〈93/4/10〉"음식을 먹는데 온수를 마시면 식도가 통징이 잇고 술을 마시면 또 통징이 잇다. 부득이 금주를 선포햇다."

〈93/11/15〉"금일부터 1일1식을 시작햇다."

〈93/11/30〉"금주 결심일. 금일부터 완전히 술을 끈고 폐병약을 복용할 계획을 햇다."

보양식

〈88/8/8〉"조식은 흰죽, 중심은 닭죽."

〈88/9/10〉"뱀 능그리를 잡아서 술을 붓고 허청 땅에 무더두웟다. 약 삼연이면 효약이라 햇다."

〈92/8/1〉"9가지 품목으로 제조한 약주를 조금식 들기 시작햇다."

〈92/10/2〉"조식 후 약근을 캐로 나섯다. 안골을 더터서 청운 공동묘지을 단여도 별로 잇기를 안 햇다. 조금 캣다. 약목을 구입하는데 진두찰 엄나무 오갈피 우실만 캣다."

〈93/4/10〉"금주 선포12일부녀 완전금주 수행. 사랑에서 독서하며 지냄."

〈94/2/6〉"시장에서 돈 족발을 사고 종피나무를 구입해다 쌀마서 무
릎 부안한 데 먹엇다."
〈94/2/23〉"오늘부터 홍삼[홍삼]골트 제약 복용 착수햇다."
〈94/3/16〉"홍삼을 사다 대려 공복이 마서 보왓다. 입맘[입맛]이 없
이 식사하는 데 난관이다."

기타(목욕 등)

〈92/6/29〉"목욕탕으로 가서 소주 컵을 준비하여 생후 처음으로 자
기소변 중간치를 마시는 것을 실험"
〈93/12/2〉"차로 죽림목탕에 갓다.소변을 보니 소변의 색이 좇이 안
햇다. 시급 병원에 가야는데."
〈94/2/7〉"뜻은[뜨거운] 물에다 무름을 뜸질을 해 보왓다. 당시는 시
연하고 보행에 발이 것든하는데[거뜬한데] 다시 맛찬가지드라."
〈94/4/19〉"새벽 5시면 기상하야 보건소 약을 복용하고 수삼[수삼]
을 갈아 우유하고 혼합하야 마시고 조식 전에 예수{병원} 약을 복용
하고 또 조식 후에는 예수 약을 복용하고 또 식후에 1개 약을 복용한
다. 오전 중에 한약을 복용하면 6회를 복용한다. 홍삼골드까지 10여
순이나 된다."

6. 논의 및 결론

　연구자는 대상자의 일기에 나타난 주된 질병증상들과 대처양상
에 대해 년도 별로 나열하였다. 여기서는 대상자의 일기에 나타난 원
인을 알 수 없는 모호한 전신증상과 원인이 계통별로 분명히 드러나

는 국소증상으로 범주화하여 중년기와 노년기의 차이점을 살펴보고
자 한다. 또한 대상자의 질병증상에 대한 대처양상을 나열하였으며,
건강지향적인 요인과 질병지향적인 요인이 무엇인지에 대해 살펴보
고자 하였다. 여기서 중년기는 대상자 나이가 46세(1969년)부터 59
세(1982년)까지로 범주화했으며, 노년기는 60세(1983년)부터 71세
(1994년) 사망할 때까지로 범주화하였다.[2] 대처양상도 중년기와 노
년기를 범주화 하였다. 현재 노년기 기준은 65세이지만 60세에서 74
세까지를 연소노인(young old)으로 분류하기도 한다. 여기서 질병은
특정건강상태의 병태생리를 의미한다.

1) 중년기와 노년기의 전신증상의 변화양상 비교

대상자의 중년기 일기에 나타난 일반적인 전신증상에 대한 경험을
살펴보면 전신에 열이 나거나(49세), 기분이 나쁘고(47세), 마음이
좋지 않고(49세), 일신에 병이 날까 초조해 하고 염려하며, 막연한 불
안이나 농사걱정 등 특정한 것에 대한 불안을 가끔 경험하지만 별다
른 전신적 발열상태나 전신이 아프다는 원인불명의 모호한 통증은 나
타나지 않는다.

그러나 대상자는 68세 때 전신발열과 통증으로 고통을 경험하고,
70세 때는 날이 갈수록 과열과 갈증이 심해지며, 두통이 발생하여 점

---

2) 전통적으로 60세인 회갑연으로부터 노인으로 간주하였고, 1970년 남성 평균수명
은 58.6세, 1975년 60.2세, 1980년 61.8세, 1985년 64.5세, 1990년 67.2세(『2008년
생명표』(통계청), 2008)로 당시에 남성들이 대체로 60대에 죽었기 때문에, 당시에
는 60세부터 노인으로 간주할 수 있다.

차적으로 심해져서 94년도 대상자가 사망할 때까지 증상들이 반복되어 나타난다. 또한 대상자는 기분이 나쁘거나 불안감을 느끼는 빈도가 중년기보다 증가된다. 60세 때 몸이 불쾌하고, 64세 때 가슴에 통증이 생겨 밤에 불안하며, 66세 때는 정초부터 몇 일간 계속 불안이 나타나기도 한다. 이후 67세 때는 일상활동과 관련하여 변소에 가서 대변을 보면서도 불안하고, 종일 휴식을 취하면서도 불안하고, 마음대로 일이 안되어 불안하고, 등 지속적으로 불안감을 느끼며, 질병과 관련된 약을 복용하거나 의료적인 치료를 받으면서도 불안함을 느끼는 정서적인 불안정 상태가 심해지는 현상을 보인다. 뿐만 아니라 신체적으로도 고단하고 불편한 때가 중년기보다 자주 나타난다. 61세 때 몸이 고단하여 밤에 끙끙 앓기도 하고, 몸이 몹시 불편한 상태가 나타나며, 64세 때 몸이 피곤하고 65세 때 갑작스레 몸이 불편해지는 상태가 나타난다. 69세 때는 밤중에 자다가 몸이 불편해져 아침까지 몸이 몹시 불편한 상태가 나타난다. 대상자는 50대의 중년기 때보다 60대의 노년기를 지나면서 전신증상들이 더 많이 나타나고 건강문제로 고통을 받는 것으로 나타나 있다.

2) 중년기와 노년기의 계통별 국소증상 변화양상 비교

① 근골격계 및 신경계 질병증상

대상자의 중년기 일기에 나타난 주된 건강문제는 갑작스럽게 일어나는 사고들이다. 대상자는 49세 때에 물에 빠지고, 이듬해인 50세 때는 자전거를 타고 가다가 뽕밭으로 낙상한다. 그리고 53세 때는 횡단보도를 지나다 차에 치여 정신을 잃고 병원에 입원한다. 이와 같은 사고로 왼쪽 발이 찢어지는 열린 외상이 발생하고, 오른쪽 손발 사용에 불편함이 생기고, 무릎 뼈에 금이 가는 골절이 발생하여 석고붕대를 감고 6주간 병원에서 입원처치를 받으며, 왼쪽 갈비뼈에 이상증상이 나타난다. 몇 년이 지난 57세 때는 발의 통증으로 인해 대상자의 자세와 걸음걸이가 불안정하게 변하며, 손에 통증과 허리에 통증이 나타난다. 또한 왼쪽 몸에도 심한 통증이 나타나고, 목과 어깨와 옆구리가 저려 잠을 잘 수 없는 고통이 나타나며, 한번 누우면 혼자서 일어나기 어려운 이상감각증상이 나타난다.

노화에 따라 남성은 50세 이후부터 매년 골밀도가 0.5%씩 감소하며, 조혈과 조골기능을 담당하는 치밀골을 상실하기 시작한다. 근육 또한 남성의 근력이 20세-35세 사이에 최고에 도달하였다가 서서히 감소하여 50세경에는 근력이 감소된다. 이러한 근골격계 변화와 함께 신경계 변화가 진행되는데 신경근육 접합부에서 신경전달 물질 방출이 감소하고 중추신경계 효율성이 감소되는 결과로 중년기에는 자극에 대한 반응속도가 10-15% 정도 느려지게 된다. 이런 노화의 변화로 인해 사람들은 일상활동에서 부딪히거나 넘어지거나 떨어지는 낙상사고가 발생하고 흔히 교통사고가 발생되기도 한다. 대상자도 50대에 들어서면서 낙상을 연이어 경험하고 횡단보도를 지나다 교통사고가 발생하는 사건을 경험한다.

대상자의 노년기에는 더 많은 근골격계 질병증상과 신경계 질병증상이 가중되어 나타난다. 61세 때는 자전거에서 내리다가 큰 타박상을 입고 병원에 입원하고, 손발에 쥐가 나는 질병증상이 나타난다. 63세 때부터 71세까지 간헐적으로 손발이 피곤하고 팔다리가 애리는 증상이 나타나고, 관절통을 느끼며, 다리에 떨림증이 나타난다. 68세 때는 어지럼증이 나타난다. 69세 이후 71세까지 계속 손발에 쥐가 나며 떨리는 증상이 반복되어 나타나고, 심화되는 두통증상이 나타난다. 또한 허리와 다리에 통증이 심해지고 벽에 부딪히는 사고도 나타난다. 그리고 무릎과 발바닥에 통증이 반복하여 나타난다.

노화가 진행되면서 운동신경의 기능이 손상되어 엉덩이와 무릎관절이 굴곡되고 근육이 경직되어 동작이 제한된다. 또한 뇌의 근육감각 인지기능이 저하되어 근육조정력이 감소하므로 노인의 걸음걸이가 불안정하고 활동능력이 감퇴되며, 다리를 불안정하게 떠는 부전마비가 일어나기도 한다. 노화로 인한 연골의 변화는 20-30대부터 탈수가 일어나기 시작하여 결체조직의 탄력성이 상실되고 관절이 연골표면에 붙어 노년기에는 관절운동의 유연성이 소실되고 뻣뻣해지며 행동이 제한되고 관절염이 발생하기도 한다.

대상자의 경우 무릎통증이 나타나고, 야간 하지경련증이나 보행이상, 불량한 자세, 불수의적인 움직임과 근육피로감이 나타나고 있다. 사고가 발생할 때마다 근골격계 및 신경계 증상들은 더 심화되어 나타나고 있다.

대상자의 근골격계 및 신경계 건강변화는 50대에 사고들이 발생하면서 근골격계 및 신경계 질병증상이 발생하기 시작한다. 이러한 사고는 노년기에도 일어나며, 점차적으로 근골격계 및 신경계 질병증상의 정도가 심화되어 나타나고 그 범위가 확대되어 나타나고 있다.

② 구강과 치아의 국소증상

『창평일기』에서 대상자가 50세부터 59세까지 집중적으로 경험하는 질병증상은 치아문제이다. 잇몸이 붓거나 잇몸통증이 나타나며,

치아가 아리는 치통과 치아발치로 인한 치아상실, 그리고 입안이 곪는 염증성 질병증상들이 나타난다.

60세 이후에도 대상자는 때때로 잇몸에 염증이 있어 잇몸을 째고 치료를 받으며, 아래 치아의 발치 또는 다른 치아 2개를 동시에 발치하는 상황이 발생한다.

노화가 진행되면서 구강의 가장 현저한 변화는 치아상실이다. 치아상실의 주요원인은 치주질환인데 치아는 치근의 섬유화, 상아질 생산의 감소, 치은의 퇴축과 치조돌기의 골밀도 상실, 치관 법랑질의 마모와 함께 구강점막의 탄력성 상실과 턱근육의 근력감소 및 구강의 뼈구조가 퇴축하여 음식물을 씹는 데 많은 부담이 되며 피로감이 증가한다. 또한 침샘에서 분비되는 침의 양이 감소하여, 입안의 세정작용이 감소되므로 구강 내 급성염증성 질병증상이 자주 발생하게 된다.

대상자의 경우 중년기 초에 사고로 입안이 찢어져 염증이 발생되며, 자주 간헐적으로 치주염증과 치아발치로 인한 치아상실을 경험한다. 대상자의 중노년기의 치아건강변화는 중년기에 치아문제가 집중적으로 나타나기 시작하여 고통을 경험하고, 노년기에도 계속적으로 치아상실과 치주염, 그리고 구강내 염증, 심한 치통이 나타나며, 신경치료를 받게 되기도 한다.

③ 위장관계 질병증상

대상자는 배변양상의 변화와 소화기능의 변화가 40대 후반부터 나타난다. 48세 때 묽은 대변을 자주 보는 설사병이 나타나고, 53세 때는 수일간 대변을 못 보는 변비가 나타나며, 56세 때는 급성 소화기계 감염병인 장티프스(장질부사)에 이환된다.

노년기인 61세 때 대상자는 다시 장티푸스 유사증상이 나타나고, 갑자기 배가 이상하면서 대변이 나오고, 구역질을 하며, 체한증상이 나타나기도 한다. 65세 때도 역시 아침에 배가 이상하고, 오심과 구토(건괴욕질)증을 느껴 식욕감퇴 현상이 나타난다. 62세 때와 66세 때에 또 변비증이 나타나고, 위가 아픈 증상이 나타난다. 변비는 간헐적으로 계속 나타나며, 71세 때는 위가 헐어 구멍이 나고 악화되는 증상들이 나타나며, 온수와 술을 마실 때 식도에 통증이 나타난다.

노화에 따라 소화기계의 주요한 변화는 위점막의 퇴행성 변화이며, 위산분비와 효소의 감소 그리고 위 운동의 감소가 나타난다. 60세 정도가 되면 위산의 분비는 정상 성인의 70-80%가 감소한다. 펩신효소의 감소는 단백질 소화를 방해하고, 염산과 내재인자의 감소는 요오드, 비타민 B12, 칼슘과 엽산의 흡수장애를 초래한다. 그러므로 노년기에 점막위축과 함께 악성빈혈과 소화성궤양 및 위암의 발생률이 증가한다. 또한 약물의 흡수와 용해에도 영향을 주어 약물의 흡수가 감소된다. 하부식도괄약근의 부적절한 이완과 식도하부근육의 퇴행성 변화는 음식이 식도에 머무르는 시간을 연장시켜 불편감을 유발하고 가슴앓이, 연하곤란, 소화되지 않은 음식물의 구토 및 기도흡인 등의 문제를 유발시킨다. 대장은 노화되면서 운동성이 감소되어 변의를 느끼는 감각이 둔해지고 직장 벽의 탄력성이 감소되어 변비가 발생하기 쉽게 변한다. 또한 항문의 내괄약근의 긴장도가 감소되어 변실금이 발생할 수 있다.

대상자의 일기에 나타나는 증상들은 온수와 술을 마실 때 식도에 통증, 오심과 구토증, 소화불량, 위궤양, 간헐적인 설사와 변비 등이 나타나고 있다. 특히 중년기에 감염병인 장티푸스에 이환되며, 노년기에도 유사한 증상을 경험한다. 대상자의 중노년기의 건강변화를 보면 중년기에는 설사, 변비, 그리고 소화기 감염병을 경험하지만 노년기에는 식도변화와 관련된 질병증상, 위의 변화와 관련된 질병증상 그리고 대장의 변화와 관련된 질병증상 등 다양한 소화기계 문제들이 더 심하게 나타나고 있다.

④ 감각계 (시각, 청각, 미각, 후각) 질병증상

『창평일기』에서 대상자는 50세와 57세에 눈에 이상이 나타난다. 그러나 귀와 코의 감각기능에는 별다른 변화가 나타나지 않았다. 그러나 61세 때는 코피가 나고, 코피가 흐르는 증상이 나타난다. 64세 때는 코 안이 헐어서 세수도 하지 못하고 코도 풀지 못한다. 66세 때는 애리는 귀에서 통증을 경험하고, 고막이 터지는 증상이 나타난다. 67세 때도 이통이 나타나고, 보청기를 착용하게 된다. 70세 때는 자주 콧물흐름 증상이 나타난다.

노화가 진행되면서 눈의 조절작용은 수정체의 탄력성이 저하되고 어려워진다. 홍채, 각막, 수정체낭 등이 엉키고 변질된 세포가 쌓여 빛을 산란시키므로 눈부심이 나타난다. 60세 때에 동공의 크기는 20세 때의 1/3로 축소되어 빛의 투과량이 감소하고 보통시력과 야간시력이 감소하게 된다.

청각기능도 감소하게 되는데 가장 심하게 변화되는 것은 내이다. 소리의 감수성, 말의 이해, 그리고 평형유지에 문제가 발생될 수 있다. 내이에서는 청신경이 퇴화되어 노인성 난청이 유발되기도 한다. 청력상실은 노년기에 불가피한 현상이다. 또한 중이에서는 연령이 올라갈수록 감염이나 손상이 많이 발생되고 다른 질환으로도 손상을 받기 쉽다. 또한 이소골들의 관절이 변형되고 두꺼워져 음의 전달능력이 저하된다. 미각의 대표적인 변화로 남성은 50대부터 미뢰의 수가 감소하는데 미각의 역치가 증가하면서 혀 앞쪽의 단맛감각기능은 감소하고 혀 뒤쪽의 쓴맛의 감각기능이 올라가 식욕의 감퇴가 나타난다. 후각의 변화는 후각세포의 감소로 위축이 된다. 또한 화학적 자극에 대한 민감성이 감소하여 냄새 감지능력이 감소하고 구별능력이 감소하게 되어 식욕저하에 영향을 미치게 된다.

대상자의 경우 중년기에 눈의 이상이 나타나지만 귀와 코의 변화는 나타나지 않았다. 그러나 60세 이후부터 코와 귀의 질병증상들이 나타난다. 또한 식욕의 변화가 나타나기도 한다. 대상자는 맛이 없어 짜증을 내거나 식욕부진 증상을 보인다. 대상자의 경우 60세 이후 노년기로 갈수록 감각기계의 변화가 더 두드러지게 나타나고 질병증상들이 계속 증가되는 것으로 나타나고 있다.

⑤ 피부계 질병증상

대상자는 중년기에 화농성 피부질병과 접촉성 피부질병이 나타난다. 대상자가 50세 때 피부상처에 고름이 생기고, 종기가 곪는 화농성 피부질병이 나타난다. 57세 때에 손톱을 빼내는 일이 발생하고, 59세 때에 옻이 피부에 오르는 접촉성 피부질병이 나타난다. 60세 이후에는 대상자의 피부에 대한 별다른 증상이 일기에 나타나지 않았다.

보통 50세 이후에 표피의 수분이 30% 감소하여 세포의 재생속도가 감소하므로 상처치유능력이 감소하고 보호막의 기능이 감소한다. 60대 이상에서는 태양광선에 노출되면 노인성 반점이 많이 나타나게 되고, 진피층은 얇아지고, 혈관이 가늘어지고, 세포의 복구가 느려 욕창발생률이 증가한다. 피하조직이 감소하게 되어 체온조절과 항상성 유지능력이 감소하므로 외상이 발생되기 쉽다. 손발톱의 경우 영양장애, 외상, 염증과 국소적인 감염에 의해 부서지기 쉽고, 딱딱하고 두꺼워져 통증이 발생되기 쉽다.

대상자는 중년기에 화농성 피부질병이나 접촉성 피부질병이 나타났으나 노년기에는 별다른 피부계 증상이 기록으로 나타나지 않는다.

⑥ 심혈관계 및 호흡기계 질병증상

대상자는 50대 말까지 심혈관계나 호흡기계의 질병증상이 거의 나타나지 않는다. 하지만 60세 이후 노년기에는 64세 때 밤에 가슴에 통증이 나타나기 시작하며, 65세 때에 가슴에 이상증상이 나타나고, 66세 때는 기침이 심해지며, 67세 때 석양에 가슴의 이상증상이 나타난다. 70세 때에는 새벽에 갑자기 가슴통증이 지속되어 온종일 고통을 받는다. 그리고 몇 일 뒤에는 가래와 가슴의 이상증상이 심해지면서, 폐결핵에 이환된 것이 나타난다. 일기에는 대상자의 처자가 5-6년 전부터 기침을 심하게 해왔다는 점이 나타나고 있어 감염을 의심하는 것으로 나타나 있다.

노화과정은 심장의 크기에 영향을 미친다. 심실중격과 좌심실비대가 나타나며, 심실벽이 강직되고 심장의 수축과 이완능력이 감소된다. 결합조직의 증가로 심근이 경직되고 탄력성이 감소하여 결국 혈류량이 감소된다. 60세부터 동방결절의 심박조절 세포수가 감소하여 심박수는 감소한다. 따라서 심박출량도 감소하게 된다. 혈관의 내막과 중막이 두꺼워져 혈압은 상승하게 된다.

노화과정은 호흡기계의 변화에도 영향을 준다. 흉벽의 탄력성 저하로 60세 정도에 호흡기능의 부담은 20% 정도 증가한다. 55세 이후부터 호흡근의 힘이나 내구력이 감소하며, 기관지의 섬모가 상실되어 미세먼지를 걸러내는 능력이 감소한다. 미생물 식균작용을 하는 대식세포의 활동이 감소하고, 노화에 따라 폐포-모세혈관의 가스교환이 감소되며, 폐활량이 감소되어 일상활동에서 힘든 일이나 심한 운동 시 산소요구량을 채울 수 없어 힘이 든다. 호흡기계 감염도 현저하게 증가하게 된다.

대상자의 경우 고혈압이나 맥박의 감소와 같이 노인들에게 흔히 나타나는 심혈관계 질병증상은 일기에 나타나지 않았다. 그런데 가슴에 이상증상이 나타나고, 흉통이 나타나며, 석양이나 밤에 발열, 전신통증, 피로감, 불안증, 기침, 가래 등 호흡기계 감염증상이 수시로 나타나고 있다. 결국에는 폐결핵에 이환된 것으로 나타나고 있다. 대상자는 중년기에 비해 노년기에 집중적으로 호흡기계의 질병증상들을 경험한다. 호흡기계 질병증상은 생명과 더 밀접한 관련을 가지고 있어 고통과 불안과 두려움 등이 나타나고 있다. 또한 심혈관계와 호흡기계는 몸에 산소와 영양을 공급하는 중요한 기능을 하므로 질병증상이 나타나면 더욱 힘들어지게 된다.

⑦ 심리정서적 스트레스 증상

대상자는 중노년기에 집안일과 재정관리, 가족관계, 친인척 및 사회생활 인간관계 등에서 많은 스트레스를 경험한다. 중년기에는 주로 자식들의 교육이나 생활지도를 하려는 데서 스트레스증상이 많이 나타난다. 대상자는 교육열이 매우 높아 11자녀를 모두 초등학교와 중학교 교육을 마치게 했으며, 대부분의 자녀를 전주에 소재한 고등학교에 보내기도 한다. 자식들의 성적관리나 학교생활관리 등에 관심을 두면서 심리정서적인 스트레스가 많이 나타난다.

대상자는 49세부터 이상한 생각에 불면하는 일이 생기며, 자식들의 성적이 좋지 않아 걱정하고, 행실이 좋지 않아 스트레스가 나타난다. 50세 때 자식들이 해야 할 일을 하지 않고 장기를 두고 당구를 치고 있는 모습을 보고 나무라면서 가슴이 두근거리고 죽고 싶다는 심정이 나타난다. 52세 때 자식들의 연속적인 병 치례와 잦은 입원과 퇴원, 그리고 진료비, 치료비, 입원비 등 부담으로 생후 최고로 괴롭고 죽고 싶다는 심정이 나타나고 있다. 53세 때 본인의 병원입원으로 갑갑함과 괴로움을 지속적으로 느끼며, 56세 때는 본인 '일가를 생각하니 지난해와 같이 괴롭다' 등으로 나타나고 있다.

대상자가 61세 때 병원에 입원해 있는 동안에는 '막연한 외로움', '고독감', '12시에 잠들어 새벽 4시에 잠이 깨는' 수면장애, '괴로움' 등이 나타난다. 62세 때는 약 6개월간 둘째부인의 병으로 인해 병원진료 및 진단, 입원, 수술, 간병, 퇴원 등에 신경을 쓰느라 스트레스를 받으며, 결과로 감기에 걸려 고생한다. 63세 때부터 65세까지는 첫째 부인의 병으로 인해 병원방문, 각종검사, 진료 및 치료비 등으로 스트레스를 받는다.

주로 가족주기는 가족결혼, 자녀출생, 자녀출가, 가계부양자의 퇴직, 배우자 사망 등 일련의 가족생활 사건들을 단계적으로 경험하면서 형성-확대-축소-해체되어가는 과정을 의미한다. 보통 우리나라 가족생활주기는 6단계로 제시되고 있는데 (유영주 외. 1996), 형성기-자녀출산 및 양육기-자녀교육기-자녀성년기-자녀결혼기-노년기 등으로 구성된다.

대상자의 중년기 스트레스는 자녀들의 성장, 교육, 병치레, 돈관리 등과 관련된 스트레스가 주된 내용으로 나타나고 있다. 노년기에는 노화로 인한 부인들과 자신의 질병증상으로 인해 병원방문 및 진료, 입원과 치료, 의료비 등과 관련된 스트레스가 주된 내용으로 나타난다. 대상자의 중년기에는 자녀교육기와 자녀성년기 그리고 일부 자녀 결혼기와 관련된 스트레스 증상이 일기에 나타나는데 비해 대상자의 노년기에는 일부 자녀결혼기, 손자녀 문제와 노년기를 경험하면서 이에 따른 스트레스가 자주 나타나 있다.

3) 중년기와 노년기의 대처양상 비교

대상자는 46세에 '2시간 취침' '종일 사랑에서 휴식' 50세 때 '스스로 금주령' 52세 때 다시 스스로 금주령, 58세 때는 양로원에서 가끔 즐기고 휴식을 취하며, 59세 때는 독서하면서 휴식을 취하고 목욕으로 신체의 청결을 유지하면서 몸을 보호하는 질병예방행위가 나타난다.

대상자는 질병증상이 발현되면 주로 관촌, 임실, 전주 등지에 있는 병의원에 가서 진료를 받고, 질병과 관련된 투약처방 및 내외과적 처치를 받는 것으로 나타났다. 그리고 가끔은 한의원을 방문하여 한약을 지어다 복용한다. 질병으로 인한 입원 시나 퇴원 후에는 의료지시를 잘 이행할 뿐 아니라 스스로 노력을 기울이는 태도와 행동이 나타난다. 기타 민간요법의 사용에는 주로 개고기, 물고기, 청국장, 엉경퀴, 좀피나무 등 식품을 이용하며, 약탕(약수)치료가 나타나기도 한다.

노년기에 대상자는 지속적으로 질병증상들이 나타나면서 더 자주 병원을 방문하여 진료를 받고, 하루에 4군데까지 다니면서 진료를 받기도 한다. 최신장비들을 이용한 진단검사(방사선 검사, 초음파 검사, 혈액검사, 소변검사, 가래검사 등)를 받기도 하고, 보혈주사(정력제)를 맞기도 한다. 또한 6가지의 투약처방을 받아 약을 복용한다. 의사의 지시를 잘 이행하며 때로는 병원 방문 날짜를 지키지 못하면 자신을 책망하기도 한다. 한방처치도 여전히 병행하는데 한약복용, 침맞기, 뜸질치료를 받기도 한다. 또한 스스로 금주를 실천하기 위해 노력하며, 수시로 휴식을 취하고 독서를 한다. 기타 민간요법으로는 우황청심환을 복용하거나 자신의 중간소변을 채취하여 음수하는 방법을 사용하기도 한다.

중노년기에 대상자의 대처양상은 거의 차이가 없으나 대상자의 질병증상인식과 대처양상의 태도나 행위에는 다소 차이가 나타난다. 대상자는 중년기에 보다 질병증상에 대한 인식이 명확하고 대처에 적극적이며, 긍정적인 태도를 보인다. 반면에 노년기에 나타나는 대상자의 태도는 병원에 갈까 한약방에 갈까 망설이기도 하고, 스스로 몸을 믿지 못하며, 합병증인지 중풍으로 변할 것인지, 당뇨병인지 혼란스러워 하며, 여러 병원을 돌아다니며, 질병증상에 대한 인식이 명확하지 않고, 망설이고 주저하는 등 중년기 보다 부정적이고 소극적인 태도와 행위가 나타나고 있다.

4) 중노년기의 건강지향적 요인

건강지향적 요인은 우리가 매일 건강을 유지하기 위해 어떻게 하는지에 해당하는 것으로써 건강을 생성하고 유지하는 요인들을 의미한다. 건강과 질병은 안락함과 불편함의 연속선상에 위치하는 것으로 균형회복과정에서 항상 이리저리 움직이고 있다. 이러한 움직임의 과정에서 개인을 건강의 방향으로 움직이게 해주는 것이 건강지향적인 요인이다(Antonovsky, 1979; 1987). 대상자가 소유한 건강지향적요인을 살펴보면 첫째가 부(재산)다. 대상자는 방앗간을 운영하고, 농사를 지으며, 양잠업을 하는 등 재정적인 자원을 구비하고 있다. 다음은 지식이다. 대상자는 초등학교를 졸업했으나 자동차 정비소에서 직장생활을 했으며, 노력을 통해 건강지식이나 다양한 지식을 소유하고 생활에서 이용한다. 셋째, 자아인식이다. 대상자는 매일 일기를 쓰면서 자아성찰을 한다. 넷째, 대상자는 든든한 가족자원이 있다. 두 처와 11명의 자녀이다. 다섯째, 대상자는 17년간 마을 이장을 지내며 활발한 리더쉽을 발휘한다. 여섯째, 대상자는 폭넓은 친인척들과의 관계가 잘 유지되고 지지체계를 활용한다. 일곱째 대상자는 많은 사건들이 일어나도 문제들을 잘 해결해 나가는 경험적인 자신감이 있다. 여덟째, 스스로 자신의 몸 관리를 하는 예방적 건강의식이나 능력 및 다른 사람들의 건강을 보살피는 능력, 성실한 자세로 끊임없이 새로운 것을 배우려는 적극적인 자세와 행위 등이 건강지향적인 요인들로 추측된다. 또한 대상자는 전통적인 방법보다는 사회적 의료체계인 약국이나 병원, 보건소 등을 적극적으로 이용하여, 새로 도입된 신식양방의료처치들을 받기도 한다.

5) 중노년기의 질병지향적 요인

질병지향적 요인은 우리가 건강을 위협받아 질병이 생기게 하는 요인들을 의미한다(Antonovsky, 1979; 1987). 노년기에 들어서면서 가

족의 발달주기에 따른 과업달성이 끝나 가면서 가족이 해체되고, 재
정적인 면도 고갈이 되며, 사회적인 관계망도 줄어들고, 두 처와 자신
의 질병증상은 정도가 심해지고 증상들이 증가하여 나타나는 등 스트
레스요인들이 늘어나면서 건강지향적인 요인들이 감소되는 것이 나
타난다. 중년기에 대상자의 질병지향적인 요인으로는 음주습관을 들
수 있다. 폭넓은 인간관계 및 다양한 사회활동을 하는 데 거의 일상적
으로 술을 마시는 것이 습관화 된 것으로 나타난다. 스스로 금주를 실
천하려고 시도하지만 계속 실패를 경험하는 것도 나타나는데 지역사
회의 문화적 환경요인이 음주습관에 영향을 미치는 것으로 생각된다.

금주에 대한 대상자의 확고한 실천의지를 지지할 수 있는 사회지
지체계의 부재도 질병지향적인 요인으로 생각된다. 대상자는 병원이
나 한의원, 보건소, 약국 등을 상시로 드나들지만 금주에 대한 보건교
육이나 의식전환 등에 대한 도움을 받은 것은 나타나지 않는다. 간헐
적으로 복지관이나 경로당에서 교육이 있지만 정치 및 사회의 변화에
대한 내용이 주로 나타나 있다. 또한 의료보험제가 안정되게 정착되
지 않아 젊은 시절부터 건강증진 및 예방적인 건강행위 습관이 형성
되지 못한 점도 사회적인 질병지향적 요인으로 생각해 볼 수 있다.

노년기에도 음주습관은 질병지향적 요인으로 나타난다. 대상자의
노녀기에 나타나는 주된 질병지향적 요인은 노화에 따라 점차 악화되
는 질병상태, 만성화되어가는 질병증상발현, 가족과 사회로부터의 지
지자원 결핍, 그리고 악화되어가는 재정상태 등이 질병지향적인 요인
으로 나타나고 있다.

참/고/문/헌

• 최영희 · 신경림 외. 2014 『노인과 건강』. 현문사.

• 유영주 · 이순향 · 홍숙자. 1996. 『가족발달학』. 교문사.

• 이정덕 · 김규남 · 소순열 · 이성호 외. 2012-13. 『창평일기 1-4』. 지식과 교양.

• 통계청. 2008. "평균수명." 『2008년 생명표』. 통계청.

• Antonovsky, Aaron. 1979. 『Health, Stress, and Coping』. Jossey-Bass.

　　　　　　　　　. 1987. 『Unraveling the Mystery of Health』. Jossey-Bass.

제10장

'고도성장' 하 일본의 사회변동 고찰:
'고도대중소비사회'의 형성을 중심으로

임경택

1. 서론: 소비사회에 주목하는 이유

이 글은 이른바 '고도성장' 하에서 나타나는 일본사회의 변화를 생산경제의 측면보다는 '고도대중소비사회'의 형성과정을 중심으로 살펴보는 것을 일차적 목표로 삼고 있다. 한국전쟁이 끝난 후 1950년대 중반부터 1970년대 초에 걸친 약 20년간, 일본 경제는 평균 10%라는 미증유의 경제성장을 경험하였다. 이 고도경제성장으로 인해 일본 사회는 완전히 그 모습을 바꾸었다. 이 기간 동안의 변화가 너무나 컸기 때문에, 지금은 '고도성장' 이전의 일본이 어떠한 나라였는지 상상하기조차 어렵게 되었다. 더구나 현재 일본인의 1/4 이상이 '고도성장'이 끝난 후에 태어났다. 그래서 일본인 자신들에게조차도 이제는 '옛날이야기'가 되어 버렸다.

"패전 직후인 1946년 일본의 GNP는 전쟁으로 인한 파괴와 원자재 수입의 단절로 인해, 패전 전에 정점을 이루었던 1937년의 1/2 수준으로 저하되어 있었다. 1950년이 되어도 취업자의 48%가 여전히 1차 산업에 종사하고 있었고, 1인당 국민소득도 124달러 정도였다."[1] 하지만 1968년에는 GNP에서 당시의 서독을 능가하여 서방 진영 내에서 제2의 경제대국으로 부상하였고, 고도경제성장이 일단락되는 1970년이 되면 1차 산업 종사자의 비율은 19%로 저하되고, 고용자의 비율이 64%로 상승하며, 평균수명마저도 남성 69.3세, 여성 74.7세로 세계 최고수준에 이르게 된다. 이와 같이, 현재 우리가 일본의 경제·사회로 이해하고 있는 것, 또는 현대 일본인을 둘러싼 기본적인 생활유형은 모두 '고도성장'기에 그 형태가 만들어진 것이다. '고도성장'은 일본이라는 나라를 근본적으로 바꾸었다고 해도 과언이 아니다. 에도(江戶)시대, 그리고 메이지(明治)-다이쇼(大正)-쇼와(昭和)로 이어지는 일본 경제의 근대적 성장 가운데, '고도성장'은 현대일본문화에 결정적인 의미를 가지고 있다고 생각된다. 단순한 경제성장만이 아니라, 그 이전과는 가치체계가 전혀 다른 사회와 문화를 낳았기 때문이다.

그러므로 이 '고도성장'에 관해 경제성장만을 중시해서는 안 될 것이다. 이른바 GNP의 함정에 빠져 수학적 모델만으로 평가하면, 중요한 사회변화나 생활상의 변화를 놓치게 될 가능성이 높아진다. (전쟁에서) 이길 때 까지는 아무 것도 원하지 않고, '사치는 적'이라고 버티던 일본의 서민들에게, 패전은 물질적인 패배였을 뿐 아니라 정신적인 가치의 패배를 의미하였다. 그와 같이 개개인의 욕망을 억제하도

---

1) 당시 미국의 1/14 수준이었다(吉川洋, 1997: 14).

록 만든 초월적인 가치를 상실한 그들에게 물질적 경제적 풍부함만
이 변화였을까? 이것을 분석해 보고자 하는 것이 이 글의 주요한 목
적 중의 하나이다.

　미국의 경제학자 로스토우(W. Rostow)가 주장한 이를 분석하기
위해 경제성장의 5단계설[2]에 등장하는 "고도대중소비사회"에 주목하
고자 한다. 각 사회의 역사적 경험을 심각하게 고려하지 않은 로스토
우의 경제성장단계설은 단선적이고 적나라한 진보사관이라는 비판
을 받기도 하지만, 일본의 고도성장도 로스토우가 말하는 "고도대중
소비사회"로 가는 도정이었음은 부인할 수 없다. 로스토우는 고도대
중소비사회로 가는 기준을 내 구소비재(특히 자동차)의 보급에서 찾
고 있다. 일본인은 그러한 내구소비재에 둘러싸인 '미국식 생활양식'
을 추구하여 '고도성장'이라는 특급열차에 올라탔던 것이다. 그러한
차원에서 로스토우는 여전히 의미를 갖는다.

　나아가 마루야마 마사오(丸山眞男)가 패전 후 일본의 정신구조
를 한마디로 표현한 "욕망자연주의"[3]라는 개념을, 분석을 위한 핵심
어 중 하나로 삼고자 한다. "욕망자연주의"란 간단히 말하면, 패전 전
에 인간의 욕망을 규제해 오던 틀 - 국가 · 지역사회 · 가족 - 이 무너
지고, 욕망의 충족이 전적으로 개인적인 선택의 문제가 되었다는 것
을 의미한다. 패전 후 국민들의 욕망은 긍정되고 끊임없이 자극을 받
았다. 국민들은 자신의 욕망을 채우기 위해 열심히 일하였고, 그것은
이제 더 이상 부도덕이 아니었다. 패전 후의 일본인은 '일에 중독된

---

2) 로스토우의 5단계란 "전통적 사회 → 이륙선행기 → 이륙(take-off) → 성숙화 →
　　고도대중소비시대"를 가리킨다(Rostow, 1960 참조).
3) 丸山眞男. "超國家主義の論理と心理." 『世界』. 1946년 5월호 참조.

(workaholic)' 노동자로서 세계에 이름을 널리 알리게 되었지만, 그 뒷면에는 만족할 줄 모르는 소비자로서도 국민이 형성되었다는 사실을 기억해야 할 것이다. 그러한 의미에서 "욕망자연주의"는 소비사회를 설명하는 데에 매우 적절한 개념이라 생각한다. 실제로 일본의 부흥과 고도성장은 바로 이 "욕망자연주의"에 의거하여 그것을 촉진하는 방향으로 진행되었다고 할 수 있다. 패전 후 일본의 고도성장은 해마다 두 자리 수의 성장률을 넘어섰던 그 속도 뿐 아니라, 식민지에도 전쟁경험에도 의존하지 않는 '평화형 성장'이라는 점에서 지금도 발전도상국들이 부러워하는 모델이 되어 있다. 이러한 평화형 성장을 가능하게 한 것은 분배의 확대에 의한 중산계급(중류사회)의 형성과 그들의 소비를 기반으로 한 내수확대전략이었으며, 이 '내수확대형 경제성장'을 지탱해 준 것이 "욕망자연주의"였다. 이 글은 이러한 점에 착안하여, 우선 일본의 고도경제성장과정에 대해 수치를 통해 그 규모를 파악·기술하고, 그 성장을 가능하게 한 기제(mechanism)를 분석한 후, 그 '압축적' 경제성장이 초래한 사회와 생활세계의 변화상을 추적해 보고자 한다. 요컨대, 일본의 '고도성장'을 문화적인 맥락으로 치환하여, 그것이 일본인에게 어떤 의미가 있었던가를 살펴보고자 하는 것이다. 이유는 매우 간단하다. '고도성장'을 생산면에서 지탱한 것이 일본인이라면, 그 결실을 누리는 것도 일본인이었기 때문이다. 이와 같은 치환을 통해 '고도성장'은 그 실체와는 다른 차원에서 새로운 가치가 발굴되리라 생각한다. 이러한 연구는 경제라는 사회과학적 현상을 문화에 대한 인문학적 시각으로 분석한다는 데에도 그 의의가 있을 것이라 사료된다.

2. 숫자로 본 일본의 '고도성장'

1) '고도성장' 직전의 현실

1945년 8월 15일, 라디오로 방송된 천황의 〈종전의 조서(終戰の詔書)〉를 들으면서 일본은 패전을 맞이하였다. 일본에 진주한 연합군은 '연합국사령부(General Headquarters; GHQ)'를 설치함으로써 군국주의의 뿌리를 청산하고, 미국식 민주주의를 정착시키기 위한 일본의 개혁[4]에 착수하였다. 일본의 '전후'는 패전으로 인해 크게 퇴보한 지점에서 출발하였다. 서론에서 언급했듯이, GNP는 패전 전의 절반 수준이었고, 기간산업인 철강생산은 패전 전의 7%에 불과하였다. 무엇보다도 패전 전에 일인당 2,200칼로리였던 식품섭취량이, 패전 직후에는 1,500칼로리에도 미치지 못하는, 그야말로 먹을 것이 모자라는 수준에까지 이르렀다(吉川洋, 1997: 14).

---

[4] GHQ에 의한 이른바 '전후개혁'은 사회 전반에 걸쳐 근본적인 변혁이 추진되었다. 예를 들면 새로 제정된 신헌법 9조에는 전쟁 포기, 전력보유 금지, 교전권 부인이 명시되었다. 전쟁과 군비포기가 선언됨으로써 일본은 전쟁경제를 통한 발전과 선택지를 빼앗겼다. 이와 같이 군비라는 손이 묶이기는 했지만, 반면에 저가의 비용으로 경제성장을 이룰 수 있게 되었다. 농지개혁은 메이지 이후 특권층의 강한 저항으로 실현하지 못했으나, GHQ의 강권으로 실시되어, 경지의 90%가 자작농의 토지가 되었다. 이른바 '노동3법 · 노동조합법, 노동기준법, 노동관계조정법'과 직업안정법의 제정을 통해 민주적인 노동개혁이 이루어졌고, 가장의 호주권과 장남의 가독(家督)상속이 폐지되어 전 국민을 천황에게 복속시켰던 '이에'제도가 폐지되어 전형적인 '핵가족'으로 전환되었다.교육분야에서는 〈교육칙어〉가 폐지되고 교육기본법이 제정되어 교육에 있어서의 기회균등이 보장되었고, 1945년 12월에 공포된 〈신도지령〉을 계기로 '국가신도'가 폐지되어 일본 국민은 신앙의 자유를 획득하게 되었다. 또한 전 국민의 최저생활보장을 위한 후생 분야의 개혁도 포함되었다(竹前榮治, 2007 참조).

이러한 가운데 이른바 '전후개혁'이 실시되었지만, 그것은 경제부흥을 위한 '특효약'이 되지는 않았다. 이 혼란기를 더욱 혼란스럽게 한 것은 이와 같은 물자의 결핍과 병행하여 발생한 인플레이션이었다. "물적 자산이 부족함에도 불구하고, 화폐자산은 퇴적되었고, 전쟁 중의 정부의 부채를 반납하기 위한 임시군사비의 방만한 지출이나 예금인출이 증대됨으로써 통화량이 팽창해 버린 것이다."[5] 이를 극복하기 위해 '금융긴급조치'가 발효되어, "모든 돈을 은행에 예금하는 것이 의무화되었고, 생활에 필요한 최소한의 인출을 제외하고 나머지는 '봉쇄'되었다."[6] 예금과 마찬가지로 패전 전의 국채·사채·주식 등도 모두 그 가치를 잃어버렸다.[7]

또한 1945년의 흉작과 암거래의 증대로 인해, 그 해 말의 쌀의 출하는 30%에 이르지 못했고, 1946년의 상반기의 식량사정은 지극히 악화되었다. 5월에는 노동절에 쌀 요구운동이 일어나는 등 사회불안이 확산되었다. 이러한 식량위기는 연합군의 수입식량을 대량 방출하여 간신히 넘길수 있었다. 이 원조는 '점령지 구제자금'이었고, 점령정책에 지장을 줄 위험이 있는 사회불안을 방지하는 것을 주요한 취지로

5) 1945년부터 1950년까지의 5년간 물가는 정부 발표의 공정가격이 70배나 되었고, 당시에 성행하던 '암시장'의 가격은 공정가격의 5~7배나 되었다고 한다(吉川洋, 1997: 15).
6) 그 결과 전 예금액의 70%가 봉쇄되었는데, 인플레이션으로 인해 그 실질 가치가 1/4까지 줄었다고 한다(吉川洋, 1997: 16).
7) 물자부족으로 인해 특이한 현상도 발생하였다. 도시의 노동자나 법인기업의 소득이 대폭으로 저하된 반면, 거꾸로 개인업주(농업, 상업, 제조업)의 소득이 급상승한 것이다. 절대적인 물자부족 상황에서는 물건을 손에 쥐는 사람이 '승리자'였다. 쌀을 생산하는 농민 그리고 다양한 지하경로를 통해 물건을 입수한 자영업자는 정부가 정하는 공정가격이라는 간판 뒤에서 암시장 가격에 의한 이득을 자기 마음대로 취득하였던 것이다.

삼고 있었다(土志田征一, 2001: 9-13).

하지만 무엇보다도 심각한 문제는 산업 활동의 기초가 되는 석탄의 생산이 침체를 계속하고 있었고, 1946년 가을 이후의 가뭄으로 인한 발전량의 저하였다. 이에 대처하기 위하여 1947년부터 "석탄·철강의 생산을 상호 순환적으로 상승시켜, 확대재생산을 도모하고자 하는 경사생산방식이 도입되었다. 그리하여 수입(중유 등)의 활용, 자금의 석탄·철강에 대한 중점 배분(부흥금융금고융자), 가격차 보충금의 활용이 이루어졌다."(土志田征一, 2001: 10). 이러한 방식으로 생산의 회복은 어느 정도 실마리를 잡았지만, 재정지출이 증가하여 생활비가 늘어나 임금 인상이 불가피하게 되는 등, '물가와 임금의 악순환'이 진행되었다.

이 무렵 1948년에 커다란 전기가 찾아왔다. 냉전의 시작이다. 연합국의 일원이었던 소련과 서방 국가들 사이의 균열은 더욱 심화되었고, 유럽에서는 '마셜 플랜' 원조가 시작되었으며, 그와 병행하여 극동에서의 일본의 위치도 재검토되었다. 그때까지 오로지 일본의 비군사화, 경제적 소국화를 기본방침으로 삼았던 미국이 일본을 극동지역에서 공산주의에 대한 방벽으로 자리매김하고 그를 위해 중화학공업도 포함한 일본경제의 재건을 최우선 과제로 내세우게 되었던 것이다.[8] 당시에 제강용 중유 수입을 허가한 것은 이러한 점령정책의 변경을 상징하는 것이었다.

또한 그해 말 미국은 인플레이션을 수습하고 환율 설정을 목표로 하는 〈경제안정 9원칙〉을 GHQ의 지령으로 공표하였다. 1949년 2월

---

8) 이를 '역코스(reverse course)'라고 부른다.

에 돗지(Dodge J.) 공사가 부임하여 9원칙을 구체적으로 적용하여 경제안정계획(이른바 "Dodge Line")을 입안하였고, 4월에는 1$=360엔의 단일 환율이 설정되었다. 돗지가 강행한 초긴축재정은 인플레이션을 종식시키지만, 일본경제에 큰 불황을 초래하였다. 이러한 불황 중에 한국전쟁이 발발하였다. 이 전쟁의 와중에 패전 후 처음으로 설비투자 붐이 일어났던 것이다. 그리고 그 몇 년 후에 고도성장이 시작되는 것이다. 이와 같은 패전 후의 대혼란은 1950년이 되면 거의 해소되었고, 1952년 4월의 〈샌프란시스코 강화조약〉으로 오키나와를 제외하고 미군의 일본 본토점령이 끝났다. 그리하여 전쟁 직후의 대혼란은 끝이 났다.

2) 고도경제성장의 전개과정과 규모

일본경제가 패전 후의 부흥에서 성장의 궤도에 진입하는 것은 이른바 '55년 체제'[9]의 확립부터라고 간주되어 왔다. 일본 현대사에서 1955년은 매우 중요한 해이다. 일본의 경제 수준이 패전 전에 정점이었던 시기(1934~36년)의 수준을 회복한 것이 바로 그 해이기 때문이다. 1955년의 일본경제를 총괄한 것이 이듬해에 발표된 《경제백서》였다. 이 백서에서 사용된 "이제 더 이상 전후가 아니다"라는 표현은 유행어가 되었다. 민간설비투자의 증가, '3종의 신기'의 등장에 따른 왕성한 소비가 뒷받침하는 '진무(神武)[10]경기[1954-57]'로 국면이

---

9) 정치적으로는 자민당의 보수합동과 사회당의 좌우통일로 갖추어진 체제를 가리킨다.
10) 일본의 초대 천황으로서 전설의 존재이다. 이와 같이 자신들의 초대 천황을 내세

전환되면서, 일본의 고도경제성장시대의 막이 열린 것이다.

　그런데 이 '진무경기'는 그 확대 속도가 너무나 급속도였기 때문에 생산에 '병목현상'이 발생하여 애로를 겪었고, 수입이 급증하여 국제수지가 악화되기도 하였다. 하지만 1959년이 되면 경기가 회복되기 시작하고 경제 전체로 침투하여 이른바 '이와토(岩戶)[11]경기[1958-61]'라 불리는 번영기를 맞게 된다. 이 시기에는 생산력 효과가 나타남에 따라 소비와 수출 등에도 수요가 다양화되어, 42개월에 걸친 지속적인 경기 확대가 이루어졌다.

　이 '이와토경기'를 지속시킨 것이 바로 '국민소득배증계획'이었다. '60년 안보' 사태로 퇴진한 기시(岸) 내각의 뒤를 이어 등장한 이케다(池田)내각이 '경제주의'를 표방하면서 1960년 12월에 을 발표한 자신감 넘치는 비전이었다. 이 계획은 국민생활수준의 현저한 향상과 완전고용의 달성을 궁극적인 목적으로 내세우며, 그를 위해서는 경제의 안정적 성장의 극대화를 도모해야 한다고 하였다. 성장력의 원천을 민간의 자유로운 활동에 있다고 선언한 이 계획은 1961년도부터 1970년도까지의 10년간에, 실질 소득을 2배로 올리겠다는 것이었고, 기준연차(1956~58년도 평균)의 수준에서 연평균성장률은 7.8%로 설정하였다. 그 결과, 일본경제는 실제로 계획기간 중에 연평균 10%로 성장하여, 그 목표가 10년이 되기 전에 달성되었다.

　그 후 도쿄올림픽 직후의 짧은 구조불황을 겪고 난 후, 1965년 가

　울 만큼 유사 이래의 호경기를 강조하는 말이다.
11) 앞서의 '진무경기'를 상회하는 호경기였기 때문에, 진무 천황보다 더 거슬러 올라가 건국신 '아마테라스(天照大神)'가 '아마노이와토(天の岩戶)'에 숨은 이래의 호경기라는 의미에서 이름 붙여졌다.

을부터 '이자나기(イザナギ)경기'[12]를 맞게 된다. 1970년 7월까지 약 4년 9개월에 걸친 패전 후 최장기간의 호황을 지속하였는데, 특히 1966~69년도의 경제성장률은 연평균 11~13%에 달하였다. 이 고도성장의 과정에서 일본경제는 완전고용이 정착하였고, 국민총생산은 1968년에 서독을 제치고 자유세계에서 제2위가 되었다. 이 시기의 경제성장률의 추이는 아래 〈그림 1〉과 같다.

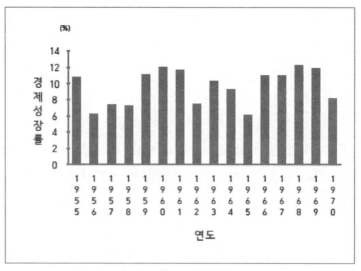

〈그림 1〉 '고도성장'시대의 일본의 경제 성장률

이자나기 경기가 끝나면서 고도경제성장도 끝이 난다. 그런데 이 경제성장은 단순히 경제적 성장만으로 끝난 것이 아니라, 근본적인

---

12) '진무경기'와 '이와토경기'를 상회하는 호황이라는 의미로 칭하는 용어이다. 이자나기는 일본 신화에서 천신의 명을 받아 일본열도를 만들었다고 하는 남신 '이자나기노미코토(伊■諾尊)'를 가리키는데, 아마테라스의 부신(父神)이라고 한다.

사회변화를 초래하여, 1970년대 초의 일본은 이전과는 전혀 다른 사회로 변하였다. 그로부터도 많은 시간이 흘렀지만, 현재의 일본사회는 이 1970년대 초와 비교할 때 그다지 다르지 않다고 할 수 있을 것이다. 이제부터는 그 '고도성장'의 내면을 들여다보도록 하겠다.

3. '고도성장'의 배경과 기제(mechanism)

1) GHQ의 정책 전환: 냉전과 역코스(reverse course)

패전과, 이어지는 GHQ의 점령이 일본경제에 끼친 가장 큰 영향은 신헌법 9조에 명기된 전쟁 및 군비의 포기로 인해 식민지와 전쟁에 의존하던 기존의 체제를 전환시켰다는 점일 것이다. 패전 전의 일본은 식민지에 국민들을 송출하는 제국주의 국가, 침략과 영토 확장주의의 나라였으나 패전으로 인해 과거의 식민지를 모두 잃어버리고, 제국주의형의 발전을 추구하는 선택지를 빼앗겼다. 자원 소국인데다가, 전쟁이나 식민지경영과 같은 외수확대를 바랄 수 없게 된 일본에 남은 것은 결국 내수확대 뿐이었다. 물건과 돈을 이리저리 돌리는 사이에 눈사람처럼 GNP가 증가하게 되는 체제를 일본은 만들어냈다. 이러한 일본의 고도성장을 '평화형 성장' 또는 '내수확대형 경제성장'이라고 부른다. 이러한 유형의 경제성장이 "욕망자연주의"와 맞물려 일본을 "고도대중소비사회"로 견인하게 된다.

그리고 '역코스'라 불리는 점령정책의 변화도 일본경제에 크게 영향을 미치게 된다. 1945년 여름부터 시작된 미국의 점령정책은 당초 일본에 대해 징벌적인 것이었다. 패전 후 일본인의 생활수준은 일본이 전쟁 중에 점령한 아시아 국가들의 수준을 상회해서는 안 된다는 방침 하에, 일본을 섬유산업을 중심으로 하는 경공업 국가로 만드는 것이 점령군의 기본정책이었다. 일본이 유지해 오던 산업기반을 해체하여 피해국으로 이전시키자고까지 하였다.[13] 이러한 점령군의 정책은 일본기업의 설비투자를 위축시켰다.

그런데 점령군의 정책이 미·소 냉전의 시작을 계기로 크게 전환된다. 일본을, 소련과 중국으로 대표되는 공산주의에 대한 극동지역의 방벽으로 위치 지우게 되면서, 우선 전시 배상의 규모를 축소시켰다. 그로 인해 일본의 실질적 부담이 경감되었다. 노동자들의 단체교섭권과 단체행동권이 제한되었을 뿐 아니라 강력한 긴축재정 하에서 대량해고가 강행되었고, 이에 저항하는 노동운동에 대해 GHQ는 강경하게 대응하였고, 기업의 경영권 재확립을 적극 후원하였다. 흥미로운 것은 이러한 역코스가 노동자의 소득증가에 영향을 끼치게 된다는 사실이다. GHQ가 제정한 〈노동조합법〉에 의해 노조가 합법화되었고, 이후 노동쟁의가 급증하였다.

이때의 노동자의 요구는 주로 기업경영에 대한 요구이거나 인사에 관한 요구가 큰 비중을 차지하고 있었다. 하지만 노동운동이 사회주의운동으로 확대되는 것을 염려한 GHQ의 강경한 대응으로 인해 노동쟁의는 크게 후퇴하였다. 그 후 인플레이션으로 인해 실질 임금이 줄어들면서 다시 노동쟁의가 증가하지만 이때의 요구는 주로 임금에

---

13) 실제로 제철 제강 설비를 필리핀으로 옮기려는 계획도 세웠었다. 하지만 이 계획은 중지되었다. (竹前榮治, 2001 참조).

관한 것이었다. 하지만 "GHQ의 노동운동억제방침은 지속되었고, 이후의 노동쟁의는 대부분 임금확보나 해고반대 등의 방위적인 성격으로 변해 갔다."(中西聰 編, 2013: 272) 즉 노동운동으로 인해 주로 노동자의 임금이 상승하는 결과를 초래했던 것이다. 경영자측도 '민주적 대응'을 요구받았고, 경제부흥의 이념 하에 노사협조노선이 강조되면서, 일본형 경영의 '3점 세트'라 불리는 종신고용 · 연공서열 · 기업내 조합이 성립한 것도 바로 이 시기이다.

1949년에 노동조합법이 개정되어 관리직이 노조에서 이탈하게 되었지만, 노사관계가 긴박하게 대립한 것이 아니라, 경영과 노동을 명확하게 구분한 후, 노동자측은 '총평(日本勞働組合總評議會)'을 결성하여, 노동협약의 산업별 통일화를 지향하는 통일적 단체교섭(이른바 '춘투[春鬪]')을 추진하였고, 경영자측은 협조적인 기업 내 노사관계를 구축하여, 사원들에게 생산성 향상을 요구하였다.

2) 기업의 기술혁신과 설비투자

고도성장의 배후에는 생활의 근대화에 대한 절실한 요구, 좀 더 분명히 말한다면 '미국적'인 생활에 대한 강렬한 동경이 존재했었다. 이러한 잠재적인 요구를 배경으로 기업은 기술혁신과 그것을 실현하기 위한 설비투자를 시행하였다. 설비투자야말로 고도성장의 수수께끼를 풀 수 있는 열쇠라고도 할 수 있을 것이다.[14] 즉 일본의 고도성장은

---

14) 하지만 그것은 결코 패전 직후부터 성행한 것은 아니었다. 전쟁에 의해 파괴된 일본경제에서 최초의 본격적인 투자 붐이 일어난 것은 한국전쟁 특수 때문이었다.

설비투자를 중심으로 한 내수기반의 확대에 의해 촉진되었다고 할 수 있다.

설비투자가 이루어지면 대량생산의 이점도 살리고 제품의 비용도 저하되고 품질은 향상된다. 가격이 낮아지면 당연히 수요도 증가한다. 설비투자와 기술혁신은 노동생산성을 높이고 임금과 소득을 상승시킨다. 가격이 내리고 소득이 향상되면서 내구소비재는 '열광적'이라고 할 정도의 속도로 보급되었다. 이러한 내구소비재의 보급은 금속이나 플라스틱 등의 소재에 대한 수요를 낳기 때문에 소재산업의 설비투자가 더욱 촉진된다. 이것이 하나의 '순환'체계를 이루게 된 것이다.

또한 도시공업부문에서 생산성이 상승되고 임금이 인상되자, 젊은 층을 중심으로 농촌에서 도시로 인구가 대거 이동하였다.[15] 그 결과 '독신세대'나 '핵가족세대'가 고도성장기에 급증하였다. 세대수의 증가는 수요를 확대함으로써 고도성장을 낳는 '원인'이 되었다. 3세대가 동거하던 세대에서 생활하던 젊은이들이 도시로 나와 새로운 세대를 구성하면, 내구소비재에 대한 수요, 전력에 대한 수요가 배증한다. 이와 같이 농촌에서 도시로의 인구 이동, 그에 수반되는 세대수의 증가는 경제성장과 인과관계를 이루는 또 하나의 '순환'이 되었다.

기업의 투자는 만든 물건이 팔려야만 의미가 있다. 팔리기 때문에 기업은 투자를 하는 것이다. 고도성장기에 많이 팔린 물건은 무엇인가? 세탁기나 TV 등의 내구소비재였는데, 내구소비재는 제품가격의 저하와 소득의 상승이 맞물리는 지점에서 비약적으로 보급되었다. 이

---

15) 패전 후 대량생산체제가 갖춰지면서 제조업계에서 많은 노동력을 필요로 하여, 농촌에서 도시로 대규모의 "집단취직"이라는 사회현상이 나타났다.

러한 의미에서 소비자로서의 국민들이 고도성장의 수혜를 입게 되었다고 할 수 있는 것이다. 수요의 증가에 맞추어 활발한 설비투자가 이루어지면, 새로운 기술과 규모의 이점(scale merit)이 생겨나 생산성이 향상된다. 향상된 생산성은 임금상승의 여지를 확대한다. 그리하여 종종 임금의 정체가 나타났던 패전 전의 일본경제와는 대조적으로 고도성장기에는 임금상승이 국내수요주도의 성장을 지탱하는 하나의 요인이 될 수 있었다.

임금의 상승은 소비수요의 창출 뿐 아니라, 설비투자와 관련해서는 개인의 저축률을 상승시키는 효과를 가져왔다. "고도성장이 시작되는 1955년의 개인저축률은 10%를 넘었고, 그 이후에는 경제성장과 거의 평행선을 긋다가 1970년대 중반에 정점에 이르렀다."[16] 저축을 하는 사람들은 주로 근로세대 즉 샐러리맨 가정이었다. 1960년대에 들어 과반수를 점하게 된 샐러리맨은 고도성장의 과실을 가장 직접적으로 누리게 되었다. 그들의 소득은 매년 10%를 웃도는 경이적인 비율로 상승하였다. 이와 같이 예상을 웃도는 소득의 상승이 저축률을 높이게 되었다. 개인의 높은 저축률은 소비수요를 어느 정도 억제하고 자원을 투자로 돌림으로써 왕성한 설비투자를 측면에서 지탱하였던 것이다.

3) '신중간층'의 형성
세계의 발전도상국의 실상을 들여다보면 '중산계급'의 형성에 성공

---

16) 1947~1950년까지의 도쿄의 근로세대의 저축률은 각각 1.9%, -2.2%, 1.6%, 1.5%로 매우 낮았다(吉川洋, 1997: 20).

했는지 실패했는지의 여부가 그 후의 정치적 운명을 갈라놓는 경우가 많다. 패전 후의 인플레이션 시대에 이루어진 예금봉쇄는 농지개혁 재벌해체와 맞물려 패전 전의 '부자'들을 일거에 몰락시켰다. 전후 사회의 출발점에서 패전 전의 부유계급은 몰락하였던 것이다. 이와 같이, 일본은 여러 가지 문제를 내포하면서도 유별난 이도 없고 큰 부자도 없는 대신에, 거지나 아사자도 지극히 적은, '평화와 번영'을 누릴 수 있는 기반이 마련되었던 것이다.

"신중간층이란 20세기 초에 소유자나 부르주아도 아니고, 육체적인 노동도 하지 않는 새로운 계층 즉 화이트 칼라, 중하급관리자, 전문직 종사자, 사무원, 판매원, 봉급생활자들이 나타났는데, 이들을 가리키는" 말이다.[17] 일본에서는 이를 미스터/미시즈 애버리지(Mr./Mrs. Average)라고 부르기도 하였다. 1960년대가 끝나갈 무렵에 자신들의 살림살이를 '중류'라고 답한, 즉 중류의식을 가진 사람이 일본 국민의 80%를 차지하기에 이르렀다.[18]

---

17) 자본주의사회에서 자영농민층, 소공업자, 소상인층 등 자기의 노동과 생산수단을 가지고 생산활동에 참여하는 사람들을 구 중간층이라고 부른다(村上泰亮, 1984: 13).

18) 중류사회형성이라는 사회적 배경이 아니라, '따라붙기(catch-up)효과'를 지적하는 이들도 있다. '따라붙기 효과'란 일본 국내에서 '높은 수준에 있는 소프트웨어에, 뒤처지고 파괴된 하드웨어가 따라붙는 효과'를 가리킨다. 전쟁으로 인해 하드웨어는 파괴되었지만, 일본인은 식자율이 높고, 회사에서 상사를 따르는 피통치성(governability)이 강하고, 경영의 노하우를 지닌 중간관리자나 중견기능자들 중에는 그에 걸맞은 교육을 받은 사람이 많은 사실이 패전을 당해도 그다지 변하지 않았기 때문에, 사회적으로 축적된 소프트웨어는 높은 수준이었다는 것이다. 따라서 패전직후의 일본에서는 부족한 하드웨어를 추가하기만 하면 염가로 고도의 소프트웨어를 풍부하게 사용할 수 있었다. 즉 우수한 노동력을 낮은 임금으로 조직적으로 사용할 수 있는 상황이었기 때문에 일본경제는 급속도로 성장하는 형태가 되었다는 것이다. 나아가 이러한 '따라붙기 효과'는 '성장의 선순환'구조를

일본사회의 계층구성을 도표화하면 아래의 [표 1]과 같다(橋本健二, 1990: 55).

〈표 1〉 일본의 계층구성의 변화(단위: %)

	1955	1965	1975
자본가층	5.5	8.4	6.2
신중간층	17.0	23.1	25.9
노동자층	19.5	34.4	36.2
구중간층	58.0	34.1	31.7
농민층	39.3	18.0	14.3
자영업자층	18.7	16.1	17.4

표에서도 알 수 있듯이, 앞서 언급한 '국민소득배증계획'의 성공으로 인해, 중간층이 더욱 두터워지고, 국민들의 액면소득은 3배, 실질소득은 약 2배로 증가하였다. 학력 간 격차나 기업규모 간 격차가 어느 정도 있기는 하였지만, 최소한 초임에 있어서는 그 격차가 대폭으로 줄어들었다. 화이트칼라도 블루칼라도 모두 자신의 직업을 '회사원'이라고 대답하는 획일적인 생활양식이 형성되었던 것이다. 그리고 이들이 소비할 수 있는 밑천을 부여하기 위해 일본 정부는 분배의 확대를 도모하였고, 그들의 욕망과 구매력 또는 소비능력이야말로 '내수확대형 경제성장'을 지탱하는 가장 중요한 요소가 되었다.

만들어냈다고 한다. 이러한 논지의 대표적인 인물이 경제기획청 장관을 역임한 사카이야 다이치(堺屋太一)이다(堺屋太一, 2002 참조).

4. "욕망자연주의"와 "고도대중소비사회"의 형성

1) 욕망실현이 불가능했던 시대의 동경

패전 직후, 법률이나 경제구조가 급격하게 바뀌었지만 사람들의 생활이 일거에 변하지는 않았다. 농지개혁으로 농촌에서의 토지와 소득의 분배가 평등화되었다고는 하지만 생활 자체는 크게 변하지 않았다. 초가지붕의 가옥, 수도도 가스도 없이 이로리(囲爐裏)와 화덕(カマド)에 숯을 때고, 사용하는 도구의 대부분은 나무나 대나무로 만들어졌고 주전자나 생선을 굽는 철망만이 예외였다. 전기는 천정에 달린 전구가 거의 전부였고, 동력 농기구도 없이 호미와 괭이를 사용하면서, 소와 말을 이용하여 농사를 지었다. "농가의 엥겔 계수는 1950년에는 0.56으로 높았다가, 그 후 1970년에 0.32가 되었다"(土志田征一, 2001: 37). 이와 같이, 오랜 전통을 생활 구석구석에 남기고 반자급자족적인 사회였던 농촌에 일본 총인구의 절반이 살고 있었다.

도시에서도 물자부족은 농촌과 마찬가지였다. 전쟁 직후의 혼란기에 최대의 희생자가 된 것은 도시의 근로자들이었다. 대다수의 근로자는 밑바닥생활을 하였고 모두 배급제여서 식량의 확보조차 어려운 지경이었다. 특히 심각한 것이 도시의 주택난이었다. 도쿄에서는 전쟁 직후 전 인구의 10%에 가까운 31만 명이 판잣집에 살았다. 다만 농촌과 달랐던 것은 수도와 가스의 보급이 이루어지고 있었다는 정도였다.

당시 일본인들에게 최대의 오락은 영화였다. "1950년에 상영된 〈바람과 함께 사라지다〉는 도쿄에서 28만 5천명이 관람하였다. …일본

영화계의 황금시대였다."[19] 아이들에게는 그림극(紙芝居)이 최대의 오락이었고, 최대의 사교장이었다. 다가시(駄菓子)를 먹으면서 그림극에 몰두하였다. 업자는 최전성기에 전국에 5만 명 정도가 있었다고 한다. 책을 빌려주던 가시혼야(貸本屋)도 중요하다 당시의 만화책 《소년》, 《소년》, 《소년화보》 등은 모두 월간지였다. 테즈카 오사무(手塚治虫)의 〈철완아톰〉이 《소년》에 연재되기 시작한 것은 1952년이다. 아이들은 모두 가시혼야에서 빌려서 보았다.

이와 같은 수준에서 '전후'를 출발하였던 사람들에게 겨우 안정이 되돌아 온 1950년대, 미국의 생활양식이 눈앞에 펼쳐졌다. 내핍생활 끝에 빛나는 동경의 대상으로 나타났다. 일본보다 더 일찍 1920년대에 고도성장을 경험하고, 자동차화(motorization)를 완료한 미국에서는 1950년대 초에 이미 고도대중소비사회가 실현되었다. 점령군을 통해 그 생활이 그대로 눈앞에 찾아왔던 것이다. 당시의 NHK의 라디오 방송 〈미국소식〉도 그러한 미국인들의 풍요로운 일상생활을 자세히 전했다. 스위치를 끌어내리기만 하면 빵이 구워져 나오는 토스터 구이까지 있는 미국인의 생활에 대해 많은 일본인들은 믿지 못하는 심정으로 청취하였다. 자동차나 전기제품은 당시의 일본인에게는 아직 동경의 대상에 불과하였던 것이다.

그리고 그 동경은 실제생활의 모델이 된다. 1950년대 후반부터 일본에 소개된 미국의 홈드라마는 일본인들이 몹시 동경하던 '미국식 생활양식'의 모델이 되었다. 그 드라마의 가족들은 모두 교외중류가

---

19) 비슷한 시기에 상영된 영화로 〈로마의 휴일〉, 〈에덴의 동쪽〉, 〈금지된 장난〉 등이 있다(四方田犬彦, 2000: 115).

정들이었는데, 전기제품을 갖춘 교외주택과 소비의 즐거움을 아는 가족들이었다. 1950년대 초반에 미국에서 공산주의에 대한 이데올로기로 '욕망'되었던 교외중류가정이야말로 당시의 일본인들에게 동경과 욕망의 대상이었다.

2) 욕망의 폭발과 사회변화의 실상

전술하였듯이 패전 직후에는 전시와 거의 유사한 경제통제가 실시되었지만 개인소비의 폭발적인 증가를 억제하는 것은 불가능했다. 특히 '암시장'은 초월적인 가치를 상실한 서민들이 그 역작용으로 폭발시킨 에고이즘(egoism)의 전형이었다. 폭로기사나 '에로 · 구로(エロ·グロ)중심의 '카스토리(カストリ)잡지'도 패전 직후의 해방감을 상징하는 것이었다.[20] 물가가 급속도로 인상되는 가운데 '다케노코(竹の子)생활'[21]이라 불리는 사태를 보이기도 했지만, 1953년 전후에는 개인소비지출이 패전 전의 수준을 회복하였다.

욕망의 발현은 생활혁명의 형태로 나타났다. 우선 가까운 의복에서 일어났다. 몸뻬이에서 해방된 여성들 사이에 '양재(洋裁) 붐'이 일어나 발로 밟는 재봉틀은 라디오 다음으로 집안으로 들어온 '기계'였다. 라디오도 트랜지스터의 보급과 함께 고성능화 · 소형화가 진행되었고, 한 집에 한 대에서 일인당 한 대가 되어가고 있었다. 또한 나일론

---

20) 에로 · 구로는 선정적(erotic)이고 괴기함(grotesque)을 나타내는 말이며, 카스토리 잡지란 패전 후의 출판 자유화를 계기로 잇달아 창간된 대중용 오락잡지의 총칭이다.
21) 의류나 가재도구를 조금씩 팔아서 생활비를 충당하며 살아가는 것. 죽순의 껍질을 한 장씩 벗기는 것을 비유한 말이다.

의 등장도 이 시대를 상징하는 것이다. 1951년 동양레이온은 거액의
특허료를 미국의 듀퐁사에 지불하고 나일론 제조의 신기술을 도입하
였다. 나일론은 속옷을 비롯한 모든 의류에 사용되어 눈 깜짝할 사이
에 보급되었다. 나아가 다른 제품들에도 영향을 미쳤는데 예를 들면
그때까지 돼지털이 사용되던 칫솔에 나일론이 사용되었다. 이러한 동
양레이온의 성공은 기업에 신기술의 중요성을 널리 인식시키는 계기
가 되었다.

이와 같이 의류나 형광등 등의 작은 물건에서 시작된 생활혁명은
내구소비재의 등장으로 본격화한다. 특히 세탁기 · 냉장고 · TV는 '3
종의 신기(神器)'라고 불리며 고도성장을 이야기할 때에는 빼놓을 수
없게 되었다.

3종의 신기 중에서 가장 먼저 등장한 것은 세탁기이다. "1949년부
터 판매되었지만 너무나 비싼 가격으로 인해 1개월에 20대만 팔리
는 정도였다. 그 후 근로자의 임금은 상승되는 반면 세탁기의 가격
은 인하되어 1955년에는 전체 가정의 1/3이 보유하게 되었다."(吉川
洋, 1997: 44) 시게카네 요시코(重兼芳子)가 표현하였듯이[22], 각 가
정에서 세탁기는 열광적으로 받아들여졌다. 1955년에 세탁기와 함
께 새롭게 〈소비자물가지수〉의 품목에 들어온 것은, 고래 고기, 소시
지, 화학조미료, 보온병, 라디오, 형광램프, 여행가방, 파마 요금, 샴
푸, 자전거, 택시비 등이 있다. 이러한 것들이 당시의 소비의 첨단이었

---

22) "일생 중에가 가장 잊을 수 없는 감동은 전기세탁기를 사용하던 때였다. 또한 노
인의 옛날이야기일까라고 젊은이들은 질려할 지도 모르겠지만 나는 그때 일을 생
각하면 지금도 피가 끓는다. 남자들에게 메이지유신이 있다면, 여자들에게는 전
화(電化)라는 생활유신이 있다"(重兼芳子, 1984: 67).

374 제2부 압축근대의 경험

다. 반대로 이 목록에서 사라진 것이 곤로, 숯, 남성용 신발(足袋) 등이 있다.

세탁기보다 조금 늦게 등장한 TV에 사람들은 더욱 열광적인 반응을 보였다. 1953년 2월 1일, NHK의 도쿄방송국에서 TV방송이 시작되었고 8월에는 '니혼테레비'도 개국하였다. 하지만 평균 연수입이 31만 엔이던 근로자들에게 1대 19만엔을 호가하는 TV는 도저히 살수 없는 물건이었다. 니혼테레비는 개국과 동시에 심바시(新橋)와 시부야(澁谷)의 역전광장에 '가두TV'를 설치하였다.

영화의 황금시대에, TV는 영화 붐의 연장선상에 등장하였다. 하지만 TV에는 영화를 뛰어넘는 요소가 있었다. 영화는 극뿐이지만 TV에는 스포츠중계, 가요프로, 버라이어티쇼 등 다채로운 장르가 부가되었다. '역도산'이라는 대스타를 중심으로 한 프로레슬링과 프로야구 붐은 TV에 의해 생겨난 것이다. 거꾸로 스포츠 붐은 TV를 보급시키는 원동력이기도 하였다. 역도산이 몸집 큰 서양인을 쓰러뜨리는 걸 보면서 흥분했던 일본인들에게는 아마도 패전국 국민으로서의 심정이 이입되어 있었을 것이다.

가두TV에서 시작된 TV는 1950년대 후반이 되면 급속도로 보급되기 시작한다. 1958년의 황태자의 결혼식 때 일어난 '미치 붐'[23]도 TV보급에 공헌하였다. 두 사람의 결혼식은 '세기의 제전'이라고 불렸고, 결혼식 중계를 보려고 다투어 TV를 구입하였다. "결혼식 직전이 되자, NHK의 수신자계약이 200만 명을 돌파했다"(吉川洋, 1997: 47).

---

23) 현재의 일본 황후인 평민 출신의 미치코(당시에는 쇼다 미치코[正田美智子])가 황태자인 아키히토(明仁)와 결혼함으로써 생겨난 사회현상을 가리킨다.

1958년에는 TV시대를 상징하는 도쿄타워도 완성되었다. 이와 같이 TV가 보급된 최대의 이유는 세탁기의 경우와 마찬가지로 사람들의 소득이 상승하는 한편 가격이 급속도로 인하되었기 때문이었다. 그러나 사람들을 그렇게 열광적으로 TV로 끌어들인 요인은 스포츠와 황실의 결혼식 등, 영화와는 다른 흥분을 TV가 제공하였기 때문이다. TV는 끊임없이 흥분을 제공함으로써 사람들의 정신적 리듬을 바꾸어 나갔다. 1960년에 TV는 소비자물가지수의 품목에 포함되었다. 같은 해의 물품목록에는 전기밥솥, 토스타, 전기냉장고, 립스틱(口紅), 카메라, NHK수신료 등이 포함되었다.

이러한 내구소비재의 보급은 도시가 주도하였다. 인구 5만 명 이상 도시의 비농가세대에서 흑백TV는 1960년 전후에 보급률 50%를 넘어 1960년대 전반에 100% 가까이 육박하였다. 세탁기는 1970년대 전반에 100% 가까이 보유하게 되었고, 전기냉장고는 1974년경에 100% 보유를 기록하게 되었다(橘川武郎, 2004). 도시에서 내구소비재의 보급이 선행된 이유는 두 가지 있다. 첫째 가두TV로 대표되듯이 새로운 상품은 우선 도시에 등장하고 주로 거기에서 선전되었다. 새로운 것이 가져오는 생활혁명은 농촌보다 도시가 받아들이기 용이하였기 때문이다(天野正子·櫻井厚, 1992: 57-60). 더 중요한 것은 도시의 샐러리맨의 평균소득이 농가의 평균소득보다 높아졌다는 점이다. 1960년이 되면 도시근로자세대의 연평균수입이 농가의 그것보다 25% 정도를 상회하게 된다.

내구소비재로 인해 집안에서의 생활이 급속도로 변해가던 그 무렵, 거리의 모습도 변해갔다. 도쿄에서는 1964년 개최되었던 올림픽이 결정적으로 영향을 미쳤다. 도쿄올림픽이 결정된 것은 1959년이었다. 그로부터 5년간 도쿄는 '도시만들기', 일본 전국은 '나라만들기'에 몰두하였다. 올림픽은 문자 그대로 고도성장을 상징하는 이벤트였던 것이다. 빌딩건설과 도로공사는 가속화되었고, 전차(市電)는 버스나 택시 등의 발달로 인해 서서히 성가신 존재가 되었다. 1958년 소음방지조례의 강화로 인해 경적사용이 제한되었는데 그때 교통소음의 원흉으로서 도전(都電) 4노선의 폐지가 결정되었다. 천천히 달리는 전차가 자동차로 하여금 경적을 울리게 한다는 이유에서였다. "도쿄의 자동차수는 1955년에는 24만대였던 것이 1959년에 50만대, 1964년에 100만대로 배증하였다"(宇澤弘文, 2014: 8). 도로건설도 병행하여 이루어졌고, 고속도로는 도로건설 붐의 상징이었다.

또한 매립공사도 빼놓을 수 없다. 에도시대 이래 도쿄의 물류는 수상교통에 의존해 왔다. 도쿄의 지명에 다리(橋)가 많은 것도 바로 그 때문이다. 매립은 전쟁으로 인해 생겨난 와륵더미나 토사처리가 발단이었다. 토사를 치우고 공동 토지도 조성하는 일석이조의 효과를 노렸던 것이다. 매립지는 자동차도로의 유력후보지가 되었고 이윽고 그 위를 고속도로가 달리게 된다. 고속도로를 건설하기 위해 '수도고속도로공단'이 설립되었다. 매립과 고속도로 건설은 거리의 경관을 바꾸어 갔다. 기존의 도로도 자동차 우선도로로 바뀌어 가로수나 안전지대가 사라졌고 아이들이 놀이터였던 좁은 골목에도 자동차가 달리게 되었다.

도로와 함께 빌딩건설도 추진되었다. 올림픽을 대비한 호텔[24]이 완성되었고, 각 도시에도 대표건물들이 들어섰다. 1960년대 전반은 '대

---

24) 대표적인 것이 팔레스 호텔, 오쿠라 호텔, 호텔 뉴오타니였다.

건설러시'를 이루어, 1960년대 후반에는 초고층빌딩의 시대가 막을 열었다. 1969년에 신주쿠 서구의 '부도심계획'도 현재의 형태로 결정되어 수년 후에 준공하였다. 즉 도시도 1970년대 초기에 지금 볼 수 있는 경관으로 완성되었다.

이러한 것들과 함께 고도성장기에 건설된 것으로 단지가 있다. 도시로 유입해 들어오는 사람들을 받아들인 것은 주로 목조 민영주택이었다. "1968년에 주택의 38%가 싸구려(木賃)아파트였고, 1/4이 그 주민이었다"(吉川洋, 1997: 64.). 그러한 사람들의 선망의 대상이 된 것이 단지(團地)이다. 단지란 '다이닝 키친(dining kitchen)'이 붙어 있는 2~3DK 구조의, 콘크리이트로 만든 집합주택이었다. 무엇보다도 '다이닝 키친'이 신기축이었다. 그때까지는 대부분 부엌에서 만든 식사를 방으로 가져와 밥상(ちゃぶ台)에서 하는 것이 통례였던 것이다. 그 외에도 수세식 화장실, 가스욕조, 남향의 테라스가 사람들의 선망의 대상이 되었다. 단지야말로 고도성장의 시대에 시대를 앞서가던 '모던 라이프(modern life)'의 첨병이었다.

그리고 의생활과 식생활도 확실하게 변하였다. 즉석요리 식품의 등장은 이 시대를 상징하는 것이었다. 1958년에 '닛신(日淸)식품'의 '치킨라면'이 인스턴트 라면의 제1호였는데, 1966년에는 매상이 30억 개에 달하였다. 그 외에 인스턴트커피, 볶음밥 원료, 프림 등이 등장하였다. 사람들의 미각도 변하여, 쌀의 소비량이 하강곡선을 그리고 빵을 먹는 사람이 증가하였다. 아울러 토마토, 상추 등 서양풍의 채소나 고기 소비도 증가하였다.

3종의 신기라 불렸던 세탁기·텔레비전·냉장고는 1960년대 중반이 되면 거의 전 가정에 보급되었다. 그리하여 생활혁명도 잠시 멈

추는가 했지만, 이번에는 뉴3C라 불리는 소비재가 등장하였다. 자동차(Car) · 컬러TV(Color TV) · 냉방기(Cooler)이다. 이것들은 모두 1970년의 소비자물가지수의 품목리스트에 부가되었는데, 60년대 후반에 3종의 신기로부터 바통을 이어받듯이 그 후의 생활혁명의 추진하였다. 특히 자동차는 현대에 이르기까지 일본의 경제와 사회에 가늠할 수 없는 영향을 미치게 된다. "1967년의 승용차보유율은 농가 6.6%, 근로자세대 7.5%였으나 면허취득세대의 비율은 농가 63%, 근로자세대 39%로서 보유율보다 높았다."(宇澤弘文, 2014: 10.). '마이카'라는 말이 생겨난 1960년대 후반에 본격적인 자동차의 생활화의 소지가 만들어졌던 것이다.

뉴3C를 비롯한 새로운 내구소비재의 등장으로 인해 생활혁명은 한층 더 진행되었고, 이 시기의 소비혁명에 의해 일본인의 생활은 한층 더 미국과 같은 생활에 가까워졌다. 이른바 '이자나기경기' 때의 생활의 변화는 그대로 현재로 이어지는 변화였다. 예를 들면 의복도 실용을 벗어나 패션이 중심이 되는 물건이 되었다. 《헤이본 펀치》(平凡パンチ; 1964창간)는 패션이나 음악 등 미국풍의 라이프 스타일에 관한 정보를 젊은 남성들에게 발신하였다. 이러한 흐름 안에서 젊은이들은 '아이비 룩(ivy look)'이라는 말을 알게 되고, 이윽고 셔츠나 스웨터, 진(jean) 바지를 입게 되었다.

젊은 여성의 패션의 변화는 더욱 극단적이었다. 1967년 가을에 일본에 상륙한 '미니스커트'는 눈 깜짝할 사이에 젊은 여성 특히 '단카이 세대'[25]의 여성들에게 확산되었다. 이는 분명히 1960년대 말의 시

---

25) 1947년~1949년 사이에 태어난 일본의 베이비 붐 세대를 가리킨다.

대정신을 상징하는 것이었다. 1967년에는 컬러TV의 방송이 시작되었다.

한편, 1964년에 일본이 IMF 8개국의 일원이 되면서 해외여행도 자유화되었다. '유럽17일간'이라는 일본 최초의 해외여행은 대졸신입사원의 연봉의 두 배에 해당하는 금액이었다. "64년의 해외도항자수는 21만 명에 불과하였다. 하지만 73년에는 220만 명까지 증가하였다." 이러한 분위기에서 가장 화두가 되었던 단어는 "꿈"이었다. 꿈을 소재로 한 노래들이 유행하였고, '꿈에서 만납시다'라는 드라마가 인기를 모았으며, '무엇이든지 보러 다니자'는 소설도 유행하였다. 이러한 꿈은 TV의 보급으로 더욱 키워 갈 수 있었다. 1960년대 후반의 '이자나기 경기'의 시기에 일본인들은 그 "꿈"을 현실로 만들었고, 지금의 일본과 거의 다르지 않은 현대 일본의 골격이 만들어졌던 것이다.

'욕망'이란 무엇일까? 사람들이 특정의 물건이나 지위 등에 집착하는 것은 결국 그것이 자신 이외의 타인들이 원하는 것이기 때문이 아닐까? 타인의 욕망이 물건의 가치를 발생시킨다. 대중소비시장은 이 욕망의 생산기계가 되고, 대중사회에서는 '원하면 손에 넣을 수 있다'는 관념을 가지게 된다. 즉 대중사회는 타인의 소유물을 부러워하는 '자유'를 서민들에게 부여하는 것이다. 그렇기 때문에 '선망'과 '질투'가 대중사회의 핵심어가 되는 것이다. '3종의 신기'나 '뉴3C'와 같이 상품이 정형화(standard package)하는 것은 누구나가 같은 물건을 욕망하는 대중소비사회의 특성을 보여준다. 그것을 모두가 소유하게 되는 상태를 '고도대중소비사회'라 한다. 그 다음은 욕망하는 것이 무엇인지를 알 수 없는 '난숙(爛熟)대중소비사회'로 변모하여, 물건의 소비에서 경험과 같은 사실의 소비가 중시되고, 물건을 통한 자기표현이 강해지는 상태가 도래하는 것이다.

3) '고도성장'의 빛과 그림자

대략 살펴보았지만, '고도성장'은 일본사회와 일본인의 생활을 근본적으로 바꾸어 놓았다. 인간의 욕망 중에 가장 큰 것이 있다면, 그것은 장수(長壽)가 아닐까 한다. 일본인들도 예외가 아닐 것이다. 고도성장 시대에 일본인들의 평균수명이 급격하게 늘어나 지금은 세계 최장수국 중의 하나로 부각되었다. 1950년대 초의 일본인의 평균수명은 남자 59.6세, 여자 63.0세였다. 이것이 고도성장이 종언을 맞이하였던 1975년경이 되면 남자 71.7세, 여자 76.9세로 늘어난다.[26] 평균수명은 단순히 의료기술의 발전·보급 뿐 아니라 여러 가지 경제적·사회적 요인의 복합적 작용에 의해 정해지는 것이다. 경제성장 즉 소득의 상승은 그러한 많은 요인 중에서도 큰 영향을 끼치는 가장 중요한 것 중의 하나이다.

그렇다면 고도성장기에 일본인의 수명은 왜 이렇게 연장되었을까? 최대의 원인은 물론 1955년에 결핵을 거의 극복하였다고 할 정도로 보급된 항생물질 등의 신약이었다. 1950년대에 들어서서 도시의 사망률이 농촌의 사망률보다 낮아졌다. 인구밀집으로 인한 감염률의 상승 등 불리한 조건을, 높은 소득이 가능하게 해 주는 좋은 영양수준이나 주택, 우수한 의료서비스 등과 같은 도시의 장점이 농촌을 능가하게 되었던 것이다. 그 결과, 농촌으로부터 도시로의 '민족대이동'은 사망

26) 2014년에는 남자 80.0세, 여자 87.0세이다.

률을 낮추는 요인이 되었던 것이다. 그리고 의료시설 출산으로 인해 유아사망률이 매우 낮아지는데[27], 이러한 시설의 보급과 이용은 개인 소득 수준에 따라 크게 영향을 받는다.

　그리고 고도성장기에 국민 전원에 대한 의료보험이 정비되었다는 사실도 빼놓을 수 없다. 1958년에 개정된 〈국민건강보험법〉을 계기로 하여, 1961년에 '개보험(皆保險)' 즉 국민 전원을 포괄하는 의료보험이 탄생하였던 것이다. 이러한 '국민 개보험'의 실시로 진료를 받는 사람의 수가 급격히 늘어났고, 특히 고령자들이 충분한 의료서비스를 받게 된 것도 평균 수명 연장에 크게 공헌하였다고 할 수 있다.

　하지만 인간의 '욕망'은 찌꺼기도 남긴다. 그것이 바로 '산업폐기물'이고, 기호의 소비가 결국 자연과 대립하는 '환경파괴'를 불러온다. 특히 고도성장기의 대표적인 공해병인 '미나마타(水俣)병'의 시례를 보면, 생산성의 향상에 큰 위력을 발휘하였던 기업별 조합과 '노사협조노선'이 공해문제에서는 추한 모습을 드러냈다. 공해를 일으킨 기업의 노조는 종종 반공해운동에 적대적이었다. 그런데 이와 같이 '신일본질소비료'가 전기화학을 고집하다가 '미나마타병'을 발생시킨 것을 목격한 다른 화학계 기업은 일제히 '석유화학'으로 진출하였다. 이 석유화학산업이 만들어내는 플라스틱은 생활을 일변시켰다. 이처럼 석유화학산업은 '고도성장'을 상징하는 산업이지만, 그들이 생산해내는 플라스틱은 '썩지 않아 처리가 곤란한 쓰레기'로 일본사회를 덮치고 있는 것이다.

---

27) 1950년에 출생 대비 60.1명이었던 유아사망률이 1960년에 30.7명, 1970년에 13.1명, 1975년에 10.0명으로 저하한다(厚生省, 997年版 참조).

5. 결론: '고도성장'의 종언과 "픽션(fiction)"의 추구

1973년 석유위기를 거치면서 '고도성장'은 막을 내리고, 일본경제는 고도의 성숙단계로 돌입하게 된다. 실질 GNP의 평균성장률도 1973~1990년대의 4%까지 저하된다. 고도성장이 끝나는 궁극적인 이유는 무엇일까? 고도성장은 내구소비재의 보급, 인구이동과 세대 수의 증가를 바탕으로, 왕성한 설비투자에 의해 성취되었다고 평가된다. 결국 이 바탕이 무너지면서 필연적으로 다가왔다고 할 수 있다.

이러한 사회구조의 변화와 석유파동 등으로 인해 산업구조를 재조정하여야 했고, 마이크로일렉트로닉스(micro-electronics)혁명의 시대를 맞게 되었다. 사회 내에서는 계층 간의 차이를 거의 찾아볼 수 없을 정도로 평준화되었다. 이와 같이 매우 균질적인 특징을 보이는 일본대중사회는 사회적 관계를 희박하게 만들거나 심지어는 사회적 관계를 거절하는 단계에까지 이르게 되었다. 자녀보다는 애완동물을 갖기 원하는 사람들이 나타나는 것도 그 때문이라 할 수 있을 것이다. 그리고 도쿄디즈니랜드에서 발현된 획기적인 전자기술은 일본인들을 현실이 아닌 "픽션"[28]의 세계로 인도하였다. 이 "픽션"은 사회 각 영역에서 나타나는데, 정치에 대한 무관심은 '무당파(無黨派)'를 낳았고, 삶과 죽음의- 경계가 애매해져 어린이의 자살이 증가하였다. 활자문화보다는 영상문화에 익숙해지면서 영상세계만이 진실이라고

---

28) 미타 무네스케(見田宗介)는 패전 후 일본인의 사회심리의 변화를 설명하면서, '현실'에 대한 세 가지 반대말을 제시한다. '이상', '꿈', '픽션'이다. 미타에 따르면 일본인들은 1945년~1960년에는 '이상'을 추구하였고, 1960년~1970년대 중반에는 '꿈'을 좇았으며, 1970년대 중반 이후에는 '픽션'을 추구하였다고 한다(見田宗介, 1995 참조).

생각하게 되면서 사진주간지가 크게 유행하기도 하였다. 1980년대 이후의 일본사회는 이러한 픽션을 통해서 새로운 욕망을 창출하고 있다고 생각된다. 즉 고도성장이 끝난 다음에도 지속적인 성장을 추구하기 위해 허구로 창출된 수요라고 생각하는 것이다.

이와 같이 생각해 볼 때, 성장은 과연 진보일 수 있는지에 대해 깊이 생각하게 한다.

참/고/문/헌

- 內閣府. 『経濟白書』. http://www5.cao.go.jp/keizai3/keizaiwp/
  _____. 『國民生活白書』. http://www5.cao.go.jp/seikatsu/
  whitepaper/
- 總務省統計局. 『消費者物価指數』. http://www.stat.go.jp/data/
  cpi/
- 家庭總合硏究會編. 1990. 『昭和家庭史年表』. 東京: 河出書房新
  社.
- 間宏編. 1994. 『高度経濟成長下の生活世界』. 東京: 文眞堂.
- 見田宗介. 1995. 『現代日本の感覺と思想』. 東京: 講談社.
- 高度成長期を考える會. 1985-86. 『高度成長と日本人』(전3권).
  東京: 日本エディタースクール.
- 橘川武郎. 2004. 『日本電力發展のダイナミズム』. 名古屋: 名古屋
  大學出版會.
- 吉川洋. 1997. 『高度成長 : 日本を変えた6000日』. 東京: 讀賣新
  聞社.
- 堺屋太一. 2002. 『日本の盛衰』. 東京: PHP硏究所.
- 色川大吉. 1990. 『昭和史世相篇』. 東京: 小學館.
- 石毛直道. 1993. 『昭和の世相史』. 東京: ドメス出版.
- 四方田犬彦. 2000. 『日本映畫史100年』. 東京: 集英社.
- 宇澤弘文. 2014. 『自動車の社會的費用』. 東京: 岩波書店.
- 竹前榮治. 2007. 『GHQ』. 東京: 岩波書店.
- 重兼芳子. 1984. 『女の搖り椅子』. 東京: 講談社.

제10장 '고도성장' 하 일본의 사회변동 고찰 385

• 中西聰 編. 2013.『日本経済の歴史』. 名古屋: 名古屋大學出版會.
• 中村隆英. 1993.『昭和史 II 1945~1989』. 東京: 東洋経済新報社.
• 直井優 · 盛山和夫編. 1990.『現代日本の階層構造 1 社會階層の構造と過程』. 東京: 東京大學出版會.
• 村上泰亮. 1984.『新中間大衆の時代』. 東京: 中央公論社.
• 土志田征一. 2001.『経済白書で讀む戰後日本経済の歩み』. 東京: 有斐閣.
• Rowstow, W. 1960. *The Stages of Economic Growth: A Non-Communist Manifesto*. Cambridge University Press.
• Gordon, Andrew. 1993. ed. *Postwar Japan as History*. University of California Press.

제11장

니시야마 코우이치 일기(西山光一日記)

마츠다 시노부(松田忍)

1. 소작농민의 일기

"니시야마 코우이치 일기"는 소작농민의 일기이다. 1908년(메이지 41년), 니가타현 중부 시나노가와 하류에 위치한 니기칸바라군(郡) 사카이와촌(村)에서 태어난 코우이치는 만으로 19세가 되던 1925년 (다이쇼 14년)부터 일기를 쓰기 시작했다.

전쟁 전기의 소작농민이라고 하면 어떠한 이미지를 떠올리게 되는 가. 겨우 연명하고 사는 '가난함', 아니면 지주에게 맞서지 못하는 '비 참함'일까. 그러한 비참한 처지에 있는 사람의 일기를 읽는 데는 독자 측에서도 강한 각오가 필요하다고 생각하는 사람도 있을지 모른다.

그 이미지는 맞기도 하지만 틀리기도 하다.

1978년(쇼와 53년) 70세가 된 코우이치는 일기를 쓰기 시작한 이후 스스로의 인생을 되돌아보며 "소작농민의 인생항로"라고 칭한 자신의 역사를 연표로 작성했다. 일기를 쓰기 시작한 반세기 전의 자신을 되돌아본 코우이치의 언어는 시종일관 어둡다. 19세였을 때에는 '소작농민의 비참함을 절절히 느끼는 나이'가 되었다고 기록하였고, 그 후에도 '가난 때문에 단쿠로에 이전하는 것도 주인 마음대로.. 어린 아이의 가련함을 느낌'(20세), '아버지가 빚으로 고통 받는다는 것을 알게 되었다. 먼저 할 일은 신용을 얻는 일'(21세), '소작농 한 가지로는 살아갈 수 없다는 계산이 나왔다.'(22세), '농민의 여가에 어떤 방법으로 수입을 올려야하는지를 항상 생각하고 있다.'(23세)라고 항상 가족이 어떻게 먹고 살아갈 것인가 만을 생각하며 살았었다고 청년시절을 회상하는 것이다.

실제로 니시야마가의 빚이 가족의 연수입의 10배 이상에 달한 것으로 보이는 1932년 1월의 일기에는 '밤 12시까지 아버지와 집안 살림에 대한 상담을 하고 결국 모든 재산을 팔아 부채를 정리하기로 결정하고 갔다.'(19일)이라는 기사가 등장하고, 그 후에도 '오늘은 집과 집 부지를 저당잡고 카메가이의 도박꾼에게 돈을 빌리는 것에 반대하고, 재미없이 하루를 놀아버렸다.'(22일), '오늘은 아침부터 아버지와 집안 살림 이야기를 하며 말다툼을 했다. 재미없이 하루는 놀았다.'(2월 4일)라고 하여 파산 및 집안이 마을을 떠날 위기에 처한 모습이 남겨져 있다. 결국 집안 재산 전체를 파는 것은 단념하고 농업경영과 부업경영으로 집안을 다시 일으키기로 결심하였는데, 1932년에는 1년 동안에 빚과 관련한 교섭이나 이자 연기 부탁 등에 대한 기사가 20회 가까이나 등장한다. 그러나 그렇다고 해서 이 일기 전체를 어둡다고 단정 지을 수는 없다. 이 일기를 '가난해서', '비참'한 소작농의 삶을 보여주는 일기라고만 소개한다면 그것은 착각이다.

예를 들어 어떤 하루의 정경을 일기로부터 회상해보자.

> 니시야마 유타로, 타카다 마사오군과 무전여행을 가는데 자전거로 8시간 반에 출발. 먼저 수도취수소의 부두에서 한숨 쉰다. 봄바람에 돛을 올려 달려가는 배, 문명이기라고는 하지만 타--- 하며 놀라운 기세로 달려가는 배, 강 아래에 볼 수 있는 니가타의 풍경 등 모두 봄의 정취를 마음에 그리고 또 발한다. 절터의 벌판까지 갔지만 재수 없게 펑크가 나서돌아왔다. 헤이지마의 미요미즈자전차점에서 수선을 하고 다시 여정에 올라 절터, 입불, 야나기사쿠, 코나베 오두막 등 마을 구석구석을 돌아다닌다. 그 지방에는 밭농사가 엄청나게 왕성한 것에 놀랐고 또 우리 마을보다 진보한 우경(牛耕)을 보며 토츠바라, 키타바, 오타테까지 나갔다가 정오에 돌아왔다.(1926년 4월 17일)

등장하는 지명은 현재의 니가타시 니시구 안에 있는 좁은 영역에 그치기 때문에 '여행'이라고 해도 기껏해야 몇 킬로밖에 되지 않는 거리이다. 그러나 마음이 맞는 친구와 함께 세 대의 자전거로 줄지어 계절을 마음껏 느끼며 질주하는 발랄한 젊은이의 모습이 느껴지지 않는가.

2. 일을 배우는 즐거움

자전거를 타고 한 짧은 여행은 한순간의 여가의 즐거움이었고, 매일의 생업에 대해서는 괴로운 일상을 보내고 있었을 가능성도 있다. 그러나 그렇다고 단언할 수 없다. 농한기에도 코우이치는 자주 일을 했다.

　날씨가 좋으면 6시에 기상. 날씨가 좋으니까 짚을 팔기로 결정.
(1927년 〈쇼와 2년〉1월 2일)

이라고 하며 시장에 나가 날씨가 이상하면 이상한대로,

　짚 일을 하는데 적합한 진눈깨비 내림(1927년 1월 4일)

이라고 한 수 읊으며 일을 한다. 결코 잘 만든 문구라고는 할 수 없
지만 그래도 마음 가볍게 일에 몰두하는 젊은이의 모습이 전해져 오
지 않는가. 일기를 쓰기 시작한 초기의 코우이치의 기록에서 어엿한
한사람의 어른으로서 일을 하는 즐거움이 전해져 온다. 1926년(다이
쇼 15년) 6월 14일의 기록을 보자.

　오늘은 강가 밭의 모내기. 자를 빌려 잘 심었다. 도중에 비바람이 불
어 손을 놓았다. 이른 점심밥에 새로운 못을 나누어 고르게 하고, 혼자
서 재미있게 의욕을 내서 밤까지.

문장 중에 등장하는 '자'라고 하는 것은 모내기자를 가리키는데, 정
조식(모종을 정렬시켜 등간격으로 심는 농업기법)을 하기 위한 도구
이다. 정조식 기법을 따름으로써 벼의 성장 타이밍을 맞추고 잡초 방
제 노력을 경감할 수 있어 증수를 기대할 수 있기 때문에, 메이지말년
부터 현이 기술보급에 힘쓰고 있었다. 모내기자에는 식부점이 표시되

어 있어 일보씩 뒷걸음하며 표시에 따라 심기 위해 사용되었다. 그렇더라도 기록된 바에 의하면 작업을 끝낸 후 가지런하게 열을 이룬 우리 모종의 모습을 보고 스스로의 일처리에 만족하며 돌아다보는 모습이 역력히 느껴진다. 이때에는 아버지인 코마키치가 니시야마가의 농가경영의 실권을 쥐고 있었으나, 그 가운데에서 조금씩 코우이치에게 가업을 맡을 수 있도록 하여 기술을 몸에 익히는 즐거움을 알게 했고 행간에서도 느낄 수 있을 것이다. 이어서 15일과 16일에는 농휴일로 정해져 코우이치도 쉬기로 했지만, 16일에는 벌써 '겨우 이틀간의 휴식에 질려버렸다'라고 기록하였다.

참고로 이 해에는 남에게 빌렸던 모내기자도 다음해인 27년에는 '전부터 사려고 했던 모내기자를 사러 가게에 갔는데 만들어 진 것이 없어 다른 사람이 주문한 것을 간곡히 부탁하여 양도받았다(6월 1일)라고 하며 구입을 단행했다. 필시 기뻤을 것이다.

'열심히', '재미있게'라고 하는 말이 빈번하게 나오는 것도 이 무렵이다. 농작업에 의욕을 가지고 임하고 있다는 것을 알 수 있다. '새끼 꼬기로 재미있게 지낸다.'(1926년 1월 9일), '오늘아침은 진눈개비가 내려 새끼 꼬기를 열심히 밤까지 한 다발 반 했다.'(2월 14일) 등 농한기의 주요 일거리였던 새끼 꼬기를 매일 연이어 해도 있는 힘껏 몰두했다.

3. 스스로의 능력으로 가운을 일으키고 싶다

그러나 그로부터 몇 년이 지나자 '열심히', '재미있게' 등과 같은 말이 일기로부터 거의 자취를 감추어버린다. 새끼 꼬기에 대한 글을 쓸 때에도 '예전처럼 새끼 꼬기'(방점인용자. 예를 들어 1928년〈쇼와 3년〉 1월 2일, 10일 등)와 같은 표현이 반복된다. 코우이치는 노동에 지쳐버린 것일까. 심경을 나타내는 직접적인 기술은 적지만 1927년 12월 31일에는 이하와 같이 적혀있다.

저번처럼 짚 훑기. 오후는 집 청소를 했다.
어느덧 올해도 이것으로 저무는구나 생각하면 눈물겹다.

새해가 되던 연말이 되던 농한기에는 계속해서 새끼 꼬기를 하는 코우이치. 물론 그것은 코우이치에게 있어서 당연한 '농부'의 삶의 방식이었다. 그러나 이 날의 일기에서는 한이 느껴진다. 이윽고 니시야마 가의 빚도 서서히 늘어 1930년부터는 특히 일기 속에 빚과 관계된 내용도 늘어간다.

1930년 2월, 마침내 코이이치는 행동을 시작한다. 장사를 해서 돈을 벌 계획을 세운 것이다.

7일의 일기에는 상업을 할 결심이 적혀있고, 다음 날에는 아버지와 친척에게 상담을 했다.

아침부터 책(상업의)을 읽고 아무 일도 안했다. 점심을 먹은 후 아버지가 오셔서 상인이 될 거라고 이야기하자 걱정스러운 듯이 확실하게 허락하겠다는 말씀도 못하시고 근심스러운 얼굴로 자신의 마음 저변을 생각하며 계셨다. 그보다 먼저 니시야마 세이지의 집으로 갔었는데 형님에게 그 이야기를 하니 크게 찬성해주었다.

장사에 대한 위험성을 알고 있기는 했지만 소작경영만으로 살림을 꾸려갈 수 없다는 것을 뼈저리게 느낀 아버지가 아들 코우이치의 결심에 대해 내놓고 반대할 수 있었을까. 아버지의 침묵을 묵인이라고 받아들인 코우이치의 움직임은 매우 빠르다.

9일에는 근처에 있는 쿠로사키촌의 미곡·비료점 주인인 시라이 쿠나이에게 '상법의 취지'를 들으러 갔고, 다음날 10일에는 니가타에서 명함을 만들어, '중매업을 하기 위해 니가타유산회사에서 비료 광고서를 받아, 오후에 또 마루시치 비료상으로. 돌아오는 길에 각 곳의 쌀집에 명함을 돌리고 중매에 대한 뜻을 널리 알리고 왔다.'라며 정력적으로 장사를 시작했다. 그 후의 일기에도 아래와 같이 계속된다.

2월 12일 오전 중에는 광고문을 등사지에 쓰고, 오후에는 카미구미에 등사판을 가지러 가서, 우리 집의 유래에 대해 2시간 정도 걸려 인쇄를 마쳤다.
2월 14일 아침을 먹고 나서 광고문을 만들고 9시에 니가타까지 종이를 사러 갔다. 점심 후에는 마사이치군을 돕고 그저께 하던 인쇄를 이어 하고 저녁에 전부 정리하며 하루를 보냈다.

'중매업'이라고 스스로 칭하고 있듯 도시 쪽에서 사들인 상품을 리어카로 마을까지 운반하여 마을에서 판매를 하거나 각종 농기구나 비료 판매 대리점과 같은 역할을 맡거나하는 정도로 작은 규모의 장사였지만 24일에 '10시경 칸고로 댁에 자본금을 빌리러가서'라는 기록이 있어, 밑천을 빌리고 나서 시작했다는 것을 알 수 있다. 앞서 말한 '인생항로'의 24세부터 28세의 항목에 코우이치가 생각한 장사의 비결이 기록되어있다.

수입을 올리려면 반드시 항상 자본이 필요하다. 이 밑천을 필요로
할 때 즉시 빌려줄 수 있는 자본가의 신용을 얻어 두세 집은 확보할 수
있도록 노력할거다. 그러기 위해서 자본가에게는 빚 상환 기한을 절대
로 지켜야한다. 돈을 빌리는 비결, 빌릴 때 기한은 반드시 변제가능한
때부터 1개월은 늦추어 정할 것. 정해진 이자는 절대 깎아달라고 하지
않을 것.

결론부터 말하면 코우이치가 시작한 장사는 최종적으로 도저히 성
공했다고는 말할 수 없었다. 니시야마 코우이치 일기를 번각하여 세
상에 소개한 연구자 니시다 요시아키는 코우이치가 불황 속에서 조금
이라고 현금 수입을 얻으려 시작한 장사는 '자본이 빌린 돈이기도 하
여 오히려 빚을 늘리는 결과가 되었다'고 결론지었다.

4. 장사하며 뛰어다니던 나날들

그러나 일기에 기술된 것만 읽어보면 결과가 어떠했든 스스로의 능
력으로 살림을 일으키고자했던 시절의 니시야마 코우이치의 나날은
충실했다고 생각된다. 코우이치는 농기구, 농업기계, 종이, 비료 등
다양한 종류의 다양한 물건을 팔며 돌아다니는데 그 발걸음의 경쾌함
이 인상에 남는다. 상품 판매, 선전, 대금 징수로 여기저기 뛰어다니
던 1930년(쇼와 5년) 4월 하순의 활동을 일기에서 발췌하고자 한다.

4월 16일 마치다 댁까지 이륜경작기를 사입하러 간다. 우선 오오노의 나루터를 건너 자전거로 야마다상회에 가서, 실물을 보고 현장시험도 하고 20개 구입 후 귀가. (중략) 경작기 조립 후 내일 아침 현장시험을 한다는 포스터를 붙이고 저녁 식사.

4월 17일 오늘도 아침부터 매우 좋은 날씨다. 오전은 어제 예정한 대로 중급반, 하급반의 젊은이들이 모인 가운데 현장시험을 하여 좋은 성적을 얻었고, 코바야시 토쿠시치, 니시야마쿠지로가 한 개씩 시험을 하기 위해 10시에 만영사에 전사 공양하러 감. (중략) 금방 돌아와서 상급반으로 또 현장실험을 하러 칸고로의 집으로 가서 이치키씨와 10명 정도 앞에서 시험을 하여 두 대를 설치해 주고, 시치고메 집에서도 1대를 설치하고 귀가하여 저녁식사.

4월 21일 아침에는 7시경까지 광고판을 만들어냈고 경작기 광고를 온천장에 붙여 시치고메의 집에 들렀다가 칸고로씨댁에 점심을 얻어 먹고 돌아오는 길에 새 기계 한 개를 팔고, 쿠지로로부터 기름 대금을 받고나서 히라지마에 가서 한베이로부터 경작기 비용을 받고 하치에 몬에 한 대를 팔고 돌아왔다.

4월 22일 아침에는 광고판을 세우고 (중략) 오후에는 히라지마에 경작기를 팔러 감. (중략)

4월 23일 아침을 먹기 전에 히라지마에 경작기를 가지고 가서 사시키에게 1대를 팔고 마츠에몬에게 팔았던 것을 숙지시켜 준 후 귀가.

4월 26일 오전 중에는 히라지마, 테라지, 코신에 돈을 받으러 돌아다녔는데 전혀 받지 못했다.

여기저기 뛰어다니는 건강한 모습의 코우이치가 거기에 있다. 장사를 하며 코우이치의 교우관계가 넓어져갔을 거라는 상상이 된다.

5. 손재주

코우이치는 장사하는 것을 스스로 중매라고 칭하고 있는데 단순히 구입해 온 상품을 팔아치우려고만 하는 것이 아니었다. 장사 기밀은 적극적으로 상품생산에도 손을 대고 있었다는 점이다. 예를 들면 1930년(쇼와 5년) 2월 14일 '오후에는 풍구 재료를 사러 니가타에 갔다. 다카노 카지로부터 못과 톱니바퀴를 구하고 다나까 목재점에서 널빤지를 사서 저녁에 돌아왔다.'라고 적힌 일기가 등장한다. 풍구라고 하는 것은 매갈이한 후에 왕겨와 쌀을 인공적으로 일으킨 바람에 의해 나누는 기계이다. 코우이치는 그 풍구를 자체제작하려고 했던 것일까. 다음날 15일에는 아래와 같은 내용이 이어진다.

풍구를 만들 준비를 하고, 9시 경부터 유지로 집에서 풍구를 빌려와 점심을 먹음. 점심 후에는 토모키츠노 집에 있는 나고야식 풍구를 보러갔다가 3시에 다시 귀가. 열심히 제작에 착수했다.

견본으로 풍구를 견학한 후에는 연일 풍구를 제작했다. '오늘은 아침부터 다시 풍구를 만들었는데 하루 종일 열성적으로 만듦'(6일), '아침에는 코하리에 가서 시로우에몬에 풍구 기어를 주문하여 보냈다고 하여 가서 봤는데 오지 않아서 돌아와 니스케의 집으로'(17일), '아침부터 열심히 제작에 종사함. 저녁까지 거의 모양을 만들고 저녁을 먹은 후 또 (저녁) 일을 했다.'(18일), '또 아침부터 풍구를 만들고 일사불란하게 하루를 보내고 저녁 먹은 후 순조롭게 생각대로 새롭게 착상한 개량 풍구를 성공했다.'(19일), '오후에는 풍구의 먼지제거장치를 부착하느라 하루를 보냈다.'(20일), '오전에는 신고메의 집에 만든 풍구를 가지고 갔다.'(21일)라고 하는 식이다.

가업을 배우기 시작한 무렵 이후로 오랜만에 '열심히', 나아가 '일사불란'이라는 말이 등장하여 코우이치의 인생을 따라 일기를 읽는 나도 코우이치가 흥분하는 모습과 열중하는 모습에 왠지 모르게 기뻐졌다.

2월 28일에는 풍구가 일단 완성되고 새로 생긴 진베(옷)집에 가지고가서 시험했다. '풍구는 누룩 입구 쪽에 겨가 많이 생길 뿐이다. 나중에는 성적이 양호해서 귀가.'(28일), 더욱 개량하여 '오후에는 어제 시험 결과 겨가 많이 나오는 것을 고치고 좋은 성적으로 마침'(29일)고, 학교에 진열하러 갔다(12월 4일). 풍구가 완성되고 코우이치의 활동도 이것으로 일단락 됐는가 싶었는데 아직 끝나지 않았다. 같은 날에 풍구의 재료(형판, 서까래)를 사고, 7일에는 근처의 대급업자인 다나카쇼타로의 집에 '풍구의 자금'을 빌리러 나갔다. 그리고 또 풍구를 더 만들기 시작한 것이다. 9일, 10일, 14일, 15일, 17일, 18일, 20일, 21일, 22일, 25일에 사람을 고용하여 밤늦게까지 일하며 일사불란하게 풍구를 제작했다.

코우이치의 행동 전모가 확실히 밝혀지기 시작한 것은 12월 27일부터이다. 이 날의 기록에 '점심에 용정기를 빌리고. 오후에는 자동선별 용정기 제작으로 10시까지 일했다.'라고 적혀있다. 풍구에 추가하여 용정기를 만들기 시작한 것이다. 전력을 다해 스스로 세운 계획에 몰두한 코우이치의 일기를 읽으면 나도 모르게 인용하고 싶어진다.

12월 28일 오전에 전처럼 용정기 제작을 하고 있었는데 미츠조형, 조우스케형이 오셔서 이발을 하고, 오후에는 또 열심히 일을 했다.

12월 29일 아침부터 용정기 제작에. 점심도 안 먹고 저녁 8시까지 열심히 일함. 겨우 뼈대를 마무리했다.

12월 30일 오늘아침은 눈이 세 치나 쌓였다. 전처럼 기계제작에 여념이 없어 밤까지 일을 했다.

12월 31일 오늘도 아침부터 열심히 용정기 제작. 저녁까지 다 완성되어 저녁을 먹은 후에 기계를 설치하는데 7시 반까지 걸렸다(후략).

이윽고 코우이치는 용정기 제작에만 매달려 1년을 보낸다. 코우이치가 만들고자 했던 것은 용정기와 풍구를 조합한 기계였다. 그 기계는 용정기로부터 나온 벼를 풍구에 그대로 흘려보내 현미를 추출하고자 한 것으로 겉겨의 조정단계의 수고를 경감시켜주는 구조로 되어 있었다. 새해가 되어 31년 1월 1일에는 드디어 시험도 성공하여 '희망 관철' 완성에 이르게 된 것이다. 같은 달 5일에는 '너무 성적이 좋아서 신안특허청원을 하기로 결정했다'라는 득의양양해 하는 기록도 존재한다.

이러한 생산 활동 사례는 이것뿐만이 아니다. 앞서 말한 대로 1932년 1월에는 니시야마가 전 재산을 팔아 빚을 청산해야할지 고민하는 데까지 몰리게 됐지만 그 이야기가 사라지고 조금 더 열심히 분발해서 살림을 다시 일으키려고 마음먹은 직후에도 코우이치는 재빨리 기분을 전환하여 가루비누 제조 판매라고 하는 새로운 사업에 몰두한다. 1932년 초봄의 기록에는 비누 재료 취득을 둘러싸고 여기저기 교섭하고 다니며 판로를 찾으려고 하는 코우이치의 모습을 볼 수 있다.

6. 전시 하의 국민으로서의 각오 · 패전 · 천황에 대한 마음

태평양전쟁 말기에는 도시에 사는 사람들의 머리 위에는 빈부의 차를 막론하고 공습이 덮쳤다. 생활물자 부족도 현실화 되어갔다. 이윽고 사람들의 생활이 전쟁에 잠식되어가는 것은 본서에서도 거론한 나카이 카후의 "단장정일승(斷腸亭日乘)"을 시작으로 하는 도시 사람들의 일기에서 읽을 수 있다. 그에 비하면 코우이치는 니가타시 근교에 살고 있었는데, 니가타시는 대규모 소이탄공습은 받지 않았고, 종전 직전인 1945년(쇼와 20년) 8월 10일에 함재기로부터 소규모 공격을 받는데 그쳤다. 코우이치의 주변은 전시기에도 비교적 평온한 시간이 흘러갔다.

다만 전쟁의 영향이 전혀 없었던 것은 아니다. 1937년 9월 1일에 '일지사변으로 기원제 거행'이라는 기록이 보인 이후 이르면 같은 해 12월 15일에는 '(북지사변) 전사자 신츠 겐타이시의 장례식에 재향군인으로서 출석했다. 차가운 날씨에 약 1천명의 참례객들로 장엄하게 치러졌다.'라는 기록이 있어 전사자를 마을장례식으로 애도했다. 그 후에도 산발적으로 전사자의 마을장례에 대한 기록이 존재한다. 일기를 읽어 보면 숙연하게 하루하루가 경과되어 가는 인상이 강한데 코우이치가 '전시하의 국민으로서의 각오를 다하게' 된 것은 1940년 11월에 밤새 거행된 상회간부 강습회였다. 출석한 코우이치는 이하와 같이 기록하고 있다.

11월 16일 아침에는 사카이무라사에 황군(皇軍)의 무운장구 기원제가 있었다. 아침식사 후 현의 상회주지 대리장인 타니가와 강사의

당회지도의 요체를 주제로 하여 정오까지. 오후 폐강식. 2박 3일간의
강습회에 전시하의 국민으로서의 각오를 완전히 다지고 3시 귀가.(방
점인용자)

그러나 그 후의 일기인 1941년 12월 25일에 '신츠국민학교의 전승
기원 필승 촌민대회를 개최했다.'라는 기록은 있지만 12월 8일의 대
미영개전의 기록은 보이지 않고, 재향군인회의 용무에 관한 기록이
간신히 전쟁의 그림자를 느끼게 해줄 뿐이다. 그리고 그 상태로 1945
년 8월 15일을 맞이하게 된다.

8월 15일 어제 저녁부터 정오에는 중용방송이 있다고 하여 전 국민
이 귀를 기울이고 있었는데 전쟁 국면이 불리한 상황으로 빠져들어 천
황폐하 스스로 휴전 조서를 내리시어 이제는 모든 것이 끝장난 상태가
되었다. 전파가 좋지 않은 관계로 잘 들을 수 없었다. 오후에는 또 강변
의 오두막집 문을 저녁까지 고치고. 5시의 보도에서 확실하게 휴전 조
서를, 또 이유를, 성명을 듣고 너무한 일인지라 가족 전부가 실망의 구
렁텅이로 떨어진 듯 했다.
8월 16일 휴전 조서가 내려져 미영의 지배하에 놓이게 된다고 생각
하니 일이 손에 잡히지 않는다.
8월 25일 오늘은 오전에는 방공호를 부수고 있었다. 오후에는 사카
이마을사무소에 재향군인역원회에 출석했다. 휴전 조서가 내려와 이
제 재향군인도 해산한다고 하여 우선 사무소 내의 서류는 전부 소각하
도록 위의 명령이 있어 눈물을 삼키며 사무원을 데리고 태우고 왔다.

문장 중간에 '일이 손에 잡히지 않는다'라고 적혀있기는 하나, 17일

이후에는 일상의 용무로 복귀하여 담담하게 해나가고 있는 모습을 일기에서 찾아볼 수 있고 패전에 대한 감개는 여기에서 언급한 기술 이외에는 거의 등장하지 않는다.

또 한 가지 지적하고 싶은 것은 전쟁이나 패전을 지나왔어도 여전히 코우이치는 천황에 대해 뜨거운 존경의 시선으로 계속 바라보고 있었다는 점이다. 그것은 1947년 10월 10일에 천황의 순행 행렬을 맞이할 때 코우이치가 기록한 일기에서 볼 수 있다.

> 오늘은 명절이자 천황폐하 순행으로 쉰다. 아침에 떡을 두 절구 찧고 가랑비 속에 코바리 산길에서 통과하시는 것을 뵈었다. 자동차 유리창너머로 우리 국왕을 처음 보는 감격은. 장사진을 이루며 줄지어 서 있는 민중은 몹시 감격했고 만세 환호 속에 지나가심.

7. 전쟁과 소작농

"니시야마 코우이치 일기"에는 전쟁의 그림자가 그다지 진하게 드리워지지는 않았다. 그러나 전혀 다른 각도에서 전쟁은 코우이치와 소작농들의 생활에 커다란 변화를 가져왔다. 전쟁이 본격화된 것을 계기로 코우이치를 포함한 소작농들이 일제히 토지 매입(=자작농화)을 지주에게 강요한 것이다. 농업종사자의 자작농화가 한 번에 진행된 것은 전후의 농지개혁에 의한 것이기는 하나 그 기운은 이미 전시 중에 나타나고 있었던 것이다. 니시야마 코우이치는 평소의 일기를 쓰면서 한편으로는 자작농 창설관계 활동에 대해 '자작농 건설일기'

라고 하여 별도의 일기를 쓰고 있었다. 전쟁과 자작농화, 양자를 결부
시키는 논리는 어떠한 것이었을까. 코우이치의 일기는 이를 여실히
보여주고 있다. 소작농에게 있어 전쟁의 격화와 식량난은 순풍이었
다. 자작농화가 진행되지 않으면 경영의욕이 둔해지고 토지개량이 진
전되지 않으며, 토지개량이 이루어지지 않으면 식량생산이 정체된다.
그렇기 때문에 지주가 토지 해방을 하는 것은 국민으로서의 책임이라
는 논리를 가지고 지주를 독촉한 것이다. 자작 농지를 늘림으로써 후
방에서 농촌의 생산 안정화를 기도한 전쟁 중의 자작농 창설 유지 정
책은 중일전쟁 개전 직후부터 시작되었으나, 코신에서도 1939년(쇼
와14년) 3월에 코우이치를 포함한 4명이 동행하여 부락대표로서 현
농무과로 상담하러 갔다. 그러나 움직임이 본격화한 것은 '자작농건
설일지'가 말하고 있는 1944년 2월부터이다. 여기서부터는 '자작농건
설일지'의 기록에서 인용하고자 한다.

> 2월 17일 대동아전쟁은 시시각각으로 처참하고 격렬해져 관민 모두
> 날이 갈수록 식량난을 몸으로 느끼게 되었다. 우리들 농민은 군과 함
> 께 식량증산전을 어떻게 해서라도 이겨내지 않으면 안 되는 때이므로
> 우리 코신으로서는 토지개량에 앞서 자작농창설을 단행하지 않으면
> 안 된다는 것을 정성들여 설명했는데, 누구도 먼저 나서는 사람이 없
> 어 아오야마의 카자마 리시치씨의 소작인 23명을 선두로 요시고로댁
> (지배인)에 집합. 본 사업 절차를 밟고자 신청서제출하려고 결의함. 신
> 청서를 받아서 밤이 되어 신청서를 작성했다.

식량증산전에서 승리해야한다는 '국익의 논리'와 자작농이 되어 경

영의 안정을 꾀하고자 한 '경영의 논리'가 교착된 논리구조가 된 것을 알 수 있을 것이다. 다음으로 언급하는 것은 카자마 리키치와 코우이치의 교섭장면을 기록한 부분으로 '자작농건설일지'에서 손꼽히는 볼 만한 장면이다. 리키치는 지주인 카자마 리시치의 아들로, 교사로 일하는 한편 코우이치의 친구이기도 했다. 격렬한 실랑이가 생생하게 기록되어 있다.

　　1945년 2월 2일 '작금의 나라상황에서 코신의 입장과 우리들 장년 단급의 사람들이 다같이 토지개량을 전제로 자작농창설을 단행하여 하루라도 빨리 국가의 요청인 식량증산에 몸 바치지 않으면 안 된다' 라고 열의를 갖고 이야기하자 카자마(리키치)씨도 '잘 와줬군. 본가에는 반드시 개방시킬 생각이야. 그러나 자네, 나의 내 마음도 생각해주게'라고 이야기하며, '나도 이 학교에 봉직하고 있는 이상 인간이야. 아무리 나라의 상황을 생각하여 소작인을 통해 지주인 국가의 봉직을 수행하기 위해 개방해도 사람들은 그렇게 말하지 않을 거야. 카자마선생의 본가가 가난해졌는지 땅을 팔았다고 말할 것임에 분명해. 그런 것쯤 상관없다고 말하면 그뿐이지만 자네는 소학교 시절의 친구야. 나의 기분을 참작해서 잘 해주길 바라네'라고 말하는 대단한 카자마군. '좋아. 알겠어'라고 무릎을 치고 '자네. 부탁하네. 코신으로서의 대지주 2, 3명과 함께 개방의 물꼬를 터줘'라고 부탁하고는 '말한 대로 부디 부탁하네'라고 또 그가 부탁하기에 '좋아. 됐다'라고 나는 마음속으로 만세를 외쳤다.

　　속내와 명분, 친구와 설득, 국가의 논리와 사경영의 논리를 엮으며 뜨겁게 교섭하는 두 사람.... 이러한 격렬한 장면을 만나기 때문에 일기 해독을 멈출 수가 없다.

이러한 자작농창성을 둘러싼 교섭은 코신뿐만 아니라 전국각지에서 행해지고 있었다. 공습과 식량난만이 전쟁이 아니라 이것도 또한 마을에서 일어나는 전쟁의 일막이었다고 말할 수 있을 것이다. 더욱이 코신의 자작농건설은 같은 해 4월에 일단 계약을 하게 되지만 그후에도 논의를 거듭하여 최종적인 결착은 종전 5년 후에 이루어진다.

8. 경영자의 일기

1933년(쇼와 8년) 6월 4일에는 병충해 예방을 위한 약제 분무기를 군대의 나리사와 시치조와 공동으로 구입한다. 흥미로운 것은 전에 말한 '인생항로' 속에 그 일에 대해 '코신에서 첫 번째로 단책못자리를 시작하고 예방 분무기를 구했다'(방점인용자)라고 하며 그 해의 중요 기사 중 하나로 언급하고 있는 것이다. 아무리 농작업이나 마을의 용무로는 서로 협력하는 일이 있다고 하더라도, 코신의 농민들 각자가 독립된 경영자이다. 그렇기 때문에 서로 경쟁하며 다른 집보다 앞서 신기술을 도입한 긍지나 결의가 오랫동안 기억되는 것이 아닐까.

만약 '니시야마 코우이치 일기는 어떤 일기인가요?'라고 질문을 받는다면 '경영자의 일기입니다.'라고 나는 대답하고 싶다. 농가에만 구애되지 않고 현금 수입을 얻고자 여기저기 뛰어다니며 전쟁조차 집안의 경영안정의 기회로 삼는 억척스러움 때문이다.

이번에 주로 언급한 것은 전쟁 전과 전쟁 중에 기술한 부분이었으나, 코우이치가 계속 써내려간 일기는 두 권으로 나뉘어져 1975년 분량까지 간행되었다. 꽤나 양이 두꺼운 간행물이지만 편집자의 손에 의해 명쾌한 해설이 첨부되어 매우 읽기 쉽다. 페이지를 열면 '마을의 비즈니스 세계'가 독자를 기다리고 있을 것이다.

텍/스/트

• 니시다 요시아키 · 쿠보 야스오 편저. 1991. 『니시야마코우이치 일기 1925-1950년』. 동경대학출판회(西田美昭 · 久保安夫編著 『西山光一日記一九二五——一九五〇年』(東京大字出版合, 一九九一年)

_____. 1998. 『니시야마코우이치 전후일기 1951-1975년』. 동경대학출판회(同編著 『西山光一戰後日記一九五一年——一九七五年』(東京大學出版合, 一九九八年).

참/고/문/헌

• 니가타시사편 상근대사부회. 1997. 『니가타시사(新潟市史) 통사편 4 근대하』(新潟市史編さん近代史部會 『新潟市史』通史編四近代下(一九九七年).

• 니시다 요시아키. 2001. "농민생활로 본 20세기 일본사회: "니시야마코우이치일기"를 단서로." 『역사학연구』, 755(西田美昭「農民生活からみた二〇世紀日本社会ー『西山光一日記』をてがかりに「」(『歴史学研究』七五五、二〇〇一年).

찾/아/보/기

필자 소개

이정덕

서울대 인류학과를 졸업하고, 미국 뉴욕시립대에서 인류학 박사학위를 취득했다. 1993년
부터 전북대학교에서 문화인류학을 가르치고 있다. 현재 전북대 쌀 · 삶 · 문명연구소 소장
을 맡고 있으며, 일기를 통한 압축근대의 동아시아적 특성을 연구하고 있다. 주요 저서로는
『21세기 한국 의 문화혁명』, 『근대라는 괴물』, 『일기를 쓴다는 것』(공역) 등이 있다.

황성희

이화여대 정치외교학과를 졸업하고 전북대 고고문화인류학과에서 문화인류학 전공으로
박사학위를 받았다. 전북대 고고문화인류학과에서 소비문화, 대중문화와 문화산업 등을
강의하고 있다. 주요 관심 분야는 동서양의 문화 교류, 동아시아의 대중문화와 소비문화,
일본의 하위문화, 포스트식민주의 등이다. 저서로는 『미완의 기록, 새만금사업과 어민들』
(공저, 2013)가 있다.

장경섭

장경섭은 1991년 브라운대학교에서 사회학 박사 학위를 취득하고 현재 서울대학교 사회
학과 교수로 재직 중이다. 사회이론, 사회제도, 비교발전, 비교시민권(성) 영역의 연구를
진행해 왔으며, "압축근대성" (compressed modernity), "개발자유주의" (developmental
liberalism), "개발시민권" (developmental citizenship), "아시아의 아시아화" (Asianization
of Asia) 등의 주제에 대해 저서와 논문을 집필해 왔다.

홍찬숙

홍찬숙은 독일 뮌헨의 루트비히-막시밀리안 대학 사회학과에서 박사학위를 받았다. 현재
서울대학교 여성연구소 책임연구원이다. 저서로 『울리히 벡 읽기』, 『울리히 벡』, 『개인화:
해방과 위험의 양면성』, 공저로 『세월호가 묻고 사회과학이 답하다』, 『정보혁명: 정보혁명
시대의 문화와 생명의 새로운 패러다임』 등이 있다.

손현주

전북대학교 사회학과를 졸업하고, 미국 하와이대학교에서 미래학 전공으로 정치학박사
를 취득했다. 현재 전북대학교 SSK 〈개인기록과압축근대연구단〉 전임연구원으로 재직 중
이다. 한국 사회의 대안 미래와 미래학방법론을 연구하고 있다. 주요 저서로는 『아시아의
개인 기록문석 그리고 생활변화』(공저), 『아시아의 압축근대, 성장 그리고 사회변화』(공
저), 『금계일기 1-2』(공저), 『The Preferred Transformation of South Korea: Alternative
Scenarios for 2030』 등이 있다.

문만용

서울대 과학사 및 과학철학 협동과정에서 박사학위를 취득했으며, 전북대 한국과학문명학 연구소 교수로 재직중이다. 일제강점기부터 박정희 시대에 이르기까지 근현대 한국 과학 기술사를 연구하고 있으며, 주요 저서로 「한국 과학기술 연구체제의 진화」(2016), 『한국의 현대적 연구체제의 형성』(2010), 「한국 근대과학 형성과정 자료」(2005) 등이 있다.

진명숙

전북대학교 고고문화인류학과에서 문화인류학 전공으로 박사학위를 취득했다. 현재 고고 문화인류학과 BK21Plus 사업단 전임연구원으로 일하고 있다. 농촌, 여성, 지역활성화 등에 관심을 갖고 연구 중이다. 주요 저서로는 『금계일기 1-2』(공저, 2016), 『키워드로 읽는 한 중문화』(공저, 2017) 등이 있다.

공은숙

뉴욕시립대학교 헌터대학에서 학사학위를 취득하고, 버지니아 대학교에서 석사, 박사학위 를 취득하였다. 현재까지 예수대학교 간호학부에서 재직하면서 노인간호, 특히 일상생활 과 치매간호 영역의 연구에 집중하고 있으며, 최근에는 일기에 나타난 중노년기 건강연구 를 재미있게 살펴보고 있다. 주요 저서로는 『근거이론의 실천』(공역), 『만성질환』(공역), 『노인과 건강』(공저), 『자살위험관리』(공역), 『자살상담과 치료』(공역), 『인생각본』(공역) 등이 있다.

임경택

서강대학교를 졸업하고 서울대학교 대학원 인류학과를 거쳐 일본 도쿄대학교 총합문화연 구과 문화인류학 연구실에서 박사학위를 받았다. 현재 전북대학교 일어일문학과에서 일본 문화를 가르치고 있다. 저서로는 『유지와 명망가』(공저), 『동북아집단 이해의 다양성』 등 이 있으며, 역서로는 『일본의 역사를 새로 읽는다』 등이 있다.

마츠다 시노부(松田忍)

일본 도쿄대(東京大) 역사문화학과를 졸업하고, 동 대학원 인문사회계연구과에서 일본사 전공 으로 문학박사학위를 취득했다. 현재 쇼와죠시대학 역사문화학과 교수(전임강사)로 재직 중이 다. 전공은 일본 근현대사이며, 신생활운동, 농회(農會), 전후사(前後事) 분야를 중심으로 연 구를 진행 중이다. 주요논저로『新生活運動協会――一九四〇年代~一九六〇 年代半ば―』(공저), 『西山光一日記』(공저) 등이 있다.

한국의 압축근대 생활세계:
압축근대성 개념과 압축적 경험

초판 인쇄 | 2017년 6월 28일
초판 발행 | 2017년 6월 28일

(공)저자 이정덕 · 황성희 · 장경섭 · 홍찬숙 · 손현주 · 문만용 · 진명숙
공은숙 · 임경택 · 마츠다 시노부(松田忍) 공저

책임편집 윤수경

발 행 처 도서출판 지식과교양
등록번호 제 2010 - 19호
주   소 서울시 도봉구 쌍문1동 423 - 43 백상 102호
전   화 (02) 900 - 4520 (대표) / 편집부 (02) 996 - 0041
팩   스 (02) 996 - 0043
전자우편 kncbook@hanmail.net

ISBN 978-89-6764-089-7 93300   정가 30,000원